A BIOGRAPHY OF THE SILK ROAD

丝路传

一条路的世界文明史

武 斌 著

读者出版传媒股份有限公司
敦煌文艺出版社

图书在版编目（CIP）数据

丝路传：一条路的世界文明史 / 武斌著. -- 兰州：

敦煌文艺出版社, 2021.12

　　ISBN 978-7-5468-2159-7

　　Ⅰ.①丝… Ⅱ.①武… Ⅲ.①丝绸之路—文化史

Ⅳ.①K203

　　中国版本图书馆CIP数据核字（2021）第280952号

丝路传：一条路的世界文明史

武　斌　著

策　　划：杨继军
项目负责：马吉庆

责任编辑：张家骝　马吉庆
装帧设计：Amber Design 琥珀视觉 QQ:505467949

敦煌文艺出版社出版、发行
地址：（730030）兰州市城关区读者大道568号
邮箱：dunhuangwenyi1958@163.com
　（0931）2131906（编辑部）
0931-8773112　0931-2131387（发行部）

三河市祥宏印务有限公司
开本　710毫米×1000毫米　1/16　印张　28　字数　396千
2022年9月第1版　2022年9月第1次印刷
印数　1～5000册

ISBN 978-7-5468-2159-7
定价：118.00元

| 前 言 |

传奇之路：世界文明的生命体

我们居住的土地，是一片广袤的欧亚大陆。这片大陆，纵横数万里，高山峻岭，大漠荒原，大江大河，冰盖雪山，将最初的人类活动分割成一个一个独立的区域。我们的先民，最初的人类祖先，点燃火种，敲打石器，在不同的自然环境中繁衍生息，分别创造了属于自己种族的生存方式，也迎来了最初的人类文明的曙光。

最初的先民是彼此隔绝的。各个民族都是在属于自己的环境中生存和发展的，他们也是在属于自己的环境中创造了文化。然而，他们都有着互通声息的渴望。于是，相邻的部族之间，接着又是在比较遥远的部族之间，开始有了物质产品的交换，有了早期的商贸往来，还有了战争与掠夺，征服与交聘。无论是哪种形式，人们都开始走出自己的故乡，走向远方。对于许多人来说，远方永远是一个巨大的诱惑。

不同民族、不同社会之间的文化交流，前提就是交通。交通是人类生活的基本前提之一，也是文化交流得以实现的最根本的条件。交通状况决定和制约了文化交流的规模和程度。文化交流繁荣与否，也对交通状况起着促进或滞碍的作用。有了路，有了交通，就有了物质和文化方面的交流，就有了相互之间的你来我往，相互的认识和了解，就有了文化上的传播和接受，形成世界文化交流的大图景。

于是，生活在欧亚大陆的各民族，都在不断地突破各种物质的和技术的障碍，为开拓欧亚大陆的各条交通路线做出不懈的努力。为此，人们不断地发明和改进交通工具，探索交通路线。甚至可以说，交通工具的发明和改进是人类主要的并且是对于文明发展具有重大影响的技术创新之一。经过千百年，在欧亚大陆上的各个独立的区域之间，在各个国家和民族之间，从东往西，自西向东，从陆地到海洋，穿过大漠荒原，跨越大江大河，踏过惊涛骇浪，走出了一条一条的路，形成了遍布各地的交通网络，形成了纵横大陆的大通道。

这条大通道，这个交通网络，我们今天称之为"丝绸之路"。

丝绸之路是一个包罗万象的诗一般的名称，具有浪漫色彩。丝绸之路的历史就是"半部世界文明史"，就是通过欧亚大陆的大交通、文化大交流讲述的世界文化史。

用"丝绸"来命名贯穿欧亚大陆的大通道，是因为丝绸为中国最早的、持续时间最长的、分布地区最广的大宗出口货物。丝绸被人们称之为"东方绚丽的朝霞"，它以其美轮美奂的色彩和风情万种的姿韵，征服了全世界各个民族，成为全人类都喜爱的织物和艺术佳品。在世界人民的心目中，"丝绸"是最有代表性的中国文化符号。

丝绸之路强调了"丝绸"这个古代东西贸易的核心，丝绸之路首先指的就是东西方的贸易之路。丝绸之路是从中国出发，横贯亚洲，进而连接非洲、欧洲的这条陆路通道的总称。

通过"丝绸之路"，通过这个巨大的交通网络，自东向西，数千年来，在旷日持久的绵延岁月里，欧亚大陆两端的居民开始有了接触和往来，大陆上的各民族、各种文化展开了大交流、大汇通、大融合。有了这样的大交流、大汇通、大融合，也就有了东西方文明的大发展，有了世界文化的融合和共同的繁荣。

丝绸之路是整个欧亚大陆上的文化交流之路，是东方与西方各民族的相遇、相识、沟通与交流之路。

在这漫漫长路上，在几千年的悠久岁月之中，民间商旅、官方使臣、虔诚的僧侣、勇敢的探险家和旅行家，以及征战的军队和迁徙的移民，相望于道，不绝于途。丝绸、瓷器等等丰饶的中华物产，经由这条国际贸易的大通道输往沿途各国，中国的生产技术、科学知识也陆续传往西方世界，关于中国的种种游记、见闻乃至传闻，不时向西方传达着遥远东方帝国的文化信息。而西方的物产和技术，科学知识和发明创造，以及关于西方文化的传闻信息，也沿着这条大道，源源不断地传播到中国，给中华文化的发展，不断地补充新鲜的血液。

丝绸之路是古代中华文化与外来文化相互交流、激荡和相互影响的主要源泉之一，对于中华文化的丰富和发展，对于世界文明的丰富和发展，都具有十分重大的意义。

经过丝绸之路，在各民族之间，从物质的生产、生活，到精神的礼俗习尚，不断相互交流，相互补充，共同进步发展，历千百年之盛衰兴替，蔚成古典世界文化历史之灿烂辉煌。

丝绸之路是古代东方和西方从两端互相走近而开辟的。期间山高路远，艰难险阻，都挡不住人们走向远方的雄心和勇气。而到了16世纪以后，随着大航海时代的来临，欧亚大陆的东西两端有了直接的海上航线，欧洲和中国有了直接的接触。大航海活动在一定意义上说，就是古代世界人们对世界交通探索的继续；大航海时代开辟的航路，就是丝绸之路在全球范围内的延伸和拓展。从此，西方人和东方人直接地面对面了，欧洲各国的商船航行在广袤的大海上，舟帆相继，络绎不绝，把精美的和丰饶的中国瓷器、漆器和许许多多的工艺品以及茶叶等等，大批量地运往欧洲，在欧洲大地上引起一阵阵文化激动，掀起了持续一二百年的"中国风"，对于近代欧洲文化的发展，起到了直接或间接的激发作用。不仅如此，大帆船还在太平洋上开辟了直通的航线，把中国商品运往遥远的美洲大陆，也把"中国风"吹到了那里。有的西方学者说，近代的世界贸易实际上是以中国商品为中心的，而这个时代的跨文化世界贸易的实现，正是因为大航海时代开辟的航路，把古老的丝绸之路延伸到更远的地方。

因此，我们可以说，大航海时代开辟的航路，就是丝绸之路在全球范围内的延伸和拓展。但这是一个具有本质意义的延伸和拓展，人类的社会因此发生了一个本质性的变革，人类的历史因此进入到一个崭新的阶段。

到了18世纪工业革命以后，人们开始把整个世界都联系起来，促使今天的世界进入到全球化时代。全球化时代的实质意义在于人类文明的共享，在于每个民族都能很快地吸收世界文明最先进的成果。而文明的共享，正是丝绸之路本身所提供的文化理想。所以，丝绸之路不仅是一条古代的文化交流之"路"，而且也存在于我们今天的生活中，就是我们今天生活的文化背景。通过丝绸之路，我们与世界同行；通过丝绸之路，我们去看世界，我们获得了一种面向全人类的世界观和文明观。

丝绸之路的历史，也就是人类文明的成长史。文明是一个绵延的生命体。行走在丝绸之路上的人们，发生在丝绸之路上的事件，都是丝绸之路的血脉和灵魂。因此，在丝绸之路的历史上，处处都有生命的躁动，也处处彰显出生命的光辉。所以，我们追寻丝绸之路的历史，也就是寻找人类文明的生命之源，就是追寻人类文明成长的足迹。我们书写丝绸之路的文化历史，讲述丝绸之路的故事，也就是为人类文明作传，为它的生命旅程作传。

目录
CONTENTS

第一部分

历史发轫：开拓与通途

Part Ⅰ

A biography of the Silk Road

| 第一章 |
汉朝对西域的经略

张骞的功绩，司马迁称为"凿空"。他"凿空"了通往西域的大道，意味着东西交通大干线的正式开辟。现在，人们把这条交通大干线称之为"丝绸之路"。

为了开通西域，汉朝对匈奴几经征战，消耗了大量的武力和财富，付出了重大代价。从张骞"凿空"到东汉时的"三绝三通"，经过几代人的努力，开辟和巩固了丝绸之路。

汉代通西域，大量传入西域的物产、艺术和文化信息，不仅大大地开阔了人们的视野，也激起人们对西域的奇异想象，全新的西域意象及神奇的西域艺术成为文人表现的兴趣。西域成为中原人士一个对异域想象的乌托邦。

一

汉建元三年（前 138），张骞（前 164－前 114）带领向导、随员等 100 多人组成的马队，牵着骆驼，从长安城西城的雍门走了出来，一路向西，向着一个未知之地出发。

张骞这年 26 岁，在朝廷里担任"郎"这个职务。其实，"郎"并不是一个实际的职务，而是一支队伍。汉代的"郎"官都是在贵族子弟中选拔的优秀人才，在皇帝身边做侍卫，轮流当值，执戟宿卫殿门，同时在皇帝身边学习政务，增加阅历，也会有皇帝临时交办的一些任务。所以，"郎"也可以看作是那个时代的后备干部队伍。一般经过一段时间的历练，都会被任命正式的行政职位。像曹操、袁绍都是做郎官出身。汉代郎官的队伍很大，最多时达五千多人。

这次张骞西行，就是汉武帝临时安排的一项任务。这次任务十分重大，关乎汉朝的国运，关乎国家的未来。汉武帝能把这样的重大任务交给张骞，可见张骞在郎官的队伍里历练已久，是其中的出类拔萃之辈。

汉武帝派张骞去西域找一个叫大月氏的国家，联合他们一起抗击匈奴。

匈奴长期以来是中原王朝的主要边患。汉初时，汉朝一直对匈奴采取忍让妥协的政策，与匈奴和亲并赠送大批物资。但匈奴仍自恃强大，每每策骑南侵，掳掠汉边民和财富，给汉朝的安定造成很大威胁，同时压迫西域各国，阻遏汉与中亚各国的商业往来。汉武帝继位时，汉朝正处在蒸蒸日上的时期，经济繁荣，国力强大，所以，武帝决定改变对匈奴的政策，积极抗击匈奴的侵扰。

武帝听说，几十年前，原居住在河西走廊一带的大月氏人被匈奴驱赶出故地，被迫西迁。匈奴单于还杀了大月氏王，大月氏人常思报仇。于是，武帝决定派遣张骞作为国家的使臣出使大月氏，劝说大月氏人和汉朝联合起来共同击败匈奴。

这是一个重大的战略决策。汉武帝做出这样重大决策的时候，刚刚即位三年，也只有 18 岁。

张骞一行带着这样重大的使命出发，但他们只知道大月氏去了西域，并不清楚他们究竟迁到什么地方。他们完全是向着一个未知的地方、一个未知的目标行进。他们坚信，只要一路向西，就能找到大月氏人。他们更坚定的信念是，他们肩负的是朝廷的使命，国家的使命，这是一个必须不遗余力为之奋斗的伟大使命。

他们从长安出发，一路向西，风餐露宿，备尝艰辛，途中充满了危险。他们来到了号称"四塞之国"的陇西地区，这里是去西域的必经之路，在当时是匈奴人控制的地区。张骞一行被匈奴军队抓获，把他们押送到位于今内蒙古呼和浩特附近的匈奴王庭。

匈奴单于听说他们要去西域，便对张骞说：你们想联络的大月氏在我们的北边，汉人凭什么随意越过这里去出使呢？假如我要向南越派遣使臣，汉朝能听任我们前往吗？"南越"是南方闹独立的一个小王国，在今广东广西一带。单于的话似乎也有些道理，我怎么能让你们从我这里经过，去联络我的敌人呢？于是，匈奴人将张骞一行扣留下来。

匈奴人并没有虐待张骞他们，而是让他们安顿下来。生活照顾得不错，但看管一点也没有放松，他们一步也离不开匈奴人的视野。为笼络张骞，还为他娶了一位匈奴女子为妻。这位匈奴女子在历史上没有留下姓名，但她也是一位很了不起的人物。她不仅悉心照料张骞的生活，为他生了儿子，后来又跟随张骞逃出匈奴的领地，一直跟着他回到长安。

舒适的生活，娶妻生子，家庭的温馨，这些并没有动摇张骞完成通西域使命的决心，史书说他"不辱君命""持汉节不失"。这和广为人知的"苏武牧羊"的故事十分相似。苏武也是汉武帝时代的汉朝使臣，出使匈奴时被扣押，在北海（贝加尔湖）边牧羊19年，不改其志，直到汉昭帝始元六年（前81）方才回到汉地，归汉时"须发尽白"。

张骞在匈奴那里一住就是11年。在这些年里，他们对匈奴的情势已经有了充分的了解，学会了匈奴人的语言，也一直谋划寻找出逃的机会。后来，匈奴人的监视渐渐有所松弛。至元光六年（前129），张骞和随从人员找准了机会，终于逃了出来。

二

张骞一行从匈奴人那里逃出来后，并没有返回长安，而是牢记着汉武帝的嘱托，牢记着自己的使命，继续向西而行，去实现自己的外交使命。这种逃亡是十分危险和艰难的。幸运的是，在匈奴的十年留居，使张骞等人详细了解了通往西域的道路，他们穿上胡服，会说匈奴话，很难被匈奴人查获。因而他们顺利地穿过了匈奴人的控制区。他们取道车师国，进入焉耆，又从焉耆溯塔里木河西行，经过龟兹、疏勒等地，翻过葱岭，兼程西行。

这一路极为艰苦。大戈壁滩上，飞沙走石，热浪滚滚；葱岭高如屋脊，冰雪皑皑，寒风刺骨。沿途人烟稀少，水源奇缺。加之匆匆出逃，物资准备又不足。张骞一行，风餐露宿，备尝艰辛。干粮吃尽了，就靠随从射杀禽兽聊以充饥。不少随从人员或因饥渴倒毙途中，或葬身黄沙、冰窟，牺牲了生命。

经过几十天的长途跋涉，最后到了中亚大国大宛。大宛位于帕米尔西麓，也就是今乌兹别克斯坦费尔干纳盆地一带。据张骞归国后说，当时大宛的大小属邑有七十多个，人口有几十万，农业和畜牧业兴盛，产稻、麦、苜蓿、葡萄等，葡萄多用于酿酒，富人藏酒至万石，且以出汗血马著称。大宛国王久闻中国十分富庶，很想与中国通使交好，但苦于匈奴的中梗阻碍，未能实现。汉使的意外到来，使他非常高兴，对张骞一行热情款待。张骞对大宛王说明了此行的目的和沿途种种遭遇，希望大宛能派人相送，并表示今后如能返回汉朝，一定奏明汉皇，送他很多财物，重重酬谢。大宛王表示乐于相助，不仅给他们配备了马匹和必备的生活用品，还派了向导和译员，同张骞等人经康居赴大月氏。

张骞一行在大宛稍事休息之后，便在大宛向导的陪同下，来到了大宛的邻国康居。康居位于锡尔河流域，是当时西域北部的大国，拥有现在新疆北境以及中亚部分地区。据《后汉书》记载，康居国西南与安息国相邻，东南与大月氏国相邻，北部的奄蔡国、严国均已臣属康居。康居一直和中原保持友好往来和经济文化交流，直到唐玄宗时，还有来自康居的乐师和胡旋女在长安活动，轰动一时。

张骞到康居后，康居国王的态度十分友好，热情款待，并派人送他们一行到大月氏。

公元前 129 年，也就是汉元光六年，张骞一行抵达大月氏。这时距他们从长安出发，已经过去十一年了。

此时大月氏已立新王，吞并了西域国家大夏。大夏就在今天的阿富汗一带。

这里土地肥沃、生活安定，大月氏人已经在此安居乐业。大月氏王热情地接待了张骞一行，张骞转达了汉武帝的建议，希望他们与汉联盟共破匈奴。但大月氏王对张骞提出的建议并无多大兴趣。加之，他们又认为汉朝离月氏太远，如果联合攻击匈奴，遇到危险恐难以相助。张骞在大月氏的都城监氏城逗留一年多，虽然受到很好的款待，但终没有说服大月氏王，不得不空手而返。

三

汉武帝元朔元年（前128），张骞为了避开匈奴人，改从南道东归。他们翻过葱岭，沿昆仑山北麓而行，经莎车、于阗、鄯善等地，进入羌人居住地区，不料又为匈奴骑兵所获。一年后，适逢匈奴内乱，张骞乘机逃出，于元朔三年（前126）回到长安。

张骞西使，前后共历13年，回来时仅他与随从堂邑父二人，还有他的匈奴妻子和儿子。

张骞此行并未达到联合月氏以抗匈奴的目的。但他之西使，经历了中原使者前所未有的途程，其意义远远超出他的直接使命。作为汉朝的官方使节，张骞实地考察了东西交通要道，是中国官方开拓通往西域道路的第一人。

张骞从西域归国后，带回了有关西域诸国的许多见闻，使中国人第一次系统地了解了西域诸国。他向汉武帝详细报告了在西域的亲身经历和所见所闻。《史记·大宛列传》记载了张骞的报告。这是中国史籍对西域各国详细的、较全面的、真实的首次记录。

张骞向武帝的报告，大体上分为三个部分：一是见闻，一是传闻，一是评估。见闻的部分是他到达的地方，即大宛、大月氏、大夏、康居，其中还包括他所经行的南疆绿洲小国。传闻的部分，大国五六，如奄蔡、安息、条支、乌孙、黎轩和身毒等，其中还包括今印度河流域而下的中国境内西南夷各部。张骞上述报告中介绍了西域诸国的地理位置，以大宛为中心，描述了一幅非常直观的西域地理方位图，使人们可以掌握汉代时西域各国的大体分布情况。据此，西域地志在这个时候已经是非常完整和清晰的了。

张骞在考察报告中介绍了西域各国的地理环境以及物产、人口、风俗和军事等方面的情况，介绍了当时的国际关系特别是诸国与汉朝的关系，向汉武帝提出了经营西域的策略。张骞还了解到西域诸国发展与中国贸易关系的愿望和对中国物产的喜爱，使汉朝知道与中亚、西亚各国交通往来，不仅在军事上极有意义，而且在经济上也会对汉朝产生很多效益。

张骞的报告受到汉武帝的高度重视，使汉武帝大大增强了向西域开拓的决心。

张骞出使西域带回来的有关西域的文化信息，大大开阔了中国人的眼界，给当时的中国人很大的刺激，如同后来的哥伦布发现新大陆吸引了无数欧洲人前往一样，西域开拓了中国人的视野，对中国人产生了极大的吸引力，使汉代的中国人也开始注视西方，知道西域天地广阔，国家众多，物产新奇，民情殊异。西域奇特的风俗人情，丰富的物产，对汉人也是极大的诱惑。

四

汉元狩四年（前119），即距张骞第一次出使归国后七年，武帝再派张骞出使西域。

从张骞首赴西域后，汉武帝就一直同匈奴进行战争。在张骞两次出使西域期间，汉武帝先后派卫青、霍去病等率大军数次西进，打击匈奴的势力。卫青、霍去病率军连战告捷，汉军已经逐步控制河西和漠南大片地区。公元前119年，卫青、霍去病分别出定襄、代郡，出塞两千余里，歼敌十余万，霍去病"封狼居胥"威震漠北，匈奴王庭远迁大漠以北。汉朝业已控制了河西走廊，"自盐泽以东，空无匈奴，道可通"。卫青和霍去病为汉朝北部疆域的开拓和丝绸之路的畅通做出重大贡献。

几年来，汉武帝多次向张骞询问大夏等地情况，张骞着重介绍了乌孙到伊犁河畔后已经与匈奴发生矛盾的具体情况，建议召乌孙东返敦煌一带，跟汉共同抵抗匈奴。这就是"断匈奴右臂"的著名战略。同时，张骞也着重提出应该与西域各族加强友好往来。这些意见得到了汉武帝的采纳。

张骞第二次赴西域的直接目的是联络乌孙以共抗匈奴。乌孙是原住在甘肃河西一带的游牧民族，曾附属匈奴，后向西迁移至天山以北，摆脱了匈奴控制，为此匈奴曾发兵讨伐乌孙。

此次张骞出使，情况与第一次迥异，一路通行无阻。他率 300 多人的庞大使团，带牛羊数万，金币丝帛数千万之多，经数十天行程，很顺利地经敦煌到楼兰，再经塔里木河西行至龟兹，一路北上到达位于伊犁河谷的乌孙王都赤谷城（今吉尔吉斯斯坦伊塞克湖东南）。乌孙国王猎骄靡派人远远出城迎接张骞率领的使团。猎骄靡在王宫接见张骞一行，对汉人衣冠十分新奇，而且对张骞带来的金银和锦缎布匹也很喜欢。

张骞很直率地提出联合乌孙打击匈奴，为乌孙解除威胁。乌孙当时是西域大国，兵力多达 19 万之众，若能联盟，将是汉朝最有力的盟友。但猎骄靡因汉朝相距遥远，不敢断然与匈奴为敌，且其时乌孙国内政治冲突尖锐，所以没有接受张骞结盟的建议。

猎骄靡热情地留下汉使，每天酒肉款待，闲来领着张骞游览草原和伊犁河谷。在张骞回国时，猎骄靡派遣数十名使臣随行赴长安。猎骄靡听说汉武帝喜爱天马，他为表示友好和诚意，亲自挑选了数十匹塞外良马请张骞敬献给汉武帝。乌孙使臣见汉朝领土广大，景物繁华，回国后向国王报告，于是乌孙便有意与汉朝交好。数年后，猎骄靡终于主动提出归心汉朝，与汉和亲。

张骞在乌孙时，还分别派遣副使到大宛、康居、大月氏、大夏、安息、身毒、于阗、扜罙（策勒）及其邻近国家，带去丝绸等贵重物品。他们回国时也带回了许多所到国家的使者。"于是，西北国始通于汉矣"。西域许多国家都和汉朝有了正式外交往来。

五

张骞通西域之后，汉王朝与西域各国使节往来不断，民间商旅更是相望于道，贸易十分频繁活跃。武帝时，汉朝向西域遣使十分频繁，每年都要派遣五六批乃至十余批，每批由数百人至百余人组成。这些使节往返一次常常要八九年，近的也要几年。汉朝使者不仅到乌孙、大宛、大月氏等，更远者到达安息、奄蔡、犁轩、条支、身毒。这些使节都具有贸易的目的，汉朝的缯帛、漆器、黄金、铁器都是各国所欢迎的产品。

与此同时，西域诸国也频繁向中国派遣使节。西域各国的使节，怀着对汉文明的向往，骑着骆驼，经过长长的丝绸之路，来到汉帝国。伴随着他们的足迹，西域文化也传播到汉帝国。据史书记载，西汉京师长安，西域货物云集，异国客人熙熙攘攘。大宛的葡萄、石榴、胡麻，乌孙的黄瓜，奄蔡的貂皮，大月氏的毛织品，异域的杂技、音乐、绘画艺术、风土人情，注入中土。西域的使节在中国受到相当的礼遇。如武帝巡狩时带上外国客人，并给予很多赏赐，设酒池肉林宴，并向外国客人开示府库让他们看很多的贮藏品，以示汉朝之广大。

往来的官方使节除了担负政治、经济和军事使命外，也还负有文化交流的使命，至少会向中原介绍西域各地的文化信息。而那些往来的民间人士，一些往来于中原与西域之间的旅人，包括商人、艺术家甚至旅行家，还有来自西域的商胡，也带来许多关于西域的见闻，向人们讲述西域的奇闻逸事、奇珍异物。这些都引起人们极大的兴趣。这样，中原人对于西域的知识就大大增加了。

为了加强与西域诸国的交通往来，汉朝还在西北边境地带设置地方行政机构。在汉代，大抵一征服边境地区，中央即决定置郡，以加强在那里的统治和管理，并作为发展对外关系的前哨，如汉置日南九郡、朝鲜四郡等。元鼎六年（前 111），汉朝设置河西四郡，是汉朝直接统治河西地方的开始。河西四郡和其他边郡建置一样，都是汉朝经略边地的重要措施。与此同时，还建置了驿道，还有烽燧亭障等一系列军事设施。

后来，汉朝又进一步设西域都护。西域都护是由汉朝中央政府派遣管理西域的最高官吏，相当于中原地区最高一级的地方官——即太守。西域都护的治所，叫作西域都护府。西汉时，西域都护府设在乌垒城（前名轮台国，今新疆轮台县境），与渠犁田官相近，屯田都尉属都护，辖西域 36 国（后增至 50 国）。从此西域这块地方，包括今天北疆和巴尔喀什湖以东以南的广大地区都正式列入汉朝的版图，帕米尔以西以北的大宛、乌孙都在都护的统辖之下。

"都护"这一名称，原意就是总领丝绸之路南北两道安全的意思。西域都护的主要任务，就是在他所管辖的西域地区内，推行汉朝中央政府的各项政令，保证天山南北两道交通的安全、通畅，组织和管理西域地区的屯田。当时西域都护由皇帝亲自任命，三年一替（也有延长和缩短的），从未间断。当时轮台国是个城郭之国。都护府直接对其统辖，相当于现在的首府，似乎比其他绿洲城国和游牧行国的权力稍大。汉朝另设置戍己校尉、戍部候等行政、军事机构，对当地民族上层人物封以王、侯、将、相、大夫、都尉等官职，他们均受西域都护府的管辖。

西域都护的设置，使汉朝对西的经略进一步发展，与西域各国的交流往来得以巩固和扩大。可以说，设置西域都护的半个世纪，是丝绸之路最活跃的时期之一。

张骞的功绩，司马迁称为"凿空"。他"凿空"了通往西域的大道，意味着东西交通大干线的正式开辟。

现在，人们把这条交通大干线称之为"丝绸之路"。

"丝绸之路"这个名称是现代人命名的，是一个具有历史意义又有浪漫色彩的名称。最初提出的"丝绸之路"，指的就是汉代与西域的交通路线，进而指称从长安到地中海沿岸这样一条贯穿欧亚大陆的大通道。具体地说，从长安出发，经河西走廊的武威、张掖、酒泉、安西到敦煌，敦煌西部有玉门关和阳关。这一段地区一直是中国中原王朝传统的控制地区，交通道路一直通畅。出玉门关和阳关往西，到帕米尔和巴尔喀什湖以东以南地区。这一部分即历史文献中所说的"西域"地方。在西域的茫茫戈壁之间，分散着许多绿洲国家，通过西域的丝绸之路实际上就是一座座"绿洲桥"，是由这个绿洲到下一个绿洲逐一连接起来的交通线。古商道上的这些城市，起到了丝绸之路上的中转站的重要作用。之后，从中亚地区，经过伊朗高原，到达地中海地区。正是通过这条大道，自东向西，大陆两端的居民开始有了接触和往来，开始有了物质和文化的交流，因而也就有了东西方文明的发展。

六

西汉末东汉初，王朝忙于国内战事，无暇顾及西域。匈奴趁汉王朝内部混乱之机，乘机征服了西域北道诸国和南道大国于阗，不断袭扰汉朝边境，"丝绸之路"又被隔断。

东汉明帝时，南匈奴早已经归降于汉，北匈奴则乘机在西域扩张势力，与东汉抗衡并袭扰汉边。但此时中原地区日渐安定，东汉政权已经完全巩固，势力有了很大的增强，在这种情况下，汉明帝改变东汉初期对西域和北匈奴采取的消极政策，开始积极经营西域和打击北匈奴的势力。

为击退北匈奴的进攻，外通商道，内安边境，汉明帝决心"遵武帝故事，击匈奴，通西域"。明帝永平十五年（72）冬，明帝以窦固为奉车都尉，以骑都尉耿忠为副，出屯凉州（武威），做出兵西域的军事准备。永平十六年（73），汉兵分四路出塞，在蒲类海（今新疆巴里坤湖）击败北匈奴，攻占战略要地伊吾卢。

为孤立北匈奴，窦固派班超及从事郭恂率吏士 36 人出使西域。班超也是出身名门，他的哥哥班固就是《汉书》的作者。班超年轻时担任校书郎，为官府抄写书籍。有一天，他对这碌碌无为的文案工作感到厌烦，便停止抄写，把笔扔到一边，感叹道："大丈夫当效傅介子、张骞立功异域，以取封侯，安能久事笔砚乎！"这就是"投笔从戎"这个成语的来历。班超投笔从戎，进入到军队，随窦固出征匈奴，任假司马。

班超到了西域后，首先致力于打通匈奴控制薄弱的南道各国，降鄯善，制于阗，袭疏勒，驱除了西域南部的北匈奴势力，使南道诸国先后归附。

与此同时，为防止北匈奴卷土重来，永平十七年（74）十一月，汉朝派奉车都尉窦固、驸马都尉耿秉等再度举兵西征，在蒲类海击破北匈奴白山部，并击降役属北匈奴的车师前、后部，南道基本打通，北道东西两站也为汉朝控制。西域与中原的联系得到恢复。同年，在西域设立都护、戊己校尉等官。东汉第一任西域都护为陈睦，都护府设于龟兹；耿恭为戊校尉，屯车师后五部金蒲城；关宠为己校尉，屯车师前五部柳中城。

永平十八年（75）三月，北匈奴出动两万余骑兵，重返西域，反攻车师，包围金满城（今新疆奇台西北）、柳中城（今新疆鄯善西南鲁克沁）。十一月，北道焉耆、龟兹乘机联兵攻杀西域都护陈睦、副校尉郭恂。车师后王也在此时叛汉，与北匈奴合击汉军。汉章帝建初元年（76）正月，命酒泉太守段彭等出军与鄯善会师柳中，破交河城，北匈奴兵惊走，车师前国再次降汉。后因国内局势动荡，章帝放弃争夺西域，下诏撤师回京。次年又撤退伊吾卢屯田驻军，西域重又落入北匈奴之手，丝路亦不复通。

当时汉朝留在西域的势力主要是班超所率的 36 名壮士。匈奴人进攻西域都护时，班超正在疏勒。汉章帝下诏，召班超回朝。当班超准备回洛阳时，沿途各地都要求东汉政府收回成命，极力挽留班超。疏勒都尉黎弇见劝阻无效，竟以死劝留，自刎于班超面前。班超行至于阗时，于阗王侯以下都啼泣号哭，挡住班超坐骑，要求留下。班超决计不听朝廷命令，返回疏勒，坚守于阗、疏勒地区。章帝建初五年（80），班超从西域上书朝廷说，西域各地"复愿归附，欲共并力破灭龟兹，平通汉道"，请求派兵支持他平定西域，并陈述自己"愿从谷吉效命绝域，庶几张骞弃身旷野"的不可动摇之志。朝廷答应他的要求，派徐干等人率兵支援。

东汉和帝永元三年（91），东汉政府再次正式恢复西域都护、戊己校尉等官职，任命班超为西域都护，驻龟兹它干城，徐干为长史，屯驻于疏勒。永元六年（94）秋，班超又征调龟兹、鄯善等八国兵七万余人征讨焉耆、尉犁、危须三国，采取军事、政治并用的方略，诱杀焉耆王广、尉犁王泛，另立三国国王。至此西域大小 50 余国均归附东汉。经过班超等人近十年的努力，匈奴的势力再次被赶出西域。这是"二通"。

班超任西域都护、经略西域之时，于和帝永元九年（97）派其属下椽中甘英出使大秦。甘英已经通过安息到达波斯湾头的条支。安息人没有向甘英提供更直接的经叙利亚的陆路，而是备陈渡海的艰难，婉阻甘英渡海，于是甘英乃止步而还。这件本应在中西交流史上留下巨大影响的行动，竟以"望洋兴叹"而告夭折。

现在，几乎所有的研究者都认为安息实际上在中国与罗马之间起到了阻隔的作用，安息人不愿意看到中国人与罗马人有任何直接的接触。安息国是汉朝与大秦交易的中转点，将汉朝的丝与丝织品与大秦交易，从中获取垄断的暴利。也许是考虑到若汉朝直接开通了与大秦的商路会损害其垄断利益，所以阻止甘英西行。

不过，甘英此次出使也并非全无结果。实际上，甘英的西行，在丝绸之路的历史上，是中国人的又一壮举。甘英虽然没有到达原定的目的地，但他确实是中国第一位走得最远的使臣。他亲自走过了丝绸之路的大半段路程，已经到达了与大秦国隔海相望的条支国，在此逗留其间，他调查了大秦国的种种情况，也了解到自安息从陆路去大秦国的路线，还了解到从条支南出波斯湾，绕阿拉伯半岛到罗马的航线。正是根据甘英的记述，中国人才得以充分了解到过去所一直不清楚的极西地方的情况。

班超40岁出使西域，在西域共30年，为开辟和巩固丝绸之路，为加强中原与西域的联系，做出了重大贡献。汉和帝下诏书表彰他说："逾葱岭，迄县度，出入二十二年，莫不宾从，改立其王而绥其人……"封他为定远侯。

班超久居偏远的异地，年迈病重，思念故土，上书朝廷请求回到洛阳，书中说："臣不敢望到酒泉郡，但愿生入玉门关。"但是，也许是朝廷找不出合适的人选接替班超，也许是觉得班超在西域朝廷就放心，结果班超的请调信函上了三年，也没得到批准。其妹班昭亲自上书和帝，要求将其调回。她在信中写道：

班超刚出塞时，就立志捐躯为国，时逢陈睦被害，班超以一己之力，辗转异域，幸亏有陛下的福德庇佑，得以全活，至今已有三十年了。当初跟随他一起出塞的人，都已作古。班超年满七十，衰弱多病，即使想竭尽报国，已力不从心。如有突发事件，势必损害国家累世的功业。

我听说古人十五从军，六十还乡，中间还有休息、不服役的时候。因此我冒死请求陛下让班超归国。班超在壮年时候竭尽忠孝于沙漠之中，衰老的时候则被遗弃而死于荒凉空旷的原野，这真够悲伤可怜啊！如果班超命丧异域，边境有变，希望班超一家能免于牵连之罪。

班昭代兄上书，说得合情合理，丝丝入扣，汉和帝览奏，为之戚然动容，于是派遣戊己校尉任尚出任西域都护，接替班超。永元十四年（102）八月，班超70岁时，从西域返回洛阳，被拜为射声校尉。班超回到洛阳一个月后就去世了，死后葬于洛阳邙山之上。

在西域期间，班超巩固了东汉在西域的统治，维护了西域安定，加强了中国同中亚各地的联系。班超平定天山南北以后，汉的政治势力继续向西扩展，远达帕米尔高原以西的中亚。班超一生事业，主要是在西域开创的。他平定西域城郭诸国的内乱，抵御了强敌，恢复了祖国的统一和开辟了中西交通，使汉和西域在经济文化上的交流得以继续发展。班超以微小的代价取得了巨大的成就，这一时期是东汉西域经营最多彩的一幕，也是东汉西域经营的高峰。

班超回朝后，西域诸国又纷纷叛汉。延平元年（106）九月，西域各国起兵攻任尚于疏勒。东汉派兵驰援，改派段禧为都护，平息叛乱。汉安帝永初元年（107），即班超自西域返回洛阳后的第五年，段禧任西域都护时，安帝以为西域险远、耗资过巨，下令撤西域都护，匈奴乘机南下，再度占据西域。

汉元初七年（120）三月，北匈奴率车师后王军就杀汉车师后部司马及敦煌长史索班等，并驱逐车师前王，控制北道，进逼鄯善。鄯善向敦煌太守曹宗求救。曹宗向朝廷请兵五千进击北匈奴，复取西域。班超之子、军司马班勇上《西域策》，向邓太后进谏说，汉明帝时期西域内附后，"匈奴远遁，边境得安"，而西域绝后"北虏遂谴责诸国，备其逋租，高其价值，严以期会"。西域各地，"皆怀愤怨，思乐事汉"。班勇还指出，西域与河西唇齿相依，控制西域，才能有河西的安全。班勇建议朝廷应以敦煌为基地，设置护西域副校尉，负责与西域各地恢复联系事。这样，西能控制焉耆、龟兹径路，南可抚慰鄯善、于阗，北可抵御匈奴，东近敦煌。三年后，即安帝延光二年（123），敦煌太守张珰又上书朝廷，备陈利害，请求政府通西域，开丝路。安帝遂决定在敦煌置西域校府，任命班勇为西域长史，率兵 500 人屯驻于柳中，具体经营通西域、开丝路的事业。

延光三年（124）正月，班勇收服鄯善，龟兹、姑墨、温宿相继来归。同时率各国兵进击车师前部。延光四年（125），班勇率敦煌、张掖、酒泉三郡兵及鄯善等西域兵平定车师后王军就。延光五年（126）冬，班勇率西域诸国兵击败北匈奴呼衍王。永建二年（127），班勇又联合西域兵会同敦煌太守张朗两路进攻，击降焉耆，西域诸国包括早就心向汉室的南道各地在内，复归于东汉朝廷统辖之下，再次打通西域。此谓"三通"。

班勇在西域活动的时间不长，由于各城国的有力支持，取得了巨大的成功，为东汉后期丝路的长期开通，奠定了基础。

为了开通西域，汉朝对匈奴几经征战，消耗了大量的武力和财富，付出了重大代价。从张骞"凿空"到东汉时的"三绝三通"，经过几代人的努力，开辟和巩固了丝绸之路，与西域各国乃至更远的西方建立起持续的联系和贸易关系，加强中西文化交流。

七

在汉代人眼里，西域是一片神奇的土地。

汉代通西域，大量传入西域的物产、艺术和文化信息，不仅大大地开阔了人们的视野，也激起人们对西域的奇异想象，全新的西域意象及神奇的西域艺术成为文人表现的兴趣。汉代人在现实所接触到的西域商胡、物产和艺术形式的基础之上，融合大量传说、神话，加以夸饰、想象，描绘出一个奇异的西域世界，成为中原人士一个对异域想象的乌托邦。

在很早的时候，人们就对来自异域的事物，对来自其他民族和国家的贡品，就赋予了许多奇异的故事。每个时代都有种种由外国贡献的神奇的贡礼的传说。在早期的所谓地理博物小说中，大致上包含了三大内容：一是殊方，即辽远的空间距离；二是异民，即表现其怪异的形体、特性和习俗；第三是奇物，即或出于真实，或出于想象的各地的奇异物产。

《山海经》对异域的幻想达到了一个空前的高度，但此书所记载的物产基本上属于神话，凭空想象，并不是现实中实有之物。据说，古代的"赤乌之人"曾经向周穆王敬献过两位美女，周穆王将她们纳为嫔妃。这两个女孩子的原型，就是作为贡礼从科罗曼德尔海岸送来的两位黑人少女。古人相信，国外的旅途充满着自然界的险阻和精灵鬼怪的危害，在中国范围以外的任何地方，随时随地都会有大难奇险降临头顶，这种看法进一步增加了种种神奇传说的魅力。古人总是相信，精灵鬼怪等候在山间小径的每一处拐弯的地方，潜伏在每一场热带风浪的后面。来自外国的人和物都自然地带有这种危险而又使人心醉神迷的魅力。

汉代开通西域后，揭开了人们重新认识西域的新纪元，正史中关于西域的记载，张骞的西域出使报告，体现了这一时期人们对于西域的比较客观的认知。人们通过这些同时代人的文献，知道了陆上最远处距汉有四万余里之遥，西域不少国家充满珍宝与奇异物产，并有让人匪夷所思的风俗，这极大改变了人们对世界的观念。

然而，这时的人们对西域的了解还是相当有限的。但另一方面，开通丝绸之路后，引起人们对其他远国异民的极度关注，对西域这片土地更充满了好奇和幻想。这一片土地更能给他们提供想象的基础与空间，将过去与现在、神话与现实贯通起来。

人们对于西域的奇异风俗、奇珍异宝和奇兽珍禽充满了好奇。张骞等使者所关注的对象，不是与汉朝相同的那些草木、畜产、五谷、果菜、食饮、宫室、市列、兵器、金珠，而是"有异乃记"。汉代上层人物对奇异之物更是表现出异乎寻常的兴趣。汉武帝对西域诸国所献的大鸟卵及犁靬眩人兴奋不已。传为东方朔所著《海内十洲记》，记载汉武帝听西王母说大海中有祖洲、瀛洲、玄洲、炎洲、长洲、元洲、流洲、生洲、凤麟洲、聚窟洲等十洲，便召见东方朔问十洲所有的异物，后附沧海岛、方丈洲、扶桑、蓬丘、昆仑五条。占有稀奇宝物是推动武帝开疆拓土的一个重要原因。

中外使者和商人带到汉朝的各类物件及所记叙的新奇人物、艺术、宗教、传说等都会成为人们关注与表现的对象。这些关注和好奇也体现在当时的文学作品中，成为文学创作的一个想象的源泉。如汉代诗赋中出现了大量的西域物象。西域物产往往又是富丽豪奢的象征。它们的名称常常成为以藻饰见长的辞赋、诗歌作者乐于称引的对象，通过对这些名物的铺陈与描绘，展示金碧辉煌、光采炜炜的繁艳风貌。乐府杂曲歌辞《蜨蝶行》中提到苜蓿，《陇西行》中出现西域的坐具氍毹。《乐府》里有"氍毹五木香，迷迭艾蒳及都梁"，皆为来自西域的毛皮制品及奇花异草与香料。《羽林郎》叙述胡女独立经营酒店，其穿戴有鲜明的西域特色，浑身珠光宝气，"头上蓝田玉，耳后大秦珠""一鬟五百万，两鬟千万余"。朱穆《郁金赋》写郁金"遐其无双"的娇艳与"独弥日而久停"的芳香。祢衡《鹦鹉赋》以鸟自比，鹦鹉自西域而至，"性慧辩而能言兮，才聪明以识机"，迥出众鸟之上。蔡邕《伤胡栗赋》言胡栗"弥霜雪之不凋兮，当春夏而滋荣"，赞叹其傲霜斗雪的高洁品格。

武帝宫中充斥着西域来的奇宝异物。《西都赋》说：汉武帝时，长安集中了四方奇物，"其中乃有九真之麟，大宛之马，黄支之犀，条支之鸟，逾昆仑，越巨海，殊方异类，至于三万里"。上林苑更是聚集了天下的奇珍异宝。汉代作品中又有西域伎艺的生动展示。张衡的《二京赋》全面展示了百戏的演出盛况。百戏中融入马戏、杂技、幻术等大量的西域元素。

在汉代文学对西域的描写中，除了对引进的西域物产和奇珍异兽的近乎夸张的描写外，还充满了想象、夸饰、虚构。那些从未到过西域的人，在别人记述与传闻的基础之上，与《山海经》等神话结合起来，进行更为大胆、虚幻的想象。在中国人眼中，外邦风物本来就是奇妙神秘的，再加上人们的附会夸饰，就形成传说。到了方士的神仙家手里，便同服食飞举灵异变化的方术与仙术结合起来。

汉代文学有关西域世界的建构，是汉代人描绘其他奇异国度及仙境的基础。西域的开通，激起的是人们对远方异域的关注热情，为地理博物小说的兴起提供了一个很好的契机。在汉魏六朝小说中，根据实有之物，夸大其功能，并与仙境、理想国的幻想结合起来，使这些物产具有了神话色彩。作者通过独特的视角把自己的情感、愿望投射于西域的商品与商人，各种传闻与想象源源不断地进入历史，从而重新建构了一个西域世界。

汉人在陆路上的交通，主要是西域方向，在海上是东方与南方。汉人对西域世界的建构，也推动了人们对远国异民奇物的想象。他们把对西域的想象技巧，用于对各个方位神奇国度与异物的描绘上。如《海内十洲记》描写了东南西北四海中的十洲，虽仅有凤麟洲、聚窟洲在西海，然对其他八洲的描写很明显受到了西域传说的影响，如炎洲中的火浣布，又如流洲中的割玉刀，皆本为西域特产，却被移到了其他地方。在其他故事中也有类似情况。

| 第二章 |

丝路上的驼铃声

在漫长的中西文化交流史上，丝绸是中华文化的一个代表性符号。丝绸是中国对于世界物质文化最大的一项贡献。

丝绸贸易在经过波斯之后，继续沿着丝绸之路的西段运往欧洲。在欧洲，各地的商人们纷纷从事这一有巨大利润的贸易，争先恐后地赶到商船停靠的港口城市，而罗马、拜占庭等则成了地中海社会内部巨大的丝绸仓库。

粟特人是一个几百年间活跃在丝绸之路上的独具特色的商业民族，被诸多中外学者认为是古代中亚最活跃、最神秘的民族之一。有学者非常形象地描绘了粟特人对东西方文化交流的作用：通过丝绸之路，古代世界得以沟通和交流，而中亚粟特人是东西文明的主要"搬运工"。

一

　　丝绸之路的开辟与畅通，促进了对外贸易的发展。丝绸之路原本是贸易之路，是在久远的历史时期各民族、各国家的一代又一代商旅，克服关山阻隔，长途跋涉，开辟了这条路，走通了这条路。于是，随着商旅们的驼队，中国以丝绸为代表的丰饶的物产，被输出到欧亚大陆的其他国家和民族中，丰富了他们的物质生活；与此同时，各民族、各国家的物产，也沿着丝绸之路传播到中国内地，成为来自远方的"殊方异物""奇珍异宝"。随着商人们到来的，不仅仅是这些物质产品，还有技术、知识、艺术等等，在漫漫的丝绸之路上出现了各民族文化大交流的壮观景象。

　　物质产品的交换，是丝绸之路上最初的和最基础的活动；而对商业利润的追求，是开辟丝绸之路最原初的动力。

　　中原地区的汉族国家，与四周各边地民族、部落、氏族的交换，在商周时代就已发生。到了两汉，具备对外贸易产生和发展的各种条件：全国的统一与社会的长期安定，生产力与国内商业的发展，商品的增多和商人力量的壮大，上层社会对国外物品的追求，军事威力的增长，交通技术的发达及与国外交通道路的开辟；周围国家，特别是中近东各国，如身毒（印度）、安息以及罗马帝国，经济昌盛，有了经常性的繁荣的商业传统。西汉是中国对外贸易发轫时期，对外贸易一开始规模就很大。东方隔海与日本，西方远与罗马，南到东南亚各地，交易日益频繁。在西汉开辟出交通路线之后，东汉的对外贸易比西汉时期更为发达。

汉文帝时，北方就有"与（匈奴）通关市"，然而规模尚小。及武帝经营四方，征服四邻的一些部落、氏族、国家，并大力开辟交通，派张骞两次出使西域，开辟了通西域的道路以后，境外贸易进入繁荣发展的时期。汉帝国始终以通关市来缓和匈奴的威胁，并借以分化匈奴内部的人民，作为对匈奴政策的重要组成因素。但严禁输出铁及铁器，害怕加强匈奴的军事力量。后因战争的关系，交换或停或复。及至东汉，匈奴分为南北，仍是和战无常，交易亦或停或复。交换的主要商品，在汉输出的是缯絮、食物、盐等，在匈奴输出的则为牛马等牲畜。

南方的南越，在未归属于汉帝国以前，与汉有过密切的贸易关系。南越向汉购买金、铁、田器、马牛羊。南越归属汉以后，其地便成为中国从海上与东南亚各国及印度、罗马通商的要道。据《汉书》卷二八《地理志》记载，中国商人曾到达今印度东海岸，去的目的是"市明珠、璧流离、奇石、异物"。武帝以后，这些物品皆有"献见"。中国商人"赍黄金杂缯而往"。中国的丝织品和铁器等物运到印度以后，又由印度或罗马商人转运至罗马各地。罗马的琉璃等商品，通过同样的道路，运到中国沿海的日南和番禺，再经过桂阳、长沙运到洛阳或长安。中国出土的汉代玻璃制品，当时只有罗马才能生产，但却具有中国所独有的风格。换句话说，这些玻璃制品是罗马人专为销售中国市场而生产的。

两汉境外的跨文化贸易首先是与西域各国的交易。这些国家"皆无丝漆，不知铸铁器"，而多产玉石与牲畜。他们以牲畜、玉石交换中国的铁器及丝织品，并往往以使团名义来中国贸易。各国来中国贸易的人很多。班超通西域后，"商胡贩客，日款于塞下"。许多西域商人甚至直至长安进行贩买活动。

　　两汉的商人还通过西域的丝绸之路与印度进行贸易。在玉门关，出土过写有汉文和早期贵霜王朝婆罗谜字体句子的物件，其内容是印度俗语。这证明，在公元前后，有印度商人到过此地贩丝，印度俗语已经成为这一带的商业通用语言。中国丝织品经丝绸之路贩运印度后，有一部分转运至罗马。大约在奥古斯都时代，从红海各港到印度恒河的罗马船舶，每年约 120 只之多。1 世纪季风规律被发现后，船只数量骤增。输入罗马的商品，最主要的是印度的宝石和中国的丝织品，其次是铁、奴隶、香料、药物、毛麻织品以及狮、象等奇禽异兽。当时输入罗马的东方货物数量很大，罗马除了用琉璃、毛丝亚麻混合织物、葡萄酒等抵销一部分外，还要用金银补偿余额。

　　汉代输出商品中最主要的有两种，一是体轻价贵的丝织品，属于奢侈品；另一种是体价皆重，不便携带，然是四周各国各族人民所必需的铁与铁器，因为他们尚多不产铁或不知铸铁。

　　在汉代的对外贸易中，输入的商品大致有三大类：第一种是奢侈品，如乌丸、鲜卑的虎豹貂皮，西域的玉石，印度的宝石，罗马的玻璃等；第二种是马、牛、驼等牲畜；第三种是奴隶。奴隶是对外贸易中一种主要的特殊商品，汉帝国几乎从四周的各个国家、民族都获得奴隶，获得的方式虽各异，但大多数是通过贸易买来的。

二

　　贯穿欧亚大陆的交通大道丝绸之路以丝绸来命名，说明了丝绸在中西交通、贸易和文化交流中的重要性。

　　在漫长的中西文化交流史上，丝绸是中华文化的一个代表性符号。丝绸是中国对于世界物质文化最大的一项贡献。

　　中国人养蚕、缫丝和织绸，可能在几千年前的新石器时代就已经开始了。

传说中黄帝的后妃嫘祖教导人民养蚕缫丝织绸，以制衣裳。据考古发掘的结果，一般认为中国丝织物开始出现于中国东南地区的良渚文化（约前3300—前2300）时期，这时的中国先民已经成功地驯化了野生桑蚕，使其成为可以饲养的家蚕，并利用蚕所吐的丝作为原料，织造丝绸之物。到了商代，已充分利用蚕丝的优点，并且改进了织机，发明了提花装置，能够用蚕丝织成精美的丝绸。《诗经》中有不少桑事织衣的诗篇，是中国中原地区丝织发达、分布之广的记录，是那时桑蚕丝织生产的生动写照。

所谓"捣练"，又称"捣衣"，是古代制作衣服的重要工序之一。蚕丝制成丝帛之后，需要去除上面的丝胶，进行精炼。大约在汉代前后，作为新的精炼工艺，捣练法出现。

汉代养蚕技术和缫丝、织造、印染等技术都有了很大提高。丝绸生产是人民生活的重要组成部分，凡宜蚕之地，每家每户均树桑养蚕，并以绢作为赋税。在长沙马王堆西汉古墓出土的素纱蝉衣，长三尺七寸，重量不到一两，其工艺之精巧，轰动了整个世界。湖北江陵楚墓中出土的大量丝织品，更被誉为"世界丝绸宝库"。

汉代丝织业生产规模很大，花色品种繁多，产品数量也很大，出产了丰富多彩的丝织品，如锦、纱、罗、绫、缎、绸、绒、缂丝等。据记载，汉武帝元封元年（前110），汉朝自民间征集的绸帛就达500万匹，可见当时纺织业的兴盛状况。大批量生产的各色丝绸，不仅满足王朝贵族们的需求，而且成为社会各阶层都能消费的衣料。

精美绝伦的各色丝绸，为人们提供了舒适的衣料和优美的装饰物，丰富了人们的日常生活。随着汉代丝绸之路的开通，汉王朝与西域各国使节往来不断，民间商旅更是相望于道，中国与西域地方以及包括波斯在内的西亚地区商贸往来日渐频繁。丝绸是中国最早大宗出口的一种货物。直到明清时代，丝绸一直是向海外输出量最大的并且是最受欢迎的中华物产之一。中国丝绸传播到任何地方，都受到热烈的欢迎。

三

　　丝绸很久以来就是中国的主要出口商品，丝绸之路上的贸易，在更多的情况下是以中国的丝绸为主要内容，是以丝绸的交换为中心的。

　　就大多数情况而言，中国丝绸的西传是分段进行的，当时的丝绸贸易实际上是一种有多国多民族参与的国际性贸易。而这种跨文化的国际贸易，形成了一个巨大的贸易网络，把整个欧亚大陆连接了起来，成为从太平洋到大西洋横跨整个旧世界的经济统一体的一条纽带。

　　古罗马的博物学家普林尼说，丝绸"由地球东端运至西端"。但是，从事这种贩运的并不是中国人，而是大夏、波斯、阿拉伯和希腊等国的行商。这些行商像接力一样，从一个国家到另一个国家转输交易。

　　在这种分段进行的国际性丝绸贸易中，西域各国位于丝绸之路要冲，在东西交通中居于重要地位，中国丝绸多经过他们之手转运。中国商人最远只把丝绸运到新疆，脱手后由一长串中亚商人转运数千英里至地中海之滨，然后再由那里的叙利亚、希腊和罗马商人运往更远的西方。

　　早在商代就有丝织物成批地外销。到周代，穆王西征时，带有精美的丝织物作为礼品送予"西王母"。这是中国丝绸西传最早的记载。在西域的广大区域内，包括现在新疆地区和帕米尔以西的区域内，陆续出土了大量的从春秋战国一直到汉晋时代的丝绸制品。1977 年，在新疆吐鲁番盆地西缘的阿拉沟（托克逊西）东口，发现了一批墓葬，时间跨度为春秋战国时期到汉代。其中出土的菱纹链式罗是战国时内地刚刚才有的丝织珍品，由于外销，已经沿着丝绸之路运到了天山南麓。在第 28 号春秋墓（距今 2620±165 年）中，出土了一件凤鸟纹刺绣。这件刺绣品在长宽均为 20 多厘米的绢地上，用绿色丝线绣出各种凤鸟图案。原件虽已残破，但仍可见到凤鸟的躯体，微曲的腿、爪。从刺绣的丝绢与凤鸟图案分析，无疑是中原地区的产品。

在汉代，中国丝绸的西传，主要通过三种渠道，即中国朝廷作为礼品向西域各民族的赠赐、中国朝廷与西域各民族的以物易物贸易，以及奔走在丝绸之路上的商人的活动。

中原王朝以丝绸作为一种国际礼品赠赐给西域民族，是一种很常见的做法。特别是汉朝，向西域各民族赠赐的丝绸往往数量很大。如汉高祖与匈奴和亲，约定"岁奉匈奴絮缯酒米食物各有数"。又如汉宣帝甘露三年（前51），匈奴呼韩邪单于来朝，汉朝宠以殊礼，赠给大批礼品，其中包括锦绣绮縠杂帛800匹，絮6000斤。第二年，呼韩邪又入朝，礼赐如初，加衣110袭，锦帛9000匹，絮8000斤。汉成帝河平四年（前25），匈奴单于伊邪莫演入朝，赐给锦、绣、缯帛两万匹，絮两万。如此等等。张骞及其他汉使节出使西域时，也曾携带大批丝织品作为礼物赠予所到国家。中国的丝织品，有相当一部分通过对西域民族的赠送而流入西方。

不仅如此，中原王朝还以丝绸与西域民族进行易物贸易。汉代运丝的商队通常由政府官办，称为"使节"，实际上是官办的贸易队伍。汉朝每年都派出成批使团随带大量缯帛前去贸易。中国商队最远曾到达地中海东部地区。波斯和叙利亚的商队也由此东行，进入葱岭，至新疆境内交换货物，尤其是成批转运从内地西运的丝绸。因而，中国丝绸的大量外销西传，在很大程度上得力于往来在丝绸之路上的各国商队。

汉代西域通道大开，出现中国丝绸大量输入西域的盛况。从考古发现来看，汉代丝织物在甘肃武威、敦煌，新疆楼兰、民丰，中亚地区的刻赤、奥格拉赫提、叙利亚的帕尔米拉、杜拉欧罗波等地均有发现，种类包括锦、绮、罗、绢、纱等。西方探险家斯文·赫定于1900年在楼兰发现丝的残片。1906年和1914年，斯坦因在楼兰遗址附近的汉墓里，发现了通过丝绸贸易在此出现的丝织品和东传的毛织品。位于楼兰以西约200公里、地处交通要冲的营盘遗址，20世纪末经发掘清理，发现的丝织物，几乎包括了我国汉晋时期丝织品的所有品种，有绢、纱、绮、绫、锦等印花织物，其中以绢的数量最多，约百件以上，衣袍、覆面等服饰，大都以绢制成。

中国输入西域的货物以丝绸为大宗，此外还有漆器、铁器、软玉、麻织品、釉陶和各种装饰品。在中亚西亚及欧洲东南部地区，在多处遗址和墓地发现汉代文物，主要有铜镜、钱币、漆器和丝绸等，并且尤以铜镜最为常见。铜镜主要有连弧纹铭带镜、四乳四虺纹镜、方格博局纹镜、云雷连弧纹镜和直行铭文夔凤镜等。

波斯在经营丝绸贸易方面占有重要地位。当时波斯是这一交通网络的中心，同时既是中国生丝的最大储存库，也是这一贸易的垄断中心；为了垄断丝绸贸易，波斯又巧加组织和严加防范。统治波斯的安息（帕提亚）王朝的国王和贵族，都穿戴中国丝绸制作的衣物。安息商人不但将中国丝织品运往本国，同时还将其转运至西方，并且长期垄断了中西之间的丝绸贸易。中国与欧洲的丝绸贸易长期控制在安息人手中。安息人是国际贸易中的天然中介人。由于丝绸之路的繁荣，安息境内也兴起了不少城市，处于丝路上规模较大而重要的城市有番兜（今伊朗达姆甘）、拉盖（今伊朗德黑兰西部）、泰西封（今伊拉克巴格达西北）等。这些城市成为丝绸交易的中心。除了陆上的丝绸之路外，安息商人还以波斯湾为中心，通过海路与东方的印度和西方的罗马商人交易。中国丝绸无论是经过陆路，还是通过海路，都需经过安息商人之手才能运抵地中海。

由于安息垄断了丝绸贸易，攫取了丝绸贸易的高额利润，促使罗马人多次企图打通与中国的直接通道，摆脱波斯人的盘剥，或设法取道经海，从海上取得中国的丝货。而安息人则千方百计阻挠罗马人东进的努力。罗马人与安息人的战争，有很大的因素是对丝绸之路和丝绸贸易控制权的争夺。前文提到公元97年班超派甘英出使安息，直接到了波斯湾。甘英本打算渡海前往罗马，但安息人不愿意丧失对丝绸贸易的垄断地位，不希望汉王朝与罗马帝国建立直接联系，对甘英夸大海上航行的风险，使甘英望而却步，失去了汉王朝与罗马帝国之间建立直接联系的一次重要契机。《后汉书·西域传》说，大秦（罗马）"其王常欲通使于汉，而安息欲以汉增彩与之交市，故遮阂不得自达"。这段记载是说，那时候的中国人已经知道大秦有与中国交通往来的愿望，也知道安息人为阻止中国直接联系罗马从中作梗。

　　为了从波斯得到中国丝绸，298 年，罗马帝国与波斯达成协议，将尼西比（Nisibis）开辟为两国丝绸贸易口岸。拜占庭帝国的东方贸易尤其是丝绸贸易，也像罗马帝国一样受制于波斯。408-409 年，为扩大贸易规模，拜占庭帝国又与波斯商定，增加幼发拉底河左岸的拜占庭城市卡里尼库姆（Kallinicum）和波斯——亚美尼亚地区的波斯城市阿尔达沙特（Artashat）作为通商口岸。此后两大帝国在这三个通商口岸的丝绸贸易进行了大约两个世纪。到 562 年，此时拜占庭已经有了自己的养蚕制丝业，但毕竟还是刚刚起步，无法打破波斯人在丝绸贸易上的垄断，所以，拜占庭与波斯又达成 50 年和平协议，内容之一就是双方在既定的通商地点进行包括丝绸在内的商品贸易。

　　丝绸商品在经过波斯之后，继续沿着丝绸之路的西段运往欧洲。在欧洲，各地的商人们纷纷从事这一有巨大利润的贸易，争先恐后地赶到商船停靠的港口城市，而罗马、拜占庭等则成了地中海社会内部的巨大的丝绸仓库。

　　长途贩运的国际丝绸贸易，是一项获利巨大的事业，所以才会有多民族参与其中，上千年间不绝于途，形成了古代世界的一个庞大的国际贸易体系。法国汉学家布尔努瓦曾描述了在丝绸长途贩运的沿途遭受种种盘剥的情景，指出：一般来说，丝绸交易业务始终都是这样进行的：纺好的生丝或没有捻好的丝等原料，是由叙利亚商人向波斯购买而来，叙利亚人先纳关税，约为物价的 12.5%，然后又装船运到拜占庭、亚历山大港等。在卸船时又要付关税。当商品在帝国内部各处流通的时候，又要巧立名目，征收多如牛毛的各种税，如道路桥梁过境税、市场销售税等等。从一个海关转到另一个海关，丝绸价格就如同滚雪球般地陆续攀升，通过各地的关税监督官，如著名的"慷慨的伯爵"和"贸易伯爵"、商业事务大臣、各种货物的关税税监把税收集中起来，国库就逐渐地富裕起来了（"慷慨的伯爵"也在暗中秘密地模仿国库而富裕起来了）。[1]

　　这里讲的还只是丝绸贸易从波斯到罗马这一段的情况，如果再加上从中国

---

[1]【法】布尔努瓦著，耿昇译：《丝绸之路》，山东画报出版社 2001 年版，第 127 页。

内地到波斯的路途，又有多少费用要支付呢？所以，从中国的产地出发，最后到达欧洲的消费者手中，丝绸的价格已远远超出了可以想象的程度。如果将东西方丝绸价格进行比较的话，唐代从长安至西州（高昌）价格上涨数倍，而从西州经波斯到东罗马帝国的君士坦丁堡，价格要上涨十余倍，有时甚至数十倍。罗马丝绸起码与黄金同价，而高昌每斤生丝只相当于 4 钱黄金。6 世纪末的东罗马，官方规定的丝绸价格高达每盎司 6 至 24 个金宝石，即每匹丝绸达 1-4 公斤黄金。1 两黄金在唐朝值 10 两银，1 两银与 1 匹绢价值大体相当，则丝绸从唐朝运抵东罗马价格提高了 200-800 倍。

经过长途贩运和数次转手，中国丝绸在交换中的价格，已远远超过了它的价值。所以，在古代丝绸贸易中，丝绸不仅是一种货币的等价物，也是一种价值尺度，而它本身也一度是一种货币，被赋予世界货币的特殊功能。帛绸往往在当时的国际贸易中作为流通手段和支付手段。

四

很早以来，就有许多西域的商人沿着丝绸之路进入中原开展经营活动，被称作"商胡"。这里所说的"胡人"，主要是指西域诸民族，包括塔里木河流域的于阗、龟兹、疏勒、鄯善等国，也包括中亚昭武九姓粟特人以及来自西亚的波斯人等。

自汉开始，历经魏晋南北朝隋唐，"商胡"在中国的踪迹屡现于史籍。《史记·大宛列传》说"西北外国使，更来更去"；有自来大月氏、印度等到国的佛教僧人，他们在中国译经传教；还有大量的难民，到中国来寻求安身之地；更多的是商人。汉代有"商胡贩客"活跃于边境地方，内地亦"商贾胡貊，天下四会"，其中明确有"西域贾胡"。外国使团中也有被称作"行贾贱人"的商业经营者。《后汉书·西域传》说："驰命走驿，不绝于时月；商胡贩客，日款于塞下。"《后汉书》卷二四《马援传》记载马援征武陵五溪蛮时，耿舒讥讽马援的用兵行动"类西域贾胡，到一处辄止。"可见此时"西域贾胡"已成常用习语，其行为习性也广为人知。

在胡人居住的区域，由于人数比较多，逐渐形成了一些胡人的聚居群落。长安自西汉以来就是西域胡人的重要聚居区，长安城内还设有专门接待海外来宾的馆舍，称"蛮夷邸"。汉代的长安城内，有东市和西市两个综合市场，有专门的酒市、牛市等，合称"长安九市"，数以万计的中外商人充斥其间，规模之大，货物之殷繁，为举世之罕见。班固《西都赋》说："九市开场，货别隧分，人不得顾，车不得旋。"《东观汉记》称，光武帝逝世，长安"西域贾胡共起帷帐设祭"。

北朝是胡人入华规模比较大的时代。根据历史文献与石刻史料的记载，这一时期西域胡人大量地进入和分布在黄河流域诸多地区，一些地区甚至形成了区域文化聚落。北朝自魏孝文帝迁都洛阳之后，侨居这里的胡人日众。杨衒之《洛阳伽蓝记》记载西域人到达洛阳经商的情况，说当时西域来华者人数甚多。据称，当时居于洛阳的各国沙门，多至三千余人；专门接纳外国僧人的寺院，大至千余间；有远自大秦国而来的，则可能不是佛教僧侣了。

当时在洛阳特设异国馆，接待外国来中国暂时居住者。长期居住的，国家赐给住宅，也有自己筑室而居者。北魏政府在洛阳宣阳门外四里永桥以南专门开辟一区，以安置来此定居的外国人。

据记载，当时洛阳的外侨住宅区多至万余户。若以每户五人计，则当时的外国人总计有五万余人。当时洛阳的人口估计在100余万，而外国人就占了约二十分之一。就是从现在的眼光来看，也是一个很大的数目。这些外国人来自"葱岭已西，至于大秦，百国千城"，可知主要是中亚和西亚人，其中也包括不少波斯人和阿拉伯人。

西域商人在中国经商，实际上也是一个充满艰辛的过程。他们在中国内地，也常遇到当地权贵的巧取豪夺，甚至不惜搞得商人倾家荡产，这种事例在史籍记载中比比皆是。东汉年间，就有西域贾胡惨遭权贵梁冀杀害的事件。北周、北齐是西域商人处境最好的时代之一，但大部分西域商胡的社会地位并不高。凉州是西域商人聚集之所，互市贸易极其兴旺，历任凉州刺史者无不勒索商胡，赃贿累累。

五

汉代以后来中原的西域"商胡"中，以被称为"商业民族"的粟特人最为突出。粟特人是属于伊朗人种的中亚古族，在中国史籍中被称为"昭武九姓""九姓胡""杂种胡""粟特胡"等。他们原来生活在中亚阿姆河和锡尔河之间的泽拉夫珊河流域，即古典文献所说的粟特地区（Sogdiana，索格狄亚那）。其主要范围在今乌兹别克斯坦。在粟特地区大大小小的绿洲上，渐渐聚集成一个个大小不同的城邦国家，其中康国最大，此外还有安国、东曹国、曹国、西曹国、米国、何国、史国、石国，不同时期或有分合，史称"昭武九姓"。

粟特人是一个几百年间活跃在丝绸之路上的独具特色的商业民族，被诸多中外学者认为是古代中亚最活跃、最神秘的民族之一。正如腓尼基人、犹太人在地中海沿岸和北海远程贸易中所扮演的角色一样，粟特人在中原通往地中海的漫长商路上，也扮演了同样的角色。马克思在论述中世纪欧洲的商业民族犹太人时曾指出了"商业民族"的特点，说"这些商业民族，生活在古代世界的缝隙中。"[1]粟特人就是"生活在古代世界的缝隙中"的商业民族。粟特商人大约从东汉后期开始进行往来于中国的商业活动，到了5世纪的北魏时期，他们在东方的商业活动达到高潮，活动范围已扩展到长江流域。

粟特人沿着丝绸之路，由西向东进入塔里木盆地、河西走廊、中国北方、

---

[1]《马克思恩格斯全集》第46卷上册，第486页。

蒙古高原等地区。粟特人所走出的丝绸之路，从西域北道的据史德、龟兹、焉耆、高昌、伊州，或从南道的于阗、且末、石城镇，进入河西走廊，经敦煌、酒泉、张掖、武威，再向东南经原州，入长安、洛阳，或向东北经灵州、并州、云州乃至幽州、营州。他们以沿途的一个一个绿洲城镇为转运点，在这条道路上的各个主要城镇，几乎都留下了粟特人的足迹。有的人在一些居民点留居下来，形成自己的聚落，或在可以生存的地点建立殖民地，有的继续东行，寻找新的立脚点。这些聚落的主要功能，就是为过往的粟特商人提供必要的服务。比如疏勒，作为丝绸之路南北两线的通道，《汉书·西域传》称其地"有市列"。所谓"市列"，就是市镇上的店铺，按商品种类陈列进行营销。可以说，粟特人几乎控制了东西贸易的命脉，其所涉及的领域，包括丝绸、珠宝、珍玩、牲畜、奴隶等。

粟特人的这些聚落点不仅分布在西域各处，而且在从中亚通往中国的沿途中，包括长安、洛阳和通往东北方向的河北道、河东道的驿道沿线的主要州属都市，都有他们的聚居点。敦煌所出天宝十载 (751) 敦煌县从化乡科差簿残卷，登记了从化乡居民 236 人，其中康、安、石、曹、罗、何、米、贺、史等粟特姓氏占总人数的九成以上，而在他们中有四成以上仍然以粟特语起名。唐代籍帐中所见粟特人很多，他们同汉族居民一样成为编户百姓，得到口分田，承担交租税、服徭役的义务，有的被编入军府，充当卫士，参加战斗，并立功受勋。而且这些粟特人多半通晓汉语，有一定的汉文化修养。洛阳出土的《翟氏墓志》记载其夫是康国大首领，入唐被授予检校折冲都尉之职，其宅第在洛阳福善坊。六胡州粟特首领安菩的妻子何氏与儿子安金藏在武后时期居住在洛阳惠和坊。

粟特人以自己建立的聚落为据点组成贸易网络，聚落除了作为商人们的家园，还帮助来往于贸易网络中城镇的商人们进行买卖活动。粟特人经过长时间的经营，在撒马尔罕和长安之间，甚至远到中国东北边境地带，逐渐形成了自己的贸易网络，在这个贸易网络的交汇点上，建立起殖民聚落，作为他们东西贸易的中转站。从北朝时期开始，中央还专门设置"萨宝"这一官职，对胡人聚落进行管理。入华粟特商人进行贸易活动，必须持有政府所发的"过所"才能顺利进行。

茫茫沙海，漫漫丝路，这些背井离乡的粟特人以及其他民族的商旅，自东而西，或自西而东，络绎不绝，相望于道。但粟特人的商旅经历，并不是一段浪漫的旅程，而是一段长途跋涉的极为艰辛和充满风险的旅程。除了自然环境的险恶之外，沿途还时常有盗匪出没，匈奴的劫掠，商旅贩客常常有被劫杀的危险。为此，粟特人的贸易活动，都是以商队为单位，集体结伙而行，往往都是数十人甚至数百人一道行动，并且拥有武装以自保。在佛经中有"五百商人遇盗"的故事，反映的就是粟特商人旅途中所经历的情况。

丝绸之路上的商队是一种民族成分多元化的混合型商队，有时商队的规模相当大。553 年，凉州刺史史宁曾俘获了一支由胡商 240 人、骆驼 600 头及杂彩丝绢以万计组成的非法商队。在敦煌、龟兹等地的一些石窟中常绘有与中亚、西亚商队有关的壁画。魏晋南北朝隋唐时期的北方墓葬中，常出土有骑驼或牵驼、牵马胡俑，还有载货驼俑、马俑、驴俑等一系列陶俑的组合，这些大量出土的胡人俑为我们提供了丝绸之路上商业活动的繁荣景象，表现了墓主人对他们曾经经商的场面难以忘怀。

在东汉到唐末的数百年间，粟特商队是中国和中亚、中国和印度、中国和北方草原民族间贸易的主要承担者。从遥远的粟特故乡，到中国的中原腹地，由于精心的准备和严密组织，粟特商人得以在丝绸之路上，维持了数百年的贸易往来。作为丝绸之路上的商业民族，粟特人把东西方物质文化中的精粹，转运到相互需要的一方，他们背负着中国人所创造的丝绸以及其他精美的物产，或是西域盛产的羊毛织品以及其他器皿银币，为东西民族互通着各自的物质文明成果，也带给人们异域的文化信息，通过商业活动这一纽带，为中西之间的文化交流与对话做出了不可替代的贡献。而粟特人的语言成为丝绸之路贸易中的通用语言。

有学者非常形象地描绘了粟特人对东西方文化交流的作用：通过丝绸之路，古代世界得以沟通和交流，而中亚粟特人是东西文明的主要"搬运工"。

| 第三章 |
丝绸与罗马

在卡莱战役中，波斯人就这样大获全胜。这是罗马人发动而失败得最惨的一次战役。那些在关键时刻扰乱罗马军心的颜色斑斓的军旗，就是用中国丝绸制作的。这是有记载以来罗马人第一次见到中国的丝绸。

当丝绸在罗马帝国的大地上风行的时候，有关中国文化的某些信息也随之传了过去。思想的东西负载在物质的东西身上，成为两种文化间接接触的一个渠道。

拜占庭人在往日罗马的奢华传统之上，还对精美服饰增添了一种新的、更明显的东方情趣。对于丝绸的热爱，既是为了显示其对色彩的强烈与日新月异的热爱，也是为了服务于成为社会文化形式的那种神圣和繁文缛节的盛大辉煌。

一

也就是在汉代的时候，罗马人看到了丝绸，知道了丝绸。

公元前 53 年，也就是中国的汉宣帝甘露元年，遥远的罗马与安息帝国之间在卡莱这个地方发生了一场大战。安息即帕提亚 (Parthia) 王国，也就是波斯第二帝国阿萨西斯王朝，中国史籍译为安息。当时，罗马"三头政治"之一的执政官克拉苏 (Marcus Licinius Crassus Dives，前 115- 前 53) 就任叙利亚行省总督不久，就匆忙率军远征安息。在卡莱，罗马军团与波斯人发生大战。天当正午，交战正酣，波斯人突然展开鲜艳夺目、令人眼花缭乱的军旗。由于这些军旗耀眼刺目，再加上罗马人本来就已疲惫不堪，所以他们很快就全线崩溃。这就是历史上有名的卡莱战役。在这场战役中，克拉苏阵亡，他的儿子也在战场上捐躯，有两万多名罗马士兵血染沙场，另有一万名士兵被俘。

在卡莱尔战役中，波斯人就这样大获全胜。这是罗马人发动而失败得最惨的一次战役。

那些在关键时刻扰乱罗马军心的颜色斑斓的军旗，就是用中国丝绸制作的。这是有记载以来罗马人第一次见到中国的丝绸。

在很长时间内，波斯人垄断了丝绸之路上的贸易，所以，在罗马人对丝绸还一无所知的时候，波斯人已经将丝绸广泛用于他们的生活中，其中就包括在卡莱战役中大显神威的丝绸军旗。

在卡莱战役之后不久，通过波斯人，罗马人也熟悉了这种风情万种的织物。经过波斯人的中介，通过丝绸之路西运的丝绸远达罗马。德国人李希霍芬（Ferdinand von Richthofen, 1833-1905）创造"丝绸之路"这个名词，就是为了强调这条路的开辟主要是为着运输中国丝绸到罗马帝国去。

据说，著名的罗马统治者、与克拉苏同为"三头政治"之一的恺撒（Gaius Julius Caesar，前100- 前44）曾穿着绸袍出现在剧场，引起轰动，甚至被认为奢侈至极。还据说，恺撒还曾用过丝质的遮阳伞。埃及女王克利奥帕特拉（Cleopatra），就是那位著名的"埃及艳后"，曾身穿华丽的绸衣出席宴会。1世纪中叶罗马诗人卢卡努斯（Marcus Annaeus Lucanus , 39-65）记述这位绝代女王："她白皙的胸部透过西顿衣料显得光耀夺目，这种衣料本由细丝精心织成，经罗马工匠用针拆开，重加编织而成。"[1]

丝绸最初输入罗马时，几乎是一种无价之宝，还只是少数贵族享用的奢侈品，但过了不久，就在全帝国风行开了。罗马皇帝提庇留（Tiberius Claudius Nero，前42-37）曾试图禁止男人穿丝绸，以遏奢靡之风，但没有成功。他的继任者卡利古拉（Gaius Julius Caesar Augustus Germanicus, 12-41）第一个穿上了丝绸裙子。顿时，中国丝绸风行于罗马宫廷和上层社会，几百年中元老院的议员一向以能穿中国的丝袍为荣。锦衣绣服既成富室风尚，绸幕丝帘也被教堂袭用。罗马城中的多斯克斯区（Vicus Tuscus）有专售中国丝绸的市场，罗马贵族们不惜重金高价竞买中国丝绸。在2世纪时，丝绸在罗马帝国极北的海岛城市伦敦，风行程度甚至"也不下于中国的洛阳"。在罗马帝国境内的多个遗址中，都有当年的丝织品遗物出土。

5世纪各蛮族涌入罗马帝国以后，为罗马贵族的豪奢之风所熏染，也开始

---

[1] 沈福伟著：《中国与非洲——中非关系二千年》，中华书局1990年版，第27页。

追求东方奢侈品。408 年，西哥特国王阿拉里克（Alaricus，约 370-410）率领西哥特军队围攻罗马，向帝国政府勒索大量财物，除金银财宝外，还有丝绸外衣 4000 件，皮革 3000 张和胡椒 3000 磅。对于这些蛮族人来说，中国丝绸也是挡不住的诱惑。

在罗马，纯丝绸制品已经成为追赶时髦的必备之物，但它价格昂贵，并非人人都穿得起。但人人穿着至少是半丝织的衣物，否则会被看成苦行僧。罗马人一般不直接消费中国高档的提花丝织品，而是将成本相对较低的素织物拆开，取其丝线，再分成经线和纬线，在其中加入亚麻或羊毛使得纤维更多一些，再重新纺织，织成适合当地的轻薄半透明的织物。古罗马博物学家普林尼（Gaius Plinius Secundus，23 或 24-79）在他那部著名的《博物志》中就说过，进口的丝织物被拆解成丝线，重新纺纱、织造、染色，制成轻薄半透明的织物，再染色、绣花、缕金，以适应罗马市场的需要。

当时的中国人好像也了解这个情况。《三国志》卷三〇《乌丸鲜卑东夷传》中说：大秦"又常利得中国丝，解以为胡绫。"

出于对丝绸再加工的需要，罗马的丝织业在地中海沿岸繁荣起来。沿海城市提尔、贝里图斯（今黎巴嫩贝鲁特）、西顿（今黎巴嫩赛达港）。都出现了以加工中国丝绸为主要业务的丝织工坊。在今叙利亚境内的丝绸之路要道上的帕尔米拉更是地中海古代纺织中心。罗马的丝织业正是依靠来自中国的丝织品和生丝，也借鉴于高度完美的中国丝织技术，纺织出他们的刺金缕绣，织成金缕罽、杂色绩和黄金涂的丝衣。

所以，罗马人趋之若鹜的丝绸，其实主要是这种"半丝绸"。直到 3 世纪，罗马人才流行穿纯丝制成的衣服。古人把这种丝织物称为"Serica"，以区别于其他丝绸。

此外，人们更多的是把丝绸用来做一些小装饰品，染成紫红色或者刺绣，然后嵌饰在内长衣上，或绣在白毛线边上，有时也缀在从埃及进口的柔软的棉织品衣衫或来自巴勒斯坦的亚麻布衣服上。这些装饰品都是平行罗带，垂直缝绣在长衣的前襟；有时还作边饰，呈方形或圆形。这些刺绣品上有各式各样的几何图案，如圆形、条纹状、正方形，也有花朵、怪诞的动物、肖像、风景、神话情景等等。各种颜色的丝线使这些生动的图案跃然布上。人们也顺便把所有的零碎丝绸小片拆开，以便把丝线从中抽出来，然后再织成更薄的绸布。

中国的丝绸在罗马赢得了广泛的赞誉。其洁白光泽和独一无二的品质可以绣上各种色彩的图案，从最生动的到最温馨的，从橘黄色、紫晶色、色雷斯鹤的色彩、海水的颜色抑或是奇幻的色彩："万里无云，温和的西风带着潮湿的气息徐徐吹来。"

二

中国丝绸的大量输入，给罗马世界带来了不可估量的影响。丝绸在罗马的风行，正好适应了当时罗马帝国席卷全社会的奢靡之风。经过几百年的繁荣发展，成为横跨欧洲、亚洲、非洲，称霸地中海的庞大罗马帝国。在将近 200 年中，罗马保持了帝国的霸权，形成所谓"罗马和平"（Pax Romana）时期，代表着当时古代西方世界文明的最高成就。2 世纪中叶的鼎盛时期，大约有 7500 万人生活在罗马的统治下，占全球人口总数的四分之一。庞大的帝国，富庶的经济，使罗马社会生活充满了繁荣、浮华和奢靡的气氛。如今到罗马城，去看一看已经成为废墟的罗马广场、巍峨的斗兽场以及庞大的洗浴场，仍然能感受到当年的辉煌和浮华。正是在这个时候，来自遥远中国的丝绸进入到罗马社会，进入到罗马人的日常生活中。可以说，来自远方的中国丝绸，参与创造了罗马的浮华、奢侈、追求时髦的社会风尚。在这样一种挥霍浪费和追求虚伪等高雅时髦的气氛中，丝绸就以风驰电掣般的速度席卷古罗马。

丝绸本身就有豪华的特征，但更具有吸引力的是它本身遥远而又神秘的起源。当时罗马人只知道丝绸来自遥远的"赛里斯"，但是，"赛里斯"在哪里？那里的人们又是什么样的？就只有一些荒诞不经或道听途说的想象和传闻。这就更增强了丝绸的神秘性。在所有人的心理上，丝绸都享有一个神奇东方的所有内涵。在所有的文化中，都有对于异国情调的想象与向往，如果这种想象负载在一个具体的事物当中，那么，这个事物就被赋予了特殊的超出它本身的文化价值。丝绸在罗马就是这样。丝绸成了罗马人对于异邦想象的文化载体。没有任何商品会具有如此梦幻般的意义。那些促使骆驼队穿越沙漠、大碛或乘船漂洋过海的原因，也是为了这一切：对于美好事物和外来物的一种无尽的渴望。

丝绸创造了一种新的时尚，一种新的审美理想。时髦、豪华和享乐是密切联系在一起的。中国的丝绸薄如蝉翼，风情万种，非常性感，具有浓烈的女性化气息。罗马的美女们使用来自东方的粉脂和香水，以衣物的轻盈和透明，满足于这种新鲜而又让人喜爱的手感。丝绸及其织品创造了一种时髦的服装。这种时髦，使丝绸服装变成令人向往的对象，它们相当稀少而可以作为名誉地位的标志，接触到它就可以变成生活的典范。丝绸潜移默化地改变着罗马妇女、男人的着装习惯，掀起了一场时尚的狂澜，使整个社会趋之若鹜。

中国丝绸在罗马的社会生活中引起了巨大的波澜，造成了一种社会风尚，这种追求异域风情和奢侈浮华的风气弥漫于整个社会。也可以说，这是中国文化在欧洲引起的第一股"中国风"，这股"中国风"以丝绸为主要载体，虽然当时的人们还不知道"中国"。有一位法国学者说："自从罗马的贵族夫人们身穿透明罗纱以来，欧洲就已经非常向往中国了。"[1]

在世界文明的历史上，曾有过几次大的"中国风"流行。比如在奈良时代的日本出现的"全面唐化"风潮，幕府时代的日本的"唐物趣味"，在蒙元时代的波斯即伊儿汗国出现的"中国风情"，在17-18世纪欧洲出现的"中国风"，等等。这几次"中国风"的共同特征是，中华文化的传播和影响，是通过具体的进入到消费领域的物质载体实现的。因而，就具有这样几个特征：一是深入到公众的日常生活层面，部分地成为当地人们日常生活的组成部分，甚至改变了人们的生活方式；二是以贸易的形式，使大宗中国的物品进入到消费领域，

---

[1] [法]F.B.于格、E.于格著，耿昇译：《海市蜃楼中的帝国——丝绸之路上的人、神与神话》，喀什维吾尔文出版社2004年版，第5页。

并且成为人人喜爱的物品；三是带有明显的美学性质，部分地改变了人们的审美情趣；四是带有大众文化的特征，成为一个时期内人们争先恐后谈论、模仿、追逐的社会流行时尚。而所有这些，都是源于对于"中国"的想象，对于来自遥远中国的"异国情调"的向往。中国也适时地提供了可以看得到、摸得着的带着鲜明中国文化色彩的创造物，起先是丝绸，而后是瓷器、茶叶以及其他许许多多美好的东西。

这就是说，当丝绸在罗马帝国的大地上风行的时候，有关中国文化的某些信息也随之传了过去。思想的东西负载在物质的东西身上，成为两种文化间接接触的一个渠道。罗马人进口已经染色和织好的丝绸的时候，他们收到了一种上面带有某些装饰内容和颜色比例的商品。这些穿着由赛里斯人制造的丝绸披肩的罗马女士们，都分享了东方人才华的成果。

丝绸在罗马的风行，也造成了重大的社会后果。一些罗马人为透明的丝袍可能会引起道德败坏而焦虑不安，而另外一些人则担心购买奢侈品的巨大花费可能会损害帝国的经济。

实际上，这两种担心都说明了进口的丝绸对罗马消费者的巨大吸引力。

罗马的风纪检查官们就曾批评这种服装过于下流猥亵。哲学家塞涅卡（Lucius Annaeus Seneca，约前 4 — 65）一方面肯定了丝绸对罗马人生活的影响，说："没有丝国的贸易，我们何能蔽体。"另一方面，他又这样写道："我看到了丝绸衣服，如果您称它们为衣服的话，那些衣服一点都不能为着装人提供身体的保护，也不能保持着装人的端庄，虽然穿着衣服，但没有一个女人敢诚实地发誓说她不是裸体的。这些衣服高价从那些甚至不懂商业的国家进口过来，目的是使我们的已婚妇女除了在大街上展示的，再没有什么身体部位可以在卧室里向她们的丈夫展示。"[1] 还有一本作者不详的《希腊拉丁作家的远东记述》中写道："丝国衣不能蔽体，不能遮蔽私处；穿上丝国衣，妇女们可以称自己尚未裸体，只是稍微明亮。""我们的妇女已受到警告，除了在闺房，

---

[1][英]埃兹赫德著，姜智芹译：《世界历史中的中国》，上海人民出版社 2009 年版，第 41 页。

不许在公共场所显露丝衣，以免有诲淫之嫌。"[1]

普林尼充分论述了中国丝绸对于罗马经济和社会的重要影响。他不仅盛赞中国丝绸之美，还特别强调了丝绸作为最高级的奢侈品使罗马金银大量外流，造成类似今日外货入超的严重影响。

当时罗马的丝绸价格相当昂贵。作为中国丝绸的交换物，罗马帝国将宝石、毛纺织品、石棉和玻璃运往中国。然而所有这些物品当中，没有任何一种就其价值来看可以和丝绸相匹敌。织成半透明薄纱的丝绸衣料，可供罗马贵族夫人和小姐们缝制最时髦的服装。历史上有若干时期，当丝绸抵达目的地时，其价值要用等量的黄金来衡量。由于丝绸价格昂贵且又大量进口，所以当时的丝绸贸易已达到极大的金额，以致造成罗马黄金大量外流。近代历史学家中有人认为罗马帝国的灭亡实由于贪购中国丝绸以致金银大量外流所致。

如果将罗马帝国的灭亡归结于丝绸和其他奢侈品的流行，似乎有些简单。庞大的罗马帝国轰然坍塌，有着相当复杂的历史原因，是许多因素合力造成的结果。英国历史学家吉本（Edward Gibbon, 1737 — 1794）为此写了几大卷著作来探讨这个历史之谜。但是，以丝绸的流行为代表的整个罗马社会的腐化、奢靡之风，从内部腐蚀着社会的肌体，不能说不是导致罗马文明覆灭的原因之一。

三

罗马帝国灭亡了，但是，中国的丝绸贸易仍在继续，追求丝绸的奢靡之风仍在继续。

东罗马帝国在历史上也被称为拜占庭帝国，它的统治中心在巴尔干半岛，其疆域还包括小亚细亚、叙利亚、巴勒斯坦、埃及、美索不达米亚以及外高加

---

[1] 高千惠著：《千里丝一线牵——汉唐织锦的跨域风华》，台湾历史博物馆2003年版，第24页。

索的一部分。它的首都君士坦丁堡位于欧洲和亚洲的交界处，扼黑海咽喉，海上贸易发达，经济发展十分迅速，为中世纪东西交通要道，全世界船只云集于此，马克思称之为"沟通东西方的金桥"。它是当时世界的商业都城，街道两旁店铺林立，各种商品交易极为兴旺。

拜占庭帝国继承了罗马帝国的衣钵，成为罗马文化的传承者，奢靡之风也有增无减，中国丝绸仍在东罗马境内广为流行。而且，这时地中海沿岸居民对远东奢侈品所形成的嗜好，远甚于罗马时代流行的风尚。拜占庭人在往日罗马的奢华传统之上，还对奢华服饰增添了一种新的、更明显的东方情趣。对于丝绸的热爱，既是为了显示其对色彩的强烈与日新月异的热爱，也是为了服务于成为社会文化形式的那种神圣和繁文缛节的盛大辉煌。

4 世纪后期的罗马史家马塞里努斯（Ammianus Marcellinus）说到丝绸在拜占庭帝国的流行："服用丝绸，从前只限于贵族，现在已推广到各阶级，不分贵贱，甚至于最底层。"他还描述了 401 年褪裸中的皇帝狄奥多西二世（Flavius Theodosius, 401 – 450）受洗时的盛况：东罗马的君士坦丁堡"全城人都头戴花环，身穿丝绸袍服，戴着金首饰和各种饰物，没有人的笔墨能形容全城的盛装。"[1] 在拜占庭，皇帝还拿上好的织物作为部分薪俸赐给他的臣下。

基督教会在成为罗马帝国国教以后，经济势力逐渐强大。教会盛行以丝绸装饰教堂、制作教士法衣，以丝绸裹尸体下葬，成为丝绸、香料等东方奢侈品的重要消费者。查士丁尼皇帝时期的一份统计数据显示，教堂有 400 多件丝绸刺绣、丝质祭被、壁衣、祭坛上的地毯以及各式衣服，都镶着金线和银线，上面的图案讲述着一个个宗教故事。

公元 301 年，戴里克先皇帝（Diocletian, 284-305）下令将每磅生丝的价格确定为 274 个金法郎，并且实行统制经济政策，加强对丝绸进口的管理。当时的海关条例、和平条约、商行章程、限制奢侈法等，都有关于丝绸的内容。

---

[1] [英] 赫德逊著，李申、王遵仲译：《欧洲和中国》，中华书局 1995 年版，第 50、87 页。

丝绸成了决定拜占庭帝国各项政策的一种重要因素。

拜占庭帝国的东方贸易尤其是丝绸贸易，也像罗马帝国一样受制于波斯。408-409 年，为扩大贸易规模，拜占庭帝国又与波斯商定，增加幼发拉底河左岸的拜占庭城市卡里尼库姆（Kallinicum）和波斯 - 亚美尼亚地区的波斯城市阿尔达沙特（Artashat）作为通商口岸。此后两大帝国在这三个通商口岸的丝绸贸易进行了大约两个世纪。

527 年，45 岁的查士丁尼（Justinian the Great,527—565）成为东罗马帝国的皇帝。他统治东罗马帝国一共 38 年 7 个月零 13 天。查士丁尼雄心勃勃，把自己看作是罗马帝国的后继者，力图收复已经失落的西罗马帝国的疆土，恢复古代罗马帝国的伟大和辉煌。经过多年的东征西讨，查士丁尼成了整个意大利、北非和西班牙沿岸地区的主宰，一时间地中海又成了"罗马人"的内湖，帝国的疆域在他任内扩展了一倍。可以说，查士丁尼恢复古罗马帝国、实现帝国中兴的梦想已经部分地得到了实现。

531 年前后，查士丁尼皇帝利用控制红海北部的有利条件，劝诱其在红海地区的盟友埃塞俄比亚人前往锡兰购买丝绸，当时的锡兰是印度洋海上丝绸贸易的一个中心。查士丁尼向埃塞俄比亚人指出合作的大好前景："（你们）这样做可以赚取很多钱，而罗马人也可以在一个方面受益，即不再把钱送给它的敌人波斯"。埃塞俄比亚人接受了请求，却未能实现诺言。当时的拜占庭史家普罗科匹厄斯（Procopius，约 500-565）解释失败的原因是："波斯人总是占据印度（锡兰）船开进的每一个港口（因为他们是邻国），通常收购了所有货物，埃塞俄比亚人不能进港购得丝绸。"但有研究者认为，其真正的原因可能是，埃塞俄比亚人已与波斯人在东方贸易上达成默契，即埃塞俄比亚人垄断香料贸易，而由波斯垄断丝绸贸易，双方都不愿为拜占庭帝国的利益卷入两败俱伤的竞争；锡兰人可能也不愿损坏已与波斯建立起来的商业关系。

查士丁尼皇帝计划的失败，使拜占庭在叙利亚的丝织业受到严重影响。为了防止波斯丝商提高丝价，查士丁尼命令加强对生丝的垄断，由政府商务官在固定边界交易点上从波斯人手中购买生丝，以保证政府优先得到生丝，同时避

免丝商争购造成波斯人抬价；他还禁止私人丝织者以每磅八个金币以上的价格
出售丝织品。这个价格低于私商从波斯人手中的购买价，大量私商因这一规定
而破产。

540年，第二次波斯战争爆发，生丝贸易停止，政府所存生丝又不敷用，
为了保证政府作坊的供应，查士丁尼宣布接受私人丝织场为国有，将生丝和丝
织品的买卖全部变为国家垄断。拜占庭丝织业陷于萧条，提尔、贝鲁特两地大
批的丝业工人失业，造成严重危机，拜占庭不得不放弃限制办法。

面对城市里没有丝绸的可怕前景，拜占庭决定努力寻求自己生产蚕丝的办
法，以摆脱受制于波斯的被动地位。

养蚕制丝技术传入到欧洲，起源于一个波澜起伏的故事。普罗科匹厄斯的
《哥特战纪》记载，552年，有几位印度僧侣向查士丁尼皇帝建议在他的国家
里自行产丝，并把蚕卵带到拜占庭，教会东罗马人饲养蚕。普罗科匹厄斯的记
载说，这几位来自印度的僧侣声称自己曾在一个叫作赛林达（Sêrinda）的地
方生活过一段时间，而赛林达又位于许多印度部族居住地以北，他们曾非常仔
细地研究过罗马人地区制造丝绸的可行办法。僧人们解释说，丝是由某种小虫
所造，天赋予了它们这种本领，被迫为此而操劳。他们还补充说，绝对不可能
从赛林达地区运来活虫，但却很方便也很容易生养这种虫子，这种虫子的种子
是由许多虫卵组成的；在产卵之后很久，人们再用厩肥将卵种覆盖起来，在一
个足够的短期内加热，这样就会导致小动物们的诞生。听到这番讲述以后，皇
帝便向这些人许诺将来一定会得到特别厚待恩宠，并鼓励他们通过实验来证实
自己所说。为此目的，这些僧人返回赛林达，并且从那里把一批蚕卵带到了拜
占庭。依法炮制，他们果然成功地将蚕卵孵化成虫，并且用桑叶来喂养幼虫。
从此以后，罗马人也开始生产丝绸了。

另据8世纪拜占庭史学家泰奥法纳（Théophane de Byzance）所述，蚕卵
是一位波斯人传入拜占庭的。这位波斯人来自赛里斯，他把蚕卵藏在竹杖中离
开赛里斯，并将之一直携至拜占庭，在那里孵化成蚕。泰奥法纳还说，查士丁
尼曾向突厥人传授过有关蚕虫的诞生和加工丝茧的工序问题，突厥人对此感到

惊讶不已。

从上述普罗科匹厄斯和泰奥法纳的记载中可以得知，是印度人或波斯人在6世纪时将蚕卵和养蚕技术直接从中国传至拜占庭的。不管是印度人还是波斯人，他们正如同普罗米修斯从天上偷来了火种那样。对于拜占庭来说，蚕卵和养蚕技术不仅是振兴经济的火种，也是文化的火种。于是，拜占庭也继波斯之后而能养蚕缫丝，并且首次使用西方生长的蚕所吐的丝作纺织丝绸的原料了。

地中海沿岸的气候适宜养蚕业，蚕种在那里正常而茁壮地成长。由于拜占庭政府有了桑蚕，各种能工巧匠也不乏其人，所以它手中就真正掌握了一张巨型王牌。从此，它既可以用自己的丝绸来争夺西方市场，还可以挫败波斯人的竞争，又可以为国库积累大量资金以支付战争的费用。

由于查士丁尼推动了东罗马帝国养蚕业的发展，所以他被称为"丝绸皇帝"，人们认为是他把养蚕、种桑、缫丝机织绸技术引进了拜占庭，并使东罗马帝国依靠丝绸生产发了财。中国的养蚕制丝技术从此传播到欧洲和阿拉伯地区。

但是，对于这一历史事件，也有人做出另外的评论。英国历史学家吉本在他的史学巨著《罗马帝国衰亡史》中说："前人对奢侈品的追求固然可以理解，但是我们不得不痛心地假设，如果买卖丝绸的商人带来的是当时在中国已经广泛应用的印刷术，那么公元6世纪以来，该有多少名著能得以保存流传啊！"

但是，历史容不得吉本等学者们去假设，当时人们需要的是丝绸，远甚于对印刷术以及名著的需求。在查士丁尼皇帝的推动下，拜占庭的养蚕业首先在叙利亚发展起来，那里长期以来便集中了许多原来进行加工来自中国的丝绸和生丝的纺织厂家，到了6世纪末，本地生产的蚕丝似乎能够满足这些厂家对原料的需求了。9-10世纪，拜占庭的丝绸生产达到极盛。君士坦丁堡不仅是世界性的丝绸贸易市场，也是重要的丝织业重镇。当时的拜占庭人已经学会了纺织华丽的丝绸锦缎，用金线和丝线互相交织。有的研究者提到，有一种混合有极其细小的羽毛的绝妙织物，其织造技术可能是直接从中国引入的，也可能是通过波斯媒介传过来的。这种昂贵的织物就叫作"羽毛布"。

拜占庭宫廷的丝绸纺织作坊，称作"闺房"，因为其中使用许多妇女来从事这项工作。"闺房"是一种非常封闭的行会，不仅非常难以加入，而且一旦加入后，更难从中摆脱出来。皇帝的圣旨明文规定，对于那些收留"闺房"专业工人者，要受到多种惩罚。在严密的监督下，一盎司丝也不会被从皇家的作坊里偷带出来。首批的"闺房"丝绸作坊是在君士坦丁堡建立的，亚历山大港和迦太基纳（Carthagéne）也都起而仿效，纷纷建立这种作坊。这类作坊完全是为了生产宫廷的必需品，其价格由宫廷决定。

到公元7世纪，当时的世界，东起日本，西到欧洲，西南到印度，均有丝绸生产，空间分布很广，基本上奠定了今天蚕丝产区的格局。而从中国开始发明的养蚕制丝和织造丝绸技术，到这个时候已经有了将近4000年的历史。

这是对世界物质文明发展有重大影响的中国发明之一。

| 第四章 |

殊方异物，四面而至

沿着丝绸之路，丝绸以及其他中国的物产和技术源源不断地传播到西域地方，而西域的物产也沿着相同的路线传播到中国内地。汉代以来，西域对中原出口的主要物品有金银器、宝石、玻璃器、香料、毛织品、珍稀动物等等。

物产往往是了解和想象异域绝国的第一媒介。这些绝域殊物的输入，不断地扩大着我们对远方异国的了解和想象。

在早期中国的史书中，在提到与异族的交往和对异族的征服时，往往会首先提到所取得的物质成果。随着版图的扩大，不同民族的交往增加，对异族生活方式、不同物产的了解越来越丰富。

一

唐代诗人李颀有一首诗，叫《古从军行》。他写道：

> 白日登山望烽火，黄昏饮马傍交河。
> 行人刁斗风沙暗，公主琵琶幽怨多。
> 野营万里无城郭，雨雪纷纷连大漠。
> 胡雁哀鸣夜夜飞，胡儿眼泪双双落。
> 闻道玉门犹被遮，应将性命逐轻车。
> 年年战骨埋荒处，空见蒲桃入汉家。

李颀的这首诗表达的意思是不赞成汉武帝驱逐匈奴的功勋，只道年年西征，战骨埋荒，劳民伤财，却只是为有异域奇珍供帝王享用。

在李颀说的汉武帝战果之中，就只列出"蒲桃"即葡萄一项，可见在当时人们心目中，引入的西域物产中葡萄具有极高的地位。

葡萄是当今世界上许多国家人民最喜爱、最常吃的水果之一。葡萄酒也是世界上发明年代最长、产量最大、品质最优的果酒品种。考古资料证实，世界上最早栽培葡萄的地区是里海和黑海之间及其以南地区，大约在 7000 年以前，南高加索、中亚、叙利亚、伊拉克等地区已开始了葡萄的栽培。波斯是最早用葡萄酿酒的国家。20 世纪 90 年代中期，考古学家在伊朗北部扎格罗斯山脉的一个新石器时代晚期聚落遗址里，发掘出一个罐子，年代为公元前 5415 年，其中有残余的葡萄酒和防止葡萄酒变成蜡的树脂。古埃及也是最早栽培葡萄和用葡萄酿酒的古国之一，在埃及最著名的 Phtah—Hotep 古墓发现了一幅距今 6000 年以上的壁画，上面清楚地描绘了当时古埃及人栽培、采收葡萄和酿造葡萄酒的情形。在古埃及第一、二王朝的陵墓中曾发现有"王家葡萄园印章"和许多完整或破碎的酒具，有些酒具的黏土塞上的印记，还提到王家葡萄园的名称和管理它们的官员的称号，说明在公元前 3000 年至公元前 2700 年间，古埃及人已经种植葡萄和用葡萄酿酒了。

欧洲最早种植葡萄并进行葡萄酒酿造的国家是希腊，公元前 1000 年，古希腊的葡萄种植已极为兴盛，在古希腊著名诗人荷马所写的史诗巨著《伊利亚特》和《奥德赛》中，有许多章节讲到葡萄园和葡萄酒。公元前 6 世纪，古希腊人把小亚细亚原产的葡萄通过马赛港传入高卢，并将葡萄栽培和葡萄酒的酿造技术传给了高卢人。罗马人从希腊人那里学会葡萄栽培和葡萄酒酿造技术以后，很快在意大利半岛全面推广。公元 1-2 世纪，随着罗马帝国的侵略扩张，葡萄栽培和酿酒技术迅速传遍法国、西班牙、北非以及德国莱茵河流域。

亚历山大东征把希腊文化带入中亚，从此种植葡萄、酿造葡萄酒和酒神崇拜，开始在粟特人中流传。在公元前 1-3 世纪的尼雅古城遗址中发现民居院落外有整齐成片的葡萄园遗址。1959 年新疆博物馆南疆考察队，以及 1988-1996 年中日合作的尼雅遗址考察，在古墓出土的文物中都有发现成串葡萄花纹的饰物，以及容器内干缩了的葡萄。可以推断，在公元前 1- 前 3 世纪的古精绝国已经有相当规模的葡萄栽培。在 2003 年进行的新疆吐鲁番鄯善县洋海墓地的考古发掘中，考古人员从约 2500 年前的一座墓穴中发掘出一株葡萄标本。新疆考古所专家认定它属于圆果紫葡萄的植株，其实物为葡萄藤，全长 1.15 米，每节长 11 厘米，宽 2.3 厘米。这是新疆考古中发现最早的有关葡萄种植的实物标本。

中国葡萄种植业的正式开始，通常认为是在汉武帝时期。武帝时，"贰师将军"李广利征服大宛，携葡萄种归汉。"离宫别观傍尽种蒲萄"，可见汉武帝对此事的重视，并且葡萄的种植达到了一定的规模。

葡萄被引进以后，就受到人们的喜爱。三国魏钟会《蒲萄赋》写道："总众和之淑美，体至气于自然。"西晋诗人傅玄有《蒲萄赋》写道："逾龙堆之险，越悬度之阻，涉乎三光之阪，历乎身热之野。"

北朝时，葡萄在长安、洛阳和邺这三个政治中心种植比较多。《酉阳杂俎》记载北朝时邺城和长安葡萄种植情况：南朝梁庾信（513-581）留居北朝为官，与魏之来使尉瑾有这样一段对话：

信曰：我在邺，遂得大葡萄，奇有滋味。

瑾曰：在汉西京，似亦不少，杜陵田五十亩，中有葡萄百树。今在京兆，非直此禁林也。

信曰：乃园种户植，接荫连架。

可见北魏后期葡萄种植已经有了一定的规模。到唐朝时，葡萄在内地开始得到广泛种植。唐太宗在长安百亩禁苑中，辟有两个葡萄园。著名园丁郭橐驼为种葡萄发明了"稻米液溉其根法"，记载在他的《种树书》里，一时风行。长安原来有个皇家葡萄园，后来改作光宅寺，寺中有普贤堂，因尉迟乙僧所绘的于阗风格壁画而闻名。段成式在《寺塔记·光宅坊光宅寺》里记载："本天后梳洗堂，葡萄垂实则幸此堂"。葡萄的品种，《广志》只从颜色上分为黄、白、黑三种，到唐代，马乳葡萄频繁见于记载。另外还有被称为"龙珠"的圆葡萄。杜甫有一句诗："一县蒲萄熟"，反映了葡萄在唐代种植已经十分普遍。刘禹锡在《和令狐相公谢太原李侍中寄蒲桃》的诗中写道：

珍果出西域，移根到北方。

昔年随汉使，今日寄梁王。

上相芳缄至，行台绮席张。

鱼鳞含宿润，马乳带残霜。

染指铅粉腻，满喉甘露香。

酝成十日酒，味敌五云浆。

咀嚼停金盏，称嗟响画堂。

惭非末至客，不得一枝尝。

这首诗说，太原的李侍中遣人送来马乳葡萄，朋友们聚在一起品尝分享。这葡萄是又香又甜，大家不住地停杯称赞：要是拿这葡萄酝酿成美酒，一定会比名酒五云浆更好喝。待到赴宴的最后一位客人到来时，葡萄已经一串也不剩了，以致于早到的客人都觉得难为情。

二

与葡萄同时传入的，还有葡萄酒。葡萄酒的酿造，由波斯、埃及经中亚传入新疆，不会迟于西汉。张骞通西域，就向朝廷带回了西域酿造葡萄酒的信息。《史记》和《汉书》里都有关于大宛国出产葡萄酒的记载。南北朝时，葱岭以东也已成为葡萄酒产区，龟兹、高昌、焉耆、车师等都有葡萄酒出产。

葡萄酒在汉代就已经传入内地。《三国志·魏志·明帝纪》中，裴松子注引汉赵岐《三辅决录》说，东汉时，"（孟）佗又以蒲桃酒一斛遗让，即拜凉州刺史。"孟佗是三国时期新城太守孟达的父亲，张让（?-189）是汉灵帝时权重一时的大宦官。孟佗仕途不通，就倾其家财结交张让的家奴和身边的人，并直接送给张让一斛葡萄酒。以酒贿官，得凉州刺史之职，可见当时葡萄酒身价之高。

苏轼对这件事感慨地写道：“将军百战竟不侯，伯良一斛得凉州。”诗中的“伯良”是孟佗的字。苏轼感慨的不是葡萄酒价格高，而是用一斛葡萄酒就能换取凉州刺史的高官职位，出生入死、身经百战的将军们也不如他。刘禹锡诗“为君持一斗，往取凉州牧”，也是讽刺此事。苏轼还有一首诗说：“自言酒中趣，一斗胜凉州。”宋范成大诗说：“一语为君评石室，三杯便可博凉州。”陆游《凌云醉归作》也说：“君不见，葡萄一斗换得西凉州，不如将军告身供一醉。”辛弃疾词：“笑千篇索价，未抵葡萄，五斗凉州。”由此可见，孟佗用葡萄酒换了一个凉州刺史的官，令古往今来的文人们始终愤愤不平。

到了魏晋及稍后的南北朝时期，葡萄酒的消费有了一定的发展。朝廷还用以“赐馈”。魏文帝曹丕喜欢喝酒，尤其喜欢喝葡萄酒。他不仅自己喜欢葡萄酒，还把自己对葡萄和葡萄酒的喜爱和见解，写进诏书，告之于群臣。魏文帝的这份《诏群医》常常被人引证，作为葡萄和葡萄酒在中国流传的一个旁证。有了魏文帝的提倡和身体力行，使得魏时以及后来的晋朝及南北朝时期，葡萄酒成为王公大臣、社会名流筵席上常饮的美酒，葡萄酒文化开始兴起。

在南北朝时期，文人名士常有歌咏葡萄酒的诗作。崔鸿《十六国春秋》卷七五《前凉录》说：“张斌字洪茂，敦煌人也。作《蒲萄酒赋》，文致甚美”。陆机在《饮酒乐》中写道：

> 蒲萄四时劳醇，琉璃千钟旧宾。
> 夜饮舞迟销烛，朝醒弦促催人。
> 春风秋月桓好，欢醉日月言新。

庾信在他的七言诗《燕歌行》中则写道：

> 蒲桃一杯千日醉，无事九转学神仙。
> 定取金丹作几服，能令华表得千年。

但是，这时人们品尝的葡萄酒，主要是从西域进口的。国内葡萄酒制作技术的获得和普及，还是在唐朝时的事情。

三

葡萄是汉代随着丝绸之路引进的外来植物的一个突出的代表。因为丝绸之路的畅通，人员往来的频繁，有许多西域的奇花异草、名果异木传入中国，在中国移植栽种，出现了一个西域植物传入中原的高潮。西域各种新作物源源引入，丰富了中国的物种资源，促进了中原种植业、园艺业的发展以及食物结构的调整，对于中国传统农业的发展无疑发挥了重大作用。

《三辅黄图》卷四记载，汉武帝修上林苑，"群臣远方，各献名果异卉三千余种植其中，亦有制其美名，以标奇异"。上林苑"名果异卉""数不胜数"。《西京杂记》载，上林苑栽植奇花异木 2000 余种。《三辅黄图》则说是 3000 余种。现存各种文献载有上林苑植物名称 264 个，从中释出 61 科 94 属 116 种植物，包括蕨类 1 科 1 属 1 种、裸子植物 4 科 6 属 6 种、被子植物 56 科 87 属 109 种。

从西域而移植的有安石榴、苜蓿、葡萄、玉门枣、胡桃，还有胡麻、胡桃、胡豆、胡荽、胡蒜、酒杯藤等，还有出自瀚海北、能耐严寒的瀚海梨，"霜下可食"的霜桃等。以上这些植物引入中国，都归到张骞的名下。实际上可能是在那个时代或更早一些这些植物就已经传入中国。但是这些说法也说明了一些事实，就是自张骞通西域，确实为西域的物产包括动植物源源不断地传入中国创造了条件。历史上常常有这种情况，如果某一位人物的名声特别大，或者成为那个时代的一个象征性符号，那么，在同时期发生的许多事情就都归到他的名下。在汉代，张骞就是通西域的一个代表性符号，所以与西域有联系的任何事物，似乎都与张骞有关。

这些引入的植物，大部分在我们今天的生活中仍然享用。比如胡麻，俗称芝麻、油麻。实际上胡麻传入中国的时间可能比张骞要早。《神农本草经》就有记载。中国人很早就掌握了胡麻的种植时令和收藏方法。据北魏时的《齐民要术》记载，当时芝麻已有大田栽培。胡麻还被方士们视为长生食物，中医也多以胡麻入药。胡桃即核桃，原产于波斯北部和俾路支，公元前 10 世纪传往亚洲西部、地中海沿岸国家及印度。因为此果外有青皮肉包裹，其形如桃，故称"胡桃"。胡瓜即黄瓜。黄瓜原产于印度。十六国时后赵皇帝石勒忌讳"胡"字，汉臣襄国郡守樊坦将其改为"黄瓜"。唐代时，黄瓜已经成为南北常见的蔬菜。胡荽即香菜，原产地为地中海沿岸及中亚地区。《说文解字》记载："荽作葰，可以香口也。其茎柔叶细而根多须，绥绥然也。张骞使西域始得种归，故名胡荽。"胡蒜即大蒜，贾思勰《齐民要术》称其为张骞出使西域时所得，故称"胡蒜"。石榴又名"安石榴"，原产于伊朗、阿富汗、印度北部及俄罗斯南部，已有 5000 年的栽培历史，其果实为鲜食佳品，石榴皮、石榴花、石榴根均可入药。最早记载石榴的是东汉中叶李尤《德阳殿赋》，赋中说德阳殿的庭院中"葡桃安若，曼延蒙笼"。晋张华《博物志》载："汉张骞出使西域，得涂林安石国榴种以归，故名安石榴。"

到魏晋南北朝时，对于引进西域植物仍然很积极。十六国时的后赵石虎为了引种这些中原本无的植物，围起苑囿，运来土壤，并引水浇灌，以期创造适宜珍贵果种的生长条件。在此苑囿中，栽种了不少中原本无的名果。他甚至还做了一辆大车作为培植这些作物的试验田："虎作虾蟆车，箱阔一丈，深一丈四，抟掘根面去一丈，合土载之，植之无不生。"

这些来自西域的植物传入中国后，丰富了当时的作物品种和种类，经过中国人民千百年来的种植、选育，成为中国蔬菜、水果、油料等农业作物的重要组成部分，对中国农业、畜牧业等产生了深远影响，也改变了中国人的饮食结构，极大地丰富了中国人的饮食文化。

中原地区固有的果蔬品种大致有梨、枣、栗、桃、李、杏、梅、柑、橙、柿、葵、韭、姜、瓟等。据有关统计，在周代，见于文献记载的人工栽培蔬菜大致只有韭、芸、瓜、瓟、葑等有限的几种。西汉初年农书《尹都尉》14 篇，据西汉末刘向的记载，其中有种瓜、芥、葵、蓼、薤、葱等六种蔬菜。后汉崔寔《四民月令》中，记有播种、分栽、收藏、加工各个月令的蔬菜，共计有 14 种，其中葱、蒜各有两个类型。6 世纪时，《齐民要术》中的蔬菜已经发展到 31 种，其中冬瓜、越瓜、胡瓜、茄子、瓟、芋、葵、芜菁、菘（即白菜）、芦菔（即萝葡）、蒜、胡荽、薤、葱、韭、蜀芥、芸苔、芥子、芹等 19 种，至今还在栽培。胡瓜、大蒜、胡荽、芸苔，都是西汉以后引入的。其中"胡瓜"就是黄瓜，"胡荽"就是香菜。成书于唐末的《四时纂要》按月讨论了瓜、茄、葵、蔓菁、萝卜等 35 种蔬菜的栽培方法，其中有四分之一的种类是隋以前所没有的。

有现代学者统计说，今天我们日常吃的蔬菜，大约有 160 多种。在比较常见的百余种蔬菜中，汉地原产和从域外引入的大约各占一半。

这些引入的植物，在名称上也有一些反映。如两汉到两晋时期，从陆路丝绸之路引入的种类，多数用"胡"字标明，例如：胡瓜、胡葱、胡荽、胡麻、胡桃、胡椒、胡豆等。南北朝以后，从海上丝绸之路引入的，多半用"海"字标明，例如：海棠、海枣、海芋、海桐花、海松、海红豆等。南宋、元、明时期，用"番"字表示从"番舶"带来的。例如：番荔枝、番石榴、番木鳖、番椒（辣椒）、番茄、番薯（红薯）。到了清代，就用"洋"字标明，例如：洋葱、洋芋（马铃薯）、洋白菜、洋槐、洋姜（菊芋）等。

四

比汉代大规模引进外来植物更早，小麦也是通过丝绸之路从西亚传到中国的。

小麦是世界重要粮食作物之一，被认为是"人类最古的粮食""神下凡的时候留给人间的粮食"。小麦起源于亚洲西部，在西亚和西南亚一带至今还广泛分布有野生一粒小麦、野生二粒小麦及与普通小麦亲缘关系密切的节节麦。在肥沃新月地带，特别是伊朗西南部、伊拉克西北部和土耳其东南部周围地区，是栽培二粒小麦和提莫菲维小麦最早被驯化之地。以色列西北部、叙利亚西南部和黎巴嫩东南部是野生二粒小麦的分布中心和栽培二粒小麦的起源地。普通小麦的出现晚于一粒小麦和二粒小麦，通常认为起源于里海的西南沿岸。

考古学研究表明，小麦是新石器时代人类对其祖先植物进行驯化的产物，栽培历史已有万年以上。中亚的广大地区曾在史前原始社会居民点上发掘出许多残留的实物，其中包括野生和栽培小麦的干小穗、干子粒、炭化麦粒以及麦穗、麦粒在硬泥上的印痕。2004 年，曾有研究人员报告，在以色列出土的一块具有 23000 年历史的磨石上发现了大麦和小麦的残渣。在 6700 年前的伊拉克遗址中发现了和现在小麦特性差不多的古代小麦，在埃及 5000-6000 年前的几处遗址中也发现了小麦。

其后，小麦即从西亚、中东一带西向传入欧洲和非洲，东向传入印度、阿富汗、中国。6000 多年前出现于欧洲，4000 多年前到达东亚地区。

学者们认为，小麦从西亚向东方的传播至少包括了三条路线：主体为北线的欧亚草原大通道，中线为河西走廊绿洲通道，南线是沿着南亚和东南亚海岸线的古代海路。

中国发现最早的小麦遗址是在新疆的孔雀河流域，在楼兰的小河墓地发现了 4000 年前的炭化小麦。齐家文化是黄河上游地区的铜石并用时代文化，年代为公元前 2000- 公元前 1900 年，属于新石器时代晚期文化。在甘肃临潭磨沟遗址的齐家文化墓葬群，研究者对墓葬中成人牙齿牙结石淀粉粒的检测结果表明，当时人类的植物性食物具有多样化的特征，有小麦、大麦或青稞、粟、荞麦、豆类及坚果类等，其中麦类植物、荞麦和粟占淀粉粒总量的 70%。比临潭磨沟遗址更早的甘肃西山坪遗址出现了中国西北地区最古老的稻作农业遗存，当时人们种植粟、黍、水稻、小麦、燕麦、青稞、大豆和荞麦等八种粮食作物，囊括了东亚和西亚两个农业起源中心的主要作物类型。这处遗址证实了小麦和燕麦早在 4000 年前已传播到中国西北地区。在中国安徽省亳县钓鱼台发掘的新石器时代遗址中也发现有炭化小麦种子。

在古文献中，《夏小正》中已有"祈麦实""树麦"等记载。大概殷商时期，华北地区居民已经逐渐将麦子作为主食。殷墟出土的甲骨有"告麦"的文字记载，说明小麦很早已是河南北部的主要栽培作物。《诗经·周颂》中已有小麦、大麦的记载，说明西周时黄河中下游已遍栽小麦。有人统计说，在《诗经》中，有九次提到麦。

虽然小麦传入中国很早，但推广并不普遍。据《诗经》的描述，麦类作物在今山东、河南、山西和陕西都有种植，不过在作物中的比重并不大。直到西汉中期，董仲舒鉴于"关中俗不好种麦""而损生民之具"，建议汉武帝令大司农"使关中益种宿麦，令毋后时"。其后，小麦尤其是冬小麦（宿麦）的种植在关中地区逐渐普及。西汉中期以后，宿麦种植在黄河和淮河流域日益推广。西汉末和东汉前期，冬小麦在关中地区作物中已有相当重要的位置，小麦产量在粮食总产量中比重的增加，小麦的地位与先秦时期黄河流域最重要的食物粟已渐并驾齐驱并呈后来居上之势。相应的，人们的食物结构也发生了变化，出现了"相谒而食麦"的风俗。

我们常用"五谷丰登"来代表农业的兴旺。所谓"五谷"，是指稻、麦、黍、稷、菽五种粮食作物。这既包括中国自己起源的稻子、小米、大豆，也包括了从外部输入的小麦。"五谷丰登"是史前世界种植物交流的结果。如果没有麦子的引进和推广种植，就构不成"五谷"了。

与此同时，驯养的马、牛和羊也是通过丝绸之路在四五千年前传到中国的。驯养的牛和羊在西亚出现早于东亚数千年，马的最早驯化地是中亚。直到夏商周三代，中国的"六畜"才逐渐齐备。

"五谷丰登""六畜兴旺"，是中国古代的社会理想。

五

　　由于丝绸之路大开，交流扩大，有许多奇禽怪兽从西域传到中国，如狮子、犀牛、鸵鸟；还有如封牛，是产于缅甸、印度的一种高背野牛；还有大象、孔雀、沐猴、大狗、长颈鹿、白雉、黑鹰、独峰驼、长鸣鸡等。

　　在汉武帝建的上林苑，有许多从各地搜集来的奇兽珍禽。上林苑是中国秦汉时期的皇家园林，秦朝始建，汉武帝建元三年（前138）加以扩建。上林苑地跨长安、咸阳、周至、户县、蓝田五县境，纵横150公里，南部是从今蓝田的焦岱镇（鼎湖宫）开始，向西经长安的曲江池（宜春宫）、樊川（御宿宫），沿终南山北麓西至周至（五柞宫）；北部是兴平的渭河北岸（黄山宫），沿渭河之滨向东，有灞、浐、泾、渭、沣、镐、涝、潏八水出入其中。司马相如的《上林赋》："终始灞浐，出入泾渭。沣镐涝潏，纡馀委蛇，经营乎其内。荡荡乎八川，分流相背而异态。东西南北，驰骛往来。"

　　据《关中记》载，上林苑中有三十六苑、十二宫、三十五观。上林苑中有大型宫城建章宫，还有一些各有用途的宫、观建筑，如演奏音乐和唱曲的宣曲宫；观看赛狗、赛马和观赏鱼鸟的犬台宫、走狗观、走马观、鱼鸟观；饲养和观赏大象、白鹿的观象观、白鹿观；长杨宫中还有射熊馆，长安城东的灞、浐交会处有虎圈，即秦虎园，建章宫西南有狮子圈等等。上林苑中有熊罴、豪猪、虎豹、狐兔、麋鹿（四不像）、牦牛、青兕、白鹦鹉、紫鸳鸯等，"奇兽珍禽"，到处皆是。据说"汉兽圈九，彘圈一"。此外，引种西域葡萄的葡萄宫和养南方奇花异木如菖蒲、山姜、桂、龙眼、荔枝、槟榔、橄榄、柑橘之类的扶荔宫等。所以，上林苑汇集大量的花草树木和奇兽珍禽，是当时世界上最大的皇家动物园和植物园。司马相如的《上林赋》描绘了上林苑宏大的规模，进而描写天子率众臣在上林苑狩猎的场面。作者在赋中倾注了昂扬的气势，构造了具有恢宏巨丽之美的文学意象。此赋是表现盛世王朝气象的第一篇鸿文。

　　司马相如的《上林赋》中提到的大型动物有40种，东汉张衡《西京赋》

也描写上林苑，说："其中则有鼋鼍巨鳖，鳣鲤鳙鲖，鲔鲵鳠鲨，修额短项，大口折鼻，诡类殊种。鸟则鹔鹳鸹鸧，鵁鹅鸿鹤。""其中乃有九真之麟，大宛之马，黄支之犀，条支之鸟。"

六

　　沿着丝绸之路，丝绸以及其他中国的物产和技术源源不断地传播到西域地方，而西域的物产也沿着相同的路线传播到中国内地。汉代以来，西域对中原出口的主要物品有金银器、宝石、玻璃器、香料、毛织品、珍稀动物等等。物产往往是了解和想象异域绝国的第一媒介。这些绝域殊物的输入，不断地扩大着我们对远方异国的了解和想象。在早期中国的史书中，在提到与异族的交往和对异族的征服时，往往会首先提到所取得的物质成果。随着版图的扩大，不同民族的交往增加，对异族生活方式、不同物产的了解越来越丰富。

　　在当时的中国与西域的贸易中，丝绸是从东往西贩运的大宗商品。而从西向东，主要是西域乃至从地中海地区、波斯甚至印度转运到西域的各种特产。在《史记·大宛列传》以及以后的中国史籍中，有不少关于西域诸国物产的记载。这些记载，有些是得自传闻，但大多数都是已经传入到中国的。所以，许多研究者都很注意这些中国史籍中关于国外物产的记载，甚至把它们看作是国外输入中国物产的货物清单。

　　横贯中亚北部和伏尔加河流域的北道，沿途出产兽皮兽毛，因此日本学者白鸟库吉称之为"毛皮之路"。西伯利亚和乌拉尔地区的貂皮都集中在严国，成了毛皮的集散地。貂皮以外，里海附近还有白狐青翰也大量输入中国。汉代通邑大都所设商店中就出售"狐貂裘千皮"，商人因此致富，比于"千乘之家"。

　　还有大批产于西域的毛织品运到中国。在最早培育驯化羊的草原民族发展起来对羊毛制品的开发和利用，羊毛是其重要的纺织或编织原料。毛织品是游牧民族的特产,西域各国都出产各种毛织物。月氏、安息和大秦的毛织物从汉代开始源源不断地输入中国,极受珍重。汉初未央宫"温室以椒涂壁,被之文绣,香桂为柱,设火齐屏风、鸿羽帐,地以罽宾氍毹。"

西域的毛织品自古就是贡品,史书多有记载,称作氍毹、毾。《三国志·魏书》记载:"魏略西戎:大秦……黄白黑绿紫红绛绀金黄缥留黄十种氍毹、五色毾、五色九色首下毾、金缕绣、杂色绫。"汉乐府诗中说:

行胡从何方?列国持何来?

氍毹、毶毯、五木香,迷迭、艾蒳及都梁。

火浣布是丝绸之路上进行交流的物产之一。火浣布即用石棉纺织的布。早在西周时,可能就有火浣布的输入。到汉代中西交通开辟,多有西域进献火浣布的记载。

在通过丝绸之路传入中国的西域物产之中,还有许多玉石珠宝以及其他矿物等,或如时人所说的"珍玉奇石",这样的奢侈品成为上层社会达官显贵们追捧的对象。

当时西域的玉石及玉器制作享有极高的声誉。中国文化中一直有以玉为贵的传统,早在新石器时代就开始了中国特有的玉石文化。商周之际,开始从西域地方输入和田玉,成为最受欢迎的玉石种类。由西域输入中原的玉石数量颇多,因此有学者提出了"玉石之路"的概念。张骞通西域之后,和田玉成为于阗王觐献中原王朝的重要方物,和田玉的输入数量远远超过先秦时期,在汉代的玉器中使用了大量的和田羊脂玉。西域出产的玛瑙工艺品是中原最受欢迎的贡物之一,一向被视为珍品。

珊瑚是从丝绸之路进入中原的特产之一。珊瑚是由罗马帝国兴盛时期的意大利人最先发现,地中海地区是珊瑚的主要产地。运抵中国的珊瑚多数并非直接取自大秦,而是通过沿海路的西亚、中亚、南亚、东南亚诸国的转口贸易获得。在中国史书中,还记录了印度、波斯和阿拉伯等国出产珊瑚。这是由于它们与中国商人间广泛的珊瑚转口贸易以及其贡使来朝时所献珊瑚方物，被史籍误载为珊瑚出产国。

珍玉奇石在当时皇室贵族的生活中，备受珍视。它们被装饰在宫殿园囿，或者作为妇女身上的华丽装饰，总之是贵族豪奢生活的象征，在汉赋和诗歌中一再成为歌咏的对象。如司马相如铺陈上林苑之富丽时提及："玫瑰碧琳，珊瑚丛生，珉玉旁唐，玢豳文鳞"（《上林赋》）。班固夸饰汉长安宫之华丽时说："碝磩彩致，琳珉青荧，珊瑚碧树，周阿而生"（《两都赋》）。《晋书·食货志》说："王君夫、武子、石崇更相夸尚舆服鼎俎之盛，连衡帝室，布金埒之泉，粉珊瑚之树。"

唐代诗人鲍防《杂感》写到汉代以来西域的各种物产进入中原的景象：

> 汉家海内承平久，万国戎王皆稽首。
> 天马常衔苜蓿花，胡人岁献葡萄酒。
> 五月荔枝初破颜，朝离象郡夕函关。
> 雁飞不到桂阳岭，马走先过林邑山。
> 甘泉御果垂仙阁，日暮无人香自落。
> 远物皆重近皆轻，鸡虽有德不如鹤。

由于和西域的交通畅达，往来人员频繁，各种西域物产和珍禽异兽传入中国，其结果在长安开始流行珍视外国式样商品的异国趣味。在长安九市中，有专门经营西域商品的肆市店铺，和田美玉、埃及十色琉璃、罗马火浣布、印度琉璃马鞍、千涂的火齐屏风、琥珀、夜光璧、明月珠、珊瑚、琅玕、朱丹、青碧以及奇禽异兽等都在九市交易，"环货方至，鸟集鳞萃"。汉武帝的上林苑更是聚集了天下的奇珍异宝。《三辅黄图》中说，汉武帝把搜集来的西域珍货都用来进行装饰。其卷二记载："武帝为七宝床，杂宝案，侧宝屏风，列宝帐，设于桂宫，时人谓之四宝宫。"

七

　　玻璃和玻璃制造技术传播到中国，是经丝绸之路传入中国的一项技术成果。玻璃是人类最早发明的人造材料之一，也曾经是最昂贵的材料之一。玻璃制造工艺复杂，是人类早期科技文明的代表。

　　西周时期，中国人就开始掌握玻璃制造技术。但中国的"铅钡玻璃"与西方的"钠钙玻璃"分属两个不同的玻璃系统。中国古代玻璃虽为独立发明，但发展缓慢，并一直保持着固有的特点，既具有绚丽多彩、晶莹璀璨的优点，又由于烧制温度低，多"虚脆不贞"，有轻脆易碎、不耐高温、不适应骤冷骤热的缺点。西方生产的玻璃钠、钙两种元素含量高，被称为"纳钙玻璃"。这种玻璃器及制造技术从西方向东方的传播，进一步改进了中国的玻璃制造技术，直接反映了中西文化的交流与融合，包含了许多中外交流和社会文化的信息。

　　早在公元前2500年，埃及人就已开始生产玻璃，之后的腓尼基人、罗马人、叙利亚人等均掌握了精湛的玻璃制造技艺，其产品色泽鲜艳、透明度高、耐冷热，形制也优于世界其他地区的玻璃制品，罗马帝国时期的埃及亚历山大港是世界玻璃制造的中心。

　　中国古代称玻璃为"琉琳""流离""琉璃""玻琮""颇离""波黎""陆璃"等，从南北朝开始，还有"颇黎"之称。这些称谓均源自梵文"vaidurya"、印度俗语"veluiya"的音译，意即玻璃。这表明早期来自中东地区的玻璃制品，并非由其生产地商人直接输入，而是通过印度商人的中介。早期一些文献常常以琉璃代称玻璃，以致日文至今还称玻璃为"琉璃"。根据《广雅》和《韵集》的记载，在相当长的一段时间内，"琉璃"是用火烧的玻璃质珠子以及其他一些透明物质的统称。

　　在战国时期，就有西方的玻璃制品传入中国。考古和文献材料证明，玻璃器不仅从陆上丝绸之路传播，南方海路也是输入玻璃器更为持久和畅通的路线。

实际上，那时候传入中国的玻璃主要是罗马的商品。罗马时代，埃及玻璃制品享誉四方，特别是玻璃珠由于色彩缤纷、晶莹剔透，加之大批量生产，更在罗马输往东方的船货中占据突出地位。罗马的玻璃制造业集中在亚历山大港、推罗和西顿，技术上都达到了很高的程度；它的市场遍及亚洲地区。秦汉以降，玻璃制品不断传入中国。

考古可见汉代墓葬出土的罗马玻璃器有碗、杯、盘、瓶等，在广西、广东、河南、江苏、内蒙古、新疆等地都有出土。斯坦因认为他在和阗找到的一颗彩色镶嵌玻璃珠是典型的西方产品，它在罗马帝国很常见。据资料记载，洛阳一座汉墓中发现的一只古代玻璃器瓶，上面的图案为阿西娜的头像，经光谱分析确是同期制作的埃及制品。

广州横枝岗 2061 号汉墓出土的三只玻璃碗，可以看作是罗马器物传入中国的证据。这三只玻璃碗，广口，圆形，平底，唇下有凹形宽弦纹。深蓝色半透明。器内壁光滑，外壁经打磨，呈毛玻璃状。三件大小略同，口径 10.6 厘米，底径 4 厘米，壁厚 0.3 厘米。据同位素 X 光射线荧光分析均为钠钙玻璃，估计是地中海南岸的罗马玻璃中心公元前 1 世纪的产品。横枝岗汉墓的时代约在西汉中期，相当于公元前 1 世纪，这批玻璃是目前我国境内发现的最早的罗马玻璃器。

1980 年，江苏邗江县甘泉 2 号汉墓，推测年代为公元 67 年。墓中发现了三块玻璃残块，是紫黑色与乳白色相间的透明体，复原后应为外壁饰有辐射形凸棱的钵。此种器形常见于地中海地区，而在国内极为少见。这件玻璃器是用搅胎装饰技法制成的，即先把熔化了的紫红色玻璃液和白色玻璃液混合在一起，然后进行搅拌，最后灌模成型。这种制作技法流行于地中海地区，我国所出古代玻璃器皿中采用此种技法的仅此一件。这件玻璃器被普遍认为是罗马玻璃，通过海上路线传入我国。

钠钙玻璃器克服了国产铅钡玻璃器质脆惧热等不足，光色映澈，兼具实用，被视为至宝，受国人所好。东汉辛延年《羽林郎》曾描写长安胡姬耳戴"大秦珠"，即指典型的西方彩色镶嵌玻璃珠。根据文献及实物发现，可以看到输入的西域玻璃器物款式多样，造型各异，它们中有瓶、盘、杯、茶盏、碗、珠、盅、球、镜子，以及各种玻璃饰品、工艺品等。可以说，几乎所有代表古代西域玻璃制造工艺水平的器物，在国内考古中都有出土。

　　冰清玉洁的玻璃制品，被古代中国人看作是来自遥远西方难得的珍器，是财富和地位的象征。自汉代起，这些玻璃制品，作为中东、波斯及中亚地区重要的"方物"，以"贡品"形式被源源不断地输入中国，成为皇室后宫、达官贵人追逐的珍品，也对古代中国社会生活产生了深远的影响。在统治阶层的墓葬里，精美的玻璃器屡有出土。其后数代，西方玻璃器也始终是作为奢侈品进口。西汉刘歆《西京杂记》载："赵飞燕女弟居昭阳殿……窗扉多是绿琉璃，亦皆达照，毛发不得藏焉。"东汉班固《武帝故事》载："武帝好神仙，起神屋扉，悉以白琉璃作之，光明洞澈。"这里所提到的绿琉璃和白琉璃，是指绿色和白色的玻璃。

　　到了魏晋南北朝时期，仍有大量的西方玻璃器输入中国，西域僧人和使臣屡有进贡玻璃的记载。玻璃制品成为上层贵族珍爱的藏品，以及他们斗富的器物。辽宁北票发现的十六国时期北燕贵族冯素弗墓中出土了五件玻璃器，有淡绿与湖蓝色的碗、杯、鸭形水注等，美观精致。其中的鸭形水注淡绿色玻璃质，质光亮，半透明，微见银绿色锈浸。体横长，鸭形，口如鸭嘴状，长颈鼓腹，拖一细长尾，尾尖微残。背上以玻璃条粘出一对雏鸭式的三角形翅膀，腹下两侧各粘一段波状的折线纹以拟双足，腹底贴一平正的饼状圆玻璃。此器重心在前，只有腹部充水至半时，因后身加重，才得放稳。此器造型生动别致，在早期玻璃器中十分罕见。这件鸭形水注是典型的罗马吹制的玻璃器。

　　唐代仍有大量西方的玻璃制品输入到中国。进口玻璃器已发现有陕西临潼庆山寺舍利塔下精室出土的一件玻璃瓶，颈部缠贴一道阳弦纹，腹部两条折纹互错，形成菱纹，可能是西亚的产品。陕西西安何家村窖藏出土的一件玻璃杯（无色透明，稍泛黄绿色，口沿下有一阳弦纹，腹部有八组纵三环纹）和陕西扶风县法门寺地宫出土的 20 多件玻璃器，多数具有鲜明的中亚、西亚色彩，可能为中亚和西亚的制品。

玻璃器从西方传到中国，并进一步传入朝鲜半岛和日本。朝鲜半岛和日本也发现大量玻璃器，这些玻璃器有中国的，更多来自西方，且大部分是经中国传入的。这些玻璃器也发现在高级墓葬、寺院塔基中，情况与中国类似，许多器物都可以在中国，甚至伊朗高原找到原型。

随着西方玻璃制品的输入，其先进的工艺也为我国南方玻璃制造业所吸收。最早借鉴西方玻璃工艺水平的是广州的玻璃制造业，他们按照西方玻璃生产的配方，制造出国内早期的单色或多色透明玻璃碗。葛洪《抱朴子·内篇》就曾讲到当时进口的中东玻璃碗及其在国内仿制的情况："作水晶碗，实是合五种灰以作之，今交、广多有得其法以作之者。"

水晶碗，即为透明的玻璃碗；合五种灰，就是要以五种原料成分配制。这时交广和中东地区通过印度有贸易往来，故此可能掌握了当时中东玻璃制造的一些技术，而专家对埃及古代玻璃的化学分析与鉴定结果表明，硅土、苏打、石灰、镁和氧化铝是其玻璃制造的主要原料。葛洪记述中虽没有明确说明是哪"五种灰"，但其指出主要由五种原料配制而成是正确的，由此也说明葛洪所谓水晶碗"合五种灰以作之"的工艺是有根据的，而这一工艺也的确为交、广两地的玻璃工匠所掌握。

埃及玻璃碗由于它的耐高温性能，比中国琉璃碗更能适应骤冷骤热的要求，因而具有更多的实用价值。广州的玻璃工业吸取了先进的埃及工艺，按照埃及玻璃配方制造出本国生产的单色或多色透明玻璃碗，以及其他日用器皿。考古发现表明，这时广州的玻璃工业除生产透明玻璃碗外，也制造其他生活器物。这些器物的形制、种类、装饰图样，都突破了以往国内生产中的传统模式，具有一定的创新，从而使南方玻璃制造业超过了北方地区，走在国内前列。但遗憾的是，不知何故，南方玻璃的生产大约在 4 世纪以后逐渐失传。

所以，玻璃制造技术还有待于再一次传入中国。一般认为，西方的玻璃制造技术是在魏晋南北朝时期传入中国并得以流传的。在 5 世纪前期，即北魏太武帝时，大月氏商人将玻璃的采矿、制作等全套技术传到中国，中国有了自己的玻璃生产作坊，开始成批生产。这时，中国已掌握玻璃吹制技术，可以吹制器形较大的薄壁玻璃容器。这时期的玻璃器比较常见的是玻璃珠、环等小型装饰品。由于这种透明亮丽的多彩玻璃的成功制作，使得原来被中国人视为珍品宝贝的域外玻璃不再是稀奇之物了。

　　隋唐时期，中国的玻璃制作技术已经比较成熟。隋唐玻璃器的突出成就表现在陈设品、生活用具玻璃器的制作上，主要是玻璃瓶、玻璃茶具、玻璃杯等。隋代玻璃器的出土数量较多，制作精致。最突出的是西安郊区隋代李静训墓出土的玻璃器皿，其中有高铅玻璃，也有钠钙玻璃，造型与当时的瓷器相似。唐代玻璃器继承隋代传统，高铅玻璃与钠钙玻璃并存。1987年陕西省扶风县法门寺地宫出土的20余件精美玻璃容器，其中一件玻璃茶碗和一件玻璃茶托子属于同一套茶具，与唐代流行的白瓷茶具形制上完全一致，应是中国制造的玻璃精品。

第二部分

行走：大佛东行

Part Ⅱ

A biography of the Silk Road

第五章

从西域出发的"佛教之路"

佛教挟裹着巨大的文化群浩浩荡荡从西方传来，带给中国人一种全新的文化信息、文化内涵和文化体验，对中国文化的发展提供了新的刺激和动力。

中国佛教徒的西行求法，更多的是去寻求知识、寻求真理、寻求信仰。当时传播到中国的佛教，不仅仅是一种宗教信仰，不仅仅是一种教团的活动形式和组织形式，更重要的是一个庞大的文化群、知识群。这种对知识和智慧的渴望，是持续千百年的西行求法运动最根本的心理动力。

随着佛教在中国广泛持续地传播，对于中国的造型艺术，包括造像、绘画、石窟和建筑艺术，都产生了巨大的影响，深刻地塑造着中国人的审美情趣和美学风格，引导着中国艺术发展的趋势和走向。

一

东汉永平七年，也就是公元 64 年，一天夜里，东汉的第二位皇帝汉明帝刘庄做了一个奇怪的梦，梦见一位身材高大的神人，全身金色，头顶上放射白光，在殿前飞绕而行。明帝正要开口问话，那金人凌空腾起，向西方飞去。

明帝梦醒后，百思不得其解。第二天朝会时，他向群臣详述梦中所见，大多数人都不知其由。学识渊博的大臣傅毅回答道："听说西方有神号称'佛'，身高六尺，通体金黄色，能飞行于虚空，神通广大，陛下所梦见的想必就是这位神佛。"

于是，第二年，明帝遣郎中蔡愔、中郎将秦景、博士王遵等 18 人，前往西域去寻找神佛。蔡愔一行经过通往西域的丝绸之路，来到月氏国，就是现在阿富汗的地方，遇见了两位来自天竺（印度）的僧人，一位叫迦叶摩腾，另一位叫竺法兰。蔡愔邀请两位僧人到中原传授佛教。二师接受邀请，用白马驮着佛像和经卷，随蔡愔一行来到洛阳。二人初到洛阳时，被招待在鸿胪寺。鸿胪寺是朝廷专门接待外国人的机构。永平十一年（68），明帝特为他们建立了专用的住所，叫作"白马寺"。白马寺是我国汉地最早的佛寺，取回的佛经则收藏于皇室图书档案馆"兰台石室"中。

这就是历史上有名的"白马驮经"的故事。唐代诗人沈佺期在一首诗中写道：

> 肃肃莲花界，荧荧贝叶宫。
>
> 金人来梦里，白马出城中。
>
> 涌塔初从地，焚香欲遍空。
>
> 天歌应春篇，非是为春风。

这个故事是佛教传入中国的开始，也是佛经被翻译成汉文，能够被中国人诵读的开始。佛教在中国的传播和广泛流传，也就从这里开始了漫长的千年画卷。

二

佛教是产生于古印度的一种宗教，与基督教、伊斯兰教并列为世界"三大宗教"。在世界三大宗教中，佛教是最早传入我国的。在长达1000多年的历程中，佛教文化源源不断地向中国传播，并且广泛地渗入社会生活的各个方面，对中国的哲学、文学、艺术和民间风俗以及政治、经济等都有着深刻的影响。

"白马驮经"的故事发生在东汉初期，而佛教真正开始大规模在中国传播，则是两晋南北朝时期。在这个时期，经历了秦汉时代的辉煌时期，进入到中华文化的成熟之境，同时也面临着新的选择、寻求新的发展和变革局面。在这样的情况下，佛教挟裹着巨大的文化群浩浩荡荡从西方传来，带给中国人一种全新的文化信息、文化内涵和文化体验，对中国文化的发展提供了新的刺激和动力。所以，在佛教进入之初，就造成了可能引起巨大反响和影响的态势。

佛教的传来，不仅仅是宗教的僧团和仪轨、仪式，更是一套缜密的思维系统和形而上学，是一套完备的思维体系。

佛教在中国的传播，不仅给中国人带来一种新的宗教和宗教思想，而且作为一个巨大的文化丛，使印度的医学、天文学、逻辑学等一起传过来，还使佛教的文学、美术、造像、音乐等艺术形式都传播到中国，给中国的艺术发展提供了新的样式，提供了促进中国艺术发展的刺激。这些佛教艺术传播中国后，经过中国艺术家们的吸收、借鉴和改造，形成了中国的佛教艺术形式，成为中国艺术发展史上的一个重要组成部分。不仅如此，佛教还对中国人日常生活产生了很大影响，在中国人的生活观念上，它部分地影响甚至改变了中国人在日常生活中的态度。

佛教经典是和佛教一起传入中国的。在东汉至三国时期的佛教初传，汉译佛经是其主要的活动形式之一。在以后的两晋南北朝乃至隋唐时期，汉译佛经在佛教东传的过程中都是一项极其重要的事业。佛教典籍的翻译成为佛教在中国传播发展的首要任务。在佛教文化从印度向中国的传播过程中，佛经的翻译是最具有根本性的文化工程，中印文化的交往始终以佛经的翻译为基础，正是基于这种源源不断的营养输入，中国佛教才得以获得大的发展。

从最初的来华传教的西域高僧开始，就把翻译佛经作为传播佛教最为主要的事业之一。他们不辞辛苦远来，穿越流沙峻岭，开创传法、译经先河，几乎都参与了汉译佛经的事业，对佛教在中国的传播功不可没。据现存文献记载，佛典汉译从东汉后期开始，到北宋中期废止译经院，大规模的汉语佛典翻译工作持续进行了 900 余年，有名姓记载的佛教翻译家有 200 余名，共译佛教典籍2100 余种、6000 余卷，还不包括没有收录的所谓"藏外"典籍。这样庞大的数字已经表明，这是一项多么宏大的事业。这些汉译佛教经典成为现在世界上所存的最完备的佛教理论典藏。而且，在中国的历史典籍中，佛典也是占有举足轻重地位的一大部分。可以说，这么大数量的佛经，极大地丰富了中国古代的文献典籍，是一份极为宝贵的文化遗产。

从开始翻译佛教典籍开始，就把佛教文献"sutra"（修多罗）称为"经"。在汉语的语境中，"经"的寓意为圣人之教是不变的道理，恒常不变之道。只要是翻译佛教经典，其内容不管是经，是律，抑或是论，通常均以"经"称呼。古代佛教学者解释"经"为：

> 经者常也，古今虽殊，觉道不改，群邪不能沮，众圣不能异，故曰常也。

总之，"经"就是记载圣人尊贵教法的书籍——经书，这一观念通行于中国初期的佛教界。

所谓佛经汉译，就是指将梵本或其他西域语言版本的佛典翻译为汉文，从事译经的僧侣称为"译经僧"，翻译经典的场所叫"译场"。在中国佛教史上有称作"四大翻译家"的鸠摩罗什、真谛、玄奘和不空，他们是历代从事佛经汉译工作的中外僧人的杰出代表。这四位大翻译家，其中鸠摩罗什、真谛、不空是东行弘传佛法的外国佛学大师，玄奘则是西行求法的中国高僧。另外，像竺法护、菩提流支、善无畏、义净、金刚智、实叉难陀、菩提流志等人也都是名重一时的佛典翻译家。他们虽所处的时代不同，经历不同，但他们都以毕生的精力从事译经事业，在他们各自的时代取得了光辉的成就，并在我国的佛教史和翻译史上留下了光辉的篇章。

持续近千年、多达几千卷的佛经汉译，是一项极为庞大的文化工程，是一项极其壮丽辉煌的文化事业。正如钱穆先生所说："这实在是中国文化史上一绝大事业"。[1] 从最早来华的西域胡僧，到前赴后继的中国佛教学者，都为这项伟大的事业付出了极大的心血，倾注了全部的热情。这种热情源自他们高尚的宗教热忱，更来自于崇高的文化责任感和使命感。而至后秦之后，从鸠摩罗什开始，译经活动就被纳入到国家的社会发展规划之中，成为国家组织、提供财政和人力支持的国家文化事业。从后秦一直到唐宋，译经活动都是在政府的直接支持下进行的。这样，既有僧人们高度的热情，又有上层社会的全力支持和鼓励，终于使汉译佛经形成了一项极其伟大的前所未有的文化壮举。

---

[1] 钱穆：《中国文化史导论》，商务印书馆 1994 年版，第 148 页。

三

佛教是在印度产生和发展起来的。最初佛教仅在印度区域内传播。到公元前 3 世纪以后，就是阿育王那个时代，由于阿育王的支持和帮助，佛教开始在印度以外的一些国家和地区，分别向南和向北，如缅甸、斯里兰卡以及中亚、西域一带传播。在公元前 2 世纪上半叶，佛教传入大夏，就是现在的阿富汗地区。

公元前 130 年左右，大月氏人迁入大夏地区。至迟在公元前 1 世纪时，大月氏由于受大夏佛教文化的影响，已开始信仰佛教。之后，大月氏人建立贵霜帝国，更是大力倡导佛教，佛教取得很大发展。梁启超认为，在佛教东传的过程中，大月氏人起了重要作用。

大约公元前 1 世纪后半叶，佛教传入到西域的于阗、龟兹、疏勒、若羌、高昌等地。西域是中国与印度和西方的交通要道。在佛教东传的过程中，西域更是发挥了极为重要的作用，是大佛东行的主要通道。西域曾被佛教僧侣视为"小西天"，被誉为佛教的第二故乡。

首先把佛教传入西域于阗的是来自迦湿弥罗（即克什米尔）的高僧毗卢折那。玄奘的《大唐西域记》称他是来自迦湿弥罗的阿罗汉，他劝说于阗王建造覆盆浮屠，归信佛教，以护佑王朝。于是于阗王建造赞摩大寺。于阗自佛教传入后，逐渐成为大乘佛教的中心，魏晋至隋唐，于阗一直是中原佛教的源泉之一。

龟兹是丝绸之路北道的交通要塞，也是佛教传进的必经之路，同罽宾、于阗、疏勒以及天竺交往颇频繁，龟兹王室也崇信佛教。由葱岭通向龟兹的第一大都是疏勒。疏勒传进佛教应早于龟兹。在大月氏北部的康居，佛教也颇流行。到 3 世纪时，康居的译经者来汉地已有不少，所译经典大小乘都有。

从佛教流传的初期起，各种佛典就不断地被译为各种中亚语言，如粟特语、吐火罗语、龟兹语、于阗语，之后又译为突厥语。

　　自印度佛教传入西域后的几百年间，西域佛教有了长足的发展，佛教图像、寺庙和石窟等佛教建筑开始在西域大地出现，佛窟成群，塔寺林立，浮雕、立雕的大小佛像琳琅满目，雕塑艺术达到了很高程度，佛教的绘画、音乐、舞蹈、文学等艺术和演讲辩论都达到了很高的水平。到了魏晋南北朝时期，佛教在西域进入了鼎盛发展时期，各国佛事频繁，高僧辈出，年年举行盛大的佛会。同时，西域佛教也在不断演变发展，产生了不同佛教宗派。

　　汉武帝时，张骞通使西域，打开了中原与西域的交通大通道丝绸之路，此后，西域各国与汉朝内地的政治往来和经济、文化交流一直十分频繁。正是在这种交流过程中，佛教从印度向西北邻国传播，通过西域传到了中国内地。

　　西域佛教兴起以后，就开始向内地传播。西域各国派往中原王朝的外交使节、侍从，以及商人中就可能有一些佛教信徒。此后，常有内地僧人到西域讲经求法，赴内地的西域高僧也将自己的思想、学风等带到了中原，与中原地区的高僧共同相处，探讨佛学真谛，为中国的佛教传播和佛学发展，做出了贡献。

　　这样，在从印度到西域再到中国的西部，从敦煌进入中国内地，就形成了一条"佛教之路"，一条佛教从印度经西域向中国传播的路。在这条充满着艰险而又同样充满着信仰激情的大路上，西去求法的中国僧侣，东来传教的西域教徒，筚路蓝缕，来来往往，相望于道，不绝于途。而同样是在这条大路上，遗存着无数的佛教东传的历史遗迹，有寺庙的遗址、精美的壁画、荒芜的塔塚，有大漠孤烟、千里流沙、古城残垣，以及壮观无比的遍布沿途的佛教石窟。通过这条大路，佛教以及佛经，佛教的绘画、建筑、音乐艺术，以及佛教所携带的、裹挟的印度和沿途民族的艺术、医学、天文学、哲学和逻辑学等等，源源不断地、持续地传播到中国，给中国文化以深刻的影响，给中国文化的发展以巨大的刺激，给中国人以丰富的精神滋养。

　　所以，这又是一条文化之路，文化传播之路。

四

"白马驮经"故事的主角是印度僧人迦叶摩腾和竺法兰。他们是史载最早来华的外国僧人。据传他们带来的佛像是佛在世时最初创雕佛像的拘睒弥国优填王旃檀师的第四作品。明帝当时在白马寺壁上,宫内清凉台上,洛阳的开阳门上,以及为自己预建的寿陵上都画了许多佛像。

最早的汉译佛经是从迦叶摩腾开始的。迦叶摩腾是中印度人,据传他幼年聪敏、博学多闻,曾经在印度一个小邦国讲《金光明经》。当时正值邻国兴兵攻伐,将要攻入国境,忽然受到障碍,士兵不能前进。迦叶摩腾说:"经中说,能说此经法(指《金光明经》),为地神所护卫,使所居地安居乐业。"其邻国士兵怀疑军队无法前进,是有异术作法所致,私下派遣使者探察,只见大臣们安然共集,听迦叶摩腾讲大乘经。后来,他亲往邻国军营劝和,邻国退兵讲和并向其求法,摩腾于此声名显誉。

迦叶摩腾认为,佛法初传于中土,一般人未能深信,所以他不多做其他经典的宣讲传述,仅撮取诸经要点而编译成《四十二章经》,用以传播佛教教理。

《四十二章经》由42段短小的佛经组成,内容主要是阐述早期佛教(小乘)的基本教义,重点是人生无常和爱欲之蔽,认为人的生命非常短促,世界上一切事物都无常变迁,劝人们抛弃世俗欲望,追求出家修道的修行生活。全经文字虽然很短,但叙述却生动活泼,特别是妙用各种比喻,娓娓道来,颇具说服力。因此,这部经文与其说是一部翻译作品,不如说是一部介绍佛教教义要旨的入门书籍,特别是按照所谓小乘教义介绍佛教道德的书。它不是用佛祖讲法的形式,而是仿照中国《孝经》之类的经书或老子《道德经》的形式。

但是,无论如何,《四十二章经》是佛教在中国初传的时期,在社会上比较流行的一部佛经,文字简练而又包含了佛教基本修道的纲领,对当时佛教的传播和发展起了相当重要的作用。

竺法兰也是中印度人，能背诵经论数万章，为印度诸佛学者的老师，到达洛阳不久，便通达汉语。迦叶摩腾圆寂后，竺法兰又翻译出《十地断结经》《佛本生经》《佛本行经》《法海藏经》等经典。

迦叶摩腾和竺法兰最后都是在中国去世的。他们的墓地就在洛阳白马寺。

第一批来中国内地译经者还有月氏人支娄迦谶和安息人安世高，他们是东汉时期最重要的译经家。

据说安世高是安息国的王子，父王死后，他把王位让给了叔父，自己出家修道，"博综经藏""略尽其妙"。他曾游历西域各国，通晓各国语言，是一位通晓集天文、风水、医学于一身的博学的佛教学者，在西域各国远近闻名。东汉桓帝建和元年（147），安世高到了洛阳，不久即通达汉语，开始翻译禅经及阿含部类经典，到汉灵帝建宁年间（168-172）为止，翻译工作长达20余年。

安世高在中国之时，正赶上爆发黄巾起义，整个黄河流域处在动乱之中。安世高不得不从洛阳转到江南一带活动。《高僧传》载安世高在南行途中，颇多灵异事迹，其中多为逆知前生因果等事。他南行先经庐山、南昌等地，后到广州，最后又到了浙江，在会稽圆寂。

安世高所译的佛经给当时初学佛教的人带来了极大的方便，佛教徒可以通过这些译典加深对佛教的理解。所以，安世高的翻译，在佛教史上产生了重大的影响。

大月氏国人支娄迦谶于东汉桓帝永康元年（167）至洛阳。在汉灵帝光和至中平年间（178-198），他在洛阳翻译了大量佛教经典。支娄迦谶在洛阳从事十余年的佛经翻译工作之后却不知去向了。

支娄迦谶除了独自翻译佛经外，有时还和早来的天竺人竺佛朔合作翻译。影响最大的《道行般若经》和《般舟三昧经》就是两人共同翻译的。竺佛朔从天竺携带《般若道行经》梵本来到洛阳，在光和二年（179）把它译成汉文。《般若道行经》是由竺佛朔宣读梵文，支娄迦谶译为汉语，孟元士笔录成文的。同年十月，竺佛朔在洛阳与支娄迦谶还共同翻译了《般舟三昧经》。

支娄迦谶翻译的佛经，由于有安世高的译作可资观摩取法，在遣词造句方面都已积累有一定的经验，所以支娄迦谶的译文比较流畅，能尽量保全原意，故多用音译。后人说他译文的特点是"辞质多胡音"。

东汉时期，自古印度和西域来到汉地的佛经翻译家中，安世高和支娄迦谶是最有影响的两个。在桓帝、灵帝、献帝时代，除安世高、支娄迦谶以外，还有安玄、竺佛朔、支曜、康巨、康孟详等人，他们的翻译活动也很活跃。

汉灵帝末年，安息商人安玄来洛阳经商，渐谙汉语，常与沙门讲论佛教，因为有功被封为"骑都尉"，世称"都尉玄"，是一位博学多识人士。严佛调是最早见于记载的出家僧人，是一位兼通梵、汉语文的汉僧学者。安玄与严佛调是好朋友，他俩合作，共同翻译佛经。合作翻译了《法镜经》5部8卷，安玄口译梵文，严佛调笔受。

西域人支曜于汉灵帝中平二年（185）抵达洛阳，先后译出《阿那律八念经》《成具光明定意经》等大小乘经10部11卷。从姓氏判断，他可能是大月氏人。汉灵帝时来到洛阳的还有康巨，译有《问地狱事经》1卷。

康居国人康孟详是在汉灵、献二帝年间来到洛阳的。康孟详译出《兴起行经》2卷、《四谛经》1卷等，与西域人竺大力共同翻译《修行本起经》2卷，与昙果共同翻译《中本起经》2卷。《中本起经》是宣传释迦牟尼出生、成长、出家修道、传教的经典，据说，此经的梵本是昙果从迦维罗卫带来的。康孟详所译的佛经，文辞雅驯，译笔流利，在当时也很有影响。

昙柯迦罗是中天竺人，是一位很有修养的佛教学者。曹魏嘉平年间（249—254），昙柯迦罗来到洛阳。佛教传入中原虽已有一段时间，但此前译出的都属于经部和论部，律部还未有人翻译。因此，中国僧人不知有戒法，也都未受戒。为了矫正弊俗，昙柯迦罗邀集了一批梵僧和胡僧，严格按照佛律，在所住寺院"大行佛法"。他们正规的佛门行仪很快引起了众僧的注意和欣羡，于是共请迦罗译出戒律。迦罗感到，律部的各种规制复杂，文字也很烦琐，中国僧众不易一下子掌握，于是选择了比较实用的大众部律典，节译出《僧祇戒心》一书，供僧徒们早晚行事应用。又请印度僧和西域僧人担任戒师，为中国僧徒受戒。中国的佛教戒律正是从此时开始的。

五

佛教在中国的初传时期，一个重要特点是陆续有一些西域或印度等地的僧人，来到中国。他们最早向中国人介绍了印度佛教的文化信息，携带来一批佛教经典并且将之汉译，使中国人有了对佛教初步接触的文本。他们还把佛教僧团和寺院的仪轨介绍过来，使中国有了最早的出家僧侣和最早的佛事活动。这些来华的西域高僧，为了把他们理解的生活真理和信仰传播给远方的广大民众，历尽艰险，负笈万里，来到中国，为佛教东传做出了很大的贡献。到了两晋南北朝时期，佛教在中国的传播形成了高潮，更吸引了大批西域和印度的高僧挟道西来，他们为佛教典籍的汉译、为佛教思想和宗派的传播，以及佛教艺术文化在中国的推广，都做出了重大的贡献。

这些高僧是一批自觉的文化传播使者。他们没有国家的委托，没有商业利益的追求，完全是出于一种宗教责任和使命，一种文化责任和使命。他们远道而来，就是为了弘化讲学，传播佛教。他们具有"使大化流传"、弘扬传播佛法的崇高的使命感和文化责任感。这些外来僧侣进入内地，以其细密的哲思和渊博的学识，博得中土文士的赞赏。

这些西方高僧不辞数万里旅途的艰辛，不顾生活语言的困难，前后相继络绎来华的原因，除了由于佛教学人"弘化利济"的宗教和文化理想以外，我国古代文明富饶，尊贤好学，在国际颇有声誉，这也是能够吸引许多国外贤哲钦慕而来的另一原因。

这些来华的高僧，分别来自大月氏国、安息国、康居国、于阗国、龟兹国、罽宾国、印度、狮子国、扶南国等国。他们大部分是通过丝绸之路经西域进入中国内地的，也有少数人如狮子国人、扶南国人和部分印度人是通过海上丝绸之路在交趾、广东沿海登陆再进入内地的。

中国内地佛教以其昌盛繁荣和独有的风貌以及所涌现的名僧大德，不断向西方早期的佛教流行地区反馈，在东晋时期已经相当明显。《华严经》称清凉山是东方菩萨的聚居地，佛教徒普遍认为此山就是山西省的五台山。道安名播西域，号称"东方菩萨"，受到鸠摩罗什的敬仰。外国僧人烧香礼拜慧远，誉他为"大乘道士""护法菩萨"。来自天竺的著名译家菩提流支，尊称北魏昙谟最为"东方菩萨"，并将他著的《大乘义章》译为梵文，传回大夏。北齐刘世清译汉文《涅槃经》为突厥语，以赠突厥可汗。

晋宋以后，西来的僧侣越勤越密。北魏洛阳永明寺，接纳"百国沙门三千余人"，远者来自大秦（罗马）和南印度，洛阳成为当时世界佛教最盛的圣地。南朝的建康是江南外籍僧侣的活动中心，也是出译籍、出义理的主要基地。梁时优禅尼国王子月婆首那被任命京都"总知外国使命"，江南佛教同域外佛教的联系，也强化起来，建康与中、南天竺、斯里兰卡和扶南等国的佛教联系尤为密切。

在北方，前秦建元年间（365-384），苻坚崇信佛法，大力推动译经事业的发展。这一时期的佛经翻译，已不像东汉、三国时期那样是私人行为，政府已经开始介入，苻坚开始有组织地进行翻译佛经，并派秘书郎赵政来主持这项工作。

这一时期陆续有一些西域或印度僧人来到长安参加传译佛经，为佛经的汉译做出了贡献。但是，这些高僧都不通汉语，译经时，必须有人传译。当时竺佛念正在长安，被公推为传译人。竺佛念其家世居凉州，20岁左右出家为僧。《高僧传》卷一称赞他"外和内朗，有通敏之鉴"，学识渊博，道德高尚。他不但研习佛典，而且对世俗书籍，亦无不博览，训诂之学，尤为他的特长。因为居家之地接近西域诸国，所以他通晓多种语言，成为有名的语言学家。前秦建元（365-384）年间，西域僧人僧伽跋澄和昙摩难提等人陆续来到长安，他们带来的经典，因当时没有通梵语者，西域僧人又不通汉语，不能译出，于是，竺佛念开始与这些西域高僧合作译经，由他译梵为汉。这些译事，都是在道安的主持下进行的，竺佛念在道安的译场中是一个十分活跃的人物。

六

在这一时期，也有中原人士开始西行求法，成为后来以法显、玄奘、义净等西行求法高僧们的先驱。

第一位西行求法的中原僧人是三国时期的朱士行。朱士行法号八戒，是颍川人。朱士行少年即怀远志，摆脱俗尘，出家为僧。魏齐王曹芳嘉平二年（250），印度律学沙门昙柯迦罗到洛阳译经，在白马寺建立戒坛，首创戒度僧制度。当时，朱士行正在洛阳，立志学佛，首先登坛受戒，成为中土第一位出家沙门。因此，他被认为是中国佛教史上第一个依律受戒成为比丘的汉人，在中国佛教史上被誉为"中国第一僧"。

朱士行在白马寺钻研《小品般若经》，并且开讲，成为最早讲经的中国僧人。但他在研读中感到，当初翻译的人把领会不透的内容删略了很多，讲解起来词意不明，又不连贯。他听说西域有完备的《大品经》，就决心远行去寻找原本。

朱士行西域求法早于法显 140 年。甘露五年（260），朱士行带领一众弟子从雍州出发，通过河西走廊到敦煌，经西域南道，越过流沙到于阗国，看到《大品经》梵本。他在那里抄写此经，共抄写 90 章，60 多万字。他想派遣弟子弗如檀等人将抄写的经卷送回洛阳。于阗是天山南路的东西交通要道，虽然此地大乘已广为流行，但居正统的仍是小乘。于阗国的小乘信徒对朱士行横加阻挠，将《大品般若经》诬蔑为外道经典，向国王禀告说："汉地沙门将以婆罗门书惑乱正典，大王如果准许他们出国，大法势必断灭，这将是大王的罪过。"因此国王不许弗如檀等人出国。

这件事令朱士行愤慨不已，他要求以烧经为证，誓言道："若火不焚经，则请国王允许送经赴汉土。"说完就将《大品般若经》投入火中，火焰即刻熄灭，整部经典却丝毫未损。这样，弗如檀等十人终于在晋太康三年 (282) 将该经送回洛阳，此时离他们到于阗国已有 20 余年。弗如檀等人回国后，朱士行自己仍留在于阗，后来在那里去世，享年 80 岁。

元康元年 (291)，陈留仓垣水南寺天竺僧人竺叔兰等开始翻译、校订朱士行抄写的《大品般若经》，历时 12 年，译成汉文《放光般若经》共 20 卷。《般若》译出之后，颇受佛学界的重视。

朱士行求法的经典虽然只限于《大品般若经》一种，译出的也不够完全，但对于当时的义学影响却很大。义学高僧如帛法祚、支孝龙、竺法汰、竺法蕴、康僧渊、于法开等人都为之作注或讲解，形成两晋时代研究般若学的高潮。中山的支和尚（名字不详）派人到仓垣断绢誊写，回到中山时，中山王和僧众具备幢幡，出城四十里迎接，可谓空前盛况。

七

自从朱士行开始，历代西行求法的中国僧侣前赴后继，不绝于途。据梁启超统计，有名可查的赴印高僧有 105 人，实际则有数百人。据方豪统计，西晋至南北朝时期西行求法可考者有近 150 人。在当时交通条件极艰苦的情况下，有这么多人不畏艰辛劳苦，从事佛教的传播事业，实在是世界文化交流史上了不起的大事。他们绝大多数并没有政府的背景或资助，也不是受到佛教僧团的指派，而是自行前往的，是自己发自内心的决定，并且有的还受到阻挠，不得不采取偷渡的形式，如玄奘就是这样走出国门的。求法队伍所表现的勇气和胆识，意志和决心，参与者那种舍生忘死、不怕牺牲、百折不回、互助友爱的精神，那种一步一个脚印、一步步跨越万里长途的执着、坚定的态度，辉耀千古，成为中华民族的骄傲，传之永久的精神财富。

那么，是什么原因促使他们甘冒风险而坚持前去西域呢？这主要是信仰的力量。这些僧侣都是信仰坚定的佛教徒，在印度有他们心目中的圣地，那是他们的心灵的归宿、精神的故乡。这种出于信仰的宗教热情对于广大信众也是一个巨大的精神鼓舞。僧侣们以对佛教的坚定信仰，克服常人难以克服的困难，用自己的生命和热情追求心中的理想，这是一种信仰的力量，也是一种人格的力量，它对其他的佛教信众产生了榜样的作用，激发了民众的宗教热情。

当然，更主要的，还是求知的欲望。我国历代僧侣的西行，绝大多数人不是为了到圣地巡礼，而是"取经"。如朱士行、法显、玄奘、义净等人，都是在国内研究佛经遇到了困惑，对已经翻译过来的佛经不满足，所以要到佛教的发源地寻找"真经"。中国僧人西行求法活动的显著特点之一，就是具有十分明确的求知目的。即是说，作为宗教行为，中国僧人不畏艰险，历尽险阻，西行到佛教的发祥地，不同于一般宗教信徒"朝圣"或巡礼胜迹，也不是单纯自我修行、锻炼身心的个人行为，而普遍地带着寻访真经、了解佛法真谛的明确的理性目的。所以，梁启超说，当时的西行求法，其动机出于学问，"盖不满于西域间接的佛学，不满于一家口说的佛学。譬犹导河必于昆仑，观水必穷溟澥，非自进以探兹学之发源地而不止也。""自余西游大德前后百数十辈，其目的大抵同一。质言之，则对于教理之渴慕追求——对于经典求完求真之念，热烈腾涌，故虽以当时极坚窘之西域交通，而数百年中，前赴后继，游学接踵，此实经过初期译业后当然之要求。"[1]

所以，中国佛教徒的西行求法，更多的是去寻求知识、寻求真理、寻求信仰。当时传播到中国的佛教，不仅仅是一种宗教信仰，不仅仅是一种教团的活动形式和组织形式，更重要的是一个庞大的文化群、知识群。佛学本身就是一个庞大的思想体系和知识系统，与佛教和佛经一起传过来的，还有印度的医学、天文学、哲学和逻辑学等等文化知识。这些文化知识随着佛教一起传播进来，中国的知识分子们接触到了，了解到了，他们感到兴奋，感到新奇，感到有一

---

[1] 梁启超：《佛学研究十八篇》，群言出版社 2013 年版，第 187、188 页。

种以前在我们的视野之外的清新的知识和学问。这种文化、知识和学问是丰富的、先进的、新奇的。它们极大地刺激了中国知识分子们的好奇心和求知欲。但是他们还不满足，还要到这些文化知识的源头，去获取更多的文化知识。这种对知识和智慧的渴望，是持续千百年的西行求法运动的最根本的心理动力。所以，梁启超将其称为"千五百年前之中国留学生"。[1]

钱穆也讲到西行求法的情形及其意义："这些冒着道路艰险，远去求法的人，几乎全都是私人自动前往，极少由国家政府资助奉派。他们远往印度的心理，也绝对不能与基督徒礼拜耶路撒冷，回教徒谒麦加，或蒙古喇嘛参礼西天相拟并视。虽则他们同样有一股宗教热情，但更重要的还是由于他们对于探求人生真理的一种如饥似渴的精神所激发。他们几于纯粹为一种知识的追求，为一种指示人生最高真理的知识之追求，而非仅仅为心灵之安慰与信仰之宣泄。他们的宗教热忱，绝不损伤到他们理智之清明。这许多远行求法的高僧，当他们回国时，莫不携回了更多重要的佛教经典。"[2]

所以，西行求法运动，就不仅仅是一项宗教的交流，不仅仅是为了寻求宗教真理的"取经"。他们不畏艰辛、一批又一批地前往天竺礼拜圣迹，足迹遍于西域诸国、印度、尼泊尔、斯里兰卡、马来西亚等许多国家和地区。在漫长的求法途中，求法僧们除了学习佛法、求得经籍等外，还深入细致地学习了各国的文化，广泛地考察了各地的历史地理和风土人情，增长了有关国家各方面的知识，极大地扩大了中国人的知识系统。如梁启超说的"西方之绘画、雕塑、建筑、音乐，经此辈留学生之手输入中国者，尚不知凡几。皆教宗之副产物也。"[3]所以，中国僧人西行取经的意义不仅仅是宗教性的，在学术发展史上，也具有极为重要的意义。汤用彤也认为，佛教自印度传入中华，除了西域僧人东来弘法外，中国知识分子亦推波助澜，致西行求法运动如日中天。而西行求法者，亦为博学深思的学者型僧人，故能广搜精求异域文化，于中国文化和佛教思想

[1] 梁启超：《佛学研究十八篇》，群言出版社 2013 年版，第 124 页。
[2] 钱穆：《中国文化史导论》，商务印书馆 1994 年版，第 147-148 页。
[3] 梁启超：《佛学研究十八篇》，群言出版社 2013 年版，第 152 页。

之发展做出了开拓性的贡献。[1]

许多西行的求法者还记录了他们求法活动中的经历和见闻，形成"求法行纪"一类的极有价值的著作。其中如法显的《佛国记》、玄奘的《大唐西域记》、义净的《大唐西域求法高僧传》《南海寄归内法传》、新罗僧慧超《往五天竺国传》等著作。这类著作作为求法僧人个人经行的记录，遵循中华文化传统的"知行"和"实录"精神，忠实于见闻，举凡著者经行之地的地理形势、道里山川、物产交通以及社会状况、风土人情等等，都翔实地加以记述；而著者们又是虔诚信徒，对于宗教信仰、佛教胜迹以及相关神话传说等记载尤为详细。这样，这类著作中就包含有关各国、各民族历史、地理、宗教、民俗、艺术、文化等多方面的、极其丰富的内容。这些著作，比起正史或笔记一类的著作，叙述往往更加详细，材料一般更可靠。因为前者是史官或文人学士所作，或录自官方档案，或综括所见各书，或得于他人传闻，精粗杂糅，常有想象之词，而后者则是求法僧们身所经历，亲闻目见后所写成。

所以，这些著作不仅向中国介绍了所到国家和地区各方面的知识，大大开阔了中国人的视野，对于中国人了解西域文明和印度文化有巨大的帮助，更保存了古代中外史地、中外文化交流的重要资料，成为相关领域研究的主要经典。

八

随着佛教在中国广泛持续地传播，对于中国的造型艺术，包括造像、绘画、石窟和建筑艺术，都产生了巨大的影响，深刻地塑造着中国人的审美情趣和美学风格，引导着中国艺术发展的趋势和走向。

佛教对中国造型艺术的影响首先体现在造像方面。佛教造像艺术随着佛教

---

[1] 汤用彤：《汉魏两晋南北朝佛教史》（增订本）上卷，昆仑出版社2006年版，第335页。

传入中国，成为人类艺术宝库中的精品，也为佛教的传播做出了不可估量的贡献。造像艺术对于中国传统艺术有很大影响，极大地推动了传统造像技巧和风格的发展，大大丰富了其内容体裁。

古代印度佛教艺术的另一特色是石窟艺术。石窟是一种集建筑、雕塑、壁画于一体的佛教文化综合体。印度的石窟分两种：举行宗教仪式的石窟叫"支提窟"，平面长方形，纵端为半圆形，半圆形的中间有一窣堵波。除入口处外，沿内墙面有一排柱子；另一种石窟称为"精舍"，以一个方厅为柱心，三面凿出几间方形小室，供僧侣静修之用，第四面为入口，没有门廊。精舍和支提窟常相邻并存，如阿旃陀的石窟群。

两晋之时，内地的佛教艺术的发展多在寺内，而甘凉一带，地多山岭，接近西域，吸收西域的文化，因而开始有因山修龛造窟的。石窟是展示佛教艺术的一种非常重要的表现形式。佛教艺术往往通过石窟的雕刻、寺庙的塑像、壁画的彩绘，将佛教人物的各种形象以及故事内容，生动有趣地表现出来，在展示过程中，承前启后，逐步形成完美的艺术造像群体。

北朝时期，随着佛教的勃兴，人们顺着丝绸之路，在各佛教传入地大规模造窟，出现星罗棋布的石窟群。随之产生了龟兹石窟模式（克孜尔石窟、库木吐拉石窟、森木塞姆石窟）、高昌石窟模式（伯孜克里克石窟、吐峪沟石窟、胜金口石窟）、凉州石窟模式（敦煌石窟、河西石窟）、中原石窟模式（云冈石窟、麦积山石窟、龙门石窟）。这些石窟从西向东，遍布丝绸之路沿线，到达丝绸之路的东部端点洛阳。其中甘肃敦煌的莫高窟历史长，历经朝代多，以雕刻、壁画闻名于世，可称为中国石窟的历史长卷；云冈石窟是一朝之精华，以完美的石雕艺术闻名于世，可称为中国石窟的佳篇；龙门石窟是继云冈石窟之后开凿的，和云冈石窟是姊妹窟，可称中国石窟的继篇。这三大石窟艺术宝库反映了佛教在中国传播和发展的历史过程，也反映了石窟艺术从西域传来而逐渐民族化、中国化的过程。

敦煌莫高窟是世界现存佛教艺术最伟大的宝库。敦煌莫高窟始建于前秦建元二年（366），据武周圣历元年（698）李怀让《重修莫高窟佛龛碑》记载：

僧人乐僔云游至敦煌城东南的三危山下，薄暮时分，无处栖身，惶惶不安。突然，三危山发出耀眼金光，似有千万尊佛在金光中显现。他连忙顶礼膜拜，于是募集资金，在这里开凿了第一个石窟。后来，僧人法良又开凿了第二窟。经过历代开凿，莫高窟南北全长 1618 米，现存石窟 492 洞，其中魏窟 32 洞，隋窟 110 洞，唐窟 247 洞，五代窟 36 洞，宋窟 45 洞，元窟 8 洞。塑像 2415 躯，并绘制大量壁画，连接起来有五六十里长。北朝时期洞窟中主像一般是释迦牟尼或弥勒，主像两侧多为二胁侍菩萨或一佛、二弟子、二菩萨。塑像背部多与壁画相连。窟内顶部和四壁满绘壁画。顶及上部多为天宫伎乐，下部为夜叉或装饰花纹。壁画内容主要有：经变，即佛经故事，如西方净土变；本生故事，即释迦牟尼前世经历，如投身饲虎、割肉贸鸽；尊像图，即佛、菩萨、罗汉、小千佛、飞天等；供养人像，即出资修窟人的像。敦煌莫高窟的第 120 窟，洞窟北壁的大型坐佛台下，有魏大统四年建造的铭记；洞内壁画纯为中国式，佛塔则属犍陀罗式系统。北壁佛龛的左右，绘有象头昆那夜迦，或三面六臂乘牛坐像，或一头四臂乘鸟像，似为密教题材。西壁虽有中印手法的佛像，一面绘有印度式壁画，但这种中印度式的佛教美术逐渐中国化，例如，佛像的衣端部分，西方美术是用浓厚阴影描写，此处则为线画式；天井中央，绘天盖形，虽然样式传自西方，但已有中国化风格。

云冈石窟在山西大同西武周（州）山北崖，始凿于北魏和平元年（460），约终止于正光五年（524）。传说北魏文成帝在太武帝灭佛之后决定恢复佛教，僧人昙曜来到平城，路遇文成帝车队，袈裟被御马咬住不放。文成帝认为马识善人，是天赐高僧，便对昙曜以师礼相待。昙曜建议在武周山开窟五所，获得批准，并主持其事。整个石窟依山开凿，东西绵延 1 公里，现存主要洞窟 53 个，大小造像 51000 多尊，佛龛 1100 多个。

云冈石窟是石窟艺术"中国化"的开始，是在我国传统雕刻艺术的基础上，吸取和融合印度犍陀罗艺术及波斯艺术的精华所进行的创造性劳动的结晶。石窟雕刻的题材内容，基本上是佛像和佛教故事。云冈石窟雕刻在我国三大石窟中以造像气魄雄伟、内容丰富多彩见称，多为神态各异的宗教人物形象，石雕满目，蔚为大观。他们的形态、神采动人。这些佛像与乐伎刻像，还明显地流露着波斯色彩。佛像最大的是第 5 窟的释迦牟尼坐像，高 17 米，宽 15.8 米，脚长 4.6 米，手中指长 2.3 米。第 20 窟的本尊大佛像制作雄伟，神态庄严，全高 14 米。这种摩崖大佛的观念极可能是受了中亚巴米扬大佛的启发，其面容眉毛修长，鼻梁高挺，深目大眼，颇具西洋人面貌的特质。佛像的衣纹写实而自然，多以阳刻的凸线表示，这都显示云冈艺术是因袭贵霜王朝犍陀罗造像的式样。但雕法朴拙，肩膀宽阔，头顶剃发肉髻，身穿右袒僧袍，却又继承贵霜王朝秣菟罗佛雕的风格。云冈中期石窟出现的中国宫殿建筑式样雕刻，以及在此基础上发展出的中国式佛像龛，在后世的石窟寺建造中得到广泛应用。云冈晚期石窟的窟室布局和装饰，更加突出地展现了浓郁的中国式建筑、装饰风格，反映出佛教艺术"中国化"的不断深入。

龙门石窟在河南洛阳市南，伊河自南向北流去，中分二山，东是香山，西是龙门山，望之若阙，故又称"伊阙石窟"。龙门石窟开凿于北魏孝文帝由平城迁都洛阳前后（493），历经东魏、西魏、北齐、北周、隋、唐、宋诸朝，雕凿不断。孝文帝迁都洛阳到孝明帝时期的 35 年间，是龙门开窟雕造佛像的第一个兴盛时期。这期间开凿的石窟大都集中在龙门西山之上，约占龙门石窟造像的三分之一。其中最著名的有古阳洞、宾阳三洞、药方洞等十几个大中型洞窟。在唐代从开国到盛唐的 100 年间，龙门石窟迎来了历史上开窟造像的第二次兴盛时期，这一时期开凿的石窟也多集中在龙门西山，约占龙门石窟造像的三分之二，但到了武则天时期，开凿石窟的一部分转移到东山。龙门唐代石窟最有代表性的洞窟有潜溪寺、万佛洞、奉先寺大像龛等。据龙门石窟研究所统计：东西两山现存窟龛 2345 个，碑刻题记 2800 余块，佛塔 40 余座，造像 10 万余尊。其中北魏石窟占 30%，唐代约占 60%，其他时代窟龛约占 10%。龙门石窟形制比较简单，题材趋向简明集中，没有莫高、云冈那种复杂的窟内构造，以一种雍容大度、华贵堂皇的皇家风范出现在世人面前，与早期佛教艺术的神秘色彩不同，龙门石窟越来越呈现出世俗化倾向。

除了这著名的三大石窟外，北魏所造的石窟，还有甘肃瓜州县的榆林窟，敦煌城西的西千佛洞，甘肃天水市的麦积山石窟，临夏的炳灵寺石窟。北魏所创的石窟，其中保有着精美的雕塑。此外如甘肃张掖的文殊山石窟、马蹄寺石窟，武威的天梯山石窟，泾川的百里石窟长廊，陕西邠州的大佛寺，山西太原市的天龙山石窟，河南巩义市石窟，渑池县瑞庆寺石窟，安阳宝山石窟，山东济南龙洞石窟，辽宁义县万佛堂石窟等，都是北魏时代所创造的。

| 第六章 |

往天竺者，首自法显

法显的西行，是有明确的目的的，就是"慨律藏残缺"，因而去佛教的发祥地印度获取完整的律藏，使之流传中国。这种寻求真理和知识的渴望，是法显能够克服艰难险阻而奋力前行的强大心理动力。

历经 13 年中，法显跋山涉水，经历了人们难以想象的艰辛。归国后，他自己回忆说："顾寻所经，不觉心动汗流。"

法显以年过花甲的高龄，完成了穿行亚洲大陆又经南洋海路归国的远途陆海旅行的惊人壮举。与他同时代人就感叹说他实为"古今罕有""自大教东流，未有忘身求法如显之比"。

一

在魏晋南北朝时期西行求法的中国僧侣中，以法显最为著名。中国历史上的佛教求法僧，最杰出、最有成就的，主要是法显、玄奘和义净三人，其中法显的年代最早，比玄奘到西天取经早200多年。法显是第一位沿着陆路西行，而乘着海船从南洋回到汉地的取经高僧。而且，他是我国僧人到"西天"（印度）研究佛学的第一人。《续高僧传·玄奘传》亦说："前后往天竺者，首自法显。"

法显还是第一位沿着陆路丝绸之路西行，而乘着海船从海上丝绸之路回到汉地的取经高僧。在丝绸之路的历史上，像法显这样海陆两道丝绸之路都走过的，还有元代来华的旅行家马可·波罗和鄂多立克，他们的往返行程也分别经过了陆路丝绸之路和海上丝绸之路。

法显是山西平阳郡武阳（今山西临汾市西南）人，俗姓龚。他有三个哥哥，都在童年夭亡，他的父母担心他也夭折，在他才3岁的时候，就送他到佛寺当了小和尚。20岁时，法显受具足戒。这是和尚进入成年后，为防止身心过失而履行的一种仪式。从此以后，他对佛教信仰之心更加坚贞，行为更加严谨，时有"志行明敏，仪轨整肃"之称誉，逐渐成为有名的僧人。

在长期的诵经讲经活动中，他发现几经转译的佛经多有缺失，且谬误甚多，不知所云。他不顾雪眉霜鬓，毅然告别僧友，从仙堂寺辗转长安。这时的长安，是后秦的都城，也是北方的佛教中心，鼎盛时，长安僧尼数以万计，僧寺林立。法显在长安居住了几年，遍访各大寺院，但仍得不到满足。

佛教的文献总称"三藏"，律是其中之一。佛教僧人依律而住，律是佛教宗教生活最基本的原则。律对于中国佛教和印度佛教，都具有关键性的意义。在这时，虽然已经有一些佛教的戒律陆续传到了汉地，但没有一部可以说是完整的。戒律经典缺乏，使广大佛教徒无法可循。这已经影响到中国佛教的正常发展。在这一时期，很多僧人都有这样的需求、感受到这种形势。所以法显在《佛国记》的第一句话就说："法显昔在长安，慨律藏残缺。"法显深切地感到，佛经的翻译赶不上佛教大发展的需要。为了维护佛教"真理"，矫正时弊，他决心到佛教的诞生地天竺（印度）寻求戒律，求取真经。

法显的西行，是有明确的目的的，就是"慨律藏残缺"，因而去佛教的发祥地印度获取完整的律藏，使之流传中国。这种寻求真理和知识的渴望，是法显能够克服艰难险阻而奋力前行的强大心理动力。作为最早西行的中国僧侣，法显就为整个西行求法运动确立了寻求知识、寻求真理这一宏伟的目标。正是这一目标，鼓舞了上千年前赴后继的西行求法的僧人们去完成一项伟大的引进外来文化的壮举。而经过他们引进的印度佛教文化，成为刺激中华文化发展的重要文化资源。

后秦弘始元年（399）春天，法显同慧景、道整、慧应、慧嵬四人一起，从长安起身，向西进发，开始了漫长而艰苦卓绝的旅行。而在这两年后，鸠摩罗什经过在凉州多年的困顿，终于到了长安。这两位在中国佛教史乃至中国文化史上留下巨大影响的高僧，一个向西，一个向东，都是为了把佛教文化传播到中国大地上这一宏伟的目标。

法显出行时，已是年届63岁的老人，比28岁时西行取经的玄奘大了35岁。

二

穿越丝绸之路是一段充满了艰辛与痛苦的旅程。西天佛国印度在中国的西边，中途要经涉几十个国家，还要穿越戈壁沙漠，忍受常人所难忍受的苦难。法显西行就是一个极为艰险的行程。

法显一行从长安出发，沿着这时已经畅通的丝绸之路，一路向西。第二年，穿过河西鲜卑人建立的西秦与南凉，到了北凉的张掖，也就是今天的甘肃省张掖市，遇到了同样去西域求法的智严、慧简、僧绍、宝云、僧景五人，与之会合，组成了十个人的"巡礼团"。智严、宝云等人是从凉州出发的，他们可能都是凉州一带的人，因此对西域的情况了解更多，求法的热情也很高。宝云和智严后来都成为中国佛教史上有贡献的人物。两拨求法人不约而同在张掖相会，也是一时奇遇。后又增加了一个慧达，总共十一人。

这个"巡礼团"从张掖继续西行，到敦煌时，得到敦煌太守李浩的资助，西出阳关渡"沙河"（即白龙堆大沙漠）。法显等五人随使者先行，智严、宝云等人在后。白龙堆沙漠气候非常干燥，时有热风流沙，旅行者到此，往往被流沙埋没而丧命。法显后来在《佛国记》中描写这里的情景说："上无飞鸟，下无走兽，遍望极目，欲求度处，则莫知所拟，唯以死人枯骨为标帜耳。"他们冒着生命危险勇往直前，走了17个昼夜，1500里路程，终于渡过了"沙河"。

他们来到了白龙堆以西的第一个绿洲城市鄯善。这里就是汉朝时的楼兰故土。但此时罗布大泽附近的土地盐碱化严重，已经没有了当年楼兰的繁荣景象。法显一行没有在鄯善国多做停留，而是继续前行，到了焉夷国。他们在焉夷国住了两个多月，宝云等人也赶到了。当时，由于焉夷国信奉的是小乘教，法显一行属于大乘教，所以他们在焉夷国受到了冷遇，食宿都无着落。不得已，智严、慧简、慧嵬三人返回高昌筹措行资，僧绍随着西域僧人去了罽宾。法显等七人得到了前秦皇族苻公孙的资助，又开始向西南进发，穿越塔克拉玛干大沙漠。

塔克拉玛干大沙漠地处塔里木盆地中心，这里异常干旱，昼夜温差极大，气候变化无常。行人至此，艰辛无比。他们走了一个月零五天，总算平安地走出了这个"进去出不来"的大沙漠，到达了于阗国。

于阗是当时西域的一个大国，位于丝绸之路要冲，往来商旅众多，经济富庶，国泰民安。于阗也是西域佛教的一大中心，奉养了数万僧人。当地人对大乘和小乘佛法一视同仁，所以法显一行在这里受到了不错的待遇。他们在这里住了三个月，当时正值佛诞节，他们有机会观看了佛教"行像"仪式：一辆可以移动的圣像车，上面的佛像披挂丝绸帷幔，并用佛教七宝装饰，还有两尊金银铸造的菩萨陪护在左右。在佛像即将进城时，宫女们会从城门上撒下花瓣。王族大臣也会换上新衣，赤脚持花朝拜大佛。这种极具特色的崇拜仪式给法显留下深刻印象。他们还在于阗见到众多闻所未闻的经书抄本，让他们大开眼界。

接着继续前进，经过子合国，翻过葱岭，渡过新头河到了那竭国。慧景到那竭国后病了，道整陪他暂住。法显和慧应、宝云、僧景等人经宿呵多国、犍陀卫国而到了弗楼沙国，即今巴基斯坦白沙瓦。慧达一个人去到弗楼沙国，与法显他们会面。弗楼沙国是北天竺的佛教中心，仍然留存着当年帝国修建的宏伟寺院和庄严佛塔。这些佛寺里依旧有当年的佛钵，来客都会用谷物或者鲜花将它填满。慧达、宝云和僧景在这里参访了佛迹以后便返回了中国，慧应在这里的佛钵寺病逝。

法显独自去了那竭国，与慧景、道整会合，三人一起南度小雪山，即阿富汗的苏纳曼山。此山冬夏积雪，三人爬到山的北阴，突然遇到寒风骤起，慧景受不住寒流的袭击被冻死。法显抚摸着慧景的尸体，无限感慨地哭着说："取经的愿望未实现，你却早死了，命也奈何！"

然后，法显与道整奋然前行，翻过小雪山，到达罗夷国。罗夷国也盛行佛教，有三千多和尚，大小乘都有。法显在这里夏坐，这是他西行后第五年，即公元 403 年。夏坐是佛教的一种仪礼，也称为"夏安居"，指的是印度佛教和尚每年雨季在寺庙里安居三个月的行为。法显记述了夏坐最后一个月的仪式：一是希求福报之家可为众僧奉献"非时浆"；二是解夏前最后一日的夜晚举行

"大会说法"，说法完毕，比丘供养舍利弗塔，比丘尼供养阿难塔，沙弥供养罗云；三是解夏之日，信众即俗弟子可向僧尼布施物品。

夏坐之后，法显他们又经跋那国，即今巴基斯坦北部之邦努（Bannu）。从此东行三日，再渡新头河，到达罗毗荼国，即今旁遮普。当地土邦王侯在得知他们来自遥远的秦地后，十分赞扬他们的求法精神。于是对僧团慷慨解囊，支持他们继续求学。

接着，他们经过摩头罗国，渡过了蒲那河，进入中天竺境。这时，距他们离开长安已经有五年了。

三

法显在印度各地活动八年，访求佛经，学习梵文和进行考察。法显和道整用了四年多时间，周游中天竺，巡礼佛教故迹。

他们先到摩头罗国，即今印度北方邦之马土腊。蒲那河流经此处，即今之亚穆纳河。河边左右有 20 座僧伽蓝，有僧人 3000 多。他们从此向东南行，到了今北方邦西部的僧伽拖国。此地佛教遗迹颇多，有僧尼千人，杂大小乘学。法显住龙精舍夏坐，这是他西行第六年的夏坐，时为 404 年。

夏坐完毕，他们向东南行，先后经过罽饶夷城和沙祇大国，来到了佛教的发祥地拘萨罗国舍卫城，即今印度北方邦北部腊普提河南岸之沙海脱——马海脱。这里佛的遗迹很多：有大爱道故精舍、须达长者井壁、鸯掘魔得道、般泥洹、烧身处。出城南门 1200 步，有须达精舍，即"祇洹精舍"。传说释迦牟尼生前长期在这里居住和说法。祇洹精舍大院有两座门，一东向，一北向，这里就是须达长者布金满园买地之处。法显受到这里僧人的热情接待，他们非常钦佩法显不远万里来此求法的精神。法显还参访了释迦牟尼的诞生地迦维罗卫城，在今尼泊尔境内，与印度北方邦毗邻。佛传中佛陀少年所发生的许多事情都在这里留有痕迹。

405 年，法显来到了佛教极其兴盛的达摩竭提国巴连弗邑（华氏城），既今比哈尔邦之巴特那。巴连弗邑原是古印度孔雀王朝的都城，公元前 2 世纪，阿育王统一了除次大陆南端以外的印度全境。他大兴佛教，于国内广建寺塔，留下大量的佛教文化遗址。城南有耆阇崛山，这就是有名的灵鹫峰。法显瞻仰了王宫，深为王宫"累石起墙阙，雕文刻镂，非世所造"的豪华壮美所折服。法显特别对有关佛教的民俗活动感兴趣，曾经挤在观众中参加了城内居民迎佛像进城供奉的"行像"活动。"行像"活动于每年 12 月 8 日举行，佛像供奉在四轮车上，车上用竹篾扎制成五塔楼，上铺白毡，用彩画出飞天形象，佛龛缀饰着金银琉璃，四角缯幡高悬。"行像"一次，通常有 20 辆这样的车，每辆车各不相同。"当此日境内道俗，皆集作倡伎乐，华香供养。"人们不分僧俗，都集合于路旁狂欢通宵。

法显在这里住了三年（405—407），应该是他西行后的第七年到第九年。他学习梵文梵语，抄写经律，收集了《摩诃僧祇律》《萨婆多部钞律》《杂阿毗昙心》《方等般泥洹经》《綖经》《摩诃僧祇阿毗昙》等六部佛教经典。因为北天竺诸国皆师师口传，无本可写，不得不躬自抄写。他特别注意采撷各地的民俗和宗教传说，为复原中古时代的印度文化传统提供重要材料。

与法显同行的道整在巴连弗邑十分仰慕人家有沙门法则和众僧威仪，追叹故乡僧律残缺，发誓留住这里不回国了。

法显一心想着将戒律传回祖国，便一个人继续旅行。他周游了南天竺和东天竺，又到了恒河三角洲的耽摩栗底国，其首都故址在今印度西孟加拉邦西南之坦姆拉克（Tamluk）。法显在这里住了两年，写经画（佛）像。

四

409 年底，法显离开耽摩栗底国，搭乘商舶纵渡孟加拉湾，到达了狮子国。

狮子国即现今南亚的斯里兰卡。中国史籍对狮子国早有记载，是一个特多"奇瑰异宝"的"大洲"，有珍珠、琉璃、"火浣布"等。玄奘《大唐西域记》称之为"僧伽罗国"，说它"周七千余里，国大都城周四十余里，土地沃壤气序温暑。稼穑时播花果具繁，人户殷盛家产富饶，其形卑黑其性犷烈，好学尚德崇善勤福。"狮子国一直是中国通往印度的海上丝绸之路的中转站。汉唐以后，海上交通繁盛，它的地位更为重要。

狮子国在历史上与印度关系密切，印度文化对其有着广泛而深刻的影响。据历史的记载，阿育王曾经组织许多传教师到印度国内外各地弘传佛教。他指派他的儿子（亦说是兄弟）摩哂陀长老（Arhat Mahinda）于公元前 247 年渡海来到狮子国传教。狮子国是印度以外第一个接触到佛教的地区。国王提婆南毗耶·帝须（Devanampiya Tissa）和一批大臣首先皈依了佛教，接着又剃度了国王的侄儿阿利吒（Arittha）等 50 多位青年，弘法工作进行得非常顺利。国王把御花园"大云林园"（Mahameghavanaya）布施给长老，修筑起"大寺"（Mahavihara，摩诃毗诃罗）供养僧团。这座大寺日后就成为整个南传上座部佛教的发祥地和弘法中心。佛教迅速普及全岛各地，成为几乎是全民信仰的国教。阿育王还将释迦佛成道处的菩提树幼苗一株移植狮子国，这株菩提树幼苗就成了狮子国新近皈依佛教者的信仰标志。500 多年后，佛牙也从印度迎到狮子国。摩哂陀长老所传来的佛教经典，一直是师徒间口口相授，没有用文字记录下来。后来，有五百位能背诵佛经的长老聚会一处，将全部经典记录成书，产生了《巴利文三藏经》。

法显在狮子国旅居二年，住在王城的无畏山精舍。无畏精舍里供奉着佛牙，当年的菩提树幼苗已经长成参天大树。他曾去岛上有名的无畏山寺、佛牙寺、支提（山），观看摩诃毗诃罗一位阿罗汉入灭火化的情形。还求得《弥沙赛律》

《长阿含》《杂阿含经》和《杂藏》等诸梵本。法显在他所著的《佛国记》中记录了狮子国佛教的许多重要情况。

这时候，法显已经离开祖国十多年，是七十多岁的老人了。他经常思念遥远的祖国，又想着一开始的"巡礼团"十多人，或留或亡，自己孤身一人，形影相吊，心里无限悲伤。一天，他在无畏山精舍看到商人以一把中国的白绢团扇供佛，触物伤情，不觉潸然泪下。

411年八月，法显坐上印度商人的大舶，循海路回国。舶行不久，即遇暴风，船破漏水。商人为减轻船只载重，险些要丢掉法显的佛像和佛经。幸好遇到一座小岛，商船得以补好漏处又前行。就这样，在危难中漂泊了一百多天，到达了一个叫耶婆提国的地方。这个"耶婆提国"在哪里，历来有不同的说法，有说是苏门答腊岛或爪哇岛，还有人认为是在美洲。不过对于美洲一说并没有确实的根据。

法显在这里住了五个月，又转乘另一条商船向广州进发。不料行程中又遇大风，船失方向，随风漂流。在船上粮水将尽之时，忽然到了岸边。船上各人虽知己到汉地，但不知道到了汉地的哪一处，有人认为已过广州，也有人认为尚未过广州。法显上岸询问猎人，方知这里是青州长广郡（山东即墨）的崂山。

乘风踏浪，历尽艰险，法显终于回到了祖国的土地。

这一天是东晋义熙八年（412）七月十四日。法显63岁出游，前后共走了三十余国，历经13年，回到祖国时已经76岁了。

在这13年中，法显跋山涉水，经历了人们难以想象的艰辛。归国后，他自己回忆说："顾寻所经，不觉心动汗流。"

法显以年过花甲的高龄，完成了穿行亚洲大陆又经南洋海路归国的远途陆海旅行的惊人壮举。与他同时代人就感叹说他实为"古今罕有""自大教东流，未有忘身求法如显之比。"

法显西行以及所撰写的西行游记，大大拓展了中土僧人的眼界，在当时就产生了巨大的反响，为中国僧人树立了一个西行求法的榜样，激励后人去学习效法，后出的许多僧人都以法显的事迹为楷模，作为自己取经的动力。

南朝宋永初元年（420），即法显返回建康七年后，黄龙沙门释法勇（昙无竭法师）受法显事迹鼓舞，于当年"发迹北土，远适西方。"他召集僧猛、昙朗等25人，从陆路至中天竺，由南天竺搭乘商船返回广州，选择的道路与法显大致相同。他们一行旅途十分艰险，同行25人，回国时仅剩5人。

后秦姚兴弘始六年（404），又有京兆新丰沙门释智猛从长安出发，踏上了奔赴西域求法的旅途。与智猛同行的有15人。在当时西行诸贤中，他在天竺停留最久，加上往返时间长达20多年。智猛一行的旅途路线，大概是采取了和法显大致相同的路线西行。最后，智猛一行到达孔雀王朝都城巴连弗邑。城中有一位婆罗门，名叫罗阅，举家奉佛，造高三丈的白银塔。法显旅印时，曾从其家得六卷《泥洹》梵本带回中国。智猛亦从罗阅家中获得《泥洹》一部。后来又得到《摩诃僧祇律》及诸经梵本。他们在天竺的时间比法显停留的时间长约两倍，在各地访问了很多的佛迹。

此后，中国僧侣西行求法者越来越多，至隋唐时期达到了高潮。他们中的不少人都是受到法显大师西行事迹的鼓舞。

五

法显在青州上岸后，青州长广郡太守李嶷听到法显从海外取经归来的消息，立即亲自赶到海边迎接。之后，应兖、青州刺史刘道怜的邀请，法显到彭城居住，并且在彭城度过了义熙九年（413）的夏坐。

而此年春天，天竺僧人佛驮跋陀罗与宝云一起，随刘裕从江陵到达建康，住于道场寺。七月底或八月初，法显南下至建康，和佛驮跋陀罗共同译经。

法显西行对中国佛教文化产生了深远的影响。在法显之前，虽然已有朱士行往西域求法，但他未到天竺，并且未返汉地。汉人西行求法，有去有回，并带返大量梵本文献的第一位汉僧，乃是法显。法显带回大量佛经，并亲自参与翻译工作，为中国戒律学、佛性论思想和毗昙学的发展做出了杰出贡献。

法显去印度求法，主要目的就是求取戒律。从法显携归的经律种类及卷数来看，偏重于律部梵本的求取，除了四分律及新的有部律之外，现存于汉文中的诸部广律，几乎都是法显带回来的。法显带回的 11 部佛经中，有四种是律，分属三个部派，即大众部的《摩诃僧祇律》及《僧祇比丘戒本》，化地部的《弥沙塞律》，说一切有部的《萨婆多律抄》。这三种律，加上《四分律》，代表了汉地最早传承的佛教的四个部派律系统。正由于此，法显对于戒律在中国的弘传，乃是居于关键性的一位大师。

法显带回并且亲自参与译出的《大般泥洹经》，是大乘《涅槃经》的最初译本。《大般泥洹经》是我国佛教史上最著名的一部大乘佛教巨著，对南朝流行的"佛性说"的建立产生了至关重要的影响。《大般泥洹经》的译出，扭转了当时的佛学思潮，奠定了中国大乘佛教是以"一切众生皆有佛性"为主流的大势。此经佛学思想的思想史意义在于，如来藏思想由此代替了大乘般若学而成为中国佛学的主流。

法显在建业居住期间，将自己西行取经的见闻写成了一部不朽的世界名著即《佛国记》。《佛国记》中记载了大量的西行途中见闻，给中国带回来大量有关印度佛教的信息，具有丰富的学术价值。法显介绍了西域和印度大小乘佛教流行的情况。在西域方面，首先说到诸国原来语言虽不尽同，而僧人一致学习印度语文，鄯善国、焉夷国各有僧四千余，竭叉国有僧千余，都奉小乘教，于阗国和子合国都盛行大乘佛教。在印度方面，陀历、乌苌、罽饶夷、跋那等国都奉行小乘教，罗夷、达罗毗荼、摩竭提等国都大小兼学，达罗毗荼国僧众多至万数，摩竭提国为印度佛教的中心，佛法大为普及。东印度耽摩栗底国有二十四伽蓝，佛教也很兴盛。

《佛国记》介绍了印度佛教的供养制度。印度佛教创始就以供养为主要信仰方式，但在此时印度僧团受王室及贵族之供奉，财富积聚，已不是昔日之比。所以寺院经济的发达并非只是在中国才有，而在印度本土，僧团已是极度富有。僧团在享用这些生活资料时，依然是按照僧腊之惯例来定。

佛灭度后，佛之崇拜以舍利信仰最为盛行。关于佛教史迹，法显详细记载了佛陀降生、成道、初转轮、论议降伏外道、为母说法、为弟子说法、预告涅槃、入灭等八大名迹之盛况；记载了佛石室留影、最初的佛旃檀像、佛发爪塔以及佛顶骨、佛齿和佛钵、佛锡杖、佛僧伽梨等的保存处所和守护供养的仪式；记载了佛陀的大弟子阿难分身塔、舍利弗本生村以及阿阇世王、阿育王、迦腻色迦王所造之佛塔；过去三佛遗迹诸塔以及菩萨割肉、施眼、截头、饲虎等四大塔，祇洹、竹林、鹿野苑、瞿尸罗诸精舍遗址，五百结集石室，七百僧检校律藏纪念塔以及各地的著名伽蓝、胜迹。书中记载，不论是大乘或小乘各派，都把佛的遗骨、遗物、遗迹，视作信奉的中心。这些信息告诉人们，不但佛圆寂后受到供养，连其遗物、弟子以及阿罗汉等也受到供养。

在《佛国记》中，法显对于西域、印度诸国的规模较大的法会叙述得尤其详细。如于阗国、摩竭提国的"行像"仪式、竭叉国的五年大会（般遮越师）、弗楼沙国的佛钵崇拜仪式、那竭国的佛顶骨崇拜仪式、狮子国的佛齿供养法会以及狮子国国王为入灭罗汉举行的阇维葬仪等等。

《佛国记》是中国人最早以实地的经历，根据个人的所见所闻，记载一千五六百年以前中亚、南亚，部分也包括东南亚历史、地理、宗教的一部杰作，是中国和印度间陆、海交通的最早记述，中国古代关于中亚、印度、南洋的第一部完整的旅行记，在中国和南亚地理学史及航海史上占有重要地位，也在世界学术史上占据着重要的地位。法显对于 5 世纪之前西域、中亚以及印度的政治、经济、民族、文化、风俗习惯等等方面的真实叙述，是研究这一地区古代历史最宝贵的历史文献。

在法显《佛国记》之后，有玄奘的《大唐西域记》、义净的《南海寄归内法传》及《大唐西域求法高僧传》与之遥相辉映。这四部著作所涉及的时代相互衔接，内容相互补充映证，共同构成了建构 7 世纪之前印度历史状况的可信坐标和基本材料。现今凡是涉及这一段时期西域、印度历史的著作和相关研究，欲越过或忽略中国僧人的这些著述，几乎是难以进行的。

前面已经提到，法显此次西行，是从长安出发，经过张掖、敦煌到鄯善，然后从鄯善北上至焉耆，再经过龟兹至于阗。法显走的是丝绸之路的"北道"。至焉耆后，法显一行又转向西南，取道塔克拉玛干大沙漠，直达"南道"重镇于阗。法显等人从于阗前行，经过子合国，进入葱岭山中的于麾国、竭叉国，最后到达北天竺境内。法显回国取的是海道，即从巴连弗邑沿恒河东下，到达耽摩栗底海口，然后从此乘船西南行，到达狮子国。在狮子国乘船东下，后经马六甲海峡到达加里曼丹岛，又乘船沿着东北方向直奔广州，在西沙群岛附近遭遇风暴，在海上漂流 70 余日，最后到达山东崂山南岸。法显《佛国记》对其亲身经历的往程与归程的基本情况，作了较为详细的记载，成为人们研究中国古代陆上丝绸之路和海上丝绸之路最为可信的资料。其涉及的地域范围甚为广泛，包括北起我国新疆境内，南及印度河、恒河流域。后来我国正史的"地理志"都程度不同地吸收了法显的材料。

在建康居住期间，法显还曾于东晋义熙十二年（416）应庐山高僧慧远的邀请，到庐山讲经。他在建康道场寺住了五年后，又来到荆州（湖北江陵）辛寺。元熙二年（420），法显在这里圆寂。

| 第七章 |

鸠摩罗什：从西域到长安

鸠摩罗什留住龟兹前后计26年，他广研大乘经论，声名日隆，所谓"道震西域，名被东国"。每年举行讲经说法，西域诸王都云集闻法。在历代佛教史家的描写下，鸠摩罗什是一个天才，是一个神童，他所具有的不可企及的天才使他注定会成为一位伟大的佛教思想传播者。

鸠摩罗什是一位著名的佛经翻译家，又是一位宣传、阐扬佛学的佛教哲学家。

鸠摩罗什来到长安，他为中国佛教带来的刺激和振奋，是前所未有的；也为中国佛学研究带来新的高潮，不但翻译了大量的经典，且影响了许多杰出的弟子。

鸠摩罗什的译经事业对中国佛教的理论发展及后世中国佛教教派的创立都产生了深远的影响。

一

在法显离开长安去天竺取经后两年，西域高僧鸠摩罗什到了长安。

鸠摩罗什（344-413），中文名童寿，是西域龟兹国人。当时的龟兹不仅是西域佛教的中心之一，而且是佛教文化从印度传入我国内地的必经之路。那时龟兹大小佛寺有千余座，僧尼一万多人，克孜尔千佛洞和库木吐拉千佛洞盛极一时。鸠摩罗什的祖籍是天竺国，家世显赫，罗什的祖父达多在国内很有名气，担任丞相。罗什的父亲鸠摩炎，聪明而有美德，本应嗣继相位，然而他推辞不就，离家出走，越过葱岭到龟兹国。龟兹国王非常敬慕他的高德，亲自到郊外迎接，聘请为国师。

龟兹国王有个妹妹，年方20岁，聪敏、有识见、有悟性，能过目不忘且解悟其中妙义。她身上长有一块红痣，依命相之法来说，正是必生贵子的特征。这位王妹嫁给了鸠摩炎，不久怀上了鸠摩罗什。此时他的母亲自我感觉具有超人的神悟，有倍于往常。她听闻雀梨大寺有很多有名望、有德行的高僧，还有得道成佛的神僧，就与王族贵女及一些有德行的尼姑们，整日设供，请斋听法。她还忽然无师自通天竺国语言，甚至对于佛学中的驳难之辞都非常精通，对此众人都感叹万分。一位叫达摩瞿沙的罗汉说："你所怀的必是个有智慧的儿子，这是舍利佛已经证明了的。"

鸠摩罗什出生后不久，她要求出家，她的丈夫不同意，后来她又生了一个男孩，取名弗沙提婆。一次，她出城郊游，看见坟地里枯骨纵横，深感人世苦海无边，发誓一定要出家，若不剃去头发，就不吃不喝。她绝食到了第六天夜里，已经没有一点力气了，鸠摩炎怕她挨不到天明，只好答应她出家。第二天早上，她去寺院里受戒。此后专精禅法，乐此不疲。

当时，鸠摩罗什年方 7 岁，也跟随母亲一同出家。鸠摩罗什跟从师父学习佛经，每天诵佛经颂词千偈，每偈 32 字，共计 32000 字。鸠摩罗什在诵《毗昙》后，师父给他讲授经义，当天就通达《毗昙》的全部内容。当时龟兹国人因为鸠摩罗什的母亲是国王的妹妹，供养很多。她生怕丰厚的供养影响修行的道业，就带着儿子走避他国。此时，鸠摩罗什的年纪才 9 岁。

罗什随着母亲渡过辛头河到罽宾国，遇见了罽宾王的堂弟、名德法师盘头达多。盘头达多博学多才，见识精深而有大量，是当时最有学识的高僧，精通经、律、论三藏及九部经。从早上到中午，能手写佛经颂词千偈，从中午到傍晚，又能口诵千偈。盘头达多声名传播各国，四方远近的学道者都拜他为师。罗什来后，即拜其为师，跟着他学习《杂藏》及《阿含经》，经文共有 400 万字。盘头达多每每称赞鸠摩罗什的神慧俊才。罽宾国王听到了赞誉，即延请鸠摩罗什进宫，同时召集许多外道论师一同问难鸠摩罗什，让他们相互攻难、辩论。刚开始时那些论辩师见鸠摩罗什年幼，很轻视他，颇有不逊之词。鸠摩罗什沉着应对，以机敏和才学挫败了他们，令那些论辩师大为叹服。因此，罽宾国王更加敬重鸠摩罗什，并以上宾之礼供养他。

鸠摩罗什 12 岁时，他的母亲带他回到龟兹国。好多国家都来聘请鸠摩罗什，给以很高的爵位，他都没有答应。罗什的母亲又带着他到月支北山，遇到一个罗汉。罗汉对罗什的母亲说："你要好好守护这个小沙弥，若是他能在 35 岁时不破戒，他一定能大兴佛法，度无数人，将与阿育王门师优波掘多无异。若是戒律不全，就不会有太大的作为，也就是做个才明俊义的法师而已。"

不久，鸠摩罗什又来到沙勒国，停了一年。这年冬天诵《阿毗昙》《二门》《修智》《六足》等，无师自通，能没有任何障碍地正确地理解经文的内容。沙勒国有个精通经、律、论三藏的僧人名叫喜见，对国王说："对沙弥罗什决不可轻视，大王宜请令开法门，这样有两个好处：一、国内的僧人们耻于不如罗什，必定会努力学道修行；二、罗什是出自龟兹国，他们会认为我国尊崇罗什也就是尊崇龟兹国，这样龟兹国就会与我国友好。"国王同意喜见的看法，立即设斋会，请鸠摩罗什升座，讲说《转法轮法》。龟兹国果然派来重要使臣，酬谢沙勒国的友好。

鸠摩罗什还利用讲经说法的空余时间，收集了大量其他宗教的经书，如《围陀舍多论》《四围陀》等，以及五明诸论。另外关于阴阳星算的图书，也是大量阅读，能占卜吉凶，言必验证。

鸠摩罗什跟随高僧须耶利苏摩学习佛法。须耶利苏摩才技绝伦，专修大乘佛经，许多学者都跟从他学习。须耶利苏摩为鸠摩罗什讲《阿耨达经》，鸠摩罗什在听到"阴界诸人皆空无相"时，感到很奇怪，问："此经还有何义，皆破坏诸法。"须耶利苏摩回答说："眼睛看到的诸法并不是真实的。"鸠摩罗什于是开始进行深入地研究，往复多时，方知理有所归，于是从此专修大乘佛经。他感叹道："我过去只学小乘经，就像世人不识真金，把黄铜当作真金。"从此鸠摩罗什开始广泛地学习各种大乘佛经。

不久，鸠摩罗什又随母亲来到温宿国。当时温宿国有一个和尚，具有非凡的论辩能力，名振各国，他手击王鼓发出誓言："谁能在论辩中胜我，我当斩首来谢他。"鸠摩罗什来到温宿国后，提出两个问题进行问难，温宿国和尚即迷闷自失，无法回答，只好即头至地，皈依鸠摩罗什。于是鸠摩罗什声誉大起，闻名四方。龟兹国王亲自来到温宿国，迎请鸠摩罗什母子回国教化。龟兹国原属小乘的教法，鸠摩罗什广开大乘法筵，听闻者莫不欢喜赞叹，大感相逢恨晚。

鸠摩罗什的整个求学过程都在他母亲的伴随之下。她是鸠摩罗什的保护者，也是他的激励者。后来她母亲辞别龟兹国王前往天竺国，她对龟兹国王白纯说："龟兹国将要衰落，我要走了。"临行前她对鸠摩罗什说："大乘佛教博大精深，应该大力阐发，传布到东土，只有依靠你的力量了。但这一切都对自身没有什么利益，你将如何？"鸠摩罗什说："菩萨之道，在于忘我利人。若是能使大乘佛法流传各地，能洗去我的蒙昧和世俗，即使是让我吃尽人间之苦也绝无遗憾。"表明了他不顾个人名利和艰险，立志到东方传法弘教的决心。

鸠摩罗什留在龟兹国，住在新寺，得到一部《放光经》。传说他开始阅读的时候，扰乱、破坏修行的魔罗遮蔽了经书上的文字，他只能看见空白的书页。鸠摩罗什知道是魔罗干的坏事，决心更加坚定。魔罗离去后，文字又显出来了，罗什继续诵读。他又听到空中有一个声音说："你是大智之人，还读此书干什么？"鸠摩罗什说："你这个小魔罗，还是赶快离开为好，我心志已坚，不可回转。"鸠摩罗什在新寺住了两年，诵读了很多大乘佛教的经、论，洞察其中的奥秘。

龟兹国王为鸠摩罗什建造了金师座，用锦褥铺在上面，请鸠摩罗什升座讲经说法。不久盘头达多大师从很远的地方来了，龟兹国王说："大师在远方怎能知道这里的事情？"达多大师说："一是听说我的弟子悟出了非常之理，二是听说大王弘扬佛法，所以不畏艰难危险，从远方来到贵国。"达多大师对鸠摩罗什说："你在大乘经中看到什么特殊的东西了，就那么崇尚它？"鸠摩罗什回答说："大乘佛经博大精深，明'有法皆空'，而小乘教偏颇，多有漏失。"鸠摩罗什耐心地、连续不断地摆出很多道理，使达多大师信服了大乘佛教。达多大师感叹道："有些事理师父不能通达，反过来受到徒弟的启迪。这个道理在今天被验证了。于是达多向鸠摩罗什行师礼，并说："您是我的大乘经师父，我是您的小乘经师父。"

鸠摩罗什留住龟兹前后计 26 年，他广研大乘经论，声名日隆，所谓"道震西域，名被东国"。每年举行讲经说法，西域诸王都云集闻法。在历代佛教史家的描写下，鸠摩罗什是一个天才，是一个神童，他所具有的不可企及的天才使他注定会成为一位伟大的佛教思想传播者。

二

鸠摩罗什的名声不仅远播西域，也东传至中国。前秦苻坚建元十三年（377）
正月，太史上奏说："有星见于外国上空，当有大德大智的人来辅助中国。"
苻坚说："我听说西域有高僧鸠摩罗什，襄阳有高僧道安，可能是指他们吧。"
建元十五年（379），有沙门僧纯、昙充等来自龟兹，盛称鸠摩罗什"才大高，
明大乘学"。这时道安已到长安，主持译经事业，他得知罗什在西域有很高的
声誉，一再劝苻坚迎他来华。

次年九月，苻坚派遣骁骑将军吕光、陵江将军姜飞，率领七万大军，讨伐
龟兹及乌耆诸国。临出发前，苻坚在建章宫为吕光等人饯行，对吕光说，鸠摩
罗什法师精通大法，是佛教后学之宗，是一位贤哲。贤哲才是国家真正的宝贝。
如果攻克龟兹国，要快马加鞭地把罗什法师送到长安来。

吕光这次统兵西行，是自汉武帝时张骞通西域以来中原地区对西域最大的
一次政治和军事行动。吕光率军未到龟兹国时，罗什知道龟兹国发兵抗拒无异
于以卵击石，就对龟兹国王白纯进言说，国运已衰，当有劲敌。对于从东方来
的军队，不要与其对抗。白纯听不进罗什的话，执意倾尽国内全部军事力量抗
击。吕光打败了龟兹国，杀了白纯，立白纯的弟弟为国王，同时也抓获了鸠摩
罗什。

吕光并不知道罗什有多大的智慧和能量，又看罗什年轻，就像对待一般人
那样戏弄他，强迫罗什娶龟兹王的女儿为妻，罗什拒而不受，苦苦推辞。吕光
说："和尚的操行，也超不过你的父亲，为什么要坚决推辞呢？"又强迫罗什
喝酒，还把罗什和侍女同关在一间密室里。

吕光西征历时两年零三个月，行程万里，降服西域三十六国，戮掠奇异珍
宝无数，于是动了在西域称王的念头。罗什洞察到吕光的想法，就劝告他说，
此处是凶亡之地，不可久留。预言吕光在回国途中必有称帝的那一天。吕光念
及秦王苻坚的托付，也考虑到众将士背井离乡思念家乡心切，于是采纳了罗什

的建议，率军返回中原。

在此前一年（386），中原发生了中国历史上有名淝水之战，苻坚为东晋所败，前秦国内大乱。吕光在归军途中，听到了苻坚被姚苌杀害的消息。于是，吕光占据凉州，自立为帝，国号凉，建都姑臧，即现在的甘肃省武威市，建元太安，史称"后凉"。

后凉在姑臧大兴土木，修建罗什寺，让鸠摩罗什和自西域追随而来的僧人们在这里住锡译经，开坛说法。一时间，河西各地僧人们慕鸠摩罗什之名前来拜访和求教者络绎不绝，西域和中原高僧也常来交流研习佛学。佛教在凉州犹如旭日迸发，蔚然成风，罗什寺成为这一时期丝绸之路上重要的思想传播和文化交流场所。实际上，在两晋时期，凉州已经成为佛教传播的一个中心。凉州是佛教沿丝绸之路进入中国的中转站。有许多重要佛经的翻译都出自凉州。西方僧人到中国内地，往往先到凉州熟悉汉语。

鸠摩罗什在凉州羁留16年，以说阴阳灾异等为吕氏充当军政咨询。吕光父子对罗什很尊重，常就一些军政大事向法师求教。但对于佛教，"吕氏父子，既不弘道"，鸠摩罗什也只能"蕴其深解，无所宣化"。不过，在此期间，他向当地居民学习汉语，为今后着手翻译经卷做准备。长安僧人僧肇听闻鸠摩罗什在姑臧应化佛法，从长安来到姑臧，向罗什求教，两人互学互补，罗什的汉语水平有了长足的飞跃和进步。鸠摩罗什在凉州期间，在弘法方面虽然没有大的作为，却有条件熟悉汉地文化，学习汉语。这使得他后来从事译经有了其他外来译师鲜有的优势。当他走上东去长安的征途的时候，无论是内、外学修养，还是中、外语水平，也无论是对中土风俗习惯的了解，还是人情世故的练达，都为规模宏大、成就辉煌的弘法事业准备好十分充足的条件。

后秦姚苌也仰慕鸠摩罗什的大名，邀请罗什前去长安，但后凉吕氏一直不允许罗什走。姚苌死后，姚兴继承王位，又遣使敦请罗什。后秦弘始三年（401）五月，姚兴派陇西公姚硕德去讨伐后凉吕隆。到九月，吕隆被打败，上表归降后秦。鸠摩罗什于十二月二十日被迎请到长安。此时，他已58岁了。

三

鸠摩罗什来到长安，他为中国佛教带来的刺激和振奋，是前所未有的；也为中国佛学研究带来新的高潮，不但翻译了大量的经典，且影响了许多杰出的弟子。吕思勉先生说，鸠摩罗什到长安后，"佛教在中国（宗教界和学术界），就放出万丈的光焰。"[1]蒋维乔先生也说："罗什学识，诚足冠绝当代。""罗什在长安之势，如旭日方升，其声名遂洋溢乎域外。"[2]

鸠摩罗什来到长安后，受到僧俗大众、朝廷上下的热烈欢迎。王公以下各官，都钦佩、赞叹他的风范。大将军常山公姚显、左军将军安城侯姚嵩，都笃信佛法，多次请罗什在长安大寺宣讲新译出的经书。后秦国主姚兴待之以国师之礼，非常优待、宠爱，他们二人常常整日交谈，研讨佛理，乐而忘倦。姚兴是十六国时期最有作为的帝王之一。他注意招徕人才，提倡儒学和佛学，一时长安集中了许多学者，成为文化重镇，影响及于江南和西域、天竺。

姚兴请鸠摩罗什入往逍遥园西明阁，组织了庞大的译经集团和讲经活动，为佛教传入东土之后第一所大型国立译场。正是从鸠摩罗什开始，翻译佛经正式成为国家的一项宗教文化事业，由国家提供资金、组织人力以及其他一切所需要的支持。

姚兴为鸠摩罗什所建的逍遥园在长安城北，渭水之滨，殿庭规模很大。逍遥园内有西明阁，是鸠摩罗什译经场所之一，还有澄玄堂，是鸠摩罗什讲经说法的地方。姚兴敕令八百多僧人追随鸠摩罗什，参与译经事业。对于这些僧人，文献中不可能有详尽的记载，但是，《高僧传》记载的曾受学鸠摩罗什的27位僧人，可以看出这八百学僧当时在佛学界的巨大影响力。这27位僧人中，

---

[1] 吕思勉：《中国史》，中国华侨出版社 2010 年版，第 177 页。
[2] 蒋维乔：《中国佛教史》，群言出版社 2013 年版，第 37-38 页。

有 13 位在鸠摩罗什抵达长安前就已经是各自学有所长、声名赫赫的成名高僧，其中有的是长安僧团的名僧，有的来自周边寺庙，如僧契是长安大寺著名"法匠"弘觉的弟子，僧睿是关中名僧僧贤的弟子，他在长安讲经传道，被姚兴赞为"四海标领"；道生受业于名僧竺法汰，慧观、道温年轻时受业于庐山慧远，昙鉴受业于竺道祖，慧睿曾游历西域诸国求法学习。其他也都是一时才俊。僧肇早在西上凉州之前，就已经是"学善方等，兼通三藏"的名僧，又在凉州姑臧追随鸠摩罗什多年，其佛学学术水平与僧界影响力很高。他们把全国的风气带到了长安鸠摩罗什的译场，又把鸠摩罗什介绍的思想，传播到全国。通过与玄学的糅合，在形成中国佛教的思想体系方面，起了重大作用。

周边及全国各地的僧人闻讯纷纷负笈前往长安受学，当时来到长安向鸠摩罗什求学的僧人达到五千多人，一时佛法大行。

鸠摩罗什门下集当时全国僧侣精英，人才辈出。他们大都"学该内外"，既善佛典，又通《老》《庄》《易》《论》和"六经"。在跟随鸠摩罗什的三千弟子中，经过长时间的经义探讨和学习，涌现出了许多杰出人物，其中以僧睿、道融、道生、僧肇这四位最为出色，被称为"关中四子"。他们都是当时以学问、禅修著称的杰出佛学知识分子，皆是"精奥真乘，英声震古"之辈。他们发展中国化的佛学理论，扩大佛教义学的传播范围，对中国佛教的发展很有影响。他们的学问和风度，影响南北朝学术界至深，最为当世所仰慕。当时，这么多的高僧云集长安，共宣佛法，号称"八百狮子吼秦川"。

受学于鸠摩罗什的各位高僧，在罗什去世前后散布各地，成为当地的佛学名僧。除了在长安留下来的僧契、僧肇、僧睿等人及隐居山林的几位，有 14 位南下传道，信徒盈门。

四

鸠摩罗什来到长安时，一代高僧道安已经去世 16 年。实际上，当初苻坚起意迎请鸠摩罗什，就是道安推荐的。虽然道安与鸠摩罗什未曾谋面，但他们之间是互相了解、互相欣赏的，并且都给对方以很高的赞誉。鸠摩罗什来到长安后，继承了道安的事业，创造了了中国译经史上一个规模宏大的译经高潮。

鸠摩罗什在长安时期最大的贡献是进行了大规模的佛教汉译工作，他的翻译事业不但在当时是空前的，而且在整个佛经汉译的历史上都是非常辉煌的，被称为中国佛教史上的"四大翻译家"之一。由于鸠摩罗什，长安译事，于十数年间，称为极盛。

罗什从弘始三年（401）到长安，到弘始十五年（413）去世，前后十余年间，译出大量佛经。有关罗什翻译佛经的总数，依《出三藏记集》卷二载，共有 35 部，297 卷；费长房《历代三宝记》（卷八）说是"九十八部，四百二十五卷"。

鸠摩罗什所译佛经，大致可分两类：一类是应长安僧俗要求，新译或重译的佛典，如《坐禅三昧经》，是适应中土对禅法的需要而自行编译的，既非原本，亦非罗什本人的主张。重译的《妙法莲华经》《小品般若经》《维摩诘经》等，既为中土人士所需，又与罗什的思想倾向一致。另一类是罗什侧重弘扬的龙树、提婆的中观学派的代表论著，如《中》《百》《十二门》等三论和《大智度论》。他所译的经典中大多数是大乘经论，其中重要的有《摩诃般若波罗蜜经》《金刚经》《妙法莲华经》《维摩诘经》《中论》《百论》《十二门论》等。这些经论，对大乘佛教在中国的传播，对中国佛教宗派理论的形成有着划时代的影响。他所译介的"三论"是中国三论宗所依据的基本经典，他本人亦被佛教史家奉为三论宗的鼻祖之一。《妙法莲华经》等则是中国天台宗赖以创宗的主要经典。其他如《金刚经》等则更是家喻户晓，对我国禅宗的形成起到了直接的影响。

鸠摩罗什因在凉州居留多年，对于中土民情非常熟悉，谙熟汉语，在语言文字上能运用自如，他原本又博学多闻，兼具文学素养，因此，在翻译经典上，重视文质结合，自然生动而契合妙义，文妙义精，流畅易读。他的译文在忠于原文和文字的表达上都达到了前所未有的水平，在传译的历史上，缔造了一番空前的盛况。《高僧传》说他所翻译的典籍300余卷，皆"畅显神源，发挥幽致。"

鸠摩罗什以外国人学通汉文来做主笔，由中国名士才子相助，使佛经的翻译，不但为中国佛教建立了特色，而且也为中国文学的体裁，开创了佛经文学的另一面目。这些经文，便是当时创作的语体文学。

在我国的译经史上，罗什首开集体译经的先例，开辟了一个新的时代。早先的翻译佛经就是中外人士合作的结果。但那时的合作还是少数人的、属于私人性质的，所需经费也是由私人赞助的。到了罗什这个时候，译经成为一项重要的国家文化事业。由国家提供巨大的译场，组织一批学有所长的庞大队伍。鸠摩罗什在圭峰山下逍遥园中千亩竹林之心"茅茨筑屋，草苫屋顶"，起名草常寺，后经扩建，殿宇巍峨，他率众僧住此译经。在鸠摩罗什主持之下，译经场中有译主、度语、证梵本、笔受、润文、证义、校刊等传译程序，分工精细，制度健全，这种译风被后世继承并形成一整套译场制度。

鸠摩罗什在长安的译经活动还有一些西域僧人参与。苻秦时长安已有许多外国人居住，姚秦时当更有增加。这些外国人中，有许多是天竺或西域来的僧人，他们大部分都曾参与鸠摩罗什译场的译经活动。这些由外国来的西域高僧，和鸠摩罗什及其弟子们一起，共图汉译佛经大业，使长安译业一时呈彬彬之盛。

鸠摩罗什的译经事业对中国佛教的理论发展及后世中国佛教教派的创立都产生了深远的影响。鸠摩罗什是一位著名的佛经翻译家，又是一位宣传、阐扬佛学的佛教哲学家。鸠摩罗什在佛学上有很深的造诣。正是因为鸠摩罗什高深的佛学造诣，才使得他在佛经翻译事业上做出巨大贡献。

| 第八章 |

达摩与真谛

达摩在中国住了将近 50 年，在北方的时间最久，"随其所止，诲以禅教"，被尊称为"东土第一代祖师""达摩祖师"，与宝志禅师、傅大士合称"梁代三大士"。他的禅教"不立文字，直指人心，见性成佛"。佛陀拈花微笑，迦叶会意，被认为是禅宗的开始。

真谛所传之学，在梁、陈二代并不显著。真谛去世后，他的弟子们散布于岭南、九江、湘郢、建康、江都、彭城、长安，不屈不挠地弘阐《摄论》，学者渐众，宗奉者渐多。

一

　　海上丝绸之路的畅通，方便了沿途各国人员的往来，一些印度的高僧也乘船从海路来到中国。前述南朝时，这些僧侣还充当了国家间的使者。他们不仅为传播佛教做出了贡献，还为海上丝绸之路的畅达交流做出了贡献。

　　孙吴时期，有康僧会经海路来到内地。康僧会先祖为康居国人，其父原居印度，因经商而移居交趾。吴赤乌十年（247），康僧会由海路抵达建业，是有史记载的第一个自南而北传播佛教的僧侣。吴主孙权第一次见到佛教僧人，有些疑惑，问其有什么灵验？康僧会回答说：如来已经离世逾千年了，他的遗骨舍利仍然神曜发光。当年阿育王建塔八万四千座，塔寺的兴旺就是证明。孙权以为夸诞，对他说：若能得舍利，当为造塔。如其虚妄，那就要按国法处置了。经二十一日，果然得到舍利，五色光焰照耀瓶上，举朝集观。孙权令人将舍利放在铁砧上，让力士用铁锤猛击，结果砧、锤俱碎，而舍利完好无损。孙权叹为神异，为之建寺，号"建初寺"。其地名"佛陀里"，于是佛法在东吴开始兴起。佛教史籍将康僧会的传教活动作为江南佛教的开端。

　　康僧会很崇敬安世高，曾跟随安世高弟子南阳韩林、颍川皮业、会稽陈慧学佛，并帮助陈慧注解了《安般守意经》。康僧会译出了许多佛教经典，有《六度集经》等7部20卷，其中重要的有《六度集经》8卷、《旧杂譬喻经》2卷等。他的佛学撰著比其译经影响更大，他曾注《安般守意经》《法镜经》《道树经》三经，并为作序。佛教史中评价他的经注和经序"辞趣雅赡，义旨微密，并见重后世"。

康僧会把佛教思想和儒家思想调和起来，尤其是把佛教中出世的思想改造成儒家所崇尚的治世安民精神，说明佛教在初传时期就已经注意到与中国本土传统文化相适应的问题。《高僧传·康僧会传》说他"弘雅有识量，笃志好学，明解三藏，博览六经"，对佛教经典和儒家经典都十会精通，公开提倡"儒典之格言，即佛教之明训"。他的思想同孟子思想尤为接近，提出"正心"说，并把小乘佛教的"正心"糅合进大乘佛教的"救世"之中。主张"则天行仁，无残民命；无苟贪，因黎庶，尊老若亲，爱民若子，慎修佛戒，守道以死"。康僧会所要追求的是"君仁臣忠，父义子孝，夫信妻贞"的伦理关系，而这也正是儒家所要实现的伦理理想。最能代表他佛教思想的《六度集经》共八卷，按大乘菩萨"六度"分为六章，编译各种佛经共91篇，中心在用佛教的菩萨行发挥儒家的"仁道"说，体现了他所谓"儒典之格言即使教之明训"的观点。

二

南朝宋时从海上丝绸之路来华的最有影响的高僧是菩提达摩。菩提达摩（?-535）生于南天竺，婆罗门种姓，传说他是南天竺国香至王的第三子，本名菩提多罗。菩提达摩自小就聪明过人，因为香至王对佛法十分虔诚，因此从小菩提达摩就能够遍览佛经，而且在交谈中会有精辟的见解。后来西天第二十七祖师般若多罗到此国来，受到国王供养。般若多罗知道菩提多罗前世因缘，便叫他同两个哥哥辨析其父亲施舍的宝珠，以试探他，让他阐发心性的精髓。然后对他说："你对于各种法道，已经博通。达摩就是博通的意思，你应该叫达摩。"于是他改号叫"菩提达摩"。

达摩问师父："我得了佛法以后，该往哪一国去做佛事呢？听您的指示。"师父说："你虽然得了佛法，但是不可以远游，暂时住在印度。等我寂灭六十七年以后，你就到震旦（即中国）去，广传佛教妙法，接上这里的根。切莫急着去，那会让教派在震旦衰微的。"达摩又问："东方有能够承接佛法的大器吗？千年以后，教派会有什么灾难吗？"师父说："你所要推行教化的地方，获得佛法智慧的人不计其数。我寂灭六十多年以后，那个国家会发生一场灾难。水中的花布，自己好好铺降。你去了那里，不要在南方居住。那里只崇尚功业作为，看不见佛家道理。你就是到了南方，也不要久留。听我的偈语：跋山涉水又逢羊，独自急急暗渡江。可爱东土双象马，二珠嫩桂久昌昌。"达摩又问："这以后，又有什么事？"师父说："此后一百五十年，会发生一场小灾难。听我的谶语：心中虽吉外头凶，川下僧房名不中。为遇独龙生武子，忽逢小鼠寂无穷。"达摩又问："这以后又怎么样？"师父说："二百二十年以后，会见到林子里有一个人证得了道果。听我的谶语：震旦虽广别无路，要借儿孙脚下行。金鸡解御一粒粟，供养十方罗汉僧。"般若多罗又把各段偈颂演说了一遍，内容都是预言佛教的发展，教派的兴衰。达摩恭承教义，在师父身边服侍将近 40 年，从来没有懈怠。

后来菩提达摩继承了师父的衣钵，成为印度禅宗第二十八代祖师，在天竺国内弘扬佛法。有一天，他听到自己的侄子、继承南天竺王位的异见王，为了自己的国家不受外邦欺凌，要采取禁止信仰的法令。于是，菩提达摩便派弟子婆罗提前往劝谏，波罗提不辱师命，成功地扭转了异见王的禁教政策，并且使异见王成为虔诚的佛教徒。

菩提达摩在南朝宋末年（约 470-475）从南天竺泛海，远涉重洋，在海上颠簸了三年后到达广州。广州刺史萧昂备设东道主的礼仪，欢迎他们，并且上表奏禀梁武帝。武帝看了奏章，派遣使臣奉诏到广州迎请。大通元年十月一日，达摩等到达金陵。武帝接见了达摩，问他："朕继位以来，营造佛寺，译写经书，度人出家不知多少，有什么功德？"达摩说："并没有功德。"武帝问："为什么没有功德？"达摩说："这些只是人天小果，有漏之因，如影随形，虽然有，却不是实有。"武帝说："怎样才是真功德呢？"达摩说："清净、睿智、圆妙，体自空寂。这样的功德，不是在尘世上追求的。"武帝又问："什么是圣谛第一义？"达摩说："空寂无圣。"武帝又问："回答朕问话的人是谁？"达摩说："不知道。"武帝没有领悟。

达摩知道二人的心思没有契合，于是悄悄离开。传说达摩和梁武帝对话后，梁武帝深感懊悔，得知达摩离去的消息后，马上派人骑骡追赶。追到幕府山中段时，两边山峰突然闭合，一行人被夹在两峰之间。达摩正走到江边，看见有人赶来，就在江边折了一根芦苇投入江中，化作一叶扁舟，飘然过江，抵达北魏。《洛阳伽蓝记》据说他在洛阳看见永宁寺宝塔建筑的精美，自言年已一百五十岁，历游各国都不曾见过，于是"口唱南无，合掌连日"。

达摩过江以后，手持禅杖，信步而行，见山朝拜，遇寺坐禅，北魏孝昌三年（527）到达了嵩山少林寺。达摩看到这里群山环抱，森林茂密，山色秀丽，环境清幽，佛业兴旺。于是，他就把少林寺作为他落迹传教的道场，在那里面壁而坐，独自修习禅定，时人称他为"壁观婆罗门"。魏孝明帝钦服达摩非同寻常的事迹，三次下诏书请他下山，可是达摩到底也没离开少林寺。

当时有个叫神光的僧人，是个旷达之士。他来到少林寺，早晚参见大士，恭候在旁。达摩却每每对着墙壁端坐，神光听不到他的教诲和鼓励。一个冬天的晚上，漫天大雪，神光站在殿外，一动不动。到天亮时，积雪都没过他的膝盖了。达摩问道："你久久地站在雪地里，要求什么事？"神光悲苦地流下泪来说："只希望和尚慈悲为怀，打开甘露门，普度众生。"达摩说："诸佛有无上妙道，是天长地久勤奋精进，行难行之事，忍难忍之情而修得的。哪能凭小德小智，轻慢之心，就想得到真乘，白费辛苦。"神光听了达摩祖师的教诲激励，用快刀砍断了自己的左臂，将残臂放在达摩面前。达摩知道他是堪承大业的法器，就说："诸佛最初求道的时候，为了证法而忘掉了形骸。你今天在我面前砍断手臂，你所追求的也可以得到。"达摩于是给他改名叫慧可。

达摩感觉慧可的真诚，传授以衣法。他告诉慧可："过去如来把他的清净法眼传给迦叶大士，然后又辗转嘱托，传到我手里。你要护持。我把袈裟也传给你，作为传法的信物。它们各有自己的含义，应该知道。"慧可说："请大师指示。"达摩说："内传法印，以便正智与真理相契合。外传袈裟，以便教派承传旨意明确。若是后代轻薄，群起怀疑，说我是西天人氏，你是东方学子，凭什么得真法，你拿什么证明？你如今接受这袈裟和佛法，以后遇上灾难，只消拿出这衣裳和我的法偈，就可以表明化导无碍。我寂灭两百年后，衣裳就不再往下传了，佛法已经遍布天下。但那时候，懂佛道的人多，行佛道的人少；说佛理的人多，通佛理的人少。私下的文字，秘密的证说成千上万。你应当宣传阐发正道，不要轻视了没有真悟佛理的人。他们一旦回复正道，就跟没走弯路的人一样了。听我的偈言：我来到这里，本是为传妙法、救迷情。结果自然成。"达摩又把四卷《楞伽经》授予慧可说："我看中国人的根器于此经最为相宜，你能依此而行，即能出离世间。"

达摩在少林寺传法慧可之后，即到熊耳山下的定林寺传法五年，于梁武帝大同二年（536）十二月圆寂，终年150岁。众僧徒悲痛之极，依佛礼将初祖大师葬于定林寺内，并修建了达摩灵塔和达摩殿。梁武帝亲自撰写了"南朝菩提达摩大师颂并序"的碑文，以示对达摩大师创立禅宗的纪念。

三年后，魏臣宋云奉命出使西域，回来经过葱岭时，同达摩祖师相遇。宋云看见他手里提着一只鞋子，翩翩远去。宋云问："大师往哪儿去？"达摩说："西天去！"宋云回国后立即报于皇帝。皇帝闻之，命人挖开达摩墓葬，只见空棺里只有一只鞋，方知大师已脱化成佛，遂将定林寺更名为"空相寺"。

达摩在中国住了将近50年，在北方的时间最久，"随其所止，诲以禅教"，被尊称为"东土第一代祖师""达摩祖师"，与宝志禅师、傅大士合称"梁代三大士"。他的禅教"不立文字，直指人心，见性成佛"。佛陀拈花微笑，迦叶会意，被认为是禅宗的开始。

菩提达摩在世时他的教化并未得到发展，后来禅宗昌盛以后，对于达摩又多附会之说，达摩逐渐成为传说式的人物。

三

在从海路来华的印度高僧中，真谛是最著名的人物之一，被称为中国佛教翻译史上的"四大翻译家"之一。如果说，在北朝的译经事业是以鸠摩罗什为核心，那么，在南朝，真谛则是首屈一指的代表人物。

但是，与鸠摩罗什比较起来，真谛在中国的译经活动却是命运多舛，十分艰难。鸠摩罗什一到长安，就受到朝廷上下的礼遇，建立庞大的译场，配备众多的学僧和助手，具有十分优越的生活和工作条件，尽享荣华。真谛虽然也是应南朝皇帝之邀而来，但时运不济，他所遇到的却是颠沛流离、历尽坎坷的生活。而他所翻译出来的为数众多的佛经，就是在这长达数十年的漂泊流亡之中"随方翻译"而得的。如果考虑到真谛这些年里的生活境况，再看他那些翻译出来的佛经数量和规模，就更令人感叹了。

真谛（498-569）为西天竺优禅尼国人，梵名拘那罗陀或波罗末陀，是印度大乘唯识学创始人无著、世亲的嫡传，是弘扬印度瑜伽行派的著名学僧，后游学扶南。"扶南"（Funam）一度读作 B'in-nam，是古代中国人对位于今柬埔寨境内、朱笃和金边之间湄公河沿岸一个王国的称呼。扶南不是它的真名（人们并不知道它的真名是什么），只不过是它的统治者的称号。扶南的首都一度曾是毗耶陀补罗，即"猎人城"，在现今柬埔寨波罗勉省的巴山和巴南村附近。它的港口是奥埃奥，位于湄公河三角洲沿海边缘地区，今越南南部海岸迪石以北。扶南雄峙半岛，威镇海疆，从 2 世纪到 6 世纪的 400 年中，扶南始终是东南亚势力强大、物产富饶的国家。它在交通上处于中国与印度、东方与西方的海上交通要冲。中国在东汉章帝时就与这一地区有了最初的交往。佛教在印度兴起以后，扶南"为佛教东被之一大站"，成为中印两国文化交流的一座桥梁。

梁大同年间（535-546），梁武帝派官员张汜送扶南朝献使返国，顺便求请名僧和各种大乘经、论。扶南国便与真谛商量，请他应命携带经、论入梁。真谛素闻梁武帝崇奉佛教，中国名僧济济，可以行化，欣然答应了扶南国的要求，随张氾扬帆渡海，带了梵本经论240捆，于中大同元年（546）抵达南海，太清二年（548）来到建业。此时真谛虚龄已经50岁。

真谛始达建康，受到朝廷热情欢迎，梁武帝亲加顶礼，并把他安置在华林园宝云殿供养，准备译经。梁朝还特设名为"扶南馆"的译经道场，以接待扶南来华的翻经沙门，可见当时的扶南佛教文化，受到中国朝廷的尊重。

四

真谛在中国命运多舛，经历坎坷。正如吕澂先生所说，他是从印度来华的翻译家中遭遇最为不幸的一位。真谛到建康的第二年，即太清三年（549），就爆发了"梁季混淆""侯景之乱"。叛将侯景攻破建康，梁武帝被困而死。侯景进入建康后，悉驱城市文武，真谛不得不辗转流亡。他先于549年至福建，得到富春县令陆元哲的接纳，并招沙门20余人助其译经，协助他在自己家中翻译《十七地论》。由于战乱扩大，只译出五卷就被迫中止。552年，侯景兵败，真谛回到建业，住在正观寺。此寺原为梁武帝天监年间的译经场所，真谛利用旧有译经条件，抓紧时机，与原禅师等20余人，翻译《金光明经》；次年转至建康县长凡里一位施主家中，继续译《金光明经》，共得7卷。

其时侯景之乱虽已平息，梁朝皇室的内争却方兴未艾，战火仍在蔓延，江淮一带兵荒马乱。真谛在京畿待不下去，只得于承圣三年（554）南下，二月抵达豫章，住宝田寺，译《弥勒下生经》等。此后，陆续在今江西、福建一带漂泊流亡，居无定所，"随方翻译"。在这段流徙过程中，先后译出《大空论》3卷，《中边分别论》3卷并《疏》3卷，《正论释义》5卷。

后来，真谛前往荒陬海隅的晋安郡，寄寓于佛力寺。当时的晋安郡，还是一个经济落后、文化荒凉的地区，但因为真谛的到来，一些义学僧如智文、僧宗、法准、僧忍等陆续来到晋安，追随真谛受业。真谛在这些僧人的帮助下一边译经，一边讲解，使得晋安郡一度出现"讲译都会，交映法门"的兴旺景象。陈永定三年（559），真谛已是61岁的老人，僻处在寂寞萧条的晋安，虽然并未终止传译经论的事业，总感到周围的环境，比自己原先设想的相差太远，自己弘扬大乘经论的壮志难酬，萌发了离开中国，另求理想的弘化之地的念头。只是因为道俗的苦苦挽留，他才在晋安又待了一段时间，并与僧宗、法准、僧忍等一批知名于梁代的僧人重新审订旧译的经典。

五

元嘉二年（561），真谛离开晋安，乘船至梁安郡。三年（562），登舟西行，欲还天竺，因大风漂抵广州，得到广州刺史欧阳頠的挽留和优礼，迎住制旨寺。请为菩萨戒师，尽弟子礼甚恭。真谛自来中国，漂泊了16年，至此才有了一个比较安定的环境，开始了一段比较专心的译经生涯。

在广州跟从真谛受业，并助译经的僧人，有的是从晋安追随真谛来到广州的，有的是特地从都城渡岭前来广州相从的，还有一些是从广州附近州县就近前来问学的。他们中不少人已经是很有成就、享有盛誉的义学宗匠，慕真谛的道德学问，不惮艰辛，远来相寻。他们的到来，对真谛的译经事业有很大的帮助。他们有的担当真谛译经的笔受职责，有的记录真谛的讲义，整理成义疏、注记、本记、文义等行世。

真谛在广州的七年时间，译出的经论及义疏等，在数量和质量上都大大超过了前十六年。参加真谛译场的人，最初有沙门宝琼、愿禅师等，继有沙门慧宝担任传语，居士萧桀担任笔受。60岁以后，真谛已经熟悉汉语，不须传译，当时担任笔受的有僧宗、法虔、慧恺和法泰。他晚年的译事则和慧恺合作最为密切。慧恺助师译《摄大乘》《俱舍》二论，建议重治《俱舍》译文，并记录口义，最著功绩。

真谛随翻随作义疏，并讲解弘敷，同时领众修行，从不废止，这是他译经活动的一大特色。译经的助手同时又是他的学生。这些学生在他的培养下都成了《摄论》名家。

真谛是中国译经史上富有成果的译家之一，也是南北朝时期最有学识的外来僧侣。从真谛大同元年（546）48岁来华，到大建元年（569）71岁圆寂，共计在华23年，纵跨了南朝梁、陈两代。据《续高僧传》卷一记载，真谛共出经论记传64部，278卷；《历代三宝记》记载为48部，232卷。

真谛带来的经书共有240捆。翻译出来的经书仅仅只有几捆，占他所带来经书的很小一部分。不过，真谛所译出的这部分经论，涉及的范围已相当广泛，经、律、论"三藏"皆有，超过了历史上任何一位译家。

真谛译介和注疏的中心，是瑜伽行派无著、世亲、陈那等人的论著，属佛教大乘有宗体系，与陈代推崇"三论"和《成实》的空宗学说抵触很大，因而受到建康官方僧侣的激烈排斥。但在译介瑜伽行体系中，真谛的思想同菩提流支等的译籍接近，同玄奘所传则有较大差别，由此在中国形成了"相宗"的新旧两译。真谛有代表性的译籍是《摄大乘论》及其《释论》《俱舍论》《大乘唯识论》《无相思尘间》《十八空论》《佛性论》《解拳论》《三无性论》等。

真谛所传之学，在梁、陈二代并不显著。真谛去世后，他的弟子们散布于岭南、九江、湘郢、建康、江都、彭城、长安，不屈不挠地弘阐《摄论》，学者渐众，宗奉者渐多。后来北方著名僧人昙迁南下，获读新译《摄论》，接受了《摄论》学说，认为可以补北方《地论》学说之不足，因而备极推崇，及应召入长安，讲授《摄论》，请从受业者竟达千数。昙迁先后在彭城、江都、长安大加弘阐，奠定了《摄论》在北方传播的基础。名僧慧休以及北地《摄论》学者道英、道哲、静琳、玄琬等，都出其门下。当时长安名僧慧远，亦敬礼听受，其弟子净辩、净业、辨相等都相从研习《摄论》。后来唐玄奘服膺《摄论》，西游取经，回国后开创了法相宗，终使瑜伽师的唯识学说遍于中国。

第三部分

唐帝国：亚欧大陆上的文明图景

Part Ⅲ

A biography of the Silk Road

| 第九章 |
丝路上的盛唐气象

丝绸之路的通畅，带动了沿途经济的发展。在唐代，丝绸之路沿线包括西域之地是全国著名的繁华和富庶区域。在丝路沿线，随着经济的繁荣，出现了一些较大的城市，如岑参诗句说"凉州七里十万家"。北庭都护府治所庭州，安西都护府治所高昌或龟兹，也都是人口众多、经济文化比较发达的大城市。

通往西域的陆上丝绸之路交通畅达，每年有大批波斯、阿拉伯等国商人、使节沿着丝绸之路来中国进行贸易。各国商人带着从西方贩运来的香料、药材、珠宝等以换回中国的丝织品和瓷器。

唐代是一个国力腾达、文化远被的大开放时代，与国外的经济文化交流达到了空前的高潮，丝绸之路畅通无阻，中西商路盛极一时。杜甫诗说"驼马由来拥国门"，《唐大诏令集》说："伊吾之右，波斯以东，商旅相继，职贡不绝"，这些都是描绘唐朝丝绸之路黄金时代中外贸易繁荣的记载。

一

在汉代之后，中国经历了魏晋南北朝时期的国家分裂和社会动荡。虽然在这个时期丝绸之路并没有中断，但连年的征战讨伐，频繁的政权更迭，经济遭受的巨大破坏，社会生活的动荡不安，都对文化的发展和对外交流造成巨大障碍。北朝也尽力加强对西域的经营，但有的时候力不从心，到这一阶段的后期，西域诸国逐渐脱离中原政权的控制，先后陷于铁勒、柔然、突厥等草原民族的统治之下。当然，当时的民间交通还是存在的，文化和经贸的交流也没有中断，但毕竟大不如从前了。社会大变革给文化的发展以刺激和动力，但文化的全面高涨繁荣，丝绸之路的大畅通、大发展、大繁荣，则有赖于经济发达、社会稳定的太平盛世。

这样的太平盛世在唐朝出现了。而盛唐文化的阳光照耀在丝绸之路上，迎来了丝绸之路历史上最辉煌、最灿烂、最为精彩的时代。

581 年，杨坚推翻北周王朝，建立隋朝。隋朝在继承北周统一中国北方的基础上，进而统一了全国，结束了过去数百年分裂割据的状况，开创了全国再统一的新局面。隋朝建立后，施行一系列重要的政治改革，巩固在全国的统治，与此同时，采取了许多促进文化统一和发展的重要措施，推动了社会文化的初步繁荣。

隋朝立国后，致力于丝绸之路的开发，加强了对西域的联系和经略。

当时吐谷浑与突厥是隋朝与西域交通的两大障碍，所谓"为其拥遏，故朝贡不通"。大业四年（608），炀帝先遣右翊卫大将军宇文述进攻吐谷浑，继又派右翊卫将军薛世雄出兵伊吾。五年（609），炀帝亲征吐谷浑，于是"自西平临羌城以西，且末以东，祁连以南，雪山以北，东西四千里，南北二千里，皆为隋所有。"六月，炀帝到达甘州，即于其地设立西海、河源、鄯善、且末四郡，后又立伊吾郡。从河源到且末，隋朝设有屯田戍卒，不久，又命薛世雄筑伊吾城，捍卫交通。

随着一度威慑西域的突厥和吐谷浑势力渐衰，西域人"引领翘首"，迫切要求加强和内地的联系。因为当时的西域诸国，如高昌、焉耆、龟兹、疏勒、于阗、康国、安国、石国、米国、史国、曹国、何国、钹汗、挹怛等，或者深受汉文化的影响，或者是汉人建立的政权。西域各国的经济发展也与内地有很密切的联系。因此，它们都迫切希望加强与隋朝、与内地的联系。隋炀帝也有意向西发展，一方面进行军事扩张，开拓疆域；一方面遣使与海、陆两道丝绸之路沿途国家进行交通。

炀帝派裴矩驻于张掖，并往来于武威、张掖间，以主持和西域的联系及商业交通事宜。张掖成为当时中西贸易中心，"西域诸藩款张掖塞与中国互市"。兴盛时有四十多个西域国家的商人集中在这里经商。自此，丝绸之路畅通无阻，中原与西域的交往得以恢复和发展。

裴矩（约547-627）是隋炀帝时对西域政策的制定者和执行者。在隋炀帝经营丝绸之路、开拓西域的过程中，裴矩做出了杰出贡献。裴矩是河东闻喜人，裴矩及其父、祖都在北齐为官，齐亡入周，渐受杨坚重用。裴矩是两朝重臣，炀帝继位之后，担任过民部侍郎、黄门侍郎等要职。炀帝派这样一位重要人物去张掖，其经营丝绸之路的目的是很明显的。

裴矩在与西域商贾的交往中，请他们讲述其国的风俗与山川险易，了解各国的地理形势、气候物产和风俗习惯，并把这些材料积累起来，于大业四年（608）撰成《西域图记》一书。《西域图记》共三卷，记四十四国事，且附地图画像。序文叙述了西域各国的变迁，记载了从敦煌出发西行至西海（地中海）的三条路线。《西域图记》将它们称作北道、中道和南道。裴矩所记的这三条大道，以敦煌为总出发点，伊吾、高昌、鄯善则分别为三条大道的起点。《西域图记》反映了当时中国人对丝绸之路的认识，也说明当时丝绸之路的畅通情况。

由于隋朝积极的外交活动，中原地区与西域各国重新加强了经济贸易方面的往来，西域与内地的联系和经济文化交流，日趋频繁，"西域诸藩，往来相继"。大业四年（608），炀帝祠祭恒岳，西域十余国皆来助祭。炀帝这次西巡取得了很大的成功。

为了更多地吸引外商，促进国际贸易，加强与周边各国的友好关系，大业六年（610），隋朝曾在洛阳东市举行盛会，邀请诸藩酋长、各国使者和胡商参加，集娱乐、贸易为一体。隋炀帝因为各藩国首领都聚集在洛阳，便于正月十五在端门街举办各种戏曲演出。戏场四周长五千步，场内手执各种乐器的就有一万八千人，乐曲声传到数十里之外。通宵达旦，灯火辉煌，照耀天地，整整一个月才结束。从此以后年年如此。隋炀帝批准各藩国首领到丰都市场做买卖，事先下令整修装饰店铺，屋檐造型一致，店内挂满帷帐，堆积各种珍贵货物，来往的人也必须穿上华丽的服装，就连卖菜的也要用龙须席铺地。只要有外族的客人路过酒店饭馆，便令店主把他们请入店内就座，让他们吃个酒足饭饱再走，不收钱，哄骗他们说："中国富饶，酒饭历来不收钱。"令外族客人惊叹不已。

这长达一个月的贸易盛会具有国际性质，显示了中外经贸交流的盛况。但这样的做法也显得有点奇葩，花大量的银子，也就是图一个热闹。

二

隋朝和历史上的秦朝一样，虽然完成了祖国统一的大业，而它本身却是一个短命的王朝，仅历二世而亡。不过，隋朝之于唐朝，也与秦朝之于汉朝的作用相似。正是隋朝的统一，以及隋代经济社会的初步发展和文化的初步繁荣，为唐代的盛世辉煌奠定了基础。

唐朝在统一中原的同时，积极向周边地区开疆扩土，加强对边疆地区的经略与控制，扩大帝国版图。唐朝的疆域辽阔广大，极盛时势力东至朝鲜半岛，西北至葱岭以西的中亚，北至蒙古，南至中南半岛。在整个欧亚大陆上，唐朝是国力最强盛、文化最发达的大帝国，是当时世界的文化重心所在。

在当时的欧亚大陆上，中国处于大陆的东端，而在唐朝以西各国，都是具有世界性的强大国家：横跨欧、亚北部的东罗马，即拜占庭帝国；占有整个西亚的波斯，尤其是后来兴起的大食倭马亚王朝，更是横跨亚、非、欧的庞大帝国，它们都注重于对外陆路交通的开拓，极力加强和中国的政治、经济联系。印度处于南端，具有古老的文化传统，一直以其丰富的文化传播到各地。这几大国家，经济发达，军事强大，文化繁盛，几大帝国之间你来我往，交流频繁，互相激荡又互相促进，共同绘制了那个时代世界色彩斑斓的文化图景。

唐代丝绸之路更加通达繁荣，往来的使节、商旅、僧侣和旅行家络绎不绝，相望于途，成为唐朝经略西域、发展与西亚、欧洲经济文化交流的交通干道。

在隋朝发展与西域联系的基础上，唐朝进一步加强了对西域的政治、经济和文化联系，加强了对西域的经略与控制。无论是政治上，还是军事上，唐朝都在西域取得了比前代更大的成就，从而为丝绸之路的空前繁荣奠定了坚实的基础。

贞观十四年（640），唐太宗发动了对西域的战争，驱逐了西突厥在西域东部的势力，消灭高昌国，立为西州，并分兵攻取西突厥叶护可汗直接屯兵的浮图城，立为庭州。唐在伊吾设的伊州与西州、庭州实行与中原相同的州县制，编入陇右道和后来分置的河西道。贞观二十二年（648），攻取龟兹。破龟兹后，西域大震，当地各族首领都摆脱了西突厥的统治，结好于唐朝，服属于唐朝，贡使通商，往来不绝。

贞观十四年灭高昌时，唐朝即置安西都护府于交河城，管理西域军政事务。贞观二十二年破龟兹后，唐朝随即将安西都护府自高昌移至龟兹，下统龟兹、于阗、碎叶、疏勒四镇，以控扼西境，保护丝绸之路。

唐高宗时，在天山北路一带置北庭都护府，天山南北两麓遂为安西、北庭二都护府所分管，初步完善了唐朝在西域的政治统治格局，形成了以伊、西、庭三州为核心，以安西都护府为保障，以羁縻府州为依托的多层次统治结构。

由于唐朝在西域的直接统治，使中西交通的干道丝绸之路比以往任何时候都通畅繁荣，中西贸易大为发展，人员往来也更为频繁。除了唐朝派往西域行使行政权的官吏，戍边的军队外，还有不少中原汉人移居西域。西域诸国也有大批移民侨居内地。这些人员的往来杂居，促进了汉族和各族人民的融合，同时也促进了经济文化的交流。

丝绸之路的通畅，带动了沿途经济的发达。在唐代，丝绸之路沿线包括西域之地是全国著名的繁华和富庶区域。在丝路沿线，随着经济的繁荣，出现了一些较大的城市，如岑参诗句说"凉州七里十万家"。北庭都护府治所庭州，安西都护府治所高昌及龟兹，也都是人口众多、经济文化比较发达的大城市。

三

在唐代，丝绸之路东段指由长安连接敦煌的道路。从长安西通敦煌的路线分为南、北路和青海道等三条通道。在敦煌汇合后，从自玉门关、阳关出西域有两道：从鄯善，傍南山北，波河西行，至莎车为南道，南道西逾葱岭则出大月氏、安息。自车师前王庭（今吐鲁番），随北山，波河西行至疏勒（今喀什）

为北道。北道西逾葱岭则出大宛、康居、奄蔡（黑海、咸海间）。北道上有两条重要岔道：一是由焉耆西南行，穿塔克拉玛干沙漠至南道的于阗；一是从龟兹（今库车）西行过姑墨（阿克苏）、温宿（乌什），翻拔达岭（别垒里山口），经赤谷城（乌孙首府），西行至怛罗斯。东汉时在北道之北另开一道，隋唐时成为一条重要通道，称"新北道"。原来的汉北道改称中道。新北道由敦煌西北行，经伊吾（哈密）、蒲类海（今巴里坤湖）、北庭（吉木萨尔）、轮台（半泉）、弓月城（霍城）、碎叶（托克玛克）至怛罗斯。

自汉以后，由于绿洲地区的继续繁荣，丝绸之路的东西往来仍然侧重在天山以南地区。只有到了后来突厥兴起，丝路北道才越来越显示其重要性。

随着唐代全国的统一，丝绸之路也向南北方向大大扩展。其时丝绸之路北面已远越天山直抵漠北，南面已超过了昆仑和喀喇昆仑直接与青藏高原联结一起。与丝绸之路南北扩展的同时，其北面出现了经由阿尔泰山与漠北相通的道路，南面也出现了由阿尔金山翻越喀喇昆仑和青藏高原联系的路线。与此同时，在西域地区也出现了更多的横向路线，从而把整个丝路联结成一个整体的交通网络。这些横向线路虽然早已存在，但到了唐代时，由于扫除了广大西域地区之间的分裂割据，加强了相互间的联系，因而使各道之间的横行线路大大增加。

唐代前期，除了在西域地区建立安西、北庭两大都护府，下辖各个都督府、州外，并在各地设置"军""城""镇""守捉"等各军事据点。这些府、州所在地和各种军事据点，既是行政和军事要地，也是一些交通中心，它们各自有路，彼此相通，从而形成了一条条纵横交错的路线。尤其是著名的唐代安西四镇安西、疏勒、于阗、碎叶（后为焉耆），更是四通八达、往来无阻的一个个交通中心。此外，北庭大都护府的所在地庭州和安西大都护府的所在地安西，更是天山南北的交通枢纽。安西曾和弓月城相通，而且这条"弓月道"，还是当时丝绸之路上一条相当繁荣的横行道。

总之，在唐代前期，无数南北相通的横行线路，不仅把东西走向的各条基本干线联结起来，而且组成了东西南北，纵横交错，十分复杂的交通网。

随着唐与西域交通的便利，唐朝在西域经略和势力的增强，其与西域诸国的交往也日益频繁，各国纷纷遣使来朝，与唐朝关系相当密切。

在唐代前期，时至"安史之乱"以前，由于唐朝在西域的经略，通往西域的交通大开，形成了自汉以来东西陆路交通的极盛高潮。其时中西交往空前繁荣，亦如史籍所载："伊吾之右，波斯以东，商旅相继，职贡不绝"，被称为"丝路的黄金时代"。此外，经由漠北的"参天可汗道"和现在被称为"南方丝绸之路"的"中印缅道"，以及经过吐蕃尼泊尔通往印度的道路即"吐蕃泥婆罗道"，也都全面畅通。

唐代前期通往西域的丝绸之路在中西交通中占据主导地位。但到了唐代中期，随着"安史之乱"爆发，吐蕃乘机北上占据河陇，回鹘亦南下控制了阿尔泰山一带，同时西边的大食亦加强了对中亚河中地区的攻势，随之出现了这三种力量之间的争夺与混战。从此，唐朝失去了对西域的控制，一时丝路上"道路梗绝，往来不通"。杜甫在诗中说："乘槎消息断，何处觅张骞"。"崆峒西极过昆仑，驼马由来拥国门，数年逆气路中断，蕃人闻道渐星奔"。此后，唐朝与西方的交通，除了走草原之路，主要是依靠海上丝绸之路了，促使海上丝绸之路更为繁盛起来。

通往西域的陆上丝绸之路交通畅达，每年有大批波斯、阿拉伯等国商人、使节沿着丝绸之路来中国进行贸易。各国商人带着从西方贩运来的香料、药材、珠宝等以换回中国的丝织品和瓷器。"安史之乱"以后，陆上丝绸之路交通受阻，海上交通与贸易的发展显得更为重要。沿着海上丝绸之路航线，中国和亚非各国的商船，往返不绝。在阿拉伯著名文学作品《天方夜谭》中，航海经商是重要题材之一，其中有不少故事就讲到与中国的贸易。

和在其他朝代的情况一样，唐代往来的各国使节也都兼有官方贸易的性质。外国使节的"贡品"，唐朝廷的"赏赐"，除了外交礼仪上的需要之外，在大多数情况下，其实质是一种易物贸易。通过这种官方贸易形式，许多国外物产传入中国，大批中国物产也广泛传播于海外诸国。在朝贡使的礼仪接待和贡物的回赠酬答方面，唐政府对海外诸国也实行着与对周边诸藩相同的制度和规定。有很多外商是以朝贡使团的名义从事商业活动的。唐朝对朝贡使团有很多优待政策和措施，如根据路程远近给付资粮，安排住宿，馈赠礼物，允许入市交易，邀请参加皇帝举办的"宴集"等。

唐代的民间对外贸易也很发达，从陆海两途都有大批外国商旅入华从事贩运经营活动，也有中国商队和海舶远走异国。这种不以沟通政治关系为目的、专以经商牟利为目的的海外贸易称为市舶贸易。

城市工商业群体中，有相当数量的外商，是隋唐五代时期的重要特色。外商中，既有万里求宝鬻珠的行商，也有开店设铺的坐贾；既有在民间游走的私商，也有以朝贡名义开展变相经贸活动的官商。这些往来居住的外商在中国的活动范围很大，几乎所有水陆交通发达的大中城市都有他们的足迹，也可以说，凡是外商经常出入或聚集人数较多的城市，必是商业或转输贸易兴盛的城市。

唐代进口商品，部分来自外国的"贡献"，多数来自外商的贩运。外商运进中国行销的商品种类主要是珠宝、玉石、香料、稀有珍奇动物、药材、马匹以及土特产品，运出的主要是中国的丝绸。唐中期以后，瓷器逐渐成为对外出口的大宗，海运的发展也为运输瓷器这类质重易损的商品提供了便利条件。

四

沿着古老的丝绸之路，有唐玄奘等高僧负笈西行，也有许多西方人，包括来自西域各国、波斯和阿拉伯的商人、外交使者、旅行家、僧侣来到中国。其中规模最大且影响最大的是萨珊波斯的流亡集团。

古代中国与波斯有着久远的经济、文化交往的历史，3世纪时波斯建萨珊王朝，与我国南北朝时的北魏、北齐、北周等政权都有过往来。隋代时，炀帝曾派云骑尉李昱，出使波斯，波斯随即遣使和李昱同来，与隋朝进行通好并开展贸易。初唐与波斯的往来也很频繁。

唐太宗贞观六年（632），萨珊波斯末代国王伊嗣俟三世（Yesdegerd Ⅲ）

即位。其时阿拉伯人即中国史籍所说的大食人在西亚崛起，不久，大食人开始大举入侵波斯，伊嗣俟与大食交战兵败，在唐高宗永徽二年（651），逃往木禄，被人杀害。大食人把波斯纳入阿拉伯帝国的版图，使波斯改信伊斯兰教，历时数百年的萨珊波斯帝国最终灭亡。

此后，伊嗣俟三世之子、波斯王卑路斯（Firuz Perozes）避居波斯东境，在吐火罗的支持下建立了流亡政权。吐火罗即汉代西去建国的大月氏，是丝绸之路南道必经之地，当年张骞通西域的目的地就是大月氏，亦即吐火罗。吐火罗和中国的关系素来就很密切。至唐代时，在武德、贞观年间，吐火罗一再遣使入唐，通聘友好。高宗永徽时，吐火罗使贡献鸵鸟。高宗曾派王名远出使其国，并封其王为使持月氏等二十五州诸军事月氏都督。从此到开元、天宝年间，往来尤为频繁，曾多次贡献玛瑙等宝物和名马、药物，例如开元十二年（724）一次就贡献药物"乾陀婆罗等二百余品"。按照惯例，唐朝每次也都赐赠大批丝绸等中国物产于吐火罗。可见唐朝与吐火罗在经济文化上的交流十分频繁。

唐龙朔元年（661），卑路斯派使者到唐朝求援，说明"频被大食侵扰，请兵救援之"。但是唐朝这时注意力集中在葱岭以东的西域地区，无意在葱岭以西与大食直接对抗，唐高宗婉言拒绝了出兵的请求。恰好当时唐高宗派王名远到西域，在吐火罗道设置羁縻都督府州，以卑路斯所在的疾陵城设置波斯都督府，即任命卑路斯为都督。

由于大食频年东侵，卑路斯在西域无法立足，于咸亨年间中亲自到唐朝来，高宗封他为右武卫将军，最后客死于唐朝。其子泥涅斯（Narses）随父来唐，唐朝册立其为波斯王，客居长安。高宗调露元年（679），西突厥阿史那都支和李遮匐叛唐，与吐蕃联合攻击唐朝在西域的军事力量。唐高宗任命吏部侍郎裴行俭为安抚大食使，以册送泥涅斯为名，在途中袭击西突厥。虽然裴行俭"安抚大食使"的衔号实际上只是虚有其名，但是在高宗永隆元年（680）左右，泥涅斯最终还是在唐朝军队的护送下回到了吐火罗。为了完成这次带有远征性质的护送行动，唐朝专门组织了"波斯军"。波斯军兵员由蕃汉兵混合组成，除了募兵外，还有唐朝西州的府兵，最后送到了吐火罗。泥涅斯客居于吐火罗二十多年，景龙二年（708）仍回唐朝，唐封他为左威卫将军，最后客死于长安。

由于萨珊波斯灭国，整个王朝迁移到唐朝避难，形成了一个比较大的移民集团。

波斯虽已亡国，但部众仍存，至少在8世纪上半叶，萨珊波斯余部仍然在吐火罗地区活动，而里海南岸的陀拨斯单（Tabaristan）出自萨珊王室，也一直保持独立到765年。因此，唐朝史籍中仍不断有波斯贡使的记录。仅开元、天宝年间，史载就有19次。其中甚至还有波斯国王遣使的记载。波斯流亡政权屡屡向唐朝贡献玛瑙、绣舞筵等物。据《册府元龟》有关朝贡的记载统计，在此期间波斯向唐朝进献的物品主要有香药、犀牛、大象、猎豹等，甚至到大历六年（780），还有波斯国遣使献珍珠、琥珀等物。即使在波斯亡国后，唐朝与波斯人的经济和文化交流仍然很活跃。有相当数量的波斯商人活跃在唐朝，从事中西贸易活动，有许多波斯商人甚至常住在中国。实际上，波斯与中国的贸易一直没有中断，而且在隋唐时代有了更大的发展。

大量波斯移民的进入，波斯商人活跃在中西贸易的舞台上，分布在长安以及洛阳、扬州、广州等大都市，甚至深入到民间社会，同时也把波斯文化广泛地传播到中国。

因此，在这一时期的中西文化交流，波斯文化占据了相当大的比重，所谓"胡风"，有相当大的成分就是"波斯风"。传播到中国的波斯文化，不仅有大量的上面说到的"波斯货"，还有萨珊波斯艺术风格。

五

萨珊波斯灭国并且流亡到唐朝，是因为阿拉伯人的兴起。在阿拉伯帝国兴起之前，中国与阿拉伯民族已有所接触。张骞通使西域时，曾得知在安息以西有条枝，并遣副使前往。东汉班超派甘英出使大秦，便是到条枝后折而复返。

汉时的"条枝"和唐时的"大食"皆是波斯语称呼阿拉伯人的同一个词的译音。所以，可以认为，汉通西域，已与阿拉伯人有所接触和往来。另外，丝绸等中国产品沿丝绸之路，经安息西传，也早已输入阿拉伯人生活的地区。在萨珊波斯时期，中国货物通过海陆两途输往两河流域。632 年，阿拉伯人在建立帝国的过程中，攻陷了底格里斯河口附近的乌剌港（乌布剌），后来的一些阿拉伯作家在记述这一事件时曾说，乌剌是一个"中国港口"。

唐朝与阿拉伯帝国的直接交往开始于高宗永徽二年（651），正是阿拉伯人灭萨珊波斯，杀死波斯王伊嗣俟三世这一年。阿拉伯使臣的到来，标志着唐朝与西域关系史重大转折的开始。随着萨珊波斯的灭亡和大食帝国的扩张，大食人将逐渐取代波斯人，在丝绸之路和古代东西交往的历史中占据重要的地位。

唐与大食的官方往来密切而频繁，两国民间的贸易关系也显示出前所未有的盛况。特别是 8 世纪以后，中国和阿拉伯之间的贸易往来空前活跃，陆路和海路两途，往来商旅络绎不绝，在陆路，由于阿拉伯帝国雄踞西亚和中亚广大地区，所以在其境内，东西交通的丝绸之路畅通无阻。阿拉伯帝国的驿递制度很完善，从首都到外地均有驿路四通八达。沿途驿馆等设施不仅保证了政令的迅速传达，而且为运输物资、商旅往来提供了便利。

沟通中国与阿拉伯世界的干道是著名的"呼罗珊大道"。这条大道从巴格达向东北延伸，经哈马丹、赖伊、尼沙布尔、木鹿、布哈拉、撒马尔罕、锡尔河流域诸城镇而到达中国边境，与中国境内的交通路线相联结。这条呼罗珊大道的路线，就是古代丝绸之路在葱岭以西最主要的一大段路线。

通过"呼罗珊大道"，大批阿拉伯商人，包括波斯商人，成群结队地来到中国从事贸易活动，进入甘陕一带，有的甚至深入四川，东下长江流域。在尼沙布尔和德黑兰附近的赖伊等地出土的唐五代越窑系青瓷和唐长沙窑彩绘盘，以及萨马拉出土的唐瓷残片，为这些阿拉伯和波斯商人当年陆上运输的繁忙景象留下了物证。

中国和阿拉伯文化交流的盛世开端于两国间的一次战事，即发生在 751 年（唐天宝十年）七月著名的怛罗斯战役。

怛罗斯战役是当时世界上的两大帝国唐朝和阿拔斯王朝（黑衣大食）之间的一场大战，是一场在世界史上有着重要影响的重大战役。

当时，为了征讨企图反叛的中亚属国，巩固唐朝在中亚地区的羁縻制度，玄宗派高仙芝出兵中亚。高仙芝是唐朝著名的边将之一，被玄宗任命为安西四镇节度使，因其英勇善战，在西域获得了极大的声誉，被誉为"山地之王"。天宝十年（751）四月十日，高仙芝率军从安西出发，翻过帕米尔高原（葱岭），越过沙漠，一路长驱直入，经过三个月的长途跋涉，深入大食境内 700 余里，在同年七月十四日到达了大食人控制下的怛罗斯城（今哈萨克斯坦江布尔），开始围攻该城。阿拉伯人立即组织了十余万大军赶往怛罗斯城。双方在怛罗斯河两岸、今天的奥李·阿塔附近展开了一场大决战。惨烈的战斗持续了整整五天。最后，一贯英勇善战的高仙芝因盟军背叛，腹背受敌以及指挥失误而打了败仗。唐军损失惨重，两万人的安西精锐部队几乎全军覆没，阵亡和被俘各自近半，只有千余人得以身还。

在被阿拉伯人所俘的唐军兵士中，有一些是造纸工匠，这些工匠把造纸技术传入撒马尔罕，在那里建立了一座造纸工场，成为阿拉伯帝国造纸业的开山始祖。

撒马尔罕在唐时被称为康国，后为阿拉伯人占领，成为阿拉伯帝国的东方重镇。撒马尔罕有丰富的大麻和亚麻植物，有充足的水源，为造纸业提供了自然资源。撒马尔罕的造纸业一经建立，因为有技术熟练的中国工匠操作，所造纸张十分精良，成为远近闻名的商品。直到 11 世纪初，"撒马尔罕纸"仍在阿拉伯世界中保持很高的地位。

在撒马尔罕的造纸业发展起来后不久，在阿拉伯世界又涌现出几处造纸业基地。794 年，在阿拔斯王朝的首都巴格达建立了新的造纸厂。当时的巴格达是伊斯兰世界的宗教和文化中心，是当时世界上最富庶繁荣的城市之一。巴格达纸厂的主要技术力量都是由撒马尔罕纸厂所提供的，据说其中就有中国工匠。纸厂投产后，哈里发哈仑·拉希德（Harun al-Rashid, 786—809）的宰相贾法尔（Jàfar）便明令政府公文正式采用纸张，以代替耗资巨大的羊皮纸。从此，纸张很快取代了原有的纸草纸、兽皮纸等，成为阿拉伯世界广泛使用的书写材料。

由于对纸的需求急剧上升，9世纪时在西亚地区又陆续出现了两个新的造纸厂。一个是在阿拉伯半岛东南的蒂哈玛建立的纸厂，不久又在大马士革设立了一座规模宏大的纸厂。在几百年间大马士革是向欧洲供应纸张的主要产地，所以欧洲一般称纸为"大马士革纸"（Charta Damascena）。叙利亚的另一城镇班毕城（Bambyn）也以制纸著称，所以欧洲人也曾把纸称为"班毕纸"（Charta Bambycina）。

造纸业的发展，纸的推广和普遍应用，推动了阿拉伯科学和文化事业进一步的昌盛和繁荣。830年，阿拔斯王朝首都巴格达建立了"智慧宫"，由科学院、图书馆和译学馆联合组成，系统地、大规模地开展翻译事业，史称"百年翻译运动"。撒马尔罕和巴格达造纸厂生产的轻便纸张，为翻译事业的发展提供了最方便的条件。译学馆网罗了各科学者和翻译家，包括伊斯兰教、景教、犹太教的学者，翻译希腊文、叙利亚文、波斯文、梵文的各种专门著作，广泛地吸收世界各国科学文化遗产。他们集体从事译述、研究活动，将用重金从各地所搜集的一百多种古希腊、波斯、印度的古典科学文化古籍进行了整理、校勘、译述，并对早期已译出的有关著作进行了校订、修改和重译工作，取得杰出成就。而纸在波斯湾和两河流域已经如此普遍，以致在短时期内便可抄录多卷本的科学巨著。古希腊的许多科学著作得以保存下来，几乎全赖阿拉伯文的译本。当欧洲几乎不知道古希腊的思想和科学之际，这些著作的翻译工作，已经完成了。

这一人类翻译史上的伟大工程，既使人类古典文明的辉煌成果在中世纪得以继承，又为阿拉伯文化的发展奠定了较为坚实的基础。欧洲人是靠翻译这些阿拉伯文的译本才得以了解古希腊人的思想，继而开始他们的文艺复兴的。可以说没有阿拉伯人和拜占庭人对于西方古典文化的继承保存，西方文艺复兴运动根本没有基础。

实际上，所谓"文艺复兴"，首先指的就是通过阿拉伯译本而实现的古希腊文献的"复兴"。

中国的造纸术是通过阿拉伯人传入欧洲的。大约在 9 世纪，阿拉伯人造的纸就传到了欧洲。但是大宗的纸从阿拉伯世界传入欧洲，还是在大马士革造纸厂建立以后。在几百年的时间里，大马士革一直是向欧洲输出纸张的中心。

8 世纪时，西班牙被纳入阿拉伯帝国的势力范围，阿拉伯文化也随之传入西班牙。因此，西班牙是第一个用纸书写的欧洲国家，也是第一个使造纸业得以发展和繁荣的欧洲国家。纸的传播和广泛应用，促进了阿卜杜勒·拉曼三世统治下的科尔多瓦文化的繁荣。当时的科尔多瓦也是可与巴格达、君士坦丁堡相媲美的文化中心。科尔多瓦拥有 70 所图书馆，其中尤以托莱多的图书馆规模最大，搜罗丰富。1058 年西班牙基督徒占领托莱多后，这里就成了欧洲人前往游学、吸收先进阿拉伯文化科学知识的地方。纸的大量生产更推动了西班牙翻译古典遗产的热潮，许多重要的阿拉伯学术著作以及古犹太和古希腊的重要著作在 11-12 世纪被译成西欧知识界通行的拉丁文。这项翻译事业规模宏大，意义深远。它在希腊古典文化和欧洲近代科学之间建起了一座桥梁，对近代欧洲文化的发展发挥了积极的作用，为日后的文艺复兴运动奠定了基础。

但是，造纸技术在欧洲的推广起初并不顺利。由于当时的欧洲科学文化还比较落后，识字的人太少，纸张的使用在很长一个时期里是很有限的。在 14 世纪初，纸在欧洲还是比较稀少的，除了西班牙以外，只有意大利有两三家纸厂，并且产量不高。14 世纪是纸和造纸术在欧洲传播取得显著进展的一个世纪。到 14 世纪末，意大利、法国、西班牙和德国南部都有了纸的生产，除了少数贵族外，纸大致已经代替羊皮纸成为通行的书写材料。从 15 世纪起，造纸术以德国为中心，向东、西传播。英国从 14 世纪起才用纸作为书写材料，到 1511 年才建起第一家纸厂。

纸的广泛传播和普遍使用，对于欧洲科学文化的发展起到了相当大的作用。特别是对近代欧洲科学的繁荣和文化的进步，对于知识的传播和理性主义的兴起，乃至对于欧洲走出中世纪蒙昧主义的迷雾，开辟近代文明新的历史纪元，都发挥了直接或间接的影响。

值得注意的一个现象是，在欧洲，造纸术和印刷术几乎是同时传播过去的。

实际上，造纸术和印刷术是两项相互关联的发明。没有纸，印刷术几乎没有可能谈起。因为说到印刷，就是指在纸上的印刷。在纸上的印刷，就出现了现代意义上的"书籍"。在此之前，书籍的概念至多是手抄本。手抄本的繁重劳动和高昂价格使其推广十分困难。但是，在中国，纸发明以后，仍然在纸上手抄了好几百年，然后才出现了印刷术，才出现了印本书。有人说，造纸术传播到欧洲延后了几百年，是由于中国人技术保密。其实不是这样。最主要的原因是地理的阻隔，还有一个需求迫切程度的问题。当时欧洲文化的发展水平还没有改变书写材料的迫切要求。而到了 13 世纪以后，这种需要出现了，于是造纸术和印刷术就前后跟着进来了。而在此基础上，大量印本书的出现，大大促进了欧洲人读写生活的变化，促进了宗教改革和新思想、新科学的传播，因而出现了文艺复兴时代。

六

在怛罗斯战役中，有许多唐军士兵被阿拉伯军队俘虏，其中有许多是具有一定专业技术的工匠，他们后来辗转中亚、西亚各地，把中国的生产技术特别是前文提到的造纸技术传播到那里，为中华技术文化向阿拉伯世界的转移做出了重大贡献。但是，他们绝大多数都没有能够返回故乡，而是在各地漂流，埋骨异乡。而在他们中有一个人是幸运的，不仅最终返回故乡，而且在历史上留下了他的名字。他就是杜环。

杜环是《通典》作者杜佑（735－812）的族侄，怛罗斯战役时被大食军队俘虏，在大食境内漂泊十年之久，宝应元年（762）附海舶返回唐朝。杜环根据他在大食境内流寓的经历及见闻写了《经行记》，留下了中国与阿拉伯交往的最早的可靠记录。

杜环经历了怎样的旅程和磨难，又是怎样最终回到了故乡，现在都不得而知了。但是，《经行记》记载了 13 国，即：拔汗那国、康国、狮子国、拂菻国、摩邻国、大食国、大秦国、波斯国、石国、碎叶国、末禄国、苫国。这些都可能是他到过或者听闻过的地方。十年之久的漂泊，他一定是经历了无数的磨难，走过了相当遥远的行程，到过了很多地方，也见到了或者经历了许多闻所未闻的人和事。我们不难想象，他在海外漂泊了十年，从陆上丝绸之路随军西征到西域地方，最后又从海上丝绸之路乘商船回到广州，这本身就是一个传奇，就是丝绸之路上一次奇妙的旅行。

《经行记》原书已佚，但是杜佑在写作《通典》时，在"边防典"中摘录了其中部分内容，吉光片羽，弥足珍贵。今见之于《通典》的仅有 1511 字，其中保留了关于早期阿拉伯人风俗和伊斯兰教教义的最早的汉文记录，翔实地反映了当时中亚各国和大食、拂菻、苫国的情况，又提到了锡兰、可萨突厥、摩邻国。

《经行记》对阿拉伯的风俗文化多有记录，为研究早期穆斯林风俗提供了宝贵资料。《经行记》中还记录了非洲的女国与摩邻两个国家。杜环是历史上第一个有名可查到达非洲的中国人，他对于这个自然和人文都颇为奇特、又被写作"摩邻"的国度，记载详尽。杜环在他写的《经行记》中着意描述他从耶路撒冷启程，经过埃及、努比亚到埃塞俄比亚的阿克苏姆王国的见闻。阿克苏姆人崇敬的三大神中，在天神、地神之外还有海神摩邻，杜环便管它叫"摩邻国"。在进入非洲后，杜环亲眼见到埃及民间、努比亚内陆地区和埃塞俄比亚流行大秦法（基督教），埃及的国教和努比亚沿海的阿拉伯人信大食法（伊斯兰教），在尼罗河以东苏丹境内从事转口贸易的牧民贝贾人崇奉寻导法（原始拜物教）。

"摩邻"具体指哪个国家，分歧尚多。但是综合杜环记载的方位、肤色、风俗、物产等各方面的情况来看，摩邻是当时非洲大陆的某个古代国家则是没有疑问的。杜环最后返航的地方是埃塞俄比亚的马萨瓦港，他从那里回到波斯湾后，当年便搭船返回广州。

七

从汉代到南北朝时期，中原与西域就有广泛的物质文化交流，通过丝绸之路传入中国西域的物产、植物和动物等等，极大地丰富了中国人的物质生活。到了唐代，这样的交流仍在继续，西域各国遣使不断，各国商旅络绎不绝，促进了物质商品的大交流，仍然有各种来自西域的物产、植物和动物继续传到中国内地。这些物产、动物和植物有的是西域各国作为贡品进献的，有的是往来的僧人和旅行者带过来的，更多的是作为商品，由那些行走在丝绸之路上的各国商人贩运进来的。

通过丝绸之路，从西域传入中国内地的不仅有五光十色的各种商品、动物、植物，还有一些先进的生产技术。在唐代，来自西域最有代表性的技术是葡萄酒酿造技术。

汉魏时期，葡萄酒就已经作为贡品和商品从西域进入到中国，为人们所喜爱。前述魏文帝曾专门发诏书，提倡葡萄酒。但当时葡萄酒酿造技术还没有被引进来，人们享用的葡萄酒都是从西域进口的，价格昂贵，普通人也享用不起。中国人自己酿造葡萄酒还是从唐朝开始的。640 年，唐军破高昌。唐太宗从高昌国获得马乳葡萄种和葡萄酒酿造法后，不仅在皇宫御苑里大种葡萄，还亲自参与葡萄酒的酿制。酿成的葡萄酒不仅色泽很好，味道也很好，并兼有清酒与红酒的风味。

唐代葡萄酒的产地，有今属新疆吐鲁番市的"西州"、甘肃武威市的"凉州"和山西太原市的"并州"。"西州"由故"高昌国"改设。

白居易说到山西的葡萄酒：

> 豹尾交牙戟，蚪须捧佩刀。
> 通天白犀带，照地紫麟袍。

> 羌管吹杨柳，燕姬酌蒲萄。
>
> 银含凿落盏，金屑琵琶槽。
>
> 遥想从军乐，应忘报国劳。
>
> 紫微留北阙，绿野寄东皋。

唐朝是我国葡萄酒酿造史上很辉煌的时期，宫廷里盛行品评葡萄酒。太宗在《置酒坐飞阁》诗中写道：

> 高轩临碧渚，飞檐迥架空。
>
> 余花攒镂槛，残柳散雕栊。
>
> 岸菊初含蕊，园梨始带红。
>
> 莫虑昆山暗，还共尽杯中。

唐朝皇帝多有向臣下赐酒，以示优宠。与此同时，葡萄酒的酿造已经从宫廷走向民间，民间酿造和饮用葡萄酒已经十分普遍。长安城有许多酒肆，其中有许多是胡人开的，出售西域进口的葡萄酒，也有许多是本地产的。自称"五斗先生"的王绩不仅喜欢喝酒，还精于品酒，写过《酒经》《酒谱》。他在《题酒家五首》中写道：

> 竹叶连糟翠，蒲萄带曲红。
>
> 相逢不令尽，别后为谁空。

这是一首十分得体的劝酒诗。朋友聚宴，杯中的美酒是竹叶青和葡萄酒。王绩劝酒道：今天朋友相聚，要喝尽樽中美酒，一醉方休！

李白更是与酒有不解之缘。李白十分钟爱葡萄酒，甚至在酒醉奉诏作诗时，也不忘心爱的葡萄酒。李白在《对酒》中写道：

> 蒲萄酒，金叵罗，吴姬十五细马驮。
>
> 青黛画眉红锦靴，道字不正娇唱歌。
>
> 玳瑁筵中怀里醉，芙蓉帐底奈君何。

这首诗中记载了葡萄酒像金叵罗一样，可以作为少女出嫁的陪嫁。李白在著名的葡萄酒醉歌《襄阳歌》中还写道：

> 落日欲没岘山西，倒着接䍦花下迷。
>
> 襄阳小儿齐拍手，拦街争唱《白铜鞮》。
>
> 旁人借问笑何事？笑杀山公醉似泥。
>
> 鸬鹚杓，鹦鹉杯，
>
> 百年三万六千日，一日须倾三百杯。
>
> 遥看汉江鸭头绿，恰似葡萄初酦醅。
>
> 此江若变作春酒，垒曲便筑糟丘台。

诗中李白幻想着将一江汉水都化为葡萄美酒，每天都喝它三百杯，一连喝上一百年，也确实要喝掉一江的葡萄酒。

唐代的葡萄酒诗，最著名的莫过于王翰的《凉州词》：

> 葡萄美酒夜光杯，欲饮琵琶马上催。
>
> 醉卧沙场君莫笑，古来征战几人回？

边塞荒凉艰苦的环境，紧张动荡的军旅生活，使得将士们很难享受到欢聚的酒宴。这是一次难得的聚宴。酒，是葡萄美酒；杯，则是"夜光杯"。夜光杯也是来自西域的珍品。鲜艳如血的葡萄酒，满注于白玉夜光杯中，色泽艳丽，形象华贵。如此美酒，如此盛宴，将士们莫不兴致高昂，准备痛饮一番。正在大家"欲饮"未得之际，马上琵琶奏乐，催人出征。而将士们则坚持要喝完这杯酒，"醉卧沙场君莫笑"，豪气冲天。

在众多的盛唐边塞诗中，这首《凉州词》最能表达当时那种涵盖一切、睥睨一切的气势，以及充满着必胜信念的盛唐精神气度。明朝王世贞称此诗为"无瑕之璧"，与王昌龄的《出塞》同为唐人七绝的压卷之作。

八

唐代是一个国力腾达、文化远被的大开放的时代，与国外的经济文化交流达到了空前的高潮，丝绸之路畅通无阻，中西贸易盛极一时，杜甫诗说"驼马由来拥国门"，《唐大诏令集》说："伊吾之右，波斯以东，商旅相继，职贡不绝"，这些都是描绘唐朝丝绸之路黄金时代中外贸易繁荣的记载。

唐朝也是一个诗情勃发的时代，而在唐诗中，处处显露出大唐盛世的青春气息和英雄气概。诗人们的目光远达域外，把丝绸之路作为他们诗歌创作的一个重要的精神意象，留下了数不胜数的壮丽诗篇。据有关学者统计，唐诗中涉及西域、塞外、楼兰的诗篇就占到了三分之一。最奇异光彩的是边塞诗，雄浑磅礴，酣畅淋漓，大气包容，代表着一种边远、征战、瀚海大漠的悲凉和长河落日的壮丽。

在唐诗中，有许多关于丝绸之路、西域风光和风情的诗篇，同时，西域地名往往成为意象出现在诗篇中，这些意象反映了西域在那一代诗人心目的印象和观念。如李贺是一位想象丰富、奇诡险怪的诗人，他在诗歌创作中自然而然地流露出了奇妙的异域风情。他在《昆仑使者》一诗中写道：

> 昆仑使者无消息，茂陵烟树生愁色。
> 金盘玉露自淋漓，元气茫茫收不得。
> 麒麟背上石文裂，虬龙鳞下红枝折。

何处偏伤万国心，中天夜久高明月。

对远方的奇异想象回荡在诗人的心中和诗作里。西域就是唐代诗人的"远方"，一个托寄情怀、放飞理想的远方。而踏上丝绸之路，走过漫漫荒原，茫茫沙海，渡过大河冰川，走向那遥远的异域，一路上，边城、大雁、飞雪、黄沙、碛口，奇异景象，艰险惊绝，都唤起了诗人的激烈情怀。背驮白练的驼队，英武强悍的甲兵，往来东西的使臣，走过大碛，踏出满地苍茫，留下一片遐想。"大漠孤烟直，长河落日圆""黄河远上白云间，一片孤城万仞山""劝君更尽一杯酒，西出阳关无故人"……在那无垠的沙漠，浩瀚的戈壁，险峻的山脉，雄奇的边关，阵阵驼铃，悠悠羌笛，都激发了人们的无尽想象，更激励着雄浑激昂的英雄气概。

漫漫丝路，万里边关，寄予了诗人们的无尽想象，也在他们的笔下描绘出大漠、丝路、边关的万种风情。而关于丝绸之路的诗意描写，首先进入诗人们笔下的，是远方西域那些雄奇壮丽、奇险诡异的独特风光。如王维"大漠孤烟直，长河落日圆"，李贺"大漠沙如雪，燕山月似钩"，寥寥几笔，勾画出丝绸之路上的万千风韵，都成为流传久远的名句。

丝绸之路的起点是汉唐时代的长安。长安作为煌煌都城，许多商队都是从这里出发，再走向遥远的西域。而来自西域的外交使臣、商旅和其他旅行者，也都把长安作为他们的目的地，作为他们旅途的终点。但是，进入长安，他们已经在汉唐的疆域内行走了很久，真正的边关界限远在甘肃敦煌附近的阳关和玉门关。敦煌是汉唐面向西域的前哨。

所以，在诗人的作品中，有许多提到阳关和玉门关。特别是阳关提到得最多。唐诗中的阳关有的是实写，更多的是边塞意象。在诗人笔下，"阳关"作为一个意象，它既是进入绝域的门户，又是内地与西域连接的枢纽。王维《送刘司直赴安西》说："绝域阳关道，胡沙与塞尘"。走出阳关和玉门关，才算是真正进入到"绝域"，进入到属于"胡沙与塞尘"的陌生的地方。关于对阳关的描写，最著名的句子就是王维《送元二使安西》中说的："西出阳关无故人"。

诗中提到阳关的，还有岑参《寄宇文判官》诗："二年领公事，两度过阳关。"再如李商隐《饮席戏赠同舍》："唱尽阳关无限叠，半杯松叶冻颇黎。"白居易《答苏六》："更无别计相宽慰，故遣阳关劝一杯。"骆宾王《畴昔篇》："阳关积雾万里昏，剑阁连山千种色。"李昂《从军行》："春云不变阳关雪，桑叶先知胡地秋。"

写玉门关的诗，最著名的是王之涣的那句"春风不度玉门关"。这一句和前引那句"西出阳关无故人"的意思是一样的，都是把"阳关"或"玉门关"作为一个明显的边界，一个是自然的边界，那一边天寒地冻，绝域遥远，"春风不度"；另一个是文化上的边界，关外是一片陌生的地方，"无故人"。"无故人"不仅是"无故人"，而且文化上也是陌生的，异域的，是置身于另一种文化环境之中。

写玉门关的诗句，著名的还有王昌龄《从军行》："青海长云暗雪山，孤城遥望玉门关"；戴叔伦《塞上曲》："愿得此身长报国，何须生入玉门关"；李白《关山月》："长风几万里，吹度玉门关"；王昌龄《从军行七首》："青海长云暗雪山，孤城遥望玉门关"；岑参《玉门关盖将军歌》"玉门关城迥且孤，黄沙万里白草枯"。

出了阳关或玉门关，就进入西域的广大地域，进入了漫漫长路。在丝绸之路的沿线，分布着许多古国和城镇，居住着不同民族的人们。所谓"通西域"，就是与这些古国和民族建立外交，通商往来。此外，这些国家还时常受到强大的草原民族匈奴和突厥的侵扰或控制，因此也成为汉唐王朝抵御匈奴和突厥的前哨站。汉的主要防御对象是匈奴，唐的主要对手是突厥。无论是突厥还是匈奴，西域都是他们进攻中原王朝、侵扰内地的跳板。汉唐诗词中的征战，主要是指西域边关与匈奴、突厥的战争。

在许多诗词中，都有对西域各个古国、各个重要城镇的描写，其中写得最多的是"楼兰"。楼兰名称最早见于《史记》，是西域的一个小国，公元前77年，楼兰国更名鄯善国，并迁都泥城，向汉朝称臣，原都城楼兰城则由汉朝派兵屯田。楼兰地处若羌县北境，罗布泊的西北角、孔雀河道南岸，西南通且末、精绝、拘弥、于阗，北通车师，西北通焉耆，东当白龙堆，通敦煌，扼丝绸之路的要冲。由于孔雀河的改道，罗布泊水萎缩，生存环境日益恶劣，约公元 422 年以后，楼兰民众迫于严重干旱，遗弃楼兰城，逐渐南移。公元 448 年，北魏灭鄯善国。在唐代时，楼兰国已不复存在。

在唐诗中，"楼兰"常常是一个意象，如王昌龄的诗句"不破楼兰终不还"，不是确指。虽然只是一种意向，但"楼兰"却神奇地活在唐诗中。王昌龄还有一首《代扶风主人答》：

> 杀气凝不流，风悲日彩寒。
>
> 浮埃起四远，游子弥不欢。
>
> 依然宿扶风，沽酒聊自宽。
>
> 寸心亦未理，长铗谁能弹。
>
> 主人就我饮，对我还慨叹。
>
> 便泣数行泪，因歌行路难。
>
> 十五役边地，三四讨楼兰。
>
> 连年不解甲，积日无所餐。
>
> 将军降匈奴，国使没桑乾。
>
> 去时三十万，独自还长安。
>
> 不信沙场苦，君看刀箭瘢。
>
> 乡亲悉零落，冢墓亦摧残。
>
> 仰攀青松枝，恸绝伤心肝。
>
> 禽兽悲不去，路旁谁忍看。
>
> 幸逢休明代，寰宇静波澜。
>
> 老马思伏枥，长鸣力已殚。
>
> 少年兴运会，何事发悲端。
>
> 天子初封禅，贤良刷羽翰。
>
> 三边悉如此，否泰亦须观。

唐诗中有更多处提到楼兰。如岑参在西域从军多年，对于西域多有了解，而且直接参与了许多重大的军事活动，他的诗中写楼兰也最多，比如《乐府杂曲·鼓吹曲辞·凯歌六首》：

汉将承恩西破戎，捷书先奏未央宫。
天子预开麟阁待，只今谁数贰师功。
官军西出过楼兰，营幕傍临月窟寒。
蒲海晓霜凝马尾，葱山夜雪扑旌竿。
鸣笳叠鼓拥回军，破国平蕃昔未闻。
丈夫鹊印摇边月，大将龙旗掣海云。
日落辕门鼓角鸣，千群面缚出蕃城。
洗兵鱼海云迎阵，秣马龙堆月照营。
蕃军遥见汉家营，满谷连山遍哭声。
万箭千刀一夜杀，平明流血浸空城。
暮雨旌旗湿未干，胡烟白草日光寒。
昨夜将军连晓战，蕃军只见马空鞍。

唐诗中经常提到的西域国家还有高昌。高昌是古时西域的交通枢纽，地处天山南麓的北道沿线，为东西交通往来的要冲，亦为西域政治、经济、文化的中心地之一。唐太宗贞观年间（627－649），唐军先征服了占领大漠南北的东突厥，接着消灭了依附西突厥的西域高昌国，设置了西州，后又攻灭了焉耆和龟兹，疏勒和于阗则臣服于唐。这样，天山南路全部纳入唐之版图。640年，唐朝廷在西州境内的交河设置了安西都护府，统辖焉耆（后为碎叶）、龟兹、疏勒和于阗四都督府，称为"安西四镇"。安西都护府管辖天山以南直至葱岭以西、阿姆河流域的辽阔地区。由于西州在政治、军事上的地位非常重要，唐诗中实写西州的诗比较多。岑参《初过陇山途中呈宇文判官》提到西州：

前月发安西，路上无停留。

都护犹未到，来时在西州。

西州境内的交河城地势险要，安西大都护府最初就设在这里。交河城建筑在一个高达30余米的土台上，台两侧各有一条小河，它们在土台首尾两端交会，使土台成为一个柳叶状的小岛，因此得名为交河。由于河水的冲刷，土台边缘成为陡峭的悬崖，使交河地势险要而易于守卫。据有关学者统计，《全唐诗》收录"交河"词汇诗歌共计40首。在不少诗人笔下，"交河"成为西域的代名词。如骆宾王有《从军中行路难》诗：

阴山苦雾埋高垒，交河孤月照连营。

阵云朝结晦天山，寒沙夕涨迷疏勒。

岑参《火山云歌送别》提到交河：

火山突兀赤亭口，火山五月火云厚。

火云满山凝未开，飞鸟千里不敢来。

平明乍逐胡风断，薄暮浑随塞雨回。

缭绕斜吞铁关树，氛氲半掩交河戍。

迢迢征路火山东，山上孤云随马去。

焉耆西北有大名鼎鼎的铁门关，《新唐书·志》第三十三下记载："自焉耆西五十里过铁门关"。铁门关是西去或东来的必经之地，东晋法显和唐初玄奘西行时都经过此关，当时他们都写到了铁门关两崖壁立、只露一线的险峻。它的独特地理位置和军事上的险要吸引了过往此地的人们的注意，因此"铁门关"常常出现在诗人们的笔下。岑参路过此地时，由于安西四镇的设立，铁门关上已经有了唐朝官吏的驻守管理了，其《题铁门关楼》诗说：

> 铁关天西涯，极目少行客。
> 关门一小吏，终日对石壁。
> 桥跨千仞危，路盘两崖窄。
> 试登西楼望，一望头欲白。

从诗中也可见这里在军事上已经失去了战略意义，只是相当于一个驿站，是过往行人歇脚之处。"铁关"作为意象，在唐诗中代表着中外交往的要道。贯休《遇五天僧入五台五首》之二：

> 一月行沙碛，三更到铁门。
> 白头乡思在，回首一销魂。

疏勒位于喀什地区西北部，地处塔里木盆地西缘喀什噶尔绿洲中部，西面是帕米尔高原。"疏勒，在安西府西二千余里"，是西域南道和中道相会之地。从此地西行越葱岭可去往波斯、大食等国家。疏勒是安西四镇之一，唐诗中以此作为绝域之地的象征。如骆宾王《从军中行路难二首》之一："阵云朝结晦天山，寒沙夕涨迷疏勒。" 王维《老将行》："誓令疏勒出飞泉，不似颍川空使酒。"皇甫冉《和袁郎中破贼后经剡中山水》："节比全疏勒，功当雪会稽。"等等。

贞观二十年（646）唐朝军队消灭了西突厥，置庭州。庭州地处天山北麓，东连伊州、沙州，南接西州，西通弓月城、碎叶镇，是唐在天山以北的政治、军事重镇。长安二年（702），武则天为了进一步巩固西北边疆，在庭州设立了北庭都护府，管辖天山以北包括阿尔泰山和巴尔喀什湖以西的广大地区。北庭都护府设立后，提携万里，社会安定，农业、牧业、商业、手工业都得到空前发展，成为西北地区中心。唐玄宗时，又在北庭设立节度使，统领瀚海、天山、伊吾三军，有镇兵万余人，其中瀚海军一万二千人就屯戍在北庭。安西和北庭两个都护府作为唐朝设在西域的最高行政和军事机构，使唐朝在西域有效地行使政治、军事权力。

因为设立了大都护府，经常会有使节来往，杜甫《近闻》一诗说："崆峒五原亦无事，北庭数有关中使。"辖天山北路的北庭都护府在唐人心目中是遥远的寒苦之地。杜甫《秦州杂诗二十首》之十九："风连西极动，月过北庭寒。"高适《东平留赠狄司马》：

> 马蹄经月窟，剑术指楼兰。
> 地出北庭尽，城临西海寒。

岑参第二次出塞是天宝十三年（754）夏秋间至至德二年（757）春，在北庭任安西、北庭节度使封常清的幕僚。也正是因为这里的边远寒苦和独特景致，他写下了大量关于北庭都护府的诗，如《寄韩樽》：

> 夫子素多疾，别来未得书。
> 北庭苦寒地，体内今何如。

《北庭作》：

> 雁塞通盐泽，龙堆接醋沟。
> 孤城天北畔，绝域海西头。
> 秋雪春仍下，朝风夜不休。
> 可知年四十，犹自未封侯。

岑参的诗作有不少篇幅反映北庭的风貌。他凭借自己的经历与闻见，用第一手材料，真实地描绘、记叙了北庭风物及军旅生活，从多方面展现了这个军事重镇的自然与人文环境特色，使后世读者由此获得对于北庭真切的感性认识。

岑参的诗作还反映了当时从北庭入长安所取的道路。《天山雪歌送萧治归京》写道：

> 天山有雪常不开，千峰万岭雪崔嵬。
> 北风夜卷赤亭口，一夜天山雪更厚。
> 能兼汉月照银山，复逐胡风过铁关。
> 交河城边飞鸟绝，轮台路上马蹄滑。
> 晻霭寒氛万里凝，阑干阴崖千丈冰。
> 将军狐裘卧不暖，都护宝刀冻欲断。
> 正是天山雪下时，送君走马归京师。
> 雪中何以赠君别，惟有青青松树枝。

诗中"交河""轮台"二句，说明了萧治归京所取的路线，即由北庭至交河，进入丝绸之路的中道，而后东行。"轮台路"即他地道，"晻霭寒氛万里凝，阑干阴崖千丈冰"二句写的正是经他地道翻越天山的情景。结尾四句写赠别，亦切天山风物。

唐诗中多次提到"轮台"。历史上有两个轮台，一为汉轮台，一为唐轮台。汉轮台在天山之南，唐轮台在天山之北。但出现在唐人诗文中的轮台，在许多情况下，并不指轮台县，而是沿用汉轮台的历史典故，以"轮台"代称西北或西部边地。骆宾王于咸亨元年（670）从军西域，临行作《西行别东台详正学士》诗，写道：

> 塞荒行辨玉，台远尚名轮。
> 泄井怀边将，寻源重汉臣。

沈佺期有乐府诗《梅花落》：

铁骑几时回，金闺怨早梅。

雪中花已落，风暖叶应开。

夕逐新春管，香盈小岁杯。

感时何足贵，书里报轮台。

这首闺怨诗中，"轮台"作为历史典故，意义更为泛化，成了边地的一般代称。直至中、晚唐，诗人仍从用典的角度，将轮台作为西北边地的代称。

| 第十章 |

玄奘的旅程

玄奘不畏艰险西行取经的壮举，给后代的佛教学者们以极大的鼓舞。所谓"玄奘西征，大开王路，僧人慕高名而西去求法者遂众多"。在玄奘之后，又陆续有中国僧人赴印度开展求法取经活动，其中以义净最为著名。

唐太宗认为玄奘游学天竺17年的经历超过张骞通西域，责成他写下来。玄奘口述游历，将沿途各国的风土习俗以及政治、历史、宗教上的轶闻，由弟子辩机笔录为《大唐西域记》一书。

义净留下《大唐西域求法高僧传》和《南海寄归内法传》两部著作，是可以与法显《佛国记》、玄奘《大唐西域记》相媲美的佳作。如果说，《大唐西域记》是一部关于陆路丝绸之路的大书，义净的两部著作则是关于海上丝绸之路的大书。

一

唐贞观三年（629），28 岁的玄奘背着行囊，走出了长安城，踏上了丝绸之路，踏上了西去取经的漫漫旅程。

玄奘（602-664）13 岁那一年，隋炀帝下诏准许甄选僧人剃度，但仅有 27 个名额，而报名者却有百余人之多。他尚未到剃度的年龄，但也前往探视，主试人郑善果发现他谈吐高雅，志气恢宏，相貌出众，就问他为何出家？他答："意欲远绍如来，近光大法。"郑善果很赏识这个少年，说："一般的通业易成，殊胜的风骨难得。我想若此子得度，必能弘扬佛法的教化，而成为伟大的人物。"于是他被特例入选，出家为僧，法名玄奘。

玄奘初随二哥长捷法师住在净土寺，跟景法师学《涅槃经》，从严法师学《摄大乘论》，达六年之久。玄奘素有卓异之志，胸怀远大，很快显示出他刻苦好学的精神与才能，不久就成为净土寺里的突出人物。在讲习中众僧推举玄奘升座复讲，均博得大众的好评，赞扬他的讲经"抑扬晓畅，回尽奥妙。"

此时正值隋末唐初动荡的年月，玄奘无法安心习经。当时各路法师都远游四川。隋大业十二年（618）因求学心切，玄奘跟随长捷法师离开洛阳，一同游历汉、川，跟随空、景二法师受学。此时恰逢各方大德汇集在成都，次年，至高僧大德云集的成都学习。玄奘居蜀四五年间，师从多师，研习大小乘经论及南北地论学派、摄论学派各家的学说。唐武德五年（622），玄奘于成都受具足戒。后玄奘游历各地，参访名师，讲经说法。

玄奘进步很快，常给众僧讲经，成为博学多才的突出者，为人钦慕。经过多年出家生活的修持、磨炼，修学精进，严净毗尼，精通经、律、论三藏，玄奘被大众尊称为"三藏法师"。

在玄奘出家后的十年当中，他在国内遍访名师益友，质疑问难，精读了不少佛教典籍。他曾向很多当时的高僧求教，有时他们对玄奘所提出的问题竟无言以对，无法回答，只能靠他独自寻找其他经典或论著来解惑。玄奘发现既有经论由于翻译的原因，致使义理含混，理解不一，注疏也不同，对一些重要的理论问题分歧很大，难以融合，令人莫知所从。所以，他钦慕法显的壮举，慨然决志西行求法，直探原典，重新翻译，以释众疑。

贞观元年（627），玄奘向政府提出申请，请允西行求法，但未获批准。当时的政府明令不许人民私自出国，各主要道路关隘的稽查很严。但玄奘西行求法的决心已定。贞观三年（629），有来自秦州的僧侣孝达在长安学《涅槃经》，学成返乡，玄奘与孝达一起从长安出发去了秦州。在秦州停留一夜后，又与人结伴到达兰州。之后偶遇凉州人送官马归，玄奘一同去往凉州。在凉州停留月余后，玄奘冒着违抗朝廷禁止国人出国的禁令，昼伏夜行，至瓜州，出玉门关，终得偷出国门。

玄奘孤身涉险，一路上历尽了艰辛。玄奘以超人的意志，忍饥挨饿，越沙漠，翻雪岭，顶风雪，斗盗贼，九死一生，命若悬丝。他心中只有一个信念："去伪经，存真经，不至天竺，终不东归一步！"贞观四年（630）正月，玄奘到达今新疆吐鲁番境内的高昌王城。

玄奘受到高昌王麹文泰的礼遇，与之结为兄弟。在高昌王的帮助下，经今新疆库车的龟兹、凌山、素叶城、迦毕试国、赤建国、飒秣建国、葱岭、铁门关，到达货罗国故地，这里是今葱岭西、阿姆河南一带。然后南下经缚喝国、揭职国、大雪山，到梵衍那国，这里是今阿富汗之巴米扬地方，玄奘曾在这里瞻仰了巴米扬大佛。继而经今巴基斯坦白沙瓦的犍陀罗国、乌伏那国，到达今克什米尔的迦湿弥罗国。

玄奘从长安出发，至此行程为 6900 余公里。

二

玄奘在迦湿弥罗国开始钻研梵文经典。后又到达今巴基斯坦境内，一年里亲历四国，所到之处，都停留学习佛法。玄奘游历各地，巡礼佛教胜迹，广泛学习大小乘佛教。当时的印度小国林立，分为东、西、南、北、中五部分，史称"五印度"或"五天竺"。玄奘先到北印度，在那里拜望高僧，巡礼佛教圣地，跋涉数千里，经历十余国。

唐贞观五年(631)，玄奘进入恒河流域的中印度。当时印度东北的摩揭陀国、西南的摩腊婆国两国最重学术，而以摩揭陀国的那烂陀寺为当时最大的佛教大学，居印度千万所寺院之首，约两万多人，聚集了精通各项学术的精英，还收藏着佛教大、小乘经典、婆罗门教经典及医药、天文、地理、技术等书籍。玄奘在那烂陀寺历时五年，备受优遇，并被选为通晓三藏的"十德"之一（即精通五十部经书的十名高僧之一）。前后听那烂陀寺高僧戒贤讲《瑜伽师地论》《顺正理论》及《显扬圣教论》《对法论》《集量论》《中论》《百论》以及因明、声明等学，同时又兼学各种婆罗门书。

贞观十年（636），玄奘离开那烂陀寺，游访考察东南西印度，先后到伊烂钵伐多国、萨罗国、安达罗国、驮那羯磔迦国、达罗毗茶国、狼揭罗国、钵伐多国，访师参学。他在伊灿钵伐多国停留两年，悉心研习《正量部根本阿毗达摩论》及《摄正法论》《成实论》等。后又到低罗择迦寺向般若跋陀罗探讨说一切有疗三藏及因明、声明等学，又到杖林山访胜军研习唯识抉择、意义理、成无畏、无住涅槃、十二因缘、庄严经等论，切磋质疑。

贞观十四年（640），玄奘应戒贤法师之邀，重返那烂陀寺。此时，戒贤嘱玄奘为那烂陀寺僧众开讲摄论、唯识抉择论。适逢中观清辨（婆毗呔伽）一系大师师子光也在那里讲《中论》《百论》，反对法相唯识之说。于是玄奘著《会宗论》3000颂，以调和大乘中观、瑜伽两派的学说。同时参与了与正量部学者般若多的辩论，又著《制恶见论》1600颂，还应东印度迦摩缕波国国王鸠摩罗的邀请讲经说法，并著《三身论》。

东印度迦摩缕波国国王鸠摩罗王慕名遣使来请玄奘前去讲学。玄奘到达该国时，国王率领群臣迎拜赞叹。贞观十五年（641），北印度羯若鞠阇国（即曷利沙帝国）国王戒日王（590-647）为扩大大乘派教义的影响，也闻名来请。鸠摩罗王便偕同玄奘来到曲女城。

十六年（642）十二月，戒日王召集各国僧侣在曲女城召开辩论大会，五印度十八国国王全都列席，三千多名大小乘高僧、两千多位婆罗门等教徒，以及一千多位那烂陀寺寺僧，全都参与盛会，这就是佛教史上著名的"曲女城辩论大会"。玄奘受请为论主，登上宝座，称扬大乘佛教，他说："如果我所说的有一字无理，谁能发论折服的话，我愿斩首谢罪。"并把《真唯识论》悬诸国门，接受挑战。从早到晚，连续十八天，他高坐宝位，发挥宏论，对答如流，言之有据，使与会者群情悦服，无一能发异论者。于是玄奘的声誉，传遍五印度。各派圣贤争相赐予他"大乘天"和"解脱天"的美誉。这是中印文化交流史上的空前盛事。散会时，各国国王都送珍宝，玄奘一概辞谢。依照印度的通例，凡是辩论胜利，便乘象出巡，以示荣耀。于是，戒日王礼请玄奘乘象出巡，并遣人执旗前导巡行。

隔了两年，玄奘又应邀前往钵罗耶伽参加曷利沙帝国五年一度的佛教无遮大会。这是印度佛教史上规模最大的一次盛会，历时75天，盛况空前，与会者中包括王公、贵族、僧人和学者，先后达五万人之多。

在访印期间，玄奘还与戒日王探讨唐乐大曲《秦王破阵乐》。回国后，他又将我国古典名著《老子》译成梵文，推介给印度。

当玄奘学成以后，向那烂陀寺的僧众表示回国之意时，那烂陀的一些大法师劝他留在印度。他说："此国是佛生处，非不爱乐……但玄奘来意为求大法广利群生，愿以所闻归还翻译。"曲女城大会以后，戒日王和鸠摩罗王都坚决挽留他，鸠摩罗王说："师能住弟子处受供养者，当为师造一百寺。"玄奘也以同样理由谢绝了。

无遮大会后，玄奘正式辞王东归。戒日王特派四名官员一路护送，戒日王本人还携当地文武官员，相送几十里路才挥泪话别。

三

玄奘游学于印度 17 年期间，享有盛誉和优厚的生活待遇，古印度诸国有多国王室曾多次盛情挽留玄奘留在那里，但玄奘为了故土的众生能够得到无上佛法的甘露滋润，义无反顾地返回祖国。

但是，在回国途中，他对自己当年私自出国能否被赦免深有顾虑，同时，政府能否支持他的译经事业也让他非常忧虑。在回国途中行至于阗的时候，他委派高昌人马玄智随商队前往长安，代他向唐太宗呈上表文。唐太宗阅过玄奘表文，下令从于阗到长安一路各地官府迎送，说："今得归还，欢喜无量！可即速来，与朕相见。"

玄奘自贞观三年（629）私往天竺，至贞观十九年（645）回到长安，结束了历时 17 年、跋涉五万余里、周游参学 100 余国的艰难历程，时年 44 岁。

贞观十九年（645）正月二十四日，玄奘大师回到长安，受到了文武百官及数十万僧俗百姓的夹道欢迎，长安百姓散花烧香，隆重而热烈。史载当时"道俗奔迎，倾都罢市"。他带回如来舍利 150 多粒，金檀佛像七躯，梵本经论 657 部。玄奘安置好经、像之后，便动身前往洛阳谒见太宗。

二月一日，唐太宗在仪鸾殿接见玄奘，迎慰甚厚。并下令在长安朱雀街陈列大师从天竺带来的经典、佛像等圣物。唐太宗非常赏识大师的学问、气质和才华，表达了要他还俗辅政的意愿。玄奘婉拒了唐太宗的要求。此时太宗正准备辽东之战，遂邀玄奘同行，玄奘则以佛门戒律严禁观兵戎战斗为由婉拒，唯请准许在环境清幽的嵩山少林寺翻译所取经本。唐太宗答应支持玄奘的译经事业，令宰相房玄龄选取高僧 20 余人，分任证义、缀文、正字、证梵等职，组织宏大的译场，协助玄奘翻译佛经。这是中国佛学史上一次著名的译经活动。

虽然玄奘婉拒太宗请其还俗，但他与唐太宗保持着密切的关系，得到太宗的大力支持。玄奘以贞亮的信仰，渊博的学问，纯真的修持，高雅的风范，让太宗为之欣动倾倒，因而对佛教的态度有所改变，并为其撰《圣教序》，度僧18500 余人，乃至临终前颇有相见恨晚的对话："朕共师相逢晚，不得广兴佛事。"

高宗在位时，玄奘仍保持与帝王之礼仪，但不卷入宫廷政治中，而专心致力于翻译事业。他竭力寻求高宗对自己译经事业的赞助，如永徽二年（652）奏请在慈恩寺西院建塔以安置经像舍利，经高宗许可后，玄奘亲负篑畚，担运砖石，基塔之日命名为"大雁塔"。显庆元年（656），玄奘请薛元超、李义府转请高宗准许援以往成例，由朝廷简派大员监阅、襄理译事，又请高宗撰写慈恩寺碑文，均得到高宗的许可，玄奘为此率徒众诣朝奉表陈谢。玄奘晚年鉴于朝廷实施的宗教政策，有部分对"僧事僧治"的僧团自主权伤害很大，此即永徽六年（655）敕道士、僧尼等犯罪，情难知者，可同俗法推勘。这一制度实施下来，使许多大小官员，事无大小，均以枷杖对待，僧侣亏辱为甚。玄奘于是上表请求废除，谓此"于国非便，玄奘命垂旦夕，恐不获后言"。终使此制度废除。

玄奘赴印度，主要的使命是取经和求法。他在回国时，从印度携带回来的佛教经典，共有 657 部。这些佛教经典的携回，大大丰富了我国佛教典籍的宝库，也为唐代译经事业的辉煌成就提供了梵本基础。

玄奘自从返回长安后，直至他圆寂前的一个月，在这近 20 年的岁月中，他把全部心血和智慧，都不遗余力地献给了佛教典籍的翻译事业。玄奘在佛经汉译的历史上开创了一个新的阶段，被后人尊为一代伟大的翻译家。玄奘的翻译活动是在译场中进行的，他把译经和讲法结合起来，培养了大批弟子，创立了自己的佛教学说，成为唯识宗创始人。

玄奘 56 岁时，随高宗驾幸洛阳。洛阳有少室山，北魏孝文帝在少室山北麓建造了少林寺。山石突兀，飞泉映带，松萝绿竹交杂，桂柏杞梓萧森，真人间胜境。稍晚的菩提留支曾在此译经，而少林寺西北岭下正是玄奘的故乡河南偃师。玄奘上表请求住进少林寺译经修行。唐高宗看了玄奘这篇表奏之后，亲笔回函不准所请。永徽三年（652），高宗钦令在长安慈恩寺西院，仿照印度佛塔模式，共建五层，专门用作收藏玄奘从印度带回国内的佛教经典和佛像，此塔即大雁塔。

唐麟德元年（664）新年，玄奘自觉身体衰弱，恐不久人世，从此绝笔翻译，并对徒众预嘱后事。正月初九日，玄奘病势严重，至二月五日夜半圆寂。朝野百万余送葬者将其灵骨归葬白鹿原。唐总章二年（669），朝廷为之改葬"大唐护国兴教寺"。唐肃宗还为舍利塔亲题写塔额"兴教"二字。

四

唐太宗认为玄奘游学天竺 17 年的经历超过张骞通西域，责成他写下来。玄奘口述游历，将沿途各国的风土习俗以及政治、历史、宗教上的轶闻，由弟子辩机笔录为《大唐西域记》一书。

《大唐西域记》是一部为丝绸之路立传的大书。在佛教史学及古代西域、印度、中亚、南亚之史地、文化，乃至于中西交流史料上，《大唐西域记》均富有极高之价值。

《大唐西域记》是一部记载丝绸之路的书。玄奘留学印度 15 年，旅途往返两年，先后共计 17 年，行程五万多里。《大唐西域记》记载他亲身经历和传闻得知的 138 个国家和地区、城邦，包括今中国新疆和中亚地区、阿富汗、伊朗、巴基斯坦、印度、尼泊尔、孟加拉国、斯里兰卡等地的情况，分 12 卷，共十余万字。卷一所述从阿耆尼国到迦毕试国，即从新疆经中亚抵达阿富汗，是玄奘初赴印度所经之地；卷二为印度总述，并记载了从滥波国到健驮逻国，即从阿富汗进入北印度；卷三至卷十一所述从乌仗那国至伐剌拏国，包括北、中、东、南、西五印度及传闻诸国；卷十二所述从漕矩吒国至纳缚波故国，即经行的帕米尔高原和塔里木盆地南缘诸国概况。书中对各国的记述繁简不一，通常包括国名、地理形势、幅员广狭、都邑大小、历时计算法、国王、族姓、宫室、农业、物产、货币、食物、衣饰、语言、文字、礼仪、兵刑、风俗、宗教信仰以及佛教圣迹、寺数、僧数、大小乘教的流行情况等内容。特别是对各地宗教寺院的状况和佛教的故事传说，都做了详细的记载。记事谨严有据，文笔简洁流畅。

中国古代关于印度的记载，在汉以前的古书中，可能已经存在一些，但是神话传说的成分比较多。佛教传入中国以后，两国间直接的交通日益频繁，出现了一些介绍印度的著作，比如法显的《佛国记》就对印度的佛教和民俗有许多介绍。后来义净的《大唐西域求法高僧传》中，对于印度佛教和其他社会文化风俗等方面的情况都有所介绍。更多的情况是，往来于两国之间的僧侣和商人，都会把有关印度的社会文化信息带给唐朝人。所以，在唐代，不仅传播过来的佛教以及其他印度文化使中国人对其有了直接的感受，还获得了大量的印度文化的信息。人们关于印度和西域的知识是比较丰富的。而《大唐西域记》的内容更为详细，也更为真实，成为人们认识和了解印度的一份极为重要的文献。

《大唐西域记》对五印度的历史文化、宗教信仰、风土人情、山脉河川、地理特征记载十分详细。中印两国交往历史悠久，至少从汉代开始，两国之间的人员和物质文化交流持续不断。但国人对印度的称谓，因时因地而异，极不统一。玄奘在《大唐西域记》中写道："详天竺之称，异议纠纷，旧云身毒或曰贤豆，今从正音，宜云印度。"又说："印度之人，随地称国，殊方异俗，遥举总名，语其所美，谓之印度。"所以印度国名的译定始于玄奘。由于古印度自吠陀时代就存在着种姓制度，且唯婆罗门种姓地位至高无上。因此，玄奘也取其这一特征，称印度为"婆罗门国焉"。印度国名还得名于今印巴两国境内的一条大河，中国古称"信度河"或"辛头河"，玄奘定名后，改称印度河（Indus）。书中所记印度地理的概要，极为精到，很能描绘出印度真实的轮廓。如："五印度之境，周九万余里，三垂大海，北背雪山，北广南狭，形如半月，划野区分，七十余国，时特暑热，地多泉湿。北乃山阜隐轸，丘陵泻卤；东则川野沃润，畴陇膏腴；南方草木荣茂；西方土地硗确，斯大概也。"

《大唐西域记》的一个重大贡献还在于其巨大的史料价值。古印度人在哲学、自然科学方面有很高的造诣，然而却没有留下翔实的史籍。印度民族文化有一个特点，即不大重视历史的记述，印度人没有写史的传统，古代留下的史料实不多见，对时间和空间这两方面有幻想过多、夸张过甚的倾向，因而印度本国关于古代历史的记载十分缺乏。《大唐西域记》对印度历史上许多重大事件都有记述。例如，书中记述了释迦牟尼的生卒年份。这对于印度历史年代的确定起着十分关键的作用。因为这两个年份定下来之后，此前此后各个大事的年代才有了可靠的依据。

关于7世纪上半叶的印度政治形势和笈多王朝瓦解后出现的诸王割据局面，在《大唐西域记》里都有翔实的记述。书中对羯若鞠阇国（曲女城）做了较为详细的叙述："……象军五千，马军二万，步兵五万自西徂东，征伐不臣。象不解鞍，人不释甲。于六年中，臣服五印度。"《大唐西域记》记载了戒日王对北印度控制后，"座三十年，兵戈不起，政教和平，务修节俭，营福树善"的政绩。《大唐西域记》对他轻徭薄赋，施赈济贫，褒奖学术和保护宗教等许多方面也做了记述。关于7世纪上半叶印度的风土习俗、岁时物产、土地制度、种姓演变、商业税收等，在《大唐西域记》里也均有记述。

书中关于佛教史的史料更多。例如佛教史上几次著名的集结情况，书中都有记载。除南传佛教所承认的由阿育王主持的在华氏城的第三次结集外，还有第一次王舍城千人结集，第二次吠舍厘七百圣贤结集，在迦腻色迦王赞助下的第四次也是最后一次在迦湿弥罗的五百圣贤结集。《大唐西域记》卷二概括论述了当时印度的部派分歧："部执峰峙，净论波涛，异学专门，殊途同致。十有八部，各擅锋锐；大小二乘，居止区别。"《大唐西域记》还谈到了佛教与其他宗教的关系，并展示了大、小乘势力的消长和宗派分布的情况。对大乘佛教的许多大师，如马鸣、龙树、提婆等人的活动都有很多描述。对佛教圣迹、寺数、僧数、大小乘教的流行情况等都有详细记载，此外还记载了大量的佛教故事传说。

《大唐西域记》以其丰富的知识，大大扩展了中国人对丝绸之路、对西域和印度等地的认识，丰富了中国关于西域和印度的知识系统，进一步开阔了中国人对世界的眼界，为当时大唐中央政府经营西域提供了确切的资料。

五

玄奘不畏艰险西行取经的壮举，给后代的佛教学者们以极大的鼓舞。所谓"玄奘西征，大开王路，僧人慕高名而西去求法者遂众多"。在玄奘之后，又陆续有中国僧人赴印度开展求法取经活动，其中以义净最为著名。

义净（635—713）七岁就出家为僧，跟随普遇法师及慧智法师学习。在数年的学习中，义净开阔了眼界，但也觉得许多典籍在当地仍无法读到，许多教义中深奥的理论也无法弄通，于是立志要走出寺院，到佛教的发祥地印度去追求真谛。《义净遗书》称："年始一十有七，思游五印之都。"

义净深为法显、玄奘的事迹所鼓舞，将他们作为自己的榜样，对法显和玄奘充满了仰慕之情，《宋高僧传》称其"仰法显之雅操，慕玄奘之高风"。玄奘与义净是同时代人。玄奘年长义净30多岁，其西行求法的成功及回国后的声名显赫对义净的鼓舞更大、更直接。在义净11岁时，即贞观十九年（645），玄奘在印度游学十几年后回到长安，这在当时是一件轰动朝野的事。此时的义净尽管年纪不大，但至少从其老师那里听闻了玄奘法师的事迹。

26 岁那年（唐高宗显庆五年，660），义净开始了他漫长的外出追求学问的第一步。这一年，他自山东到河南，再到长安。长安佛教盛行，名僧和经籍令义净眼界大开。在此期间，恰逢玄奘在长安著述讲学，义净有了可以面见玄奘并听其讲学的机会。麟德元年（664）二月五日，玄奘在长安圆寂，其葬礼极为隆重。此时义净很可能就在长安，应当参加了玄奘的葬礼，在送葬的"百余万人"之列，更甚或是在夜宿的"三万余人"之中。玄奘的葬礼一定给义净留下了很深的印象，促使他更加坚定西行求法的决心。

唐高宗总章三年（670），义净在长安学习已达十年之久，他去印度求经的念头更加强烈，并得到了并州处一法师、莱州弘伟法师等几位好友的支持，相约结伴而行。第二年，他经扬州到广州，因几位同伴无法按约同行，他只好与另一位来自晋州的年轻僧人善行乘波斯商人的船南行。

咸亨二年（671）的年末，义净到达了南海中的室利佛逝国。义净在室利佛逝停留了六个月，学习梵语。从室利佛逝又到达末罗瑜国，在末罗瑜又停留两个月，这时已经是咸亨三年（672）的十二月。义净再乘船北行，经过裸人国，在咸亨四年的二月八日到达东印度的耽摩栗底国。他在耽摩栗底再停留了一年，继续学习梵语。咸亨五年的五月，义净离开耽摩栗底，往中印度，最后到达中印度摩揭陀国的那烂陀寺。

那烂陀寺是当时印度最大的佛教寺庙，玄奘就曾在此游学，这也是义净求法的最终目的地。义净在那烂陀寺学习佛教，前后停留近 12 年。他自己的说法，是"住那烂陀寺，十载求经"。十年间，他拜印度著名佛学高僧宝师子为师，并与印度其他高僧和西游至此的国内佛教界人士玄照、无行等相互切磋学问，先后译出《根本说一切有部昆奈耶颂》5 卷，《一百五十赞佛颂》1 卷，获得中外高僧们很高的评价。他除在那烂陀寺学习外，还远到印度南部和东部二三十个小国家访问，拜访僧俗各界人士，探讨学问。

垂拱元年（685），义净离开那烂陀寺，仍取道海路回国。他带着他在印度寻找到的佛经《梵本三藏五十万余颂》，再次回到耽摩栗底，从耽摩栗底登船到达羯荼国，再从羯荼国回到南海中的室利佛逝。这时已经是唐高宗垂拱三

年 (687)。

从垂拱三年至永昌元年年间 (687—689)，义净停留在室利佛逝。当时这一带佛教发展兴旺，各国往来僧人众多，义净又在此停留，请学于室利佛逝国名僧释迦难栗底。除了向当地高僧学习外，义净做的另一件工作是全力翻译从印度携来的经文，并抄写当地的经书。因室利佛逝国缺少好的墨和纸，在永昌元年 (689) 七月，义净登上室利佛逝港口的一艘商船，欲托人捎信到广州，求取抄写梵经所需的墨、纸，并雇佣抄经的帮手。但是由于商船因风乘便，未及通知义净离船登岸，便升帆入海。义净"求住无路"，无意中被载回了广州，而他多年跋涉辛苦得来的 50 余万颂佛经，则被留在了室利佛逝。

义净回到广州时，住在广州有名的制旨寺里，并且在制旨寺向大家报告了他在印度和南海的经历。义净还要招募译经的助手，制旨寺的僧众向义净介绍了峡山一位名叫贞固的僧人。义净写信给贞固，"裁封山扃，薄陈行李"，贞固"启封暂观，即有同行之念"。于是贞固来到广州，同意跟随义净前往室利佛逝翻译经典。僧人道宏听到消息，也要求跟随义净重返南海。当年的十一月一日，义净带着他邀请到的四位中国僧人：贞固、贞固的弟子怀业以及道宏、法朗，一起搭乘商船离开广州，重新返回室利佛逝。

义净回到室利佛逝后，开始译写佛经。广州来的四位僧人做他的助手，他们来到室利佛逝后，"学经三载，梵汉渐通"，可以帮助义净做一些翻译方面的工作。武周天授二年 (691)，义净在室利佛逝写成《大唐西域求法高僧传》和《南海寄归内法传》两部书。这年的五月十五日，他派遣一位名叫大津的僧人，搭乘商船先到广州，把这两部书和《新译杂经论十卷》送到洛阳，同时"望请天恩于西方造寺"。因为义净在印度求法时，见到其他一些国家的僧人在印度有各自的寺庙，而中国僧人却没有自己的寺庙，他因此希望能在印度建造一座这样的寺庙。只是他的这个愿望后来并没有得到实现。

武后长寿三年 (694)，也即延载元年的夏天，义净从室利佛逝最后回到广州。跟随义净从广州到室利佛逝去的四位僧人，贞固和道宏相随回到广州，法朗去了南海中的诃陵国，一年后因病去世，怀业留在了室利佛逝。

六

由于义净数十年为求法译经而奔走，在当时的中外佛教界声望极高，在朝廷内外声誉日隆。回国后的第二年，义净离开广州，五月仲夏抵达洛阳。武后为他归国举行了隆重的欢迎仪式，率领群臣出城迎接他，"洛阳缁侣，备设幢旛，兼陈鼓乐，在前导引"，非常隆重。

义净求法成功归来，一时间成为轰动朝野的一件大事。

义净回国时带回梵本经律论各种著作近 400 部并金刚座真容 1 铺、舍利 300 粒。他自己集中全部精力投入到规模浩大的翻译经书工程中去，先后在洛阳大福先寺和长安西明寺、大荐福寺展开译经工作长达 18 年之久。据现存资料已知，义净共翻译梵文经书 56 部 230 卷，但实际翻译数字可能还远不止这些，成为中国佛教界最著名的翻译家和翻译佛教经典最多的高僧。

义净的译经工作得到了朝廷的大力支持，武则天等几位皇帝都先后为其译出的书作序，给予了很高的礼遇。如圣历三年（700）武则天为其作《大新翻圣教序》，神龙元年（705）刚复位的唐中宗又为其作《大唐龙兴三藏圣教序》，两年后，唐中宗又亲召义净入皇宫，共同翻译经书，探讨学问。太极元年，睿宗皇帝亲自在义净临摹的像上题词制赞，在他患病时，又亲派内侍去寺中探病。

义净采取随译随讲的方式，这样在当时也就形成一个以义净为中心的翻译、研究和弘传根本说一切有部律典的队伍。在译经之余，义净也授徒讲律，常把日常重要的根本说一切有部仪教授学徒。义净还为佛教界人士和信仰佛教的官员讲学，听众甚多，培养了一批弟子。除此之外，义净还于长安四年（704）主持了洛阳少林寺重结戒坛事宜，并撰写了《少林寺戒坛铭》。

唐玄宗先天二年（713）二月，79 岁高龄的义净在长安大荐福寺圆寂。三月初，长安佛教界为他举行了隆重的安葬仪式，弟子门生万人为其送葬，轰动长安城。玄宗皇帝亲制诰书并派使者吊慰，追封他为鸿卢寺卿，赐锦绸 150 段，丧事费用全部由政府承担。光禄大夫行秘书监少监同安侯卢璨还亲自为他的灵塔撰碑铭，高度评价了义净一生的贡献。

义净不图虚名，不受功名利禄所诱，为追求佛教真谛，不远万里，西行求经，长达 20 余年。回国后，十几年如一日译经不止，硕果累累。直到临终，仍写遗书给弟子们，要求他们发扬光大佛教精神，表达了对事业的无限进取心和孜孜不倦的追求。他虽声望日隆，然谦虚好学，时有求者必应，诲人不倦，获得了佛俗人士的热爱与仰慕。

义净留下《大唐西域求法高僧传》和《南海寄归内法传》两部著作，是可以与法显《佛国记》、玄奘《大唐西域记》相媲美的佳作。

《大唐西域求法高僧传》两卷，记述了从 641 年到 691 年间到印度和南海访问的 57 位分别来自大唐、新罗、睹货罗、康国、吐蕃的禅师、法师的事迹，此外兼述经济、风俗及旅行路线，为研究 7 世纪南洋诸国状况和国际交通的重要资料。《南海寄归内法传》是义净多年游历印度与南海之后，根据自己的所见所闻，对当时印度和南海僧徒日常信仰状况的实际记录。在书中真实地记录了印度、东南亚地区当时的社会、政治、经济状况和这些地区人民与中国人民的友好交往。

义净的这两部著作，完成于他从印度取经归来，在室利佛逝停留的年代。因为两部著作均为作者耳闻目睹和亲身经历，其史料价值和真实性甚至要超出一些正史，具有毋庸置疑的可靠性。如果说，《大唐西域记》是一部关于陆路丝绸之路的大书，义净的两部著作则是关于海上丝绸之路的大书。

| 第十一章 |
王玄策的传奇

王玄策出使活动对中印文化交流的许多方面都产生了重大影响。第一次奉使时，玄策带画工宋法智等同行。法智等人在天竺专门从事临摹佛像的工作，"巧穷圣容，图写圣颜，来到京都，道俗竞模"，在长安引起了轰动。

王玄策的《中天竺国行记》记录了诸多佛教故事，这些故事流传下来，甚至作为佛教艺术的重要题材雕入洞窟。直到现在，在敦煌等处的石窟里还能找到按照王玄策带回的佛像图样临摹的壁画，如莫高窟的《摩竭国须弥座释迦并银菩萨瑞像图》，今天辨认这些画，还要借助王玄策书中的记载。

王玄策的出使活动还对唐朝与印度的物质文化交流起了积极的推动作用。许多古代印度物产就这样随着唐使传到了唐朝境内。印度的制糖技术也是王玄策在第二次出使印度时带回来的。

一

　　玄奘在印度的时候，曾经向中天竺诸国王介绍唐朝的盛况。其中一位国王诗罗逸多也就是戒日王，对此极为振奋，表示出要与唐朝往来交流的热烈愿望。他在贞观十五年（641）遣使入唐，受到太宗的接见和款待。由此开始了唐朝与印度的官方来往。

　　此后，五天竺诸国都遣使者与唐通好，都曾数次遣使入唐。这样频繁的使节往来，不仅密切了双方的政治关系，而且扩大和发展了经济贸易活动，同时也使双方的文化交流达到了高潮。

　　唐贞观十七年（643），太宗以朝散大夫卫尉寺垂上护军李仪表为正使，融州黄水县令王玄策为副使，组成 22 人的使团出使印度，送天竺使节返国。他们一行沿"中印藏道"，经吐蕃、泥婆罗，于同年十二月到达王舍城，受到国王诗罗逸多的隆重接待。李仪表、王玄策等历游天竺各地，并于翌年正月二十七日在王舍城东北耆阇崛山（Grīdhrakūta），即著名的灵鹫山凿石为铭以为纪念。二月十一日又"奉敕"在摩诃菩提寺立碑记事，两篇铭文现存于《法苑珠林》。

使印期间，李仪表曾到东天竺迦摩缕波国。童子王（Kumara）因该国佛教未兴，外道兴盛，打听到中国在佛教传入以前也有道教经典流传，就要求将道教经籍译成梵文。

王玄策第一次出使，前后历时四年左右，往返都经过泥婆罗国，受到其国王那陵提婆的热情接待。泥婆罗国与唐朝通使，与王玄策的外交活动有密切关系。次年（647），泥婆罗国遣使入献波稜、酢菜、浑提葱等物，"波稜菜"就是今天的菠菜。菠菜的印度斯坦语名称叫"palak"，汉语"波稜"应该是来源于与这个字类似的某种印度方言的译音。菠菜最初可能起源于波斯，所以又称为"波斯草"。这种蔬菜色味俱佳，而且耐寒，从早春一直供应到夏秋。苏轼诗"雪底波稜如铁甲""霜叶露芽寒更茁"，赞扬菠菜的耐寒特性。菠菜直到现在仍是人们最常食用的蔬菜之一。

二

唐代的对印交通，有经过西域的丝绸之路、西南丝绸之路和海上丝绸之路等多条交通路线。

中国和印度的交通很早就已开辟。公元前5世纪，波斯阿赫美尼德王朝占领粟特、巴克特里亚和旁遮普，曾多次向葱岭以东地区派出商队，其中就有印度商人。先秦时代，经过塔什库尔干的克什米尔——于阗一道已经成为中印交通的一条重要通道，到西汉时发展成为"乌秅罽宾道"。"乌秅罽宾道"是中印交通的捷径，但行程艰难，不利于商旅通行，所以中印贸易往来大都经过塔什库尔干出明铁盖山口沿喷赤河上游西行，再由昆都士或巴尔克南转旁遮普，这条路称为"中印雪山道"。

"乌秅罽宾道"和"中印雪山道"，从中原内地出发，都是先经过丝绸之路，再在西域转向，进入印度。在中印交通史上，在汉魏晋南北朝期间，中国与印度之间的陆路通道主要是经由丝绸之路绕道西域，来华传道的印度僧人，西天取经的中国僧侣，往来的商旅，大部分都是这样走的。即都是先到河西走廊，再往西直达西域，然后转向南边抵达印度。所以，西域就成了中原通往印度的通道，成为中国和印度之间的中转站。这条路线不仅路途遥远，而且非常危险。较著名者如法显，在后秦姚兴弘始元年（399）从长安逾陇山西出，经河西走廊达敦煌，度流沙，穿越塔克拉玛干大沙漠，西跨葱岭，入北天竺，游历天竺诸国后，由海路返回。贞观初年唐玄奘西行取经，也由河西达玉门关，北跨天山，经热海（伊塞克湖）至碎叶城，向南经中亚诸国，跨越大雪山（兴都库什山），入天竺。玄奘归途则是由南道，越葱岭，经于阗返回。

由于经过西域通往印度的传统道路自然环境恶劣，须"践流沙之浩浩，陟雪岭之巍巍"，有"铁门巉险之途，热海波涛之路"，被行人视为畏途。在唐代，随着吐蕃的兴起和对外交往的发展，新开辟了一条由西藏经尼泊尔（泥婆罗）至印度的通道，称"吐蕃泥婆罗道"，即"中印藏道"，由长安经青海入吐蕃、尼泊尔到中印度。

王玄策第一次出使印度，就是走的这条路线。

唐代称尼泊尔为"泥婆罗"或"尼波罗"。尼泊尔和中国西藏之间有许多可作为通道的山口，通过这些山口，两国边民早有来往。据尼泊尔的文献记载，加德满都一带原本是一个巨大的湖泊，后来文殊师利菩萨由中国来到这里，辟开了南方的山岭，将湖水洩涸，并在此地建立了斯瓦扬布寺，才称此地为"尼泊尔"。这个传说在尼泊尔民间流传了千百年。

639 年，尼泊尔国王鸯输伐摩（Amushu Varma，630—640）将女儿尺尊公主（布丽库蒂，Bhrihuti）嫁给吐蕃松赞干布，大规模的送往迎来不仅为西藏地方与尼泊尔之间开辟了一条正式通路，而且为中印交通打开了一条新的国际通道——"吐蕃泥婆罗道"，奠定了南段交通的基础。646 年，尼泊尔派出王子率领的使团前往唐朝，尼中开始了首次官方接触。而在此之前，法显、玄奘等曾到过位于尼泊尔南部的佛祖释迦牟尼诞生地兰毗尼。

641 年，唐朝与吐蕃和亲，文成公主入藏，使得从甘肃经青海到西藏的道路（即吐蕃泥婆罗道北段）畅通。这样，从长安到拉萨再到加德满都再到中印度的"中印藏道"全线成为通途。此后的 30 年间，中印藏道成为中印双方使节往还的主要途径。7 世纪后期到 8 世纪初期，唐与吐蕃交恶，中印藏道一度关闭。730 年，唐与吐蕃和好，中印藏道似又重新活跃起来，直到 9 世纪中期。

据记载，这条道路大体走向是由河州北渡黄河，经鄯州、鄯城、青海湖，转而西南行，大致经都兰、格尔木，越昆仑山口、唐古拉山口，进入西藏，进而经安多、那曲，进抵拉萨，再由拉萨西南行，经日喀则进入尼泊尔，进而抵达中天竺。

较之跋涉沙碛，翻越天山的传统丝绸之路沙漠道，新开辟的吐蕃泥婆罗道确实是一条便捷、安全的通道。

这条道路在贞观年间成了唐朝与天竺交往的一条最重要的通道，近而少险阻，是唐朝初年官方使臣选择这条道路最主要的理由。

除了官方使臣之外，唐朝初年前往印度求取经像的唐朝僧人，也大多选择这条道路。义净的《大唐西域求法高僧传》记载了贞观十五年（641）至武后天授二年（691）近 50 年间 57 位僧人赴印度求法的经历，其中确知经由陆路者21 人，三人所经具体路线不详，八人取传统道路经西域至印度，十人取吐蕃泥婆罗道（其中三人经沙漠道去，归途取吐蕃泥婆罗道）。

三

贞观二十一年（647），王玄策为正使、蒋师仁为副使，再次出使印度。这次去程路线很难确定，王玄策此行很可能是随大夏使臣绕道中亚，经西域古丝绸之路出去的。

这时，戒日王刚刚去世，国内大乱，曲女城的王位被一名叫阿罗那顺的大臣所篡夺。阿罗那顺拒绝王玄策入境，将使团的礼物抢劫一空，并逮捕使团的全体人员。王玄策与副使蒋师仁冒险越狱，并在戒日王之妹拉迦室利公主的帮助下，逃出天竺北上至尼泊尔，借得尼泊尔骑兵 7000 人及吐蕃骑兵 1200 名，再入天竺，与阿罗那顺的数万大军展开激战，杀死敌军数千、溺毙万余、俘虏一万多人，又巧布"火牛阵"，一举摧毁阿罗那顺亲自统率的七万战象部队，重回曲女城，打败并生俘阿罗那顺，斩首 3000 余级，俘虏 12000 人，获牛马30000 头，创造了"一人灭一国"的传奇战绩，使中天竺继续与唐朝保持友好关系。

王玄策取道吐蕃——泥婆罗道归来，于贞观二十二年（648）五月回到长安。王玄策遇乱不惊、迅速果敢的表现，震惊了天竺，轰动了唐朝朝野。

显庆二年（657），王玄策第三次出使，送佛袈裟到印度。显庆四年（659）到婆栗阇国（Vrjjl），受到国王的热情接待，国王为唐使设种种杂技表演。显庆五年（660）九月到摩诃菩提寺，送佛袈装。王玄策等人回国时，从迦毕试国带回佛顶骨。迦毕试国为西域古丝绸之路南北两道交汇的必经之地，其地约在今阿富汗西部兴都库什山以南喀布尔河河谷一带。古城在今喀布尔北六十余里处。王玄策取道中亚吐火罗等国，至龙朔元年（661）春初返回了长安。

另据两《唐书》高宗本纪记载，王玄策还于麟德元年（664）第四次使印，回国后遇高宗"驾幸东洛阳"。王玄策第四次出使印度，是奉高宗之命，召僧人玄照回唐朝。麟德二年（665），高宗派玄照法师往印度羯湿弥罗国迎取"长年婆罗门僧"卢伽溢多，为高宗寻长生不老药，卢伽溢多复命玄照往西印度采药。所以玄照见过卢伽溢多后，就再往西印度去了。玄照与王玄策很熟悉，关系十分密切，王玄策第三次由印度归来时，曾对高宗宣称玄照实德，此时玄照住在印度的站部信者寺。高宗命王玄策再赴印度，追玄照回唐朝。但是，玄照最终没有能够回国，最后客死印度。

王玄策四次使印，联络了中印度和东印度、迦毕试、尼泊尔等国，为沟通和扩大中国与印度及南亚地区的文化交流做了大量工作。玄策几度出使印度，带回了重要的佛教文物，了解到印度风土、地理、政治、技术文化等方面的情况，对中印文化的交流做出了贡献，并著有《中天竺国行记》10 卷，图 3 卷，今仅存片断文字，散见于《法苑珠林》《诸经要集》《释迦方志》中。

《中天竺国行记》详细记录了吐蕃、泥婆罗、印度诸国的风土物产等，描述了印度社会的历史、法律、神话传说、佛教活动等，是研究中西交通史的重要史料，受到人们的高度重视。唐高宗麟德三年（666），在王玄策和唐玄奘有关著述的基础上，由官方修成了《西域志》（或称《西域图》）100 卷，文 60 卷，图 40 卷。

四

王玄策出使活动对中印文化交流的许多方面都产生了重大影响。第一次奉使时，玄策带画工宋法智等同行。法智等人在天竺专门从事临摹佛像的工作，"巧穷圣容，图写圣颜，来到京都，道俗竞模"，在长安引起了轰动。宋法智不仅画艺精湛，而且工于雕塑，麟德元年（664），玄奘临终前设斋，"命塑工宋法智于嘉寿殿竖菩提像骨"。王玄策从天竺带回的佛像范本不仅被广泛"模写"，而且被收藏于宫禁之中。麟德二年（665），东都敬爱寺佛殿内雕塑菩提树下弥勒像，自内出王玄策取到西域所图菩萨为样，并由王玄策本人亲自指导帖金。在佛像摹本广泛传播的同时，古代印度的绘画、雕塑技法，也随之流布到了唐朝社会的各个阶层。

王玄策的《中天竺国行记》记录了诸多佛教故事，这些故事流传下来，甚至作为佛教艺术的重要题材雕入洞窟。直到现在，在敦煌等处的石窟里还能找到按照王玄策带回的佛像图样临摹的壁画，如莫高窟的《摩竭国须弥座释迦并银菩萨瑞像图》，今天辨认这些画，还要借助王玄策书中的记载。

王玄策的出使活动还对唐朝与印度的物质文化交流起了积极的推动作用。王玄策第一次出使归来时，诗罗逸多遣使献"火珠及郁金香、菩提树"。第三次出使到达摩诃菩提寺时，寺主戒龙为唐使设大会，"使人已下各赠华毡十段并食器，次申呈使献物龙珠等，具录大珍珠八箱，众牙佛塔一，舍利宝塔一，佛印四。"许多古代印度物产就这样随着唐使传到了唐朝境内。

印度的制糖技术也是王玄策在第二次出使印度时带回来的。

我国上古时代没有蔗糖。《礼记·内则》提到甜食时，举出的是"枣、栗、饴、蜜"。"饴"一般说来就是现在说的麦芽糖。《齐民要术》中记载"白饴""黑饴""琥珀饴"等品种的制作方法，说明熬饴的技术在这时已经成熟。另外，中国人很早就已采集和食用野生蜂蜜，从公元2世纪末起就有养蜂和采集蜂蜜的记载。至少自公元4世纪起，中国南方的市场已有蜂蜜出售。

蔗糖来自甘蔗。甘蔗是温带和热带农作物，是制造蔗糖的原料，且可提炼乙醇作为能源替代品。西汉时，中国人对甘蔗已经很熟悉，并且知道可以从甘蔗汁中提取各种甜料。如《楚辞》记载甘蔗糖浆可以用来蒸饴，另据《汉书》的记载，甘蔗汁还可以用来醒酒。

印度自古就生产甘蔗，并发展出用甘蔗榨糖技术，是世界蔗糖的发源地。古代印度制蔗糖的方法，是将甘蔗榨出甘蔗汁晒成糖浆，再用火煎煮，成为蔗糖块（sakara）。梵文sakara又有"石"的含义。印度的"石"糖在汉代传进中国，汉代文献中的"石蜜""西极石蜜""西国石蜜"，指由西域进口的"石"糖。后来印度的炼糖术又进一步提高，将甘蔗榨出甘蔗汁，用火熬炼，并不断加入牛乳或石灰一同搅拌，牛乳或石灰和糖浆中的杂质凝结成渣，原来褐色的糖浆颜色变淡，经过反复的除杂工序，最后得到淡黄色的砂糖。

从印度引进的甘蔗制砂糖的工艺对唐代的经济影响很大。可能是王玄策在第二次出使印度时，打败阿罗那顺后，俘虏了大量能工巧匠，便从中挑选专业制糖人员，带回国内传授制糖之法。另外，唐太宗还曾派人到印度学习制糖技术，回来后使之得到推广。从此，我们开始享用蔗糖的美味。

| 第十二章 |
胡人与胡风

在唐代，随着丝绸之路的兴盛，大量的西域物产输入到中国，成群结队的外国侨民涌入中国，在中国各大城市里生活、活动。胡僧在寺院里传经，胡商在市场上交易，胡姬在酒馆里翩翩起舞，各国的使臣出入官府，登堂入室，从而使西域文明中的一些风俗习惯，如胡服、胡妆、胡戏、胡食成为一种新奇时尚风行一时，影响了唐人社会生活的各个方面，改变了唐人的生活风貌。

唐代胡化之风弥漫于社会生活的各个领域，涉及饮食服饰等日常起居、音乐舞蹈等娱乐活动、诗歌绘画等艺术领域。来自外国的各种商品和奢侈品以及它们的仿制品，都成为人们竞相追逐的对象。中国唐代，是一个充满异国情调的时代。

一

沿着古老的丝绸之路，有中国人走出去，更有外国人走进来。

早在汉朝及至南北朝时期，在长安、洛阳就有许多外国侨民。他们有的具有官方的身份，后因为某种变故不得而归，更多的从事商业活动的商人，被称为"商胡"。

到了唐代，由于丝绸之路上的交通更为便利，商贸发达，也由于唐朝政府实行全面对外开放，对外国人的进入和留居采取了优待政策，更由于中国经济社会文化的发达繁荣，吸引了更多的"外夷""蛮人""商胡"相继来到中国，从事外交、商贸、文化艺术等活动。

唐时在中国的外国人，除了日本人、新罗人之外，往往不辨其国籍，概称为"胡"，商人曰"商胡"，或"贾胡"，僧曰"胡僧"，还有胡人、胡雏、胡儿、胡兵、胡客等等。也有的称"西国人"。更多的情况下，"胡人"这种称谓是指当时与唐朝交往频繁的入华西域人，包括粟特人、波斯人、大食人，乃至来自拜占庭的罗马人等。

唐代的外国侨民群体数量十分庞大，活跃在外交、宗教、商业、科学、艺术等许多领域。大量外国人的涌入，大量外国人在各个领域的活动和贡献，成为盛唐时代一道独特的文化风景，成为盛唐文化的一个标志。

唐朝的外侨来自新罗、日本、西域和南洋等许多国家，具有外交使臣、质子、流亡者、商人、留学生、艺人等多种身份，他们也以不同的身份活跃在唐朝社会生活中。此外，还有来自各国的旅行家、艺术家、佛教僧侣、祆教徒、摩尼教徒、景教徒和伊斯兰教徒等等。据有人估计，当时住在长安的外国人约占长安人口总数的2%左右。加上突厥后裔，其数当在5%左右。见诸诗文、笔记、小说所称者，有商胡、贾胡、胡奴、胡姬、胡稚、蕃客、蕃儿、昆仑奴等。在长安，人们可以看到身穿皮裘、戴胡帽、辫发、脚穿乌皮六合靴的突厥人，戴耳环、披着肩布的印度人，以及小袖袍、小口裤、皮帽边上绣花纹镶丝网的中亚人。

唐朝的外侨人数众多，分布地区十分广泛，如《太平广记》所记载的胡商活跃于唐朝各地城镇。其中有长安、洛阳、番禺、扬州等大都市，还有内陆中小城市，如豫章、洪州、义兴县、陈留、魏郡、东州等。从《太平广记》所载资料可以看出，唐代胡商在中国境内活动的范围很大，不仅有沿海的港口城市，还有江河口岸城市和内陆城市，甚至是小县城，都有他们活动的身影。全国三分之一的州郡，都有外国侨民的踪迹。760年，在扬州发生的一次变乱中，遇难的大食、波斯商人有数千人。广州城是外来穆斯林商人的主要聚居地之一。据《印度中国见闻录》说，黄巢起义军攻陷广州，大食人、波斯人、拜火教徒、犹太教徒和基督教徒遇难者达12万人。还有一说达20万人。这些数字虽有夸张，却仍反映出来华外国人数量之众。

来自世界各地的商人、使节、僧侣、旅行者、艺术家和留学生等等，他们住在中国的土地上，或数年，甚至二三十年，还有的终生居住，客死中国。在中国生活期间，很多外侨与中国社会融为一体，积极关心中国的时政，参与政治活动，还有人在政府为官。唐朝后期，藩镇叛乱相继，不少外侨也加入了维护国家统一，平定叛乱的行列。许多胡人并不讳言他们自己的胡族家世渊源，在家族墓志上镌刻着自己"家世西土""发源西海"，描述自己"本西域康国人""西域安息国人""其先安国大首领"等。

唐朝廷广泛吸收各族人员充当文武官员，如大食、波斯、突厥、安国、康国、天竺、高丽、新罗、百济、日本各国人，有不少旅居长安，接受唐朝的职事。其中一些人世代居住长安，与士人相往还，在文化交流中做出了贡献。据《新唐书·表》所示，唐代共有中书（宰相）369人，其中蕃族有23人；番将任节度使者，在开元前只有2人，但在天宝年间即骤升到9人、肃宗时8人、代宗时9人、德宗时17人，直至唐末共85人。

唐朝时来自西域的胡人以粟特人居多。大量粟特商人活跃在丝绸之路上，成为连接中国与西域交通的主要商业民族。粟特人经商的范围遍及中亚及东亚、北亚各地，为了保障商队的安全，为经商活动提供便利，他们在交通要冲之地设立了驼队棚舍和一些自我保护性的组织。随着时间的推移，初期临时性的过客变成了停居的侨民，而驼队棚舍所在地也就相应地成了粟特侨民的聚落。

据陈寅恪研究，元稹《莺莺传》中的主角崔莺莺，其原型很可能就是与酒家胡有关的粟特女子。他认为崔莺莺原名谐音为曹九九，出身于中亚昭武九姓粟特民族。莺莺所居蒲州，出产名酒"河东之乾和葡萄"，证明中原当时的名酒产地多是中亚胡族聚落区域。蒲州是唐河中府所在地，恰好位于唐代长安、洛阳两京交通之间，是来往两京最佳路线，唐朝皇帝、官吏、文人、商贾均常往返其间或驻留于此，也是粟特移民的居住区。莺莺能奏乐，善操琴，"鼓霓裳羽衣序"而哀音怨乱，也隐约可见胡姬的艺术特色。

在唐的外国侨民，称之为"胡人"的，除了粟特人和其他西域人外，其中多数为阿拉伯人和波斯人。

在唐代中国和阿拉伯经济文化交流的高潮中，有大批波斯人和阿拉伯人来到中国。他们或担负官方使命，前来通好；或为商贾，从陆路和海路前来贸易；或是僧侣教徒，前来传播祆教、景教、摩尼教文化；或是波斯亡国之遗民，或是大食援唐之兵士，还有的只是慕东方文化而踏波蹈海或翻山越岭的旅行家。可以说，在唐代出现了一次中亚人涌向中国的高潮。在当时中国的外国人中，除了东亚地区的新罗人、日本人，以及来自中亚的粟特人以外，主要就是波斯人和阿拉伯人。他们为中国和伊斯兰世界的文化交流、为中华文化在西亚地区的传播做出了很大的贡献。他们当中有些人久居不归，定居中国，被称为"住唐"，就像汉人在海外逾岁不归者被称为"住蕃"一样。

唐代侨居中国的阿拉伯人和波斯人数量很大，大都集中在广州和长安两地，其次则扬州、洪州、张掖都有波斯客商来往定居。

二

来自世界各地的外国人，形形色色，从事着各种行业，有着不同的身份，主要有官方的使节、僧侣、商人、留学生等等。其中商人是最大的群体。

"商胡"这个词多是指在唐朝境内从事商业活动的外来商贾，尤其是指以粟特胡人为主体的西域商人。他们有些已经入籍，属于唐朝的编户齐民，有些则属于并未入籍的"客胡"或"兴胡"。

在唐代史籍中，与"商胡"这个称谓类似的还有胡贾、蕃商、兴胡、客胡、海商、海胡、舶胡、西域贾等不同名称。商胡是唐朝外来人士中最活跃的一个集团，也是在唐朝经济，甚至政治生活中起到重要作用的一个集团。商胡中较著名者如康谦，家财以亿万计，天宝年间（742-756），以钱财贿赂杨国忠，得到安南都护的官职。至德元载（756），康谦随永王璘作乱。永王兵败以后，他又"出家资佐山南驿禀"，专门掌管山南东道驿路，并任鸿胪卿一职。安南都护、鸿胪卿等官职以及掌管驿路的职责都是与对外贸易或经商关系密切的职务，一商贾竟然能够屡次以雄厚的财力得到方面之任，可见商胡在唐朝经济、政治生活中的作用。

唐朝商胡的分布及活动范围是相当广泛的。唐朝商胡活动最集中的地区，当属人口最盛，经济、文化最发达，商业最繁荣的唐朝东、西两京。长安是唐朝的政治中心所在，也是外来人士及商胡杂凑云集之地。长安城内的商业区，主要集中在东、西两市。东西两市各有220行，"行"是同业店铺的总称，每行的店铺数量很大。见于记载的，东市有笔行、铁行、肉行、凶肆、绸缎行以及赁驴人、弹琵琶名手、杂戏等。西市行业比东市要多，有大衣行、杂糅货卖之所、鱼店、酒肆、鞦辔行、卜者、卖药人、药行、油靛店、法烛点、蒸饼团子店、秤行、柜坊、食店张家楼、贩粥者、帛市、绢行、麸行、衣肆、凶肆、烧炭曝布商、收宝物的胡商、波斯邸等。

由于经商的关系，长安的商胡许多都居住在市场附近的地区，盛时总数达数千，成为一个极富有的集团。据载，长安东市有一片低洼的隙地，有善经营者填平修建客店，"以停波斯"，每天获利一缗，未几，因此而致富。可知在长安东市落脚的胡人很多。长安商胡主要聚居在西市附近的地区。唐太宗贞观年间（627-649），金城坊富家被胡人劫掠，案件经久未破。雍州长史杨纂提出将京城各坊市中的胡人都抓起来讯问，但是司法参军尹伊认为不应涉及面太广，应该从人数较多的"西市胡"入手，称："贼出万端，诈伪非一，亦有胡着汉帽，汉着胡帽，亦须汉里兼求，不得胡中直觅，请追禁西市胡，余请不问。"不久，果然在西市胡人中抓获了案犯。在唐代载籍中，往往将西市与胡人联系起来，有"西市贾胡""西市波斯邸""西市商胡""西市胡"的种种习称，表明商胡与西市的特殊关系。

玄宗时人元澄《秦京杂记》中记载的一则故事，也说明了大批胡人在西市从事经商活动。据载，李蔼接任京兆尹后，急需筹措3000缗钱，问属下何以取足，属下请他询问捕贼官韩铢。韩铢称：此事易办。来日升堂时，只要将我拖拽至庭前，责问为何西市波斯客与汉客交杂！这件事就算办成了。李蔼不明其中缘由。次日，依言责备韩铢。韩铢回家后，"蕃商二百许家，各送压惊钱，凡得数千缗。"李蔼不仅如数筹到了需要的钱数，而且有许多盈余。

唐东都洛阳地处天下之中，交通便利，商业繁荣，与长安相比，更多世俗气氛而较少政治色彩，更是商胡聚居的首选之地。延载元年（694）武三思率四夷酋长请用铜铁铸天枢，为武则天歌功颂德。天枢高90尺，"下以铁山为脚，铸铜为二麒麟，以镇四方，上有铜盘，径三丈。蛟龙人立，两足捧大火珠，望之如日初出"。这座巨大的标志物建筑,是洛阳蕃客胡商聚钱百万亿所成。

与长安的西市一样,洛阳南市及附近诸坊也是商胡聚居之所。洛阳商胡康婆,"既而世袭衣缨,生资丰渥,家僮数百,藏镪巨万,招延宾□,门多轩盖。锦衣珠服,入必珍馐;击钟鼎食,出便联骑"。在龙门石窟,还留有《北市香行社社人造像题记》,它就是在北市从事香料贸易的胡人出资刊刻的。

唐代史籍中所见商胡,许多都与经营珠宝贸易有关。其实,在唐代,从事珠宝生意的不仅有西域来的粟特人,还有波斯和阿拉伯商人,以及南海的林邑、狮子国商人。甚至还有新罗和日本的商人。在唐以前的史籍中,已有波斯产珠宝的记载。到了唐代,这样的记载就更多了。慧超《往五天竺国传》说道波斯出宝物,常于西海泛舶入南海,向狮子国取诸宝物。亦泛舶汉地,直至广州取绫绢丝锦之类。在唐代的文献中,许多有关珠宝商的记载多与西域、波斯和阿拉伯商人有关。他们在与中国人的贸易中,把外国特别是西方的珠宝输入中国。

在西域和南海诸国与唐朝的官方交往中,珠宝是一种重要的"贡献物"。外国使臣带来的宝物,主要为金银、象牙、犀角、玛瑙、琥珀、珍珠、金精、石绿以及各种玻璃器皿和玉器,大多都是非常珍贵的器物,如吐火罗国所献各高三尺余的两棵"玛瑙灯树"、安国所献"宝床子"、波斯所献"玛瑙床"、大食所献"宝装玉酒池瓶"等,而安国贡献的用鸵鸟蛋雕刻成的杯子,对唐朝人而言,就更属罕见之物了。隋唐时来中国的商胡许多从事兴贩珠宝的职业,珠宝几乎成了商胡的象征。元稹《和乐天送客游岭南二十韵》在"舶主腰藏宝"句下注称:"南方呼波斯为舶主。胡人异宝,多自怀藏,以避强丐。"这里说的"波斯"就是"商胡"的代称。张籍在《送海南客归旧岛》诗中也称"入国自献宝,逢人多赠珠。"此所谓"海南客",也是来自南海的商胡。康国人僧道仙,初来中国以游贾为业,往来于吴蜀江海,"集积珠宝",所获资货满两船,值钱数十万贯。除了珠宝之外,商胡经营的宝物还有"紫靺鞨""铜碗""宝骨""冰蚕丝锦""玉清宫三宝""轻绡""消面虫""琉璃珠""象牙""碧颇黎镜""郎巾""宝剑""宝镜""流华宝爵""销鱼精""龟宝""龙食""九天液金""宝母"等等,种类繁多,不一而足。

《太平广记》对胡商的活动多有记载，但其中只要记载胡商，就与巨额财富联系在一起。他们动辄以几十万，甚至几千万的金钱购买珠宝、奇货。如卷三十四崔炜引《传奇》载：贞元中，有崔炜者，（在番禺得阳燧珠）"乃抵波斯邸，潜鬻是珠。有老胡人一见，遂匍匐礼手曰：'我大食国宝阳燧珠也。'"卷六十三崔书生引《玄怪录》载："唐开元天宝中，有崔书生，于东州逻谷口居。（从女神仙处得到一个盒子，回家后）忽有胡僧叩门求食曰：'君有至宝，乞相示也。'……崔生试出玉盒子示僧，僧起，请以百万市之。"卷四五七至相寺贤者引《广异记》载："长安至相寺有贤者……开元中（得到一夜光珠）至市高举价，冀其识者。数日，有胡人交市，定还百万。"所以，唐人将商胡称之为"千金估胡""富波斯"等。

唐代流行许多关于商胡与珠宝的故事，有商胡割裂腿部肌肉，将拇指大小的青泥珠"纳腿肉中"的记载；有波斯老胡"剖股藏珠"的传说；有鬻饼胡将宝珠藏于臂中的故事；还有波斯商胡以刀破臂掖藏径寸珠等记载。唐太宗曾问左右侍臣说："吾闻西域贾胡得美珠，剖身以藏之，有诸？"侍臣答："有之。"太宗于是感慨说：人皆笑商胡"爱珠而不爱身"的行为，但是殊不知，官吏受贿亡身与帝王奢侈亡国，也是性质相同的愚蠢行为。

与"贱身贵珠"的故事类似，还有商胡"身亡珠存"的故事。崔枢客居汴梁时，与一"海贾"同处，海贾感念崔枢"不以外夷见忽"，临终时奉价值万缗的宝珠一枚，请崔枢将他土殡。崔枢置珠于枢，瘗于阡陌。一年后，有"番妇"自南来寻故夫，遂剖棺得珠。另有一波斯老胡"剖股藏珠"的故事，说李勉沿汴游广陵，在睢阳遇一重病老胡，搭李勉船归扬州。中途老胡病殁，临终以珠相赠。李勉掩埋了波斯胡，并将宝珠含在了他的口中。后来，李勉在扬州见到老胡之子，遂命发墓取珠而去。还有一则故事说，李灌泊舟洪州建昌县，在蓬室中见"病波斯"危殆，遂供以粥饭。波斯人临死，以珍藏在毡中的宝珠相赠，李灌买棺葬胡，密以珠纳于胡人口中，十年后，发棺取珠，还于外蕃。与此基本相同的，还有兵部员外郎李约葬胡还珠的故事。据称，李约乘船江行，与一商胡同舟船而行。途中这位商胡病危，临终前以二女相托，又遗夜光珠一枚。"及商胡死，财富约数万，悉籍其数送官，而以二女求配。始殓商胡时，约自以夜光含之，人莫知也。后死，商胡有亲属来理资财，约请官司发掘验之，夜光果在。"

在以上所述的这类故事中，商胡大都是重珠轻身，视珠宝为生命，直到临死才以珠托人；而唐朝人则重义轻宝，以珠宝为余物，将珠宝奉还给死者的后人。

开设珠宝店的"波斯胡"拥有雄厚的经济实力，收购珠宝不吝所费，且有良好的商业道德，在卖家不识货的情况下，往往不掩宝物所值。《广异记》中说，一士人出卖周武帝冠上缀珠，索价一千缣，外商笑他辱没此珠，与众人核定珠价为五万缣，并共同凑钱买下。《宣室志》中讲，韦弇卖宝于广陵，外商明告他此宝为玉清宫之宝，酬之以数千万。另外，《太平广记》的几十则外商经营珠宝的故事中，他们往往是求宝若渴的搜购者，而不是出售者。

除经营邸店及收购珠宝的富商大贾外，也还出现了一些小商小贩，被称为"穷波斯"。例如：沈既济《任氏传》云，郑子早行，因门扃未发，门旁有胡人鬻饼之舍，方张灯炽炉，郑子憩其帘下，坐以侯鼓。有举人在京城，邻居有鬻饼胡，无妻，数年，胡忽然病，生存问之，遣以汤药，既而不愈。临死告曰：某在本国时大富，因乱遂逃至此，本与一乡人约来相取，故久于此不能别。从他说的话中，可以断定他原是阿拉伯富商，后因国内动乱，到中国经商，最后落魄，只能做饼子糊口了，因病只能客死他乡。这两个例子说明，在当时中国的长安等商胡多的地方，这样的胡人卖饼小店是不少的。

三

唐朝政府实行积极的对外开放政策，对外国人采取欢迎的态度，没有对外国人的敌视、歧视和限制。唐朝对外国人来华从事外交、商贸和文化事业、旅行定居，都采取积极鼓励的政策。

外国人来华游历，也像国内居民一样，只要得到唐朝政府的批准，领持官府出具的公文，上面书写持有人的姓名、性别、随身携带物品以及往来目的，即可根据公文上的路线旅行。外国侨民在中国受到的限制较少，可以在内地定居，买田置屋，娶妻生子，行旅往来不受限制，生活和营业都很自由。外国商人可以毫无限制地深入中国内地，而不管在内地多么偏僻的山村野店，也可以遇到有同行的商胡。

在贸易发达的地区，都有专门接待外国商人的客店。在各种旅店中，也有外国商人自己经营的客店。大概当时往来中国的外国商人数量很大，为适应这种情况的需要，才有各地所设的外国客店。

侨居在长安、广州、扬州、泉州等各通商口岸的穆斯林商人日益增加，唐朝政府专门划出了一个特殊居留区，他们聚居一处，称为"蕃坊"。唐文宗开成年间，卢钧为广州刺史、岭南节度使时，留居广州的外国人营田置宅，娶妻蓄奴，俨然中国人，卢钧下令禁止，并使外国人与当地居民分开居住。这样，使这些信仰伊斯兰教的穆斯林可以按照其本国的习俗生活，信仰其原先的宗教，并自己处理他们内部事务。

至迟在太和年间，广州已有蕃坊了。蕃坊内部除了有住宅、旅舍、市场和清真寺外，还设有"蕃长"负责管理"蕃坊"内外国居民的日常事务，主持宗教活动。唐朝政府指令蕃坊中的穆斯林推选出"最有德望"的一二人，由唐政府委任他们做"都蕃长"，蕃坊中设立管理机构叫"蕃长司"。而这些担任"都蕃长"的人，大都是当地管理伊斯兰教务的"筛海"（教长）和管理民事的"朵锥"（宗教法官），他们是穆斯林宗教生活的领导者和穆斯林间争议的裁决者。

蕃坊蕃长、都蕃长所掌蕃坊公事，主要包括管理坊内商品交易活动、处理坊内的违法犯罪事件及主持宗教活动；所掌招邀蕃商入贡，主要是指代理外商与唐政府进行商贸交涉。具有实质意义的是，蕃长、都蕃长须由唐政府承认任命，他们实际上是代表唐政府对外商进行集中统一的管理，虽享有一定的权力，但必须对唐政府负责。另外，在蕃坊设立之前或不在蕃坊之内而在其他地方进行商品交易和商品流通的外商，也必须遵守唐政府关于商品交易和商品流通的管理制度。

蕃坊的设置对于虔诚地笃信伊斯兰教的阿拉伯、波斯商人来说，给他们提供了很大的方便。因为蕃坊不仅是外国商人集中居住的地点，而且由于他们在那里"列肆而市"，因而车马骈阗，人众杂沓，从而形成一个繁华热闹的商业区。这个商业区不仅有特殊的经济地位，而且有特殊的政治地位，如蕃人犯罪不受中国法律制裁，由蕃长按照其本国法律惩处。住唐的阿拉伯、波斯商人，在中国各处城市里都享受到法律上以及宗教信仰上的照顾。

四

唐朝时有人说到反映当时社会上"胡风"流行的一个有趣的现象："胡着汉帽，汉着胡帽"。"胡"和"汉"是身份，是本位，"帽"是文化，是风俗。胡人来到唐朝，见到了"汉帽"，见到了中国文化，他们羡慕并学习，心向往之，因而"华化"了，戴上了"汉帽"；唐朝人遇到了大批来华的胡人，见到了"胡帽"，接触到他们携带来的胡人文化、外国文化，惊奇而向往，因而"胡化"了，戴上了"胡帽"。不同的文化，通过这些远道而来的"胡人"，碰面、接触、交流，进而互相倾慕、相互学习，成为盛唐时代的文化景观。

在唐代，随着丝绸之路的兴盛，大量的西域物产输入到中国，成群结队的外国侨民涌入中国，在中国各大城市里生活、活动。胡僧在寺院里传经，胡商在市场上交易，胡姬在酒馆里翩翩起舞，各国的使臣出入官府，登堂入室，从而使西域文明中的一些风俗习惯，如胡服、胡妆、胡戏、胡食成为一种新奇时尚风行一时，影响了唐人社会生活的各个方面，改变了唐人的生活风貌。

唐代胡化之风弥漫于社会生活的各个领域，涉及饮食服饰等日常起居、音乐舞蹈等娱乐活动、诗歌绘画等艺术领域。来自外国的各种商品和奢侈品以及它们的仿制品，都成为人们竞相追逐的对象。中国唐代，是一个充满异国情调的时代。

开元、天宝以来，胡服、胡帽、胡屐、胡食、胡乐流行。诸如马球类的外国娱乐成为有钱人喜好的消遣。人们非常欢迎来自中亚的商队，人们一般用来陪葬的器物中，也包括陶制的骆驼和非汉族马夫。外来影响对中国艺术产生了深远的影响。银制品臻于完美，就设计和做工而言，银制杯、盘、水罐和其他小物品颇有波斯之风。从印度、伊朗和中亚传入的新乐器和新曲调，使中国音乐发生了重大变化。室内陈设也发生了变化，人们逐渐不再使用坐垫，而是像外国人那样坐在凳子和椅子上。大量外来音乐和异国情调的服饰、艺术和室内陈设与中国文明融为一体。

唐人大规模地模仿穿戴外国异族服饰，成为当时社会的流行时尚。从贵族到士庶皆以穿胡服为时尚。人们常常模仿异国发式、着装，贵游士庶好衣胡服，为豹皮帽，妇人则簪步摇，衩衣之制度，衿袖窄小。在男子服装中，襕袍和襕衫的出现，便是受了胡服的影响。襕袍与襕衫是一种上衣下裳相连属的服装形式，虽与古时的深衣制相同，但已改大袖为小袖，斜领为圆领，袖及襟改有缘饰为无缘饰。襕袍和襕衫是唐太宗时，由大臣马周等人汲取深衣制上衣下裳连属的形式，结合胡服窄袖、圆领的特点而形成的一种新的服装。此外，缺胯袍衫和袴褶也是胡服流行的具体体现。唐代妇女所穿的"胡服"，通常由锦绣帽、窄袖袍、条纹裤、软锦靴等组成。衣式为对襟，翻领，窄袖；领子、袖口和衣襟等部位多缘以一道宽阔的锦边，腰间还系有一条革带，革带上还附缀以若干条小带，这种革带就是南北朝蹀带的遗形。唐代还流行波斯等国的胡服"卡弗坦"，卡弗坦形制为锦绣浑脱帽，翻领窄袖袍，条纹小口裤和透空软锦鞋。

唐代妇女在发饰和化妆上也多模仿外国样式，即所谓"胡妆"。白居易诗中对"胡妆"屡有描述："风流夸堕髻，时世斗啼眉。"诗人自注说："贞元末，城中复为坠马髻，啼眉妆也。"坠马髻，又称堕马髻，为一种偏垂在一边的发髻；啼眉妆，又称"啼妆"，即"双眉画作八字低"，状似悲啼，让人怜惜。白居易《琵琶引》中有"夜深忽梦少年事，啼妆泪落红阑干"的描写。

诗人元稹描写唐代"胡化"之风：

> 自从胡骑起烟尘，毛毳腥膻满咸洛，
> 女为胡妇学胡妆，伎进胡音务胡乐。
> 火凤声沈多咽绝，春莺啭罢长萧索。
> 胡音胡骑与胡妆，五十年来竟纷泊。

在唐代兴起的这种弥漫于社会生活各个领域的"胡风"，来源于频繁的人员交往和物质交流，来源于源源不断进入中国的外来物产和商品，也来源于唐朝人对于域外文化的想象，这种对于域外文化的想象成为刺激本土文化发展的一个精神源泉。除了大量的、大批的西域物产，包括植物、动物和奇珍异宝等输入到中国外，还有那些生活在唐朝的众多外国人，他们除了外貌体征与中原人不同而引起注目外，还表现在衣食住行和言行举止等方面，奇异独特。初看起来，可能被看作是奇风异俗、奇装异服，但来的人多了，就见怪不怪，久而久之，有一些民俗文化元素就会被中原人模仿，并经过改造加工，成为新的流行时尚。这种流行时尚，上至宫廷贵族，下至街巷百姓，都成为接受者、传播者，形成全社会趋之若鹜的局面，丰富了人们的日常生活。在唐代，这种受到外来文化影响的"胡风"，主要表现在歌舞音乐等娱乐文化、服饰文化和饮食文化等方面。而作为当时主要文字载体的唐诗，更是对胡风、胡人、胡姬、酒家胡等等，大书特书，极力推崇、赞扬、歌咏，推波助澜。

五

早在汉代，就有许多来自西域的蔬菜瓜果和其他食物传入中国，进入到人们的日常生活中，丰富了中国人的饮食结构。汉朝人把从西域传入的食品称为

"胡食"。唐代仍有一些西域植物传到中国并得到推广种植。随着大批的胡人进入唐朝社会,"胡食"也在唐朝流行起来,成为当时社会生活的一个显著特点。

唐代的胡食品种很多,其中流传最广的两种面食是饆饠和胡饼。

"胡饼"是面点的一种,早在汉代就已进入中国。《太平御览》转引《续汉书》称:"灵帝好胡饼,京师皆食胡饼"。《晋书》也有王羲之独坦腹东床,啮胡饼,神色自若的记载。可知至迟晋代,"胡饼"已经成为人们的日常食品了。十六国时,"石季龙讳胡,改胡饼曰麻饼"。胡饼的一个特点是在饼上着芝麻。

在唐代,胡饼尤其盛行于社会各个阶层。《齐民要术》在"髓饼法"中,曾提到"胡饼炉",可能胡饼多为烤制,所以有特制的饼炉,有人甚至直接称胡饼为"炉饼"。但是也有蒸制的胡饼。据记载,刘晏五鼓入朝,天寒,途中见卖"蒸胡"处热气腾腾,"使人买之,以袍袖包裙帽底啖之。且谓同列曰:美不可言。美不可言。"唐人食用的胡饼主要有素饼、油饼、肉饼、芝麻饼等不同的种类。

日本圆仁和尚在开成六年(841)正月六日立春时,曾在长安佛寺中食用胡饼,称"时行胡饼,俗家皆然"。当时僧俗人等都喜欢食用胡饼。在长安等地的街头,卖胡饼的店摊十分普遍。贺知章初到长安,投师访友,出明珠为贽见之礼,主人了不在意,嘱童持去鬻胡饼数十枚,众人共食之。据《资治通鉴》记载,"安史之乱"时,唐玄宗西逃至咸阳集贤宫,正值中午,杨国忠到街市上买来胡饼给皇帝充饥。

除了东西两京外,至少今山东、江西、四川等地都是胡饼流行的地区。唐代以长安辅兴坊胡饼店制作的芝麻胡饼最为有名,元和十四年(819),白居易在忠州刺史任上时,曾将忠州所出胡饼寄予万州刺史杨归厚,写诗《寄胡饼与杨万州》说:

胡麻饼样学京都,面脆油香新出炉。

寄与饥馋杨大使,尝看得似辅兴无。

唐代有一则故事称，饶州龙兴寺奴阿六，宝应中（762-763）卒，以命不该绝放还。途中遇到原来相熟的胡人，此胡人在生时以鬻胡饼为业，死后在阴间仍以卖饼为业，胡人求阿六为家中捎"胡书"一封，请家中为造功德。这个故事说明，唐代鬻胡饼者多为胡人，胡人生时以制作胡饼为生，死后在阴间仍以胡饼为业。

在唐传奇故事中，鬻胡饼者往往都是胡人。有一则"鬻饼胡"的故事说，鬻饼胡在本国时原本是富豪之家，至长安从事珠宝生意，因等候一起来的同乡，遂以售饼为业。唐传奇名篇《任氏》中提到郑六夜遇狐仙，天未明而归，"及里门，门扃未发。门旁有胡人鬻饼之所，方张灯炽炉，郑子憩于其帘下，坐以候鼓。"另一则故事中说，东平尉李譍在由东都前往东平赴任途中，在一故城客店中，也有胡人以卖胡饼为业。

"饆饠"一词源自波斯语，一般认为它是指一种以面粉作皮、包有馅心、经蒸或烤制而成的食品。饆饠的做法并不限于一种，段成式具列的"衣冠家名食"中，就有韩钧做的"樱桃饆饠"，据称这种饆饠甚至能使樱桃颜色保持不变。《酉阳杂俎》说："今衣冠家名食，有萧家馄饨，漉去汤肥，可以瀹茶；庾家粽子，白莹如玉；韩钧能作樱桃毕罗，其色不变；有能造冷胡突鲙，鲤鱼臆，连蒸诈草，草皮索饼；将军曲良翰，能为驼峰炙。"唐代长安有许多经营饆饠的食店，有蟹黄饆饠、猪肝饆饠、羊肾饆饠等，还有一种叫作"天花饆饠"的食品。

我国历代的美味胡食还有"胡羹""胡羊肉"等。"胡羹"是汉魏南北朝时期的名菜，传说它始于北方草原民族地区，或始于西域各国，羹中所用的原料都是西域胡地生产，故称"胡羹"。而后，各种羹料从西域各国引进种植，人们习惯食用此羹，胡羹的名字也就流传下来。"胡羊肉"是将羊肉以煮、蒸之法烹制。

在胡食流行的同时，外来调味品在唐朝也很时兴，其中最有名的是胡椒。胡椒是汉代时从西域传入中国的主要香料之一。到唐时，胡椒已经成为人们烹饪的主要调料。

六

除了制作或出售胡食外，胡人在饮食领域中经营的项目还有酒店业。当时大量的外国胡商居住在长安、洛阳、广州、扬州等地，"殖资产，开第舍，市肆美利皆归之"。在各种胡人开设的店肆中，有许多酒肆。

长安的酒肆业十分繁华，城内酒肆主要分布在东西两市和东门、华清宫外阙津阳门等交通要道一带。长安城外的灞陵、虾蟆陵、新丰、渭城、冯翊、扶风等地也有众多酒肆。其中，长安西郊的渭城，是通往西域和巴蜀的必经之地，唐人西送故人，多在渭城酒肆中进行，留下了许多渭城酒肆饯别的名句，如王维《渭城曲》：

> 渭城朝雨浥轻尘，客舍青青杨柳春。
> 劝君更尽一杯酒，西出阳关无故人。

长安以外，洛阳、扬州、益州等通都大邑和州郡治所都有酒肆。大中城市和州郡治所以下的县邑和乡村也有酒肆，只不过规模往往较小。

长安有很多胡人开的酒肆。各家酒楼用葡萄酒招揽各色顾客，用萨珊波斯进口的金杯银盏，或西域特产的琥珀杯、玛瑙杯、祁连山的夜光杯斟满葡萄美酒，又有中亚西亚那些妙龄舞蹈家在悠扬婉转的胡乐伴奏下翩翩起舞，佐酒助兴，全然一派摄人魂魄的异域文化情调。社会上的文人，政府的官僚，长安两市的商贾，乃至皇室贵族，军旅将士、男人女士，都成为胡人酒肆的常客。李白《少年行》之二写道：

> 五陵少年金市东，银鞍白马度春风。

落花路尽游何处，笑入胡姬酒肆中。

在胡人酒肆中，由年轻貌美的胡姬服侍饮酒，富有异国情调和浪漫色彩，成为一代风尚。"胡姬招素手，延客醉金樽"，所以称为"胡姬酒肆"。

胡人酒肆常设在城门路边，人们送友远行，常在此钱行。岑参《送宇文南金放后归太原寓居因呈太原郝主簿》诗云："送君系马青门口，胡姬垆头劝君酒。"到胡肆里饮酒可以欠账，所以王绩《过酒家》诗说："有钱须教饮，无钱可别沽。来时常道贳，惭愧酒家胡。"酒肆还接受以物换酒，以物品抵押质酒，凭信用赊酒等。以物换酒，唐诗中多有反映，最著名的要数李白《将进酒》所咏："五花马，千金裘，呼儿将出换美酒，与尔同销万古愁。"据《杜阳编》所记，公主的步辇夫曾把宫中锦衣质在了广化坊的一个酒肆中。酒肆中除了美酒，还有美味佳肴和音乐歌舞。贺朝《赠酒店胡姬》诗生动描写了胡人酒店中的情景：

胡姬春酒店，弦管夜锵锵。

红毹铺新月，貂裘坐薄霜。

玉盘初脍鲤，金鼎正烹羊。

上客无劳散，听歌乐世娘。

王维诗中也有"画楼吹笛妓，金碗酒家胡"的描写。元稹"野诗良辅偏怜假，长借金鞍迓酒胡""最爱轻欺杏园客，也曾辜负酒家胡"等等，都以"酒家胡"作为酒肆的代称。文人学士们"细雨春风花落时，挥鞭直就胡姬饮"，总喜欢到胡人酒肆中饮酒，欣赏胡姬歌舞。唐诗中有不少诗篇提到这些酒店和胡姬。"酒家胡"与"胡姬"已成为唐代饮食文化的一个重要特征。

与此相关的是唐诗中对胡人酒肆中当垆胡姬的描述，杨巨源《胡姬词》称：

妍艳照江头，春风好客留；

当垆知妄惯，送酒为郎羞。

香渡传蕉扇，妆成上竹楼；

数钱怜皓腕，非是不能留。

这首诗描写了春日江边竹楼酒肆中，胡姬待客饮酒的情形。唐诗中这样的描写还很多，如贺朝"胡姬春酒店，弦管夜锵锵"；李白"胡姬貌如花，当垆笑春风""胡姬招素手，延客醉金樽"；岑参"胡姬酒楼日未午，丝绳玉缸酒如乳"；施肩吾"胡姬若拟邀他宿，挂却金鞭系紫骝"；温庭筠"金钗醉就胡姬画，玉管闲留洛客吹"都是将胡姬作为描述的对象。

胡姬酒肆中的酒大都是从西域传入的名酒，像高昌的"葡萄酒"，波斯的"三勒浆""龙膏酒"等。波斯的"三勒浆"是菴摩勒、毗梨勒、河梨勒三种酒的合称，波斯、阿拉伯医学文献多处记载了"三勒"的入药与入饮，说明其在波斯、阿拉伯地区是比较流行的。三勒浆在唐代是上层社会的一种时尚饮品。

七

大量的外国人涌入，生活在唐朝的人们中间，从事着商业、艺术等活动；由他们带进中国的"胡风"弥漫在社会生活之中，整个唐朝充满了对于异域情调的想象和欣赏，影响和改变着人们的生活习惯和社会风俗。

在当时的艺术作品中也表现出了对外来事物的浓厚兴趣，体现着带有时代特征的异域风情。或者说，当时社会弥漫的异域风情，异域的事物和舶来品，激发了人们的艺术想象力。这种对于异域的想象，这种对异域风情的赞颂、描写和期待，成为许多艺术形式的表现主题。如在音乐舞蹈方面，来自西域的乐舞，如胡旋舞、拓枝舞等，来自西域的舞蹈家和音乐家，广泛地活跃在长安以及其他大都市，给人们带来强劲的"西域旋风"。再比如在宗教生活方面，僧人们的俗讲和变文，奇异诡怪的故事，吸引了大量的听众，成为一种深受人们欢迎的大众文化形式。

在诗歌创作方面，也表现出这种浓郁的异域风情。唐代胡风的流行，包括胡装、胡食、酒家胡、胡姬、胡舞等等，都有许多诗人创作的诗歌来表现，其中充满了绚烂的色彩、奇丽的想象、浪漫的意境。他们的吟咏酬唱，恰是那个时代社会生活的具体反映，是那个时代社会风气和精神情调的诗意书写。此外，在他们的诗歌中，还经常以各种外来事物来表现特有的意境。如李贺是一位想象丰富、奇诡险怪的诗人。他在诗歌创作中自然而然地流露出了奇妙的异域风情。他在《昆仑使者》一诗中写道：

> 昆仑使者无消息，茂陵烟树生愁色。
> 金盘玉露自淋漓，元气茫茫收不得。
> 麒麟背上石文裂，虬龙鳞下红枝折。
> 何处偏伤万国心，中天夜久高明月。

在诗人元稹的诗歌中，也涉及许多与外来事物有关的主题，如进口的犀牛、大象以及突厥骑手、骠国乐等等。

在绘画方面，也和这个时代的风尚相适合，描绘外来风貌成为许多画家的创作主题。在绘画作品之中，首先是表现域外人的形象。7世纪时，表现外来人物的画家中名气最大的是阎立德。阎立德是阎立本的哥哥，阎氏兄弟二人齐名。据说在描绘外来题材方面，与阎立德同时或比他更早的画家中，没有一个人能够超过他的成就。史载，贞观三年（629）东蛮谢元深到长安朝觐，阎立德奉诏画《王会图》纪其事，以歌颂唐帝国的强大兴盛和与远边民族的友好关系。他还画过《文成公主降番图》，形象地记录了贞观十五年太宗命文成公主赴吐蕃与松赞干布联姻这一重大历史事件。贞观十七年（634），阎立德曾受命描绘太宗朝万国输诚纳贡的场面。

外国人是唐朝大画家喜欢表现的一个主题。如李渐与他的儿子李仲和画的骑在马上的蕃人弓箭手的形象，张南本创作的《高丽王行香图》，周昉画的《天竺女人图》，张萱的《日本女骑图》等等，此外还有敦煌壁画中一些面貌古怪、帽子奇特，留着外国发式的中亚民族人物的形象。唐朝画家描绘的这些远国绝域的居民形象，通常都是穿着他们本国的服装，而且这类绘画都尤其突出地表现了异域人奇特的相貌。

在表现外国人的艺术作品中，还有由唐朝工匠创作的赤陶小塑像。在这些塑像中，我们可以发现头戴高顶帽、神态傲慢的回鹘人，浓眉毛、鹰钩鼻的大食人，此外还有一些头发卷曲、启齿微笑的人物形象。在辽宁朝阳、河北唐山、湖北武昌、湖南长沙等地唐墓都出土了高鼻深目的中亚、西亚人面型的陶或瓷的胡俑。西安乾陵陪葬墓和昭陵陪葬墓出土有商贾、文武官吏、狩猎、伎乐、牵驼驭马、骑驼骑马、载物等形象各异、姿态不同的胡俑。洛阳地区唐墓中出土的大量胡俑，特点非常明显，均深目高鼻，络腮胡或八字胡，身材魁梧，与中原人有着明显区别。其人物形象主要包括文官俑、牵马牵驼俑、骑马俑、侍俑、商俑、乐舞俑等等。这些胡俑造型生动，形象逼真，千姿百态，极具个性。

唐朝艺术家喜欢表现的外来题材还有外国的神和圣者，尤其是佛教发源地的神与圣人，如瘦削憔悴的印度罗汉，璎珞被体、法相庄严的菩萨，还有表现为佛法守护神和中国殿堂门庭保护神的因陀罗和梵天，以及其他一些已经部分同化于北方游牧民族文化和汉族文化的守护神。具有代表性的尉迟乙僧创作的《天王像》，一直流传到了现在。

描绘外国山川形胜的图画，同样也是当时表现异域情调的一个载体。在阎立本的作品中，有两幅《西域图》。活跃在唐朝画坛上的周昉与张萱都曾画过《拂林图》。诗人王维也根据某个"异域"创作了一幅风景画。

对于唐朝的艺术家来说，异域的野生动物、家畜、植物，特别是唐朝人羡慕和渴望得到的那些家畜，如鹰隼、猎犬、骏马等，也都具有强烈的吸引力。因而在唐代的绘画和诗歌创作中，也有许多作品表现这些充满异域想象的动物和植物，寄托人们无尽的情怀。

| 第十三章 |

从西域来的艺术家

到了唐代，有更多的西域各民族艺术家来到长安，他们带来了新的西域乐舞形式，使唐代的乐舞艺术大为丰富，掀起了中国乐舞艺术发展的又一次高潮。那时候的音乐传播，包括乐谱、舞蹈、乐器和乐师、艺人等，都是一起传播过来的。

西域乐舞以其强劲的艺术魅力传入中原，风靡朝野，乐队与舞蹈艺人，受到热烈的欢迎，给社会以很大的影响，到处传习，是唐代艺苑和民间文娱生活中一道靓丽的风景线，丰富了中国各族人民的艺术生活，给盛唐文艺注入新的丰富营养。

一

　　在西域诸国多民族文化中，乐舞艺术十分发达。汉代和南北朝时期，有许多西域艺术家沿着丝绸之路来到中原，使西域乐舞陆续传入中国内地，并对中国的宫廷乐舞和民间乐舞都产生了很大的影响，形成了中国乐舞艺术发展的一次高潮。

　　在沿着丝绸之路而来的艺术家中，最著名的是在南北朝时期北周时的龟兹乐人苏祇婆。他将龟兹乐与七音输入到北周乐舞中，实现了中国音乐史上最重要的变革。

　　苏祇婆出生于音乐世家，父亲是突厥有名的音乐家。在父亲的熏陶下，苏祇婆很小的时候便弹得一手好琵琶，又精通龟兹乐律，名噪乡里；后来奉召进入西突厥汗廷，从歌舞宴乐。据考证，苏祇婆本姓白，"苏祇婆"在龟兹语中为"智慧""聪明"之意，故可以汉译为"智通"，苏祇婆应该就是史籍上记载的"白智通"。

　　北周天和三年（568），北周武帝宇文邕迎娶突厥公主阿史那氏为皇后。公主出嫁时，有一支由龟兹、疏勒、安国、康国等地300多人组成的西域乐舞队相随，其中就有当时著名的龟兹音乐家苏祗婆，并带来了西域特有的乐器，像五弦琵琶、竖箜篌、哈甫、羯鼓等。

在北周的宫廷，苏祗婆以善弹琵琶闻名，颇受周武帝器重。苏祗婆演奏了大量的龟兹琵琶乐曲，把龟兹乐舞的艺术魅力发挥到了极致，让内地人倾倒在其美妙的乐声里。

北周灭后，苏祗婆流落到了民间，辗转各地，广招艺徒，传授琵琶技艺和音乐理论，传播龟兹乐律"五旦七声"。当时长安的西市，有很多西域胡人开设的酒店，胡姬压酒，胡乐当筵，风靡一时。酒店中侍酒的胡姬常以她们婉转的歌喉、优美的舞姿招徕客人。一天傍晚，隋朝重臣、音律学家郑译独自徘徊在街市上，忽然被一阵动人的琴声吸引，他走进一家西域酒店，只见一位高鼻深目、相貌堂堂的西域乐师在演奏琵琶。琴声和谐，七声音阶掌握得非常纯熟。郑译连忙打问他的姓名，才知道他就是苏祗婆。郑译大喜，当即拜苏祗婆为师，虚心求教。

当时，隋文帝命郑译创制新音乐。郑译与朝廷众乐工研究了几个方案，都不能使文帝满意。郑译以为，北周七声废缺，从大隋受命以来，应该用新的礼乐。他与苏祗婆合作，使西域龟兹乐律的"五旦七声"理论演变成"旋宫八十四调"。新的乐制确定之后，隋文帝高兴地说："此乐正合我的心意。"

苏祗婆七声输入标志魏晋南北朝时期中国乐舞制度从乐人、乐器到乐律方面，都渗入胡风。古乐大都并入雅乐，局限于庙堂乐章，民间歌舞与胡乐结合，显示出极强的生命力，为社会各界所欢迎。中乐七声，即宫、商、角、变徵、徵、羽、变宫，也就是苏祗婆所输入的婆陀力、鸡识、沙识、沙侯加滥、沙腊、般赡、俟利健，可以与西乐音符 C、D、E、F、G、A、B，以及印度音符 Sa、Ri、Ga、Ma、Pa、Dha、Ni，一一对应。这是魏晋南北朝时期中国乐律改进的最重要的成就之一。在新乐律的指导下，中国乐舞得以呈现丰富多彩的面貌。

二

到了唐代,有更多的西域艺术家来到长安,他们带来了新的西域乐舞形式,使唐代的乐舞艺术大为丰富,掀起了中国乐舞艺术发展的又一次高潮。

那时候的音乐传播,包括乐谱、舞蹈、乐器和乐师、艺人等,都是一起传播过来的。比如史载一些国家"献乐",实际上是一个大型乐舞表演团体的活动。在各国所献的"贡人"中,有许多都是具有特殊才能的艺人。他们为西域音乐文化在中国的传播做出了贡献。如《唐书》卷二二一记载,开元初,康国进贡各种珍奇物产和"胡旋女子";开元时,米国贡"胡旋女";俱密国献"胡旋舞女";《册府元龟》卷九七一记载,开元十五年(727)五月,康国又贡"胡旋女";史国献"胡旋女子"及葡萄酒。这些记载都说的是来自西域诸国的舞女。

唐代载入史籍的著名西域音乐家有龟兹音乐家白明达、疏勒琵琶高手裴神符等几十人。此外还有许多西域乐工、舞伎、歌手在教坊、梨园供职。在出土的唐代胡俑中,有许多表现国外艺人进行乐器和歌舞表演的形象。如1980年洛阳偃师南蔡庄唐墓出土的一件彩绘胡俑,胡俑高鼻深目多须髯,头戴胡帽,两手紧握作挥舞状,有孔洞,推测很可能是手执鼓杖敲击羯鼓。胡人乐者的形象甚至出现在当时的陶塑玩具上,如巩义黄冶窑遗址出土的一件陶塑乐伎俑,陶俑为胡人男子形象,高鼻深目,络腮胡须,胸前悬挂腰鼓,一边奏乐一边歌唱。

白明达是隋代入华的龟兹作曲家,经历了隋炀帝、唐高祖、唐太宗、唐高宗两朝四代,白明达一直在宫中创作音乐。炀帝赏识他的这些乐曲,曾表示要予以厚禄。白明达所创乐曲,至唐代尚有流传,如《泛龙舟》《七夕相逢乐》;五代时的敦煌曲子词还有词调《斗百草》。

白明达作品中影响最大的是具有浓郁西域风格的乐舞《春莺啭》,据说是奉高宗之命所作。《春莺啭》舞蹈属软舞类,张佑《春莺啭》诗云:"内人已唱春莺啭,花下偎偎软舞来",描写宫中技艺最高的"内人",表演《春莺啭》柔曼婉畅的歌声舞态。《春莺啭》的音乐与舞蹈,都可能有描写鸟声、鸟形的特点。《春莺啭》曾传入朝鲜，《进馔仪轨》载："春莺啭……设单席，舞妓一个，立于席上，进退旋转，不离席上而舞。"并绘有舞蹈场面图。一女舞者立方毯上而舞。日本雅乐舞蹈也有《春莺啭》，由唐代传入日本，男子戴鸟冠而舞。其表演形式及风格，与唐代女子软舞不同，是日本民族化的雅乐舞蹈。

裴神符是来自疏勒的音乐家，又名裴洛儿。大约在唐高祖李渊在位时，他就已担任了唐朝宫廷乐师，到太宗李世民时，裴神符依然受到器重。他以《火凤》为代表的三首名曲，作为唐代中原音乐"西"化的标志而出现。唐代汇集的名曲录中，裴神符的作品占据了一定的数量，尤以《火凤》影响最大。

贞观年间，众琵琶乐师在宫中献技。乐师们都是横抱琵琶，用木制或铁制的拨子弹奏，与演奏古瑟的方法相似。而且奏的大多是恬淡婉转、柔弱无力的宫廷雅乐。裴神符演奏时用与众不同的技法表演了自己创作的乐曲《火凤》。他把琵琶直立怀中，改拨子演奏为手指弹奏。左手持颈，抚按律度，右手的五指灵活地在四根弦上疾扫如飞，这种指弹法是前所未有的演奏方法。《火凤》旋律起伏跌宕、节奏奔放豪迈。乐曲到高潮时，他的左手还加进了推、带、打、拢、捻等技巧，音乐形象刚劲淳厚、虎虎有生气，仿佛是一支乐队在合奏。《火凤》曾被内地广为传唱，并被多次改编。唐宫廷乐"法曲部"中的《真火凤》、"胡曲部"中的《急火凤》，都是根据《火凤》改编才唱响的。元稹诗中说："《火凤》声沉多咽绝"。

见于唐朝史籍的外来音乐家、舞蹈家，多为中亚昭武九姓胡人。曹国胡人曹保祖孙三代，均为琵琶名手，在唐朝声名很盛，人称"三曹"，尤以曹善才和曹刚的演奏艺术，受到当时诗人的特别赞赏。"善才"本是当时对著名乐师的一种尊称，由于曹善才的技艺高超，因其姓曹，所以被人誉称为曹善才，这样，反使其真名失传了。曹善才是唐代教坊的第一流乐师，曾任梨园供奉，在诗人李坤《悲善才》的悼诗中写道："东头弟子曹善才，琵琶请进新翻曲。""天颜尽听朱丝弹，众乐寂然无敢举。"善才的琵琶常能弹奏新曲。连皇帝都爱听他的琵琶。当他演奏时全场寂静，没人敢于起来摆弄乐器。曹善才不仅精于演奏，而且善于教学，其门下亦有不少琵琶弟子。白居易《琵琶引》序中称，元和十一年（816），自己在九江任司马时，夜闻舟中弹琵琶者，"有京都声"，经询访，知其人原为长安娼女，"尝学琵琶于穆、曹二善才"。

善才之子曹刚（或作曹纲）也是非常有名的琵琶艺人。曹刚的演奏技巧胜过其父，尤其是他右手的拨子功，"若风雨而不事扣弦"，力如风雷，名噪一时。据《乐府杂录》记载："曹刚善运拨，若风雷，而不事扣弦。兴奴长于拢捻，不拨稍软。"所以当时有"曹刚有右手，兴奴有左手"之说。裴兴奴也是当时著名的琵琶演奏家。

大和二年（828），白居易在长安观赏曹刚演奏，深感其技艺水平超过其他同辈高手。作《听曹刚弹琵琶兼示重莲》诗，称"拨拨弦弦意不同，胡啼番语两玲珑。谁能截得曹刚手，插向重莲衣袖中？""禁曲新翻下玉都，四弦振触五音殊。不知天上弹多少，金凤衔花尾半无。"薛逢将曹刚的琵琶誉为神仙才能听到的天上"玉都殊音"，曹刚的《薄媚》，弹得特别出色，使人百听不厌。刘禹锡诗云："一听曹刚弹《薄媚》，人生不合出京城。"

唐代著名的琵琶演奏家在段安节所撰《乐府杂录》中多有记载，计有段善本、曹刚、裴兴奴、康昆仑、雷海清、李管儿、赵璧等 15 人。康昆仑也是著名的琵琶艺人，段安节称原籍康国的康昆仑为贞元中天下"琵琶第一手"，并记载了长安祈雨，康昆仑与僧人在天门街"斗声乐"的故事。故事说：唐贞元间（785—805），一次长安大旱，东西两区居民集会在天门街举行祈雨大会，各搭彩楼奏乐娱神并同时举行器乐演奏比赛。东区因有康昆仑便自认为此赛必胜无疑，就推请昆仑登上彩楼弹奏了一曲《新翻羽调绿腰》，意先声夺人，让观众领略其难以战胜的音乐水准。昆仑奏毕，广场鸦雀无声，片刻寂静后，才见西区彩楼上出现一位妙龄"女郎"，"她"怀抱琵琶面对听众说道："我也弹奏这一曲目，不过要将它转音移曲到'风香调'上演奏。"说毕挥手触弦，其声如雷贯耳，震动人心，那妙绝入神的演奏技艺，远在昆仑之上。康昆仑听罢又惊愕又敬佩，立刻表示要拜"女郎"为师，"女郎"这时更衣出楼相见，原来不是女流而是庄严寺的和尚。这位和尚姓段名善本，后来他当上了康昆仑的琵琶教师。除了弹奏外，康昆仑还兼善作曲，他曾将凉州曲改编为琵琶演奏曲。

李颀有一首《听安万善吹觱篥歌》：

> 南山截竹为觱篥，此乐本自龟兹出。
> 流传汉地曲转奇，凉州胡人为我吹。
> 傍邻闻者多叹息，远客思乡皆泪垂。
> 世人解听不解赏，长飙风中自来往。
> 枯桑老柏寒飕飗，九雏鸣凤乱啾啾。
> 龙吟虎啸一时发，万籁百泉相与秋。
> 忽然更作渔阳掺，黄云萧条白日暗。
> 变调如闻杨柳春，上林繁花照眼新。
> 岁夜高堂列明烛，美酒一杯声一曲。

诗中写的安万善是"凉州胡人"，诗人听了胡人乐师安万善吹奏觱篥，称赞他高超的演技，同时写觱篥之声凄清，闻者悲凉。前六句先叙篥的来源及其声音的凄凉；中间十句写其声多变，为春为秋，如凤鸣如龙吟；末两句写诗人身处异乡，时值除夕，闻此尤感孤寂凄苦。

李贺有一首《听颖师弹琴歌》：

> 别浦云归桂花渚，蜀国弦中双凤语。
> 芙蓉叶落秋鸾离，越王夜起游天姥。
> 暗珮清臣敲水玉，渡海蛾眉牵白鹿。
> 谁看挟剑赴长桥，谁看浸发题春竹。
> 竺僧前立当吾门，梵宫真相眉棱尊。
> 古琴大轸长八尺，峄阳老树非桐孙。
> 凉馆闻弦惊病客，药囊暂别龙须席。
> 请歌直请卿相歌，奉礼官卑复何益。

李贺在诗中描摹了颖师美妙绝伦的琴声，赞叹了他高超的琴艺。诗中说到的这位弹琴技艺高超的颖师，是来自天竺的一位僧人，他于宪宗元和年间在长安，以弹琴著名。他的古琴长八尺一寸，用质地优良的古桐木制成，音色非常优美。颖师弹琴的技艺精湛，演奏时有特别的韵味，而且曲目很丰富，远近知名。

来自于阗的尉迟青在唐代宗时居住在长安之长乐坊，唐德宗时官至将军，其吹奏筚篥的水平很高，时人称他冠绝古今。当时还有一位筚篥高手，是名冠幽州的王麻奴。他得知尉迟青的大名，就特意到长安要与尉迟青比试技艺。尉迟青请奏一曲，王麻奴以高般涉调吹奏了一曲西域乐曲，曲毕累得汗流浃背。接着，尉迟青拿起筚篥吹奏了同一曲调，轻松自如，音韵殊异。王麻奴心悦诚服，拜而求教。由于尉迟青和王麻奴这些名家的弘扬，使西域乐器筚篥在长安乃至中原大地广为流行。

于阗人尉迟璋是尉迟青的晚辈，通音律，善吹笙。他于唐文宗太和年间活跃于长安乐坛，曾任仙韶院乐官。他不仅善吹笙，其技艺在当时首屈一指，而且琴、瑟、鼓、箫样样精通，还会作曲，曾整理改编过《霓裳羽衣曲》。尉迟璋的歌唱得也很好，"能啭歌喉为新声"，有"一声飞出九重深"之美誉，其"音辞曲转，听者忘倦"，引得京城乐人纷纷效法，并尊称尉迟璋为"拍弹"，即拍弹不挡的全能音乐家。唐文宗李昂十分喜爱音乐，善吹管乐，亲自召见了尉迟璋，并命朝廷三品以上官员都穿上朝服来听尉迟璋吹奏和唱歌。他先用笙吹奏了自己创作的《瀛洲曲》，音调高亢，清亮辽远。接着演唱了传统的《霓裳羽衣曲》，音域宽阔，意韵深长，令当朝文武大臣眼界大开，耳目一新。

来唐外国人中，也有以歌唱著称于世者。《卢氏杂说》称元和年间（806-820）从事歌唱的乐人有米国胡人米嘉荣，歌曲之妙，当时无出其右。其歌唱艺术倾倒京城，并被皇帝赏识，提拔为朝廷供奉（首席乐官）。世人称赞他的演唱能"冲断行云直入天"。米嘉荣曾在宪宗、穆宗、敬宗三代任供奉，史书上称他为"三朝供奉"。米嘉荣与诗人刘禹锡有厚交，两人常在一起交流艺术。米嘉荣系统地介绍了音乐理论知识，他给刘禹锡唱了许多西域和西凉（甘肃）歌曲。刘禹锡在米嘉荣的帮助下，吸收融汇了许多民歌音乐素材，创造了一种独特的诗体——竹枝词，风格清新，在当时风靡全国。刘禹锡在《与歌者米嘉荣》诗中称：

> 唱得凉州意外声，旧人唯数米嘉荣。
> 近来时世轻先辈，好染髭须事后生。

米嘉荣之子米和，咸通年间（860-874）以弹琵琶著称，"申旋尤妙"，也是以音乐技能供奉朝廷。刘禹锡还有一首诗提到可能是来自康国的歌女穆氏：

> 曾随织女渡天河，记得云间第一歌。
> 休唱贞元供奉曲，当时朝士已无多。

三

来自西域的艺术家们把西域各民族的音乐舞蹈艺术带到了中原。传入中原的西域乐舞，以胡腾舞、胡旋舞和柘枝舞最为有名，号称西域"三大乐舞"。早在北朝时这三大乐舞就已经传入中国。

胡腾舞源于中亚"昭武九姓"之一的石国。大约在北朝后期，胡腾舞已传入中原。舞蹈史专家从北齐（550-557）墓出土的两个舞蹈纹的瓷壶上，看出西域胡人的舞姿，都具有胡腾舞的某些特点。在唐代，胡腾舞盛极一时，诗人刘言史的诗《王中丞宅夜观舞胡腾》中详细地描写了这种舞蹈：

> 石国胡儿人见少，蹲舞尊前急如鸟。
> 织成蕃帽虚顶尖，细氎胡衫双袖小。

> 手中抛下葡萄盏，西顾忽思乡路远。
>
> 跳身转毂宝带鸣，弄腾缤纷锦靴软。
>
> 四座无言皆瞠目，横笛琵琶偏频促。
>
> 乱腾新毯雪朱毛，傍佛轻花下红烛。
>
> 酒阑舞罢丝管绝，木槿花西见残月。

另一位诗人李端的《胡腾儿》诗写道：

> 胡腾身是凉州儿，肌肤如玉鼻如锥。
>
> 桐布轻衫前后卷，葡萄长带一边垂。
>
> 帐前跪作本音语，拾襟搅袖为君舞。
>
> 安西旧牧收泪看，洛下词人抄曲与。
>
> 扬眉动目踏花毡，红汗光流珠帽偏。
>
> 醉却东倾又西倒，双靴柔弱满灯前。
>
> 环行急蹴皆应节，反手叉腰如却月。
>
> 丝桐忽奏一曲终，呜呜画角城头发。
>
> 胡腾儿，胡腾儿，故乡路断知不知。

从这两首诗看来，舞者为男子，身着胡衫，袖口窄小，头戴蕃帽，脚蹬锦靴，腰缠葡萄长带，在一块花毯上腾跳，长带飘动。

胡旋舞在唐代十分流行。据杜佑《通典》介绍，这种舞蹈伴奏的乐器主要是各种鼓，有羯鼓、正鼓、腰鼓、铜钹和笛子、琵琶。史载康、米、史等国曾向唐朝贡献的"胡旋女子"，实际就是从事胡旋舞表演的专业舞蹈艺术家。

胡腾舞与胡旋舞的主要区别在于舞姿的不同，一个是"腾"，急蹴地跳腾；一个是"旋"，飞速地旋转。胡旋舞传入唐朝之后，在宫廷内外盛行一时。8世纪初年，武延秀在安乐公主宅中作胡旋舞，"有姿媚，主甚喜之"。安禄山也以善舞胡旋著称，"至玄宗前，作胡旋舞，疾如风焉"。白居易有《胡旋女》一诗：

胡旋女，胡旋女，心应弦，手应鼓。

弦鼓一声两袖举，回雪飘飘转蓬舞。

左旋右转不知疲，千匝万周无已时。

人间物类无可比，奔车轮缓旋风迟。

曲终再拜谢天子，天子为之微启齿。

胡旋女，出康居，徒劳东来万里余。

中原自有胡旋者，斗妙争能尔不如。

天宝季年时欲变，臣妾人人学圆转。

中有太真外禄山，二人最道能胡旋。

梨花园中册作妃，金鸡障下养为儿。

禄山胡旋迷君眼，兵过黄河疑未反。

贵妃胡旋惑君心，死弃马嵬念更深。

从兹地轴天维转，五十年来制不禁。

胡旋女，莫空舞，数唱此歌悟明主。

　　白居易在诗中以转蓬、车轮、旋风等比喻，突出强调了胡旋舞疾速旋转的特点。他说，与胡旋舞相比，那飞速转动的车轮和急遽旋转的旋风都显得太慢了。而且一跳起来，旋转的圈子很多，左旋右转不知道一点疲倦，千匝万周猜不透什么时候才能跳完。元稹在《胡旋女》诗中也称：

天宝欲末胡欲乱，胡入献女能胡旋。

旋得明王不觉迷，妖胡奄到长生殿。

胡旋之义世莫知，胡旋之容我能传。

蓬断霜根羊角疾，竿戴朱盘火轮炫。

骊珠迸珥逐飞星，虹晕轻巾掣流电。

潜鲸暗翕笪波海，回风乱舞当空霰。

万过其谁辨终始，四座安能分背面。

柘枝舞亦源于西域石国。较之胡旋、胡腾，唐人对柘枝舞的记载更多。舞柘枝者多为青年女子，舞者头戴绣花卷边虚帽，帽上施以珍珠，缀以金铃。身穿薄透紫罗衫，纤腰窄袖，身垂银蔓花钿，脚穿锦靴，踩着鼓声的节奏翩翩起舞。婉转绰约，轻盈飘逸，金铃叮叮，锦靴沙沙，"来复来兮飞燕，去复去兮惊鸿"，当曲尽舞停时，舞者罗衫半袒，犹自秋波送盼，眉目注人。

柘枝舞艺术境界高超，且具有很强的观赏性，引起了唐朝社会各阶层的极大兴趣和爱好，诗人刘禹锡、薛能、张祜、白居易、沈亚之、卢肇等都写过有关柘枝舞的诗歌。白居易《柘枝伎》：

> 平铺一合锦筵开，连击三声画鼓催。
> 红蜡烛移桃叶起，紫罗衫动柘枝来。
> 带垂钿胯花腰重，帽转金铃雪面迥。
> 看即曲终留不住，云飘雨送向阳台。

再如刘禹锡《和乐天柘枝》："鼓催残拍腰身软，汗透罗衣雨点花。"张祜咏柘枝舞的诗最多，如《柘枝》："红筵高设画堂开，小妓妆成为舞催。珠帽着听歌遍匝，锦靴行踏鼓声来。"这些诗句说明"拓枝舞"是在鼓声伴奏下出场、起舞的，其舞蹈具有节奏鲜明、气氛热烈、风格健朗的特点。

四

西域乐舞以其强劲的艺术魅力传入中原，风靡朝野，乐队与舞蹈艺人，受到热烈的欢迎，给社会以很大的影响，到处传习，是唐代艺苑和民间文娱生活中一道靓丽的风景线，丰富了中华各族人民的艺术生活，给盛唐文艺注入新的丰富营养。

唐代音乐大体可分为三类：一是汉魏以来的雅乐，是为帝王歌功颂德的庙堂乐章，结构板中，旋律较少变化；二是六朝清乐，主题是相和大曲与江南的吴声俚曲，较雅乐活泼新鲜，只是情调较为单一软媚，囿于男女情爱，大部分已散失不传；三则是隋唐新兴的燕乐，它是广泛吸收边塞、西域乐曲和中原原有乐曲融合而成的一个新的乐曲系统，较之雅乐、清乐，燕乐丰富多彩，面貌繁盛，情调丰富，旋律节奏灵活多变。雅乐主要用于祭祀和朝会等隆重场合，是一种相当程序化的庙堂音乐，燕乐主要是在宴饮场合表演的音乐和歌舞。

唐朝的燕乐是在隋朝九部乐的基础上发展而来的。隋朝把各代各民族乐舞交融互滋的散珠碎玉，用九部乐的形式归入宫廷燕乐系统，定清乐、西凉、龟兹、天竺、康国、疏勒、安国、高丽与礼毕等为"九部乐"。唐朝建立后，继承隋代乐舞，"唐兴即用隋乐"。高祖即位后，"仍隋制设九部乐"，其中，"龟兹伎，有弹筝、竖箜篌、琵琶、五弦、横笛、笙、箫、觱篥、答腊鼓、毛员鼓、都昙鼓、侯提鼓、鸡娄鼓、腰鼓、齐鼓、贝皆一，铜钹二。舞者四人。设五方师子，高丈余。饰以方色。每师子有十二人，画衣，执红拂，首加红袜，谓之师子郎。"（《新唐书·礼乐志》）太宗平定高昌后，在贞观十六（642）增加高昌乐，在隋朝九部乐的基础上形成了唐朝的"十部乐"。十部乐中，天竺、康国、安国等乐都是前代自西域地区传入内地的音乐，以国名来命名乐部，表明这些音乐仍然保留着较强烈的异域色彩，未与中国内地固有的音乐文化融为一体。此后，随着唐朝对外文化交流进程的加深，以国别分类的方式渐泯，出现了立坐二部分类，堂下立奏者为立部伎，堂上坐奏者为坐部伎。立部伎八部，坐部伎六部。

唐玄宗精通音律，擅长击羯鼓、吹玉笛，创建"梨园"，培训艺人，聚集了李龟年、马先期、张野狐等一大批音乐舞蹈家，制造出浓郁的乐舞氛围。他尤为喜爱西域乐舞，在朝中设立专门教养乐工和舞人的机构，广泛吸取西域乐舞的经验，培养了不少乐舞人才，创造出许多新的舞蹈。天宝十三载（754），玄宗下诏道调、法曲与胡部新声合作，对太乐署供奉的乐曲名称进行了大规模改动，进一步将保留胡名或听来不雅驯的乐曲改为典雅的汉名。此时，胡乐占了主导，以致于融合了胡乐因素的法曲，也成了华夏正声。乐曲改名，不仅表现了唐朝对域外音乐文化的吸收过程，而且反映了外来音乐文化对唐朝音乐的重大影响。

唐朝在燕乐之外另分出了所谓的"四方乐"或"四夷乐"，其中扶南、天竺、骠国、康国、安国等乐都属于外来音乐。除骠国乐外，"四夷乐"中的其他几种外来音乐都是北朝或隋代就已传入中国的音乐。

唐时，不只宫廷选用西域乐舞，民间也极为喜爱西域乐舞。西域乐舞不仅在宫廷乐曲中升入坐部伎，而且"流行乐府，浸渍人心"，渗入朝野里巷，其影响已"不可复浣涤矣"。多姿多彩的西域乐舞是贵戚富豪和庶民百姓同喜共悦的娱乐活动。天宝末年，长安等地人人争学"胡旋舞"，成为一时风尚。

唐朝举国上下喜好乐舞，率兵出征的将军和执节使臣归京除带来奇珍异宝外，还常常以带回或学会西域乐舞为荣。名将封常清奉命西征，在西域轮台学会当地乐舞，加工后称"轮台舞"。班师回京后"轮台舞"便在长安流行一时，传为佳话。此乐舞后随遣唐使远播日本。

唐代歌舞一般分为"健舞"和"软舞"两大类。在中国史书上亦有"武舞"与"文舞"之称谓。《霓裳羽衣舞》被赞为唐代歌舞的顶峰，属于软舞。溯其本源，舞曲的主体部分系唐开元年间西凉府都督杨敬述所进。《霓裳羽衣舞》是由印度佛曲《婆罗门》改编而来，具有印度乐舞艺术的因素，其音乐、舞服、舞姿均是外来文化与固有传统熔于一炉。杨贵妃首先将乐曲编为舞蹈，她的绝妙舞姿和许多诗人的咏叹，使得《霓裳羽衣舞》享有盛誉，历久不衰。

唐代西域乐舞盛行，也成为美术创作的素材和表达艺术想象力的载体。表现西域乐舞的美术作品主要包括：宗教寺庙洞窟壁画、彩塑、浮雕；传世的绘画；殿宇、宅院、公庭、驿廨、墓室的壁画。敦煌莫高窟、云冈石窟、龙门石窟及拜城克孜尔石窟和吐鲁番伯孜里克千佛洞等都有琳琅满目、美轮美奂的壁画，不乏与西域乐舞有关的舞蹈形象。如莫高窟第 148 窟《东方药师变》大型经变壁画再现了宫廷与民间流行的西域乐舞。画面中有舞伎起舞，乐队排列两边，所奏乐器基本是西域器乐，如琵琶、阮咸、筚篥、唢呐、羌笛、羯鼓，及中原早已失传的箜篌。舞伎的舞姿既优美又合理，是当时"胡旋""胡腾"等舞蹈的真实表现。莫高窟第 112 窟《西方净土变》中，著名的"反弹琵琶舞"，舞者身段躯肢多呈"S"型翻转，以及弹指、颔首、弄目等都充分表现了西域乐舞的鲜明特色，可谓再现龟兹舞蹈的"活化石"。

传播到唐朝并且大为流行的西域乐舞，还从唐朝传到了日本和新罗等国家。其中有些乐舞藉改变了的和业已僵化的舞蹈形式，在日本宫廷里残留了下来。20 世纪日本宫廷的乐工和舞伎以及日本古典音乐爱好者们，都能表演这些乐舞。

西域乐舞流播中土最初有声而无辞，其后逐渐赢得人们的喜爱，同时唐代近体诗勃兴，乐工歌手们便将诗人之作填入曲中歌唱，乐舞与唐诗交相辉映，相得益彰。诗人们以自己的诗作能为伶伎们传唱而自豪，伶伎们也以能填唱著名诗人的佳作为荣幸。伶伎的歌咏和诗文之互赠成为诗歌传送的两条并行的主渠道。

唐代西域乐舞不仅为文人学士欣赏爱好，而且以多姿多彩、新奇绚丽成为诗人的创作素材和描述对象。据不完全统计，唐代有 50 余位诗人，创作了描述或涉及西域乐舞的诗词达百余首之多。仅为婀娜轻柔的"柘枝舞"赋诗的就有刘禹锡、白居易、张佑、薛能、刘梦德、卢肇、张孝标、沈亚之等多位诗人。他们分别以舞姿妙音，盛况奇观，服饰器乐等多种观感，雕琢出串串琼花珠翠。在唐诗中描述观歌舞、奏胡乐、闻羌笛、弹琵琶、弄箜篌、吹筚篥、以歌忆旧送答的诗作比比皆是，难以胜数。

五

来自西域的艺术家，除了音乐舞蹈艺人之外，还有一些画家。他们把西域的绘画艺术技法传到了中原。

在初唐画苑中，最有影响的是尉迟乙僧的凹凸法。尉迟乙僧出身于于阗王族尉迟氏，于贞观六年（632）来到长安，当时约 20 多岁，一生从事绘画 70 余年。尉迟乙僧的父亲尉迟跋质那是一位"善画外国及佛像"的画家，在隋朝时从于阗到洛阳作画，享有盛名，人称"大尉迟"。唐时曾作《六番图》《外国宝树图》《婆罗门图》《鬼神》《菩萨》《净土经变》等画。尉迟乙僧从小师从其父学画，造诣渐深，被称为"小尉迟"。

尉迟乙僧作画的题材多种多样，佛像、历史故事、民族人物和风俗，以及花鸟、动物，无所不包，但佛像和西域人物是其擅长，有独特的艺术成就。他所画的《千手眼大悲》《花子钵曼殊》，即被当代人称赞为"精妙之状，不可名焉""皆一时之绝妙"。达到了精、绝、奇的艺术境界。

尉迟乙僧创作了大量的佛教壁画，如唐仪凤二年（677），在光宅寺东菩提院内画《降魔变》等经变壁画；长安二年（702）前后，在慈恩寺塔下南门画《千钵文殊》等壁画；神龙元年（705）后，在罔极寺（兴唐寺）画壁画；景云元年（710）左右，为安国寺画壁画；神龙二年五月，所居住宅敕建为奉恩寺，画于阗王族供养像于此寺内。他创作的特点是善于把宗教题材世俗化，尽可能地揉进一些现实生活情景和西域风俗。他画的《西方净土变》，整个画面以阿弥陀佛为中心，在天宫里，数百人物云集在装饰着花树、禽鸟的七宝莲池周围，鼓乐齐鸣，香音飞渡，少女翩翩起舞，一派气象万千的天宫伎乐图。他所画的《降魔变》"千怪万状，实其纵也"，画中的释迦牟尼为"脱皮白骨"的苦行僧形象，而三魔女如现实生活中的美女形象，画在画面的显要位置上。

尉迟乙僧以西域民族人物和风俗为题材的绘画具有很大的现实性。在人物画中，从肖像画的角度，如《胡僧图》《外国人物图》等，正面刻画他们的面貌及其服饰，描绘他们的表情与性格特征。风俗图如《龟兹舞女图》《天王图》《番君图》等，生动地描绘了西域各民族的风俗特点。《番君图》是以番君为中心，左有抱小孩的妇女、佣人，右有乐师与舞女，背景为帐篷，反映了西域游牧民族的特点。《天王图》中，画幅下端有一婆娑起舞的胡女，姿态优美，动作轻柔，还有手执琴弦的乐工，都是西域胡人打扮。他在长安奉恩寺创作的《本国王及诸亲族》是一幅历史题材的作品，以两起于阗遣使入唐朝的政治活动为背景。

尉迟乙僧画法的特点，一是善于运用"凹凸画法"，即用色彩的晕染和着色的厚重，使画面具有立体感，是不同于中国传统上以线条为主的绘画技法。这种来自西域传统的艺术技巧，对中国后来绘画艺术的发展有着深远影响。二是"用笔紧劲，如屈铁盘丝"，线条的力度均匀而富有弹性，如弯曲的铁丝，刚中有柔。这种绘画技巧，都具有西域绘画艺术的风格，传入中原，又得到了进一步的提高。尉迟乙僧既保持了于阗绘画艺术的特点，又吸收了中原绘画的艺术风格，使唐代绘画艺术更具鲜明的唐风特色。

尉迟乙僧在初唐画坛上独树一帜，形成了鲜明的艺术风格，对此后中国美术的发展有很大的影响。以他的艺术风格为标志，美术史上称之为"于阗画派"。于阗画派广泛吸收了东西方艺术的养分，同时，创造出具有本土特色的绘画艺术，并且经过尉迟乙僧等人的努力，使其在唐代画坛上大放异彩。

尉迟乙僧所代表的画派对于盛唐大家风格的形成以及造型手段的丰富，很有影响。吴道子也吸收了他的凹凸晕染技法，史称吴道子设色"于焦墨痕中，略施微染，自然超出绢素"。这种技法与尉迟乙僧的凹凸晕染法有一定联系。

▲敦煌壁画摹本《张骞通西域图》

▲汉西域诸国图，南宋景定年间（1260-1264）雕版墨印

▲敦煌莫高窟第 296 窟壁画《丝绸之路商旅图》

▲数千年来从东方获得的财富由骆驼和骡子沿丝绸之路
送到等待在地中海东部的船只上

▲往来于东西方之间的波斯商人

▲波斯古城伊斯法罕，正是由于繁荣的东西方贸易，造就了这座城市的辉煌

▲湖南长沙马王堆汉墓出土的菱纹绣绢

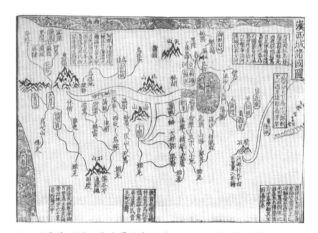

▲新疆尉犁县营盘古墓出土的红底对人兽树
纹袍局部，约 3-5 世纪

▲唐张萱《捣练图》（局部）

▲《蚕织图》（局部）

▲古罗马壁画中身着丝绸服装的女神梅娜德

▲君士坦丁堡的城市港口金角湾，是东西方贸易的中转站

▲《圣厄休拉和她的少女》（1410），画面中女性圣徒所穿长袍，缀满了凤凰图案，显而易见受到东方丝织品的影响

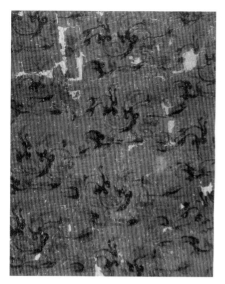

▲汉代错金银云纹青铜犀尊

▲通过丝绸之路经中国传到新罗的玻璃器，5世纪

▲《皇都积胜图》之贡狮图

▲明丁云鹏《白马驮经图》

▲元赵孟頫《红衣西域僧图卷》

▲玄奘取经回国

▲玄奘三藏像

▲中国邮政发行的《丝绸之路文物（一）》特种邮票

▲中国邮政发行的《丝绸之路》特种邮票小型张

▲唐代壁画之《反弹琵琶图》

▲《马球图》。打马球兴起于唐代初期，唐代文献称作击球。关于马球传播的线路，有传自西域、波斯、西藏等几种观点。一般认为马球源自波斯，后经西域地区传入中国。当时在皇帝的倡导下，马球运动很快得以盛行，历经宋、金、元、明，在明末清初逐渐退出中国的竞技舞台。

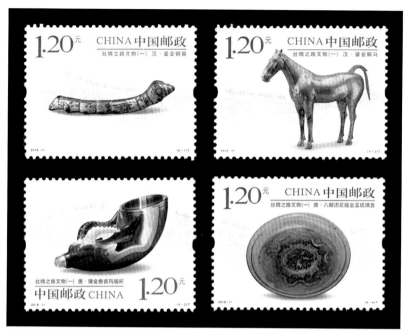

▲ 1477 年纽伦堡印本《马可·波罗游记》
  扉页的马可·波罗肖像画

▲ 马可·波罗所作欧亚大陆图

▲ 马可·波罗穿越沙漠，选自 1375 年的加泰罗尼亚画册（局部）

▲蒙古人建立的庞大帝国

▲许多民族归附，蒙古帝国的势力进一步扩张

▲波斯人拉施特《史集》插图，蒙古汗廷

▲郑和宝船复原效果图

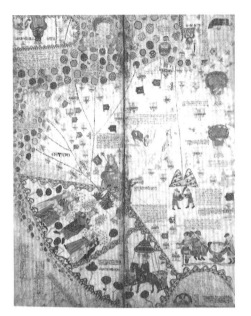

▲《郑和航海图》（局部）

▲《南都繁会图卷》局部

▲欧洲罗盘

▲ 1519年葡萄牙出版的东印度群岛和摩鹿加群岛（亦称香料群岛）航海图

▲澳门妈祖庙，顺治十二年荷兰使团进京，在澳门登陆时随团画师所画

▲珐琅工艺

▲清乾隆金胎嵌画珐琅执壶

▲明代万历时期利玛窦赠送给万历皇帝的自鸣
　钟表

▲清雍正青花叶纹开光花卉纹双耳带盖汤盆

▲广州"十三行"商馆区

▲外销水粉画：茶叶装箱

▲外销瓷：广彩人物纹盘

▲荷兰订制的中国瓷器，1730-1735 年间，器具上采用的是1728 年特别为荷兰东印度公司铸造的银币上的纹样

▲外销画：《瓷器入仓》。描绘清代广州陶瓷制品运抵货仓，搬运工人从船上卸货入仓的情景

▲漆制缝纫台

▲在哥德堡的瑞典东印度公司拍卖会上出现的中国漂亮的丝绸袜子

▲《中国哲学家孔子》，
法国巴黎 1687 年出版

▲《中国哲学家孔子》中，孔子被描绘成为一个贤明学者的形象。这一形象在当时的欧洲广为流传，代表了 17-18 世纪欧洲对中国的积极印象。

▲法国挂毯《中国皇帝》，中间白胡子的是汤若望，他正在向皇帝解释天文学

▲利玛窦和汤若望正在展示中国地图

第四部分

望东方：历史的记忆与中国的报告

Part IV

A biography of the Silk Road

| 第十四章 |

马可·波罗：一个人、一本书、一个时代

《马可·波罗游记》以其丰富的内容、富有感染力的文笔，给欧洲的知识界开辟了一方新天地，极大地丰富了欧洲人对中国和东方的认识。

马可·波罗的中国之行，揭开了欧洲人心灵对于亚洲文化想象的序幕。直到 15、16 世纪，欧洲人对于东方的历史和地理知识逐渐丰富，《马可·波罗游记》的价值才被注意和重视起来。怀疑化为相信，伴随而来的是惊奇和羡慕。所以，有人说，马可·波罗用了 20 年时间认识中国，而欧洲人认识马可·波罗却用了200 年。

一

　　1298 年，在意大利热那亚的监狱里，关押着一批威尼斯因徒。热那亚是意大利重要的港口城市，也是中世纪重要的贸易城市，其势力仅次于威尼斯，以后发现新大陆而名震世界的哥伦布就是热那亚人。当时，为了争夺东方贸易的霸权，热那亚与威尼斯进行了四次战争。这些因徒就是在战争中被俘的。

　　狱中单调的生活，闲极无聊。其中一位因徒就给大家讲故事。他说他多年在东方游历，见到了许多奇闻逸事，奇风异俗，那里极为富有，遍地黄金，听得大家十分入迷。听众中有一位作家，觉得这些东方的奇异故事很有意思，如不写成书传之后世，将是十分可惜的。于是，他就笔录成书。

　　这位作家是比萨人鲁思梯谦（Rusticiano）。鲁思梯谦从小受到比萨传统文化的熏陶，对外部世界有着浓厚的兴趣。起先，他在比萨学习法语，因为法语是当时地中海地区广泛使用的语言，很受当地知识阶层的重视。后来，他前往法国深造，专门研究法国骑士文学。13 世纪是欧洲骑士文学繁荣的时代，而法国则是骑士传奇的中心。鲁思梯谦到法国后，很快熟读法国骑士文学的经典，并对这些作品的构思主题、编织情节、描写技巧等方面的特点进行认真研究。他曾写了被欧洲人熟知的阿瑟王和其他骑士的侠义故事，得到英国国王爱德华一世的赏识。他用法语写成了一部骑士传奇集《梅里亚杜斯》。该书反映了当时人们理想中的骑士精神。这部著作很快传到意大利，在各城邦君主、贵族的宫廷里以及骑士传奇读者中广为流传，受到热烈欢迎。据说，当时常常有鬻歌诗人在街头、广场说唱这个骑士故事，一些城市还出现了以梅里亚杜斯（Meliadus）的事迹为题材的雕塑艺术品。所以，在入热那亚监狱之前，鲁思梯谦已是一个颇有名气的文人了。由于他广学博识，富有教养，所以人们都尊敬地称他"鲁思梯谦老师"。我们不知道他是如何被关到监狱里的。有人说，他是在 1298 年的那场战役中被俘的，他也参加了威尼斯的舰队。据另一说，鲁思梯谦入狱的时间要早数年，是在梅洛里亚战役中被俘的。不过这无关紧要。重要的是，他在狱中笔录的这本书，深刻地影响了世界文明的历史。仅凭这本书，他的名字就被写进了世界的历史。

鲁思梯谦笔录的这本书就是日后闻名于世的《马可·波罗游记》。而故事的讲述者，威尼斯人马可·波罗，日后被称为中世纪"四大旅行家"之一。在热那亚的监狱里，鲁思梯谦得以结识马可·波罗，也是一时的奇遇。可以说，如果没有鲁思梯谦，如果没有这位执着的作家强迫马可·波罗静下心来坐在那里，滔滔不绝地讲述自己的经历，就不会有马可·波罗的故事变为文字广为流传，他的经历最终也只能是那些行走丝绸之路的商人们闲来无事的谈资，也会和他同时代无数的商人、旅行家们一样，消失在历史的烟云之中。

据文学史专家认为，鲁思梯谦在笔录《马可·波罗游记》时，态度严谨、忠实，《游记》的文字流畅自然，不尚浮华夸张，体现了历史的真实和马可·波罗口述的特点。但是，他也并非仅仅扮演了一个机械笔录的角色。事实上，在鲁思梯谦笔录的《游记》中，也包含着他对马可·波罗口述的接受、理解和再创造，包含着作为一位文学家的艺术匠心和风格。

《马可·波罗游记》成为一本风靡欧洲、家喻户晓的书。

二

马可·波罗（Marco Polo，1254—1323）是威尼斯人。威尼斯是一个古老的商业城市，其商人早在9—10世纪间，就在地中海上进行商业活动。到了13世纪，地中海成为欧洲的两大商业区之一，而意大利的威尼斯、热那亚、比萨等城市，又是地中海商业区的中心。这些城市联系着西欧和东方的市场，成为东西贸易的枢纽。其中威尼斯的地位尤为重要，它是东方货物运往中欧和北欧的一个吞吐港。马可·波罗的父亲尼哥罗（Nicholo）和叔父玛菲（Maffeo）都是有名的威尼斯商人，经常奔走于地中海东部地区，进行商业活动。

1260年，尼哥罗和玛菲携带货物从威尼斯出发到达君士坦丁堡，几经周折，约于1265年，到达元朝上都，朝觐忽必烈，受到热情接待。忽必烈派他们充任访问罗马教皇的专使，想请教皇选派精通教义和艺术的100名博学教士来华，并从耶稣圣墓的长明灯上带点圣油回来。于是他们返回欧洲，此间经过许多曲折，因为当时正赶上老教皇去世而新教皇尚未选出，他们等待多时，直到最后将忽必烈的信件送达新教皇，然后于1269年回到故乡。教皇没有满足他们的要求，并没有向中国派遣大汗所需要的那些教士。许多研究者认为，教皇的这个决定错失了中西文化全面接触的一次很好的机会。

尼哥罗和玛菲在威尼斯住了两年，于1271年再次启程前往中国，年仅17岁的马可·波罗随父亲和叔父同行，踏上了东方之旅，开始了他一生中长达24年的漫游东方的历史行程。

1271年11月，马可·波罗一行由威尼斯启程。他们乘船渡过地中海，到达小亚细亚半岛，经巴格达而到当时商业繁荣的霍尔木兹。马可·波罗在这段行程中感受到旅行的快乐，他说沿途有不少美丽的城镇和村落，鸣禽野兽很多。在这里旅行，还可以携鹰打猎，所得愉快，很难用言语形容。然而，艰难的旅程还在后面。他们穿越荒无人烟的伊朗高原，继而东行，翻越险峻的帕米尔高原，沿着古老的丝绸之路，经喀什、莎车、和阗，再经敦煌、酒泉、张掖、宁夏等地，经过三年半的跋涉，于 1275 年夏天抵达了元朝上都。

马可·波罗一行抵达上都后，受到忽必烈的接见。马可·波罗年轻聪明，善于学习，很快熟悉了东方的风俗和语言，很受忽必烈器重和信任，留他以客卿身份在朝中供职。这并不奇怪，因为在忽必烈的朝廷里，有很多来自阿拉伯乃至欧洲的西方人担任各种职务，他们被称为"色目人"。"色目人"就是形形色色的意思，哪个民族的人都有。忽必烈的宫殿是一个国际化的朝廷，忽必烈的都城是一个国际化的大都市。

大约在 1277 年至 1280 年，马可·波罗离开京城到云南游历访问。他从北京出发，经由河北到山西，过黄河进入关中，逾越秦岭至成都，西行至建昌，并到过西藏地区，最后渡金沙江，到达云南昆明和大理地区。此后，马可·波罗又游历了江南一带。他的游记中没有明确的行程记载，但却记载了淮安、宝应、高邮、泰州、扬州、南京、苏州、杭州、福州、泉州等南方城市。马可·波罗可能不止一次游览过江南地区。据他自己说，还曾担任了几年杭州城的领导职务。这个说法没有中国文献佐证，但在现在的杭州，西湖边上伫立着一尊马可·波罗的塑像。

此外，马可·波罗在中国旅居期间，还奉使去过东南亚的一些国家。他的行记里提到的有印度尼西亚、菲律宾、越南和缅甸等国。1292 年，马可·波罗趁奉命护送蒙古公主阔阔真嫁到伊儿汗国之便，得以和父亲、叔父离开中国。他们一行先到波斯送阔阔真公主，然后继续西行，于 1295 年回到故乡威尼斯。

马可·波罗在中国生活了 17 年，遍游大江南北与长城内外，对中国情况的了解远远超过当时的欧洲人。他回国后向乡人介绍东方见闻，引起人们的极大兴趣。而作为商人，他与其父、叔在中国各地经商多年而成为巨富，回国时带回大批珍宝，人称"百万马可"。他成为威尼斯的名流，参与城市的公共事务。他热爱自己的家乡，为家乡而战。他就是在一次与热那亚人的战争中被俘而被关到监狱里的。

三

马可·波罗的故事因为《马可·波罗游记》这本书而广为人知。

由马可·波罗口述、鲁思梯谦笔录的《马可·波罗游记》共分四卷，229 章。第一卷叙述马可·波罗与其父亲、叔父东行时的沿途见闻。第二卷记载了中国元朝初年的政事和大汗忽必烈的宫廷生活、都城、宫殿、节庆、游猎等；马可·波罗奉使经太原、西安、成都等地赴云南各地见闻；自大都南行至淮安、扬州、镇江、苏州、杭州、福州、泉州等地见闻，描述了各地的繁华景象。第三卷介绍日本、越南、印度尼西亚、斯里兰卡、印度、印度洋沿岸诸岛以及非洲东部等地区的情况；第四卷讲成吉思汗以后蒙古各汗国之间的战争和俄罗斯的概况。

马可·波罗用了很大篇幅来描述元朝大都的宏伟和繁荣。作为全国的政治和文化中心，历朝历代都对都城的营建下足了功夫，极尽奢华壮丽，特别注重规模建制，使其显示出皇权的至高无上和神圣不可侵犯。所以，都城往往气势雄伟，规模宏大。正如唐代诗人骆宾王的名句说："山河千里国，城阙九重门。不睹皇居壮，安知天子尊"。凡是到过中国都城的外国旅游者首先都会为中国都城的宏伟气势惊叹不已。比如唐代的长安城，恢宏壮观、大气磅礴，是当时世界上第一大都市，令来到长安的外国人大为惊叹。在 17、18 世纪来中国的传教士们也都对明清首都北京留下深刻印象，撰写了大批描述北京面貌的文字，形成他们的"北京经验"。

元朝的大都即现在的北京也是当时世界上最大的城市之一。马可·波罗对大都做了详细的介绍。他称大都为"汗八里"。"汗八里"是突厥语，意为"帝王之城"。他描写汗八里面积广袤，街道布局严整。大都的皇城，宽广各有一英里，周围有高达十步的城垣环绕，皇城四角建有角楼。宫殿建筑的"工巧之极，技术之佳，见之足以娱人心目"。君王临朝听政的大殿，壮丽富瞻，光泽灿烂。在宫城与皇城两墙之间还有"一极美草原"，种植各种果树，还有许多动物，如鹿、獐、山羊、松鼠等。另外还有一个大湖，景色非常优美。

马可·波罗在游记中还介绍了西安、太原、成都、大理、苏州、杭州等数十个城市，对这些城市的情况，包括山川地形、生物矿产、气候寒暑、工商贸易、珠宝香料、宗教信仰、风俗习惯等等，都有详略不等的介绍。他尤其对经济发达、人文荟萃的长江中下游地区留有深刻印象。他说苏州"其城之大，周围有六十英里，人烟稠密，至不知其数"。他称杭州为"天城"，是"世界最富丽名贵之城""所供给之快乐，世界诸城无有及之者，人处其中，自信为置身天堂"。他特别提到了西湖的美丽景色，说城中有一大湖，湖上有许多画舫划艇，大小都有，专为游览娱乐而设。每条船里都备有漂亮的桌椅和其他必需的器皿，驾船之人手持篙子，插入湖底，用力撑船，想往何处，随心所欲。船顶以下及其四壁，悬挂各色画图；两旁有窗户，可以向外眺望，所有湖边的离宫别墅，院庙寺宇，园林山色，尽在目中。他很感叹地说：地上的赏心乐事，没有比泛舟西湖更为快乐的了。

除了对大都和这些大都市的描写之外，《马可·波罗游记》中还记述了许多中国的情况，涉及政治、军事、法律、奇闻轶事、风土人情等许多方面。在元朝的制度方面，涉及元朝的行省制度、驿站制度和漕运等方面的情况。由于他到处旅行，所以对驿站制度特别留意。他说，全国有驿站一万多个，有驿马20多万匹，有陈设豪华的驿站系统宫殿一万多座。

马可·波罗本人是个商人，所以他以极大的兴趣记录了各个地区的物产、贸易、集市、交通、货币、税收等等与商业有关的事物。有人统计，《马可·波罗游记》中关于商务的记录，约占中国部分内容的1/6以上，以致欧洲人曾把它看成是东方的"商务指南"。马可·波罗记述了大都贸易发达、商业繁荣的情况，说大都是"商业繁盛之城"，凡是世界上最为稀奇珍贵的东西，都能在这座城市找到。特别是印度的商品，如宝石、珍珠、药材和香料。中国北方各地区和其他地区，凡有贵重值钱的东西都运到大都来。外国高价珍稀商品及各种商品输入大都城之多，是世界上其他城市所不能相比的。这里"百物输入之众，有如川流之不息，仅丝一项，每月入城者计有千车"。

他不仅记录了扬州、杭州、福州、泉州等商业名城的商务和物产，而且还细心地观察了途经的中等城市的工商业状况。其中关于地方特产、商店市场、贸易方式、物价税率、货币折算及金银比价等等记事，甚至比当时中国一些文人的记述更为详细和具体。比如他说到成都的蜀锦，云南大理的黄金交换价格，扬州居民"恃工商而活"，开封的绢绸生产，镇江居民"恃工商而活，产丝多，以织数种金锦丝绢"，以及苏州、杭州的工商业，福州、泉州的海外贸易等等。

马可·波罗对在元朝流行的纸币进行了比较详细的介绍。他首先介绍了印造纸币的机构和货币的质地，说"在此汗八里城中，有大汗之造币局，观其制设，得谓大汗专有方士之点金术。""此币用树皮做之，树即蚕食其叶作丝之桑树。"用这些树皮造纸，然后裁作长方形，大小不等。这些纸币，幅有大小，面值不等，币面上盖有"君主印信"。这些纸币在全国流通，凡州郡国土及君主所辖之地莫不通行。大汗国中商人所至之处，用此纸币支付费用，以购商物，竟与纯金无别。

《马可·波罗游记》还介绍了中国的育蚕制丝技术、制盐造纸、用煤作燃料，乃至做面条的方法；对于宗教、葬俗、饮食、生肖纪年、社会救济等等，都有繁简不同的记述。

在《马可·波罗游记》中，对中国有两种称呼，一个是"契丹"，一个是"蛮子"。这是沿用了蒙古人的叫法。与他同时代的柏朗嘉宾（Jean de Plan Carpin）、鲁布鲁克（William of Rubruk）、鄂多立克等人都是采用这样的称呼。元朝统一中国后，把中国北部称为"契丹"，把中国南部称为"蛮子"。在俄语、希腊语和中古英语中，把整个中国称为"契丹"（读音分别为 Kitay，Kitala，Cathay），在穆斯林文献中常把北中国称为契丹（Khita，Khata）。俄国人目前仍然称中国为 Kitan（契丹），称中国人为 Kitanyes（契丹人）。但是，关于契丹的种种传闻传入欧洲后，人们误解"契丹"和"中国"（蛮子）是两个国家，认为在 China（中国）之外，遥远的东方还有一个美丽的国家——契丹。甚至在地理位置上认为"中国"在"契丹"以南以东的位置。

《马可·波罗游记》中极尽能事地描写了契丹的繁荣昌盛，使契丹这个名字在欧洲不仅耳熟能详，而且成为欧洲人向往和追求的梦想。这样混淆的地理概念一直持续了几个世纪，直至 16 世纪时，欧洲人对东亚大陆的认识还十分混乱，从海路来华者，称中国为"秦"或"China"；从陆路来华者称中国为"契丹"。17 世纪初，由于利玛窦等人的努力，才最后得以澄清，欧洲人始确认"契丹"与"中国"实际上是一个国家的不同名称。

四

《马可·波罗游记》以其丰富的内容、富有感染力的文笔，给欧洲的知识界开辟了一方新天地，极大地丰富了欧洲人对中国和东方的认识。这部《马可·波罗游记》被称为"世界第一奇书"，马可·波罗被誉为"中世纪的希罗多德"，不仅是中世纪最伟大的旅行家，而且是有史以来世界上"最伟大的旅行家之一"。

《马可·波罗游记》完成不久后的 14 世纪初，就已经有手抄本流传。在《马可·波罗游记》诞生后的头 20 年，其语言形式有法意混合语的、托斯卡纳语的、威尼斯语的、德语的、拉丁语的以及一种经过改造的法语形式的版本。《游记》的译本创造了中世纪史无前例的记录。由于传抄和翻译的广泛，所以在 14 世纪，《游记》成为法国人和意大利人的史诗中有关东方内容的源泉之一。1477 年，《马可·波罗游记》的第一个印本——德文译本在德国纽伦堡印行。以后陆续被翻译成多种文字出版。最早的英译本是 1579 年在伦敦出版的。

不过，当时的欧洲人并没有充分认识《马可·波罗游记》的重要价值。因为对于当时欧洲人来说，对于中国、对于东方的了解还是相当有限、相当模糊的。特别是因为 14 世纪以后，奥斯曼帝国兴起，中西交通再次受阻，欧洲人对于东方的了解更困难了。而马可·波罗所说的一切，对于他们则太陌生、太新奇、太不可思议了。他们还没有做好接受如此大量文化信息的观念上和文化上的准备。所以当时有人将《马可·波罗游记》看作是《天方夜谭》一类的书籍，并未有充分的信任和理解。马可·波罗也被同时代人称之为"讲故事的能手"。在相当长的时间里，《马可·波罗游记》只被看作是一部文学作品，人们并不相信其真实性。它和那个时代的其他地理学著作一样，基本上被当作是一本关于世界奇观和奇风异俗的书，而在欧洲中世纪，地理学的基本构成元素就是奇闻逸事。

在当时的一些人看来，《马可·波罗游记》并非真实的记录，而是他"曾仿许多旅行家，将他所见的事物故意夸张粉饰"而成，认为马可·波罗并未到过东方，书中所述是得自他人的传闻。他的一些亲友也持这种怀疑态度。据说在马可·波罗的家乡，但丁就对马可·波罗和他的书怀有成见，在他的著作里从未提到过马可·波罗和他的书。1321年，但丁和马可·波罗都在威尼斯。但丁是以使节的身份到威尼斯为拉文纳家族（Ravennati）的案件做辩护，马可·波罗则以"社会贤达"的身份被委任为大陪审团的成员。奇怪的是，这两位在当时都是最有名望的社会人士，竟从未在一条狭窄和人群拥挤的街道上相遇过，至少没有这样的记载。在但丁眼中，马可·波罗可能是一个不值得一提的人物。

当时许多人对《游记》所传递的有关中国的信息将信将疑，但《游记》终因其"奇异"不胫而走。由此，马可·波罗向欧洲展现出一个新奇的中国，一个富裕强大、文明昌盛的奇异世界，一种气质优越的、迷人的、发达的民族文化。由于马可·波罗的介绍，欧洲人对中国的模糊印象逐渐清晰起来，对中华文化有了进一步的接触和了解。

在马可·波罗那个时代，也有一些欧洲人士来到中国并写下他们的游历记录，但由于马可·波罗在中国生活的时间很长，并且广泛游历各个地方，出入宫廷又深入社会，因而马可·波罗对中国的了解比他们更深入、更充分，他的记述也比他们更具体、更详细、更富有感染力。因此，可以说，正是马可·波罗代表了那个时代欧洲人关于中国的知识水平。

马可·波罗及其游记的历史价值，在于以亲身的经历和见闻，比较系统地向欧洲人介绍中国和中华文化，增加了他们对中国的了解。早在古罗马时代，罗马帝国和中国就有一些直接或间接的往来，在古罗马文献中，也有一些关于中国的记载。但是，这些记载大都得自传闻，有许多不准确或失实的地方。当时欧洲人对中国和中华文化的了解，犹如雾里看花，若明若暗，只是对遥远的东方帝国有一些模糊的印象。罗马帝国覆亡之后，欧洲进入中世纪时代，大约有五六百年的时间，即直到12世纪以前，被人们习惯地称为"黑暗时代"。这一时期欧洲的历史和文化是落后的、发展缓慢的。在这一时期，虽然有许多中华文化的物质成果和先进技术经阿拉伯人西传至欧洲，虽然中国与欧洲也有一些外交上的往来，如与东罗马帝国即拜占庭的交往，但实际上欧洲人的中国知识、欧洲人对中华文化的了解和认识，并没有显著的进步与增长，并没有特别值得注意和重视的文献记载。当盛唐文化在东方如日中天、展现它的世界性辉煌的时候，欧洲人却对此知之甚少。处于"黑暗时代"的欧洲人还不具备充分认识和理解中华文化的条件。

马可·波罗则是第一个亲自游历中国并将其经历笔录成书的欧洲人。他大大开阔了当时欧洲人的地理视野，在他们面前展示了一片宽阔而富饶的土地，引起他们对于东方的浓厚兴趣。而对于那个时代的欧洲人来说，马可·波罗的故事确实使他们大开眼界。就像200年之后的哥伦布一样，马可·波罗为欧洲人发现了一个新世界。

可以说，马可·波罗的中国之行，揭开了欧洲人心灵对于亚洲文化想象的序幕。

直到15、16世纪，欧洲人对于东方的历史和地理知识逐渐丰富，《马可·波罗游记》的价值才被注意和重视起来。怀疑化为相信，伴随而来的是惊奇和羡慕。所以，有人说，马可·波罗用了20年时间认识中国，而欧洲人认识马可·波罗却用了200年。

200年后，世界历史进入到大航海时代，而《马可·波罗游记》展现的中华文明，成为刺激欧洲人发动大航海运动的强大心理动力。

| 第十五章 |
讲述东方的故事

　　在那个时代，奇异的神秘故事具有的感召力是无可抗拒的。所以，信其有也好，将信将疑也好，马可·波罗的故事还是不胫而走，持续流传。在这样的气氛中，不仅是马可·波罗，还有一些同时代人也热衷于讲述来自东方的奇闻逸事，成为那个时代文学叙事的一个方向。

　　无论是马可·波罗的游记，还是鄂多立克、伊本·白图泰等人的叙述，还有《曼德维尔游记》等在那个时代流行的东方故事，都给欧洲人展现了一个新的世界，一个完全新奇的奇异之邦，因此刺激了西方世界对东方这一神秘、虚幻之地的兴趣。这在随后欧洲人心灵对东方的想象和知识建构中起到了相当重要的作用。

一

尽管当时的欧洲人对马可·波罗讲的中国故事将信将疑，但这些故事毕竟是奇异的、迷人的、充满异域风情的，这种情调本身就具有很大的吸引力。在那个时代，奇异的神秘故事具有的感召力是无可抗拒的。所以，信其有也好，将信将疑也好，马可·波罗的故事还是不胫而走，持续流传。

在这样的气氛中，不仅是马可·波罗，还有一些同时代人也热衷于讲述来自东方的奇闻逸事，成为那个时代文学叙事的一个方向。

因为在丝绸之路上行走的商人、使臣、旅行家，都有许多传奇的经历，他们都是有故事的人。在丝绸之路上，他们和马可·波罗同行。

自从5世纪西罗马帝国灭亡以后，基督教会逐渐成为欧洲社会的支配力量，罗马教廷成为全欧洲的宗教中心和政治统治中心。蒙古人的西征，使欧洲人大为震动，引起了一种普遍的不安之感，教皇和各国君主也认识到局势的严重性，察觉到他们迫在眉睫的危险。教皇一方面鼓励组织军队，为抗拒危在旦夕的蒙古入侵做准备。另一方面，向东方派出了使节团，试图缔结和约，窥探蒙古的军事实力，并且考察是否有可能使蒙古人改宗天主教，以避免蒙古人入侵西欧的危险。之后，又派出传教士，到东方传教，建立教会。

1245 年 4 月 16 日，由教皇英诺森四世派遣意大利方济各会修士柏朗嘉宾出使东方，由里昂启程前往哈剌和林。

柏朗嘉宾（Jean de Plan Carpin, 1182—1252）是圣方济各（Saint Fransois d'Assise）的挚友，也是方济各会的创始人之一。1245 年他奉教皇派遣出使蒙古时，已经是 65 岁的老人了。

柏朗嘉宾在途中与为他做翻译的波兰人本尼迪克特（Benedict）汇合，1246 年 4 月，他们到达伏尔加河畔的拔都的王庭。拔都决定应该立即将他们送往哈剌和林。他们经过三个半月的长途跋涉，在 7 月 22 日抵达和林附近的蒙古皇家幕帐。8 月 24 日贵由汗举行大汗受位庆典，8 月底才接见柏朗嘉宾和本尼迪克特，接受教皇的信件。

罗马教皇英诺森四世写给蒙古汗王的信件，其主要内容是阐明基督教教义，规劝可汗皈依基督教，优待基督教徒，并直言蒙古屠杀之非。贵由汗当即复书教皇，对教皇的责难一一驳斥，并将蒙古人军事征服的成功归诸上天的偏爱和相助。

柏朗嘉宾带着贵由汗给教皇的复信，于当年 11 月 13 日踏上返程，1247 年秋回到教廷。

柏朗嘉宾的这次出行是一次充满危险的旅程。因为他们对于蒙古人一点也不了解，而且所听到的都是杀戮与残暴的传闻。所以，这是一次了不起的探险之旅，柏朗嘉宾被认为是公元 900 年后，第一位东行到巴格达并成功走出亚洲的人迹罕至之地，最终安全返回欧洲的西方人。

柏朗嘉宾还受教皇之命要了解蒙古人的情况，特别是了解蒙古人的军事实力和西征计划，要给欧洲一个比较准确的关于蒙古人的信息。

出使归来后，柏朗嘉宾所介绍的故事引起了人们的关注，于是他向教廷写了一份出使报告，重点介绍了蒙古人进行的战争、征服的地区、武器装备、如何对付蒙古人的入侵及其风俗习惯等等。他的报告以自己的亲自观察为基础，并广泛利用了他在旅途中搜集的大量资料。柏朗嘉宾报告书名为《蒙古史》，或称《柏朗嘉宾蒙古行纪》。因为柏朗嘉宾的出使比中世纪其他欧洲旅行家如鲁布鲁克、马可·波罗、鄂多立克等人东游的时间要早，所以柏朗嘉宾介绍的有关蒙古和中亚的许多情况是首次传入欧洲的，是欧洲人根据亲身见闻所写的关于蒙古的第一部详细报告。

柏朗嘉宾的足迹只及漠北和林附近，并没有到过中国内地。但在他的报告中隐约提到了"契丹人"。不过他所说的"契丹"并非指建立辽朝或西辽的那个特殊民族，而是泛指中国和中国人。柏朗嘉宾可能在蒙古汗廷见过汉族人，如此才能说出他们的形貌和性格，并注意到汉族的语言和文字。他对中国人在工艺方面的先进水平和丰富物产的记述也是准确的。虽然他的记载极为简短，若明若暗，但对"契丹人"所做的描述在欧洲人中是破天荒的第一次，他也是第一位介绍中国语言和文献的人。在柏朗嘉宾之后入华的旅行家，如鲁布鲁克、马可·波罗等人，他们的记述要更具体、更准确一些。但柏朗嘉宾作为"破天荒的第一次"，在欧洲人认识中国史上却有其重要地位。

二

在柏朗嘉宾回到欧洲六年后，法国国王路易九世又于 1253 年派法国方济各会修士鲁布鲁克（William of Rubruk）前往和林。

鲁布鲁克是在柏朗嘉宾奉使之后启程的，因而他有机会做充分的准备。据说他曾在巴黎见过柏朗嘉宾，听他介绍出使蒙古的经历和见闻。他还从其他奉使回来的使节以及别的渠道获得许多有价值的情报。因而，当鲁布鲁克踏上东行之旅的时候，所做的知识准备要比柏朗嘉宾等人充分得多。

鲁布鲁克于当年 5 月 7 日从君士坦丁堡启程，历尽辛苦，12 月 27 日抵达和林。宪宗蒙哥接见了法国使者，并致以回复法王的国书。鲁布鲁克要求留在蒙古传教，遭到蒙哥婉言拒绝。1254 年 8 月 18 日，鲁布鲁克不得不离开和林折返回国。

　　鲁布鲁克自蒙古返回欧洲，抵达塞浦路斯时，得知法王路易已返回法国。当地的主教不允许他赶到法国去见路易王，而是叫他把旅行经历写下来，另派人将回信转交国王。鲁布鲁克只得这样做。于是他以长信的形式记下了他的行程，此即流布后世的《鲁布鲁克东行纪》。不过他在报告的末尾要求到法国面见国王，大概获得了准许，所以后来鲁布鲁克还是回到法国。几年后英国著名哲学家和科学家罗吉尔·培根在法国遇到他，向他详细询问了旅途的经历和发现，并且几乎将每个地理细节都在他的名著《大著作》中披露出来，关于火药和中国纸币的知识也是鲁布鲁克向罗吉尔·培根在这次会见中介绍，并第一次进入到欧洲文献中的。

　　《鲁布鲁克东行纪》的特点在于，无论是蒙古地区的风土人情，还是他本人的种种活动，都描述得细腻和具体，以致有的研究者认为，他可能在行程中做了某些记录或日记。人们对鲁布鲁克的游记给予了很高的评价，说它是一部如此具体、充满了取自现实生活细节以及地理学和传奇神话的游记。

　　鲁布鲁克和柏朗嘉宾一样，也没有机会进入中国内地。但在他的《东行纪》中有不少关于中国的记载。他和当时其他西方旅行家一样，以"契丹"指中国内地，"契丹人"指汉族人。他在其《东行纪》中有一大段落论述"契丹人"。他提出，古代人所说的"赛里斯"（丝人）其实与"契丹"是同一个国家和民族。这种判断具有重要的历史地理价值，使欧洲人开始把他们所知的"契丹"与历史文献上说的"赛里斯"联系和统一起来来认识。

　　鲁布鲁克对中国文化还有进一步的具体观察和了解，他提到了中医的诊断（按脉）和治疗（草药）方式；提到了中国人的工艺水平，以及中国人子承父业的习惯传统。在另外一段论述中，鲁布鲁克还介绍了中国纸币，是西方文献中最早提到中国纸币的。他提到中国的文字和书写方式："他们使用毛刷写字，像画师用毛刷绘画。他们把几个字母写成一个字形，构成一个完整的词。"[1]

---

[1]《柏朗嘉宾蒙古行纪·鲁布鲁克东行纪》，中华书局1985年版，第280页。

这大概是那个时代西方旅行家们的记录中仅有的。鲁布鲁克说信奉佛教（他称为偶像教徒）在中国很普遍。他在中亚一带和哈刺和林时去过佛寺，与佛教徒有过多次接触，访问他们的寺庙，与他们交谈或辩论，因而对佛教有比较具体的了解。此外，他还提到，契丹人那里还有一些隐士，住在森林和山里。他们生活清苦，使人赞叹。

<h2 style="text-align:center">三</h2>

在这个时代，从丝绸之路上走来的另一位传教士更为著名，叫鄂多立克。他更是以一位旅行家著称于世。他和马可·波罗、伊本·白图泰、尼古拉·康蒂一起，被誉为"中世纪四大旅行家"。

鄂多立克（Odoric de Pordenone，1265—1331）是意大利人，圣方济各会修士。和柏朗嘉宾、鲁布鲁克以及马可·波罗等人不同，他不是从陆路走来，而是从海上丝绸之路乘船来到中国。

1318 年，他开始长达十几年的东游旅行。他先乘船离开威尼斯，渡海至君士坦丁堡，进入大亚美尼亚（Armenia the Greater），经今土耳其之埃尔祖鲁姆（Erzurum），越萨尔比萨卡罗山（Sarbisacalo），来到大不里士。由大不里士来到里海南岸的伊朗之苏丹尼耶（Sultanieh）。鄂多立克可能在此地住了一段时间后，随一群旅伴来到波斯古都波斯波利斯，再向西进入巴格达。他又顺底格里斯河南下到波斯湾，抵达忽里模子（Ormes）。约 1321 年夏，鄂多立克由忽里模子乘船东航，花了 29 天抵达印度西岸之塔纳（Tana）。由塔纳沿印度西岸南下，抵达印度东南端之马八儿（Mobar）和锡兰。由马八儿和锡兰继续东航，渡过大洋海，经苏门答腊岛，最后抵达占婆。又东航大洋海若干天，终于到了中国南方即所谓"蛮子"省。大约在 1322 年到达中国的广州。鄂多立克记载的他西来的行程，也就是那个时代海上丝绸之路的航线。

鄂多立克到广州后，稍作停留就继续东行，至福建的泉州、福州，北上经三省交界的仙霞岭，至杭州和南京。再从扬州沿大远河北上，最后约在 1325 年到达元朝大都，受元泰定帝接见，并在大都留居三年，于 1328 年启程回国。返程取道天德军（河套），经陕西、甘肃，又南至吐蕃，然后经中亚、波斯，返回意大利。

与柏朗嘉宾、鲁布鲁克等人不同的是，鄂多立克是从海路先到广州以及中国南方地区，然后到达大都，再由西北陆路返回欧洲。实际上，他对中国与欧洲之间的海陆两道丝绸之路交通都有了切身的经历。这与马可·波罗相似，但行程相反，马可·波罗是从陆路进入蒙古和大都，然后从海路返回欧洲的。

鄂多立克回国后，到阿维尼翁谒见教皇，求教皇降福，准许其率领 50 位传教士东去传教，但因病未得实现。他后来寓居帕多瓦，将旅途见闻口述，由索拉纳的僧侣威廉（William of Solagna）笔录，即流布于世的《鄂多立克东游录》。此书一经问世，就受到人们的重视，以后陆续有拉丁文、意大利文、法文、德文等各种语言抄本达 76 种之多。

鄂多立克在中国游历极广，对所到地方都有记载。他对中国各大城市的印象极为深刻，认为中国城市的雄伟壮丽，决非欧洲诸城可比。他被广州密集的人口、繁荣的经济以及港口众多的船只所震悍，他说广州是一个比威尼斯大三倍的城市，该城有数量极其庞大的船舶，整个意大利都没有这一城的船只多。他说刺桐（泉州）是世上最好的地方之一。他记载金陵府（南京）其城墙四周为 40 英里。城中有 360 座石桥，比全世界上的桥都要好。它的人口稠密，有大量使人叹为观止的船只。城市坐落在交通方便之处，有大量各种好东西。他特别描绘了杭州城，说它是世上最大的城市，是"天堂之城"。

鄂多立克和其他到中国的旅行者一样，对中国的丰富物产和富裕生活留下深刻的印象。他写到杭州时说，我很奇怪，那么多的人怎么能安排住在一个地方，但那里始终有大量的面食和猪肉，米和酒，酒又称为米酿（bigin），享有盛名；那儿确实有大量其他种种食物。

鄂多立克在大都居留的时间最久，对元朝的规章礼仪、宫廷建筑，有不少翔实的记载。他描述大汗的宫殿雄伟壮丽，大宫墙内，堆起一座小山，其上筑有另一宫殿，系全世界之最美者。此山遍植树，故此名为"绿山"。山旁凿有一池，方圆超过一英里，上跨一"极美之桥"。这里说的小山即是今北海公园内的琼华岛，其上的宫殿即广寒宫；其旁之池即元代太液池，今北海；"极美之桥"应为山前之白玉石桥。

鄂多立克东行游历十几年，足迹几乎踏遍整个亚洲，特别是在中国，从南到北，远达西南、西北诸省，所记甚为详细，他的游记被称为"关于中国的最佳记述"。

四

另一位同样被称为"四大旅行家"之一的伊本·白图泰（Ibn Battūta, 1303—1377）是生于西北非洲摩洛哥的阿拉伯人。其他几位旅行家的行程都是有明确的目的地，肩负着宗教或外交或商业上的任务。伊本·白图泰则不同，游历就是他的目的。他是名副其实的"旅行家"。

1325 年，伊本·白图泰离开家乡，取道陆路前往埃及的亚历山大港，从此开始了他的游历生涯。他用了 26 年的时间，行程 12 万余公里，游历了半个世界，足迹遍及亚、非、欧三洲的大地。1349 年，伊本·白图泰经过多年的旅途生活，回到故乡，来到马林国首都非斯。他的关于世界的渊博知识受到非斯苏丹阿布·伊南（Abù'Inān）的赏识，召他入宫任职，并委派他出国去完成外交使命。他再次回国后，阿布·伊南命他回忆在世界各地旅行的情形，由文学秘书穆罕默德·伊本·玉萨（Muhammad Ibn Juzai）笔录成书。经过一年多的勤奋工作，这部举世闻名的伊本·白图泰游记于 1355 年 12 月最后完成。

伊本·白图泰的游记原名为《异域奇闻览胜》。在这部著名的游记中，伊本·白图泰详细介绍了他游历世界各地的见闻，描绘了阿拉伯、突厥、印度和中国文明的生动图景。它最初被收藏的马林王国皇家档案馆，直到 1840 年被译成葡萄牙文出版，此后注家蜂起，竞相翻译，至今已有 30 多个译本，被译成了 40 多种语言。

伊本·白图泰的游记有很大篇幅记载他在中国游历的见闻。关于白图泰的中国之行，也颇为复杂和富有传奇色彩。1339 年，他从中亚地区进入印度，到达德里，被德里苏丹留住宫廷八年，充任德里马立克教派总法官。当时德里苏丹统治着北印度地区。1341 年，元顺帝遣使德里，要求重建喀拉格里山麓萨姆哈里的佛寺，供中国佛教徒顶礼。苏丹授命白图泰率领使团前往中国答谢。白图泰早已厌倦了在德里的定居生活，他不习惯于在一地久留，渴望继续他的旅行生涯。于是，他很愉快地接受了苏丹的使命，踏上了中国之旅。

白图泰的中国之行很不顺利。1342 年 7 月，白图泰率领的使团离开德里，到达坎贝后，由坎代哈尔登舟，计有三艘使船，南航科泽科特，等候季风，准备乘中国海舶前往广州。不幸发生海难，使团失散，白图泰流落马尔代夫群岛、锡兰、孟加拉等地，历尽风霜，饱尝艰辛，最后于 1345 年春由爪哇搭乘驶往中国的海船，在刺桐（泉州港）登陆，踏上中国的土地。白图泰在中国先到广州，又从泉州走水路到杭州，然后沿运河北上大都。据他自述，由于战事发生，白图泰没有见到元朝大汗，便被护送回印度，从泉州登上去印度的中国船。

伊本·白图泰在中国各地游历，前后有 11 个月左右，对中国文化有了较为具体的了解。他在《游记》中充分运用自己广博的知识和精细的观察，以判断中国文明的历史价值。他详细介绍了中国丰盈的物产以及造船、陶瓷、丝、棉织等行业的情况，还特别介绍了当时中国社会的文化习俗、典章制度、宗教信仰等方面的情况。他说中国幅员甚广，土产甚丰。有水果、五谷、金银等。世界各国，莫与伦比。他说中国的农业和灌溉工程极为发达，赞扬中国是世界上出产小麦最多的国家，丝绸普遍到贫民都能穿用，产糖之多和糖质之佳远胜过埃及，而中国人使用煤块作燃料，尤其使他感到新奇。他倾慕中国社会的稳定和有条不紊，说中国居民富庶，国家繁荣。他在中国旅行时看到了佛教的庙宇里附设的盲人和老人休养院、免费医院和食堂、寡妇收容所、孤儿院。

白图泰在中国游历了许多地方，到过中国许多大都市，对中国都市的繁荣景象和恢宏气势有很深的印象。他对行在（杭州）的繁华和宏大极为赞叹。他说行在城的宏大，需三日才能穿越全城，游览该城需投宿就餐。行在分有六城，大小相包，城区优美。他还记述了广州、泉州等他所到过的城市，在他看来，说泉州为世界上最大的港口也不过分。

伊本·白图泰在中国的游历到处都充满新奇，时时为中国的繁荣富庶、文明昌盛所感染。在他的游记中，往往流露出对中华文化的钦慕和敬意。

五

在马可·波罗时代，还有一本流传很广的关于中国的游记，即《曼德维尔游记》。据说，有一位叫胡子约翰（John the Beard）的英国人，托名曼德维尔爵士（Sir John Mandeville），自称于 1322 年从鄂多立克东游，先启程去了圣地，然后又到过印度、波斯和中国，最后于 1356 年结束旅程返回家中，著《曼德维尔游记》，卷帙甚多。他宣称教皇在看过他的游记报告后，认为他所记录的一切都是属实的。

以前欧洲人以为，中世纪确有英国人约翰·曼德维尔爵士游历至中国，因此《游记》被誉为"首次或几乎是首次尝试把世俗主题引入英语散文领域"，其作者甚至被誉为"英国散文之父"。直到 20 世纪初，始考定其为伪书。《曼德维尔游记》的内容是当时流行的各种东方游记和文献的汇集整理，然后再经过作者的想象与加工，实际上反映了那个时代人们对于东方和中国的知识水平。

据有关学者研究，曼德维尔游记中所讲的故事的来源，主要有《马可·波罗游记》、博韦的文森特（Vincentive of Beauvais）《世界镜鉴》、柏朗嘉宾《蒙古行纪》、鄂多立克《东游录》以及流传甚广而实为他人伪造的长老约翰（Prester John）的书简等。

虽然《曼德维尔游记》已经被考定为伪书，但在 14 世纪以后的相当长的时间里流传，影响甚广，在中世纪晚期和文艺复兴时期的英国成为一部广受欢迎的作品。现存的《游记》版本、手稿有 300 余种之多，涉及法语、英语、拉丁语、德语、荷兰语、丹麦语等众多语种。

按照作者的描述，曼德维尔从英国出发，一步一步东游，经过了中亚、印度、中国，最后来到传说中的祭司王约翰的国土，并由位于约翰国东海外的伊甸园回到欧洲。书中所写的，就是他在"漫长的旅程"中的"所见所闻"。

关于中国的部分，这一章的标题是"世界上最好的王国"。他说，向东航行许多时日，就会到达一个叫"蛮子"的国家。这里有着世界上最精美、最丰富的商品。这是一片辽阔的疆域，共有两千座城市及许多的乡镇，居民为基督徒和萨拉森人。这里没有穷人，无人靠乞讨度日。男人长着猫一般稀疏的胡须，女人则分外妖娆美丽。他说有一座叫拉托雷姆（Latorim）的城市，面积比巴黎还大。他说杭州是世界上最优美的城市，该城周长 50 英里，有七座城门供人出入。离杭州城三英里远的另一座城中有 7000 座桥梁，每座桥都建有一座坚固的桥头堡。一条大河沿城而过，河畔的居民生活富庶，盛产美酒，该城曾为蛮子国王驻跸之处。城中还有一些僧侣，跨过河便可来到一座寺庙。寺庙宛如一个大花园，生长着各种奇花异草，饲养着狒狒、猿、猴等各种动物。

接着作者介绍了契丹国，他说有一条叫喀剌摩拉（Ceremosan）的河，大概是指黄河，说这条河流经契丹的领土。契丹是一个富饶的大国，商业发达，每年商贾都会云集于此，买卖香料和其他商品。其中有许多来自威尼斯、热那亚的商人，他们要跋山涉水经历六个多月才能到这里。

作者还介绍了大都，说大都的城墙有 20 英里长，城中建有大汗雄伟华丽的宫殿，宫墙长约两英里。内部美景令人目不暇接。宫中的花园内有小山，山顶上有一座大殿，其精巧华美无与伦比。山上山下树木茂盛，果实累累。山顶的大殿有 24 根包金的殿柱，过道铺有昂贵的豹皮。这些兽皮不仅花纹美丽，而且气味宜人，花纹颜色如血一般鲜红，在阳光的照耀下令人不可逼视。这种皮革贵如黄金。皇宫的中央是大汗的殿宇，殿宇中镶有各种宝石，四周悬有美丽的挂件。在殿的四角下方各有一条金龙，水可以从龙口中导出。整座殿宇富丽堂皇，殿尽头的首座是皇帝的龙床，前面的桌子镶有金边、宝石、珍珠。

《曼德维尔游记》是一部伪书，但它在当年比《马可·波罗游记》流行更广。大概《曼德维尔游记》描写的东方，迎合了当时欧洲人关于中国的集体想象，更适合欧洲人的口味与需求。

通过《马可·波罗游记》以及鄂多立克、伊本·白图泰等人的游记，还有现在被称为伪书的《曼德维尔游记》，使欧洲人建立起一个完整的中国地理观念。在古罗马时代，人们只是对产丝的"赛里斯国"有一个大致的方向，即在遥远的东方，而现在的欧洲人则已经对中国的疆域有了比较清楚的概念。在这个时代的文献中，都说到中国地域辽阔，疆土广大，全国分成十几个省。有的把中国北方叫作"契丹"，把南方叫作"蛮子"，有的则把"蛮子"看作是契丹的一个省。无论是哪种提法，所指的地方都是具体而且准确的。在这些文献中，对中国的地理环境也有所描述，如提到北方的沙漠，南方的平原，提到长江、珠江乃至大运河。同时，还提到朝鲜、日本、印度等中国的邻邦，提到中国东邻大海，如此等等。总之，这个时候的欧洲人通过那些旅行家的描绘，已经对中国的地理位置和行政区划有了大体准确和清楚的概念。

马可·波罗等旅行家们对中国的城市怀有极大兴趣。几乎所有重要的游记、报告和书信，都不厌其烦地描述中国的城市，包括大都、杭州、刺桐（泉州）、广州，还有福州、苏州、南京等大都市，也包括忽必烈之前的蒙古汗国都城哈刺和林，甚至涉及一些中小城市。他们往往都以赞美和惊叹的口气详细地描述这些城市规模巨大宏伟，宫殿建筑辉煌壮丽，城市繁华，交通便利，人口众多，物资丰盈。大都和杭州更是他们大加渲染、赞颂的对象。这些旅行家们往往对这些大都市的文化氛围乐此不疲，深为其陶醉。这种现象，不仅仅反映了他们个人的兴趣与感受，而且与当时欧洲城市文化的兴起有很大关系。城市的兴起并日益成为社会生活的中心，成为政治、经济和文化的中心，是10世纪以后的一种世界性政治、经济和文化现象，是欧洲资本主义前夜的一种历史现象。正因为有这样的背景，所以那些从欧洲来的旅行家们，对在中国看到的规模宏大、欣欣向荣的大都市会特别关注；而他们对这些都市的描绘，也会引起欧洲读者们的热烈反应。

他们都注意到并且着力描写中国的疆域广大、人口众多、物质繁荣和社会富庶。对于来自正处于中世纪的欧洲人来说，面对着如此浮华且强大的中国，他们会发出由衷的赞叹和惊讶。同时，他们深入到日常生活领域，对中国的社会经济文化生活有了更广泛的涉及。他们不仅介绍了中国的典章制度、礼仪规范，也不仅介绍了中国丰富的各种物产，而且用很多篇幅描绘他们所了解的风俗习惯和日常生活。比如广州人吃蛇肉，西藏人的"天葬"习俗，乃至中国人的婚丧礼俗、饮食起居、家庭伦理、社会刑罚等等，都为他们的报告所涉及。

无论是马可·波罗的游记，还是鄂多立克、伊本·白图泰等人的叙述，还有《曼德维尔游记》等在那个时代流行的东方故事，都给欧洲人展现了一个新的世界，一个完全新奇的奇异之邦，因此刺激了西方世界对东方这一神秘、虚幻之地的兴趣。这在随后欧洲心灵对东方的想象和知识建构中起到了相当重要的作用。

而这将是一个新时代的到来。

| 第十六章 |
太平时代：世界的征服与秩序

经过多次的征战，蒙古帝国将周围诸文明社会整合进一个全新的世界秩序之中。所谓"四海为家，声教渐被，无此疆彼界"。在这片广袤的大陆上实现了前所未有的"和平"景象。

通过铁与血的征服而实现的和平，是建立在杀戮和废墟上的和平，是"大汗赐予人民的和平"。但是，无论如何，和平实现了，民族的疆域被打破了，文化的藩篱被拆除了，贸易的道路通畅了。因此，这就进入到一个东西方文化大交流的时代，进入到一个中国走向世界、世界认识中国的时代。

一

马可·波罗在东方发现了一个新世界，并且向欧洲人展示了他所发现的新世界。在那个时代里，不仅仅是马可·波罗，还有其他旅行家们，还有往来于大陆两端的商人们，还有征服欧亚大陆的蒙古铁骑，他们一起改变了欧洲人的地理观念，向他们展现出一个超出了他们历史视界的世界。

这一发现对于改变欧洲人的思想习惯，对于欧洲社会文化的变革，都有着深远的影响。

这种发现的基础在于蒙古人对世界的大征服。

在 13 世纪上半叶，蒙古军队先后发动了三次大规模的西征。在近半个世纪中，蒙古帝国以蒙古大漠为中心，通过三次西征，以及对中国内陆地区包括金朝、西夏以及南宋王朝的征服，把欧亚大陆的大部地区都纳入到蒙古帝国的版图中，形成了从东到西的庞大的蒙古帝国。蒙古军队征服的土地和人民，比罗马人花费 400 年时间征服的还要多。

经过三次西征，蒙古人在广袤的欧亚大陆上建立起一个庞大的帝国，从东亚的海边一直延伸到欧洲的内陆，跨越了东亚的中国、中亚和西亚的伊斯兰地区以及欧洲的基督教地区等几大文化世界。从太平洋到地中海沿岸，蒙古勇士的铁蹄溅起每条江河和每个湖泊的水花。它从西伯利亚冰雪覆盖的冻土地带延伸到印度的酷热平原，从越南的水稻田伸展到匈牙利的麦地，从朝鲜半岛伸展到巴尔干半岛。蒙古的都城哈剌和林和元朝上都成了当时世界的政治中心和文化中心，东西交通出现了前所未有的盛世，东西方文化的接触、碰撞、交流和融和出现了前所未有的规模。

经过多次的征战，蒙古帝国将周围诸文明社会整合进一个全新的世界秩序之中。所谓"四海为家，声教渐被，无此疆彼界"，在这片广袤的大陆上实现了前所未有的"和平"景象。14 世纪的意大利人裴哥罗梯 (Francesco Balducci Pegolotti) 游历广泛，曾在佛罗伦萨、安特卫普、塞浦路斯等地经商，他根据当时往来商人介绍的材料，于 1340 年著成《通商指南》一书，对当时颇为兴盛的中国与意大利贸易作了详细介绍，其中特别提到通往中国的商路是很安全的。长期以来一直阻碍罗马帝国和汉代中国进行直接接触的巨大地理距离，好像一下子缩短了。商旅终于可以自由通行，货物也可以自由畅通了，不必担心强盗，无须缴纳买路钱，不再蒙受中间大国的敲诈勒索了。

所以，后来的西方学者把 14 世纪称为"蒙古强权下的和平世纪"。英国历史学家汤因比说：

> 忽必烈的帝国从中国延伸到黑海，在他的统治下，这片广袤的疆域处于前所未有的太平时代。[1]

这是通过铁与血的征服而实现的和平，是建立在杀戮和废墟上的和平，是"大汗赐予人民的和平"。但是，无论如何，和平实现了，民族的疆域被打破了，文化的藩篱被拆除了，贸易的道路通畅了。因此，这就进入到一个东西方文化大交流的时代，进入到一个中国走向世界、世界认识中国的时代。

---

[1][英] 汤因比著，郭小凌等译：《历史研究》，上海人民出版社 2000 年版，第 251 页。

二

从汉代张骞通西域开始，就在建立起贯穿欧亚大陆的交通大通道丝绸之路。这条丝绸之路承担起东西方物质和文化交流的重要使命。但是，这条大路并非时时畅通，在汉代的时候就曾出现过"三通三绝"的现象。唐代"安史之乱"以后，中国通西域的道路已不大通畅，到了宋代，特别是南宋时，因辽、西夏的阻隔，中西陆路交通中断多年。元代对外交通的一个突出成就，就是陆路交通得到恢复和发展，丝绸之路实现空前的大畅通。

自成吉思汗统一漠北，建立起一个横跨欧亚大陆的庞大帝国，被阻滞多年的中西陆路交通又重新畅通。

在蒙古帝国的各条交通路线中，随着中西交通大开，草原丝绸之路更是出现空前活跃的局面，创造了草原丝绸之路最为繁荣的景象。草原丝绸之路既是政令、军令上传下达的重要通道，也是对外进行商贸往来的主要线路。蒙古以上都、大都为中心，设置了帖里干、木怜、纳怜三条主要驿路，构筑了连通漠北至西伯利亚、西经中亚达欧洲、东抵中国东北、南通中原的发达交通网络。由于哈剌和林地区地处蒙古高原的腹地，草原丝绸之路的三条主干线大多通过这里再向西北经中亚纵向延伸，直至欧洲。

这三条通往欧洲的驿路，构成了草原丝绸之路最为重要的组成部分。阿拉伯、波斯、中亚的商人通过草原丝绸之路往来中国，商队络绎不绝。马可·波罗及其父亲、叔父，从威尼斯出发，进入中亚后，转经丝绸之路的南道进入河西走廊，考察了联系河西走廊与草原丝绸之路驿道上的名城亦集乃路（今内蒙古额济纳旗黑城遗址），又折回，转经河套进入天德（今呼和浩特），踏上草原丝绸之路的南道，于1275年到上都觐见忽必烈。蒙元时期，罗马教廷多次试图与蒙古人接触，并派遣使臣前往蒙古大汗王庭。柏朗嘉宾和鲁布鲁克等人都是经过草原丝绸之路抵达哈剌和林的。

为了保护商旅和有利传递信件，成吉思汗在西征时就开辟了官道，窝阔台开始建立"站赤"即驿站制度，忽必烈则把站赤制度推行到元廷势力所及的一切地方。

元朝的驿站十分发达，无论是设置、管理还是功能、建制，都达到了前所未有的发展水平。据记载，元朝腹地和各行省的驿站共有 1400 处。站赤中有驿令、提领等官。在关会之地，还设置脱脱禾孙，以司辩诘。站赤中的各级官吏皆归通政院及中书兵部统一管理。站户有逃亡的，要及时签补，并加以抚恤和赈济。为了转运贡物，加强对属国的控制，元朝还将驿站设置在各属国境内。

站赤的发达标志着元朝国内交通的发达，也标志着元朝对外交往的频繁与广泛。依靠这个发达的站赤制度，元朝的天下，"梯航毕达，海宇会同"，超过以前任何一代。以大都为中心，在四通八达的驿道上，各国使节来往不绝，贩运商队相望于途，呈现空前活跃的局面。由于中西陆路交通的恢复和发展，大大促进了东西方的经济贸易和文化交流。马可·波罗以及柏朗嘉宾、鲁布鲁克等人都是通过这条道路从遥远的欧洲进入中国的。驿站不仅是商人、僧侣、使节等各色人往返的歇息之地，而且也是输送东西方文化的传递站，是文化的辐射地和集散地。

三

畅通的道路带来了空前的人员往来便利。在蒙古大军的三次西征中，有大批蒙古军士兵驻扎在征服占领的广阔领土上，同时也有成千上万的蒙古族人和汉族人从中国迁至中亚、波斯、阿拉伯地区乃至欧洲。另一方面，也有大批的西方人迁徙到东方。每次战争结束后，蒙古统治者都将大批阿拉伯人、波斯人和中亚各族人迁徙到东方，他们中有被签发的军士、工匠，被俘掠的妇孺百姓，还有携带家属部族归附的上层人士，东来经商的商贾。这些移居中国的西方人有的从事农业、手工业生产，有的充当职业军人，担任传教士，或者从事贸易，还有少数人在元朝当了官。

蒙古帝国的都城哈剌和林和元朝大都先后成了国际交流的政治中心和文化中心。1229 年窝阔台继大汗位后，选定位于今蒙古国乌兰巴托附近的哈剌和林作为都城，修葺一新，使之成为一座热闹非凡的国际都市。在和林城中，不但有畏兀儿人、回回人、波斯人，而且有匈牙利人、俄罗斯人，甚至还有英国人和法国人。波兰人、奥地利人也有的奔赴东方，威尼斯、热那亚和犹太人也前来进行贸易。教皇的使节，从印度来的佛教僧人，法国、意大利和中国的技工，拜占庭和亚美尼亚的商人，阿拉伯官员，波斯和印度的天文学家及数学家都汇集在蒙古宫廷里。在马可·波罗、柏朗嘉宾和鲁布鲁克等人的记载中，都提到在大都、和林以及中国的其他地方见到过来自欧洲不同国家的人，有的是专业的工匠，在大汗的宫廷里服务。

忽必烈入主中原后，在原来辽朝南京和金朝中都的所在地即今北京地方建元朝大都。忽必烈同时是各蒙古汗国的大汗，所以大都成为远至多瑙河和幼发拉底河的世界之都，大都成为一个国际性的大都市。在大都里聚集了来自欧亚各地的贵胄、官吏、卫士、传教士、天文学家、阴阳家、建筑师、医生、工程技术人员以及乐师、美工和舞蹈家等。

大批西域人、阿拉伯人甚至欧洲人进入中国内地，呈现了"回回遍天下"的局面。他们入居元朝后，"乐居中土，皆以中原为家""不复回首故国也"。

在元代进入中原的外国人中，有一大部分是来自西域的各种工匠。西域地区自古有着历史悠久的传统手工技艺，至中世纪，其手工部门日益完善，手工技术更加发达。在蒙古的历次西征中，他们俘获、征招、搜罗了大批西域工匠、技师东来，将其置于蒙古王公贵族麾下，以满足他们的生产生活需要，为蒙古贵族服务。

十几万西域工匠起初被安置于蒙古诸王麾下和军营中，为其效力。后隶属于蒙古帝国为其专门设置的局、院中。柏朗嘉宾和鲁布鲁克都曾在和林见到许多来自西域的工匠，他们中有俄罗斯金匠科斯玛，他制造过贵由的御座和贵由答复教皇信函所用的御玺；以及出生在巴黎的金匠威廉·布歇尔和一位熟悉房屋建筑的俄罗斯工匠。蒙古问鼎中原后，大批西域工匠又被遣往中原汉地立居造作。

元朝从中央到地方均设有许多专门制作手工产品和管理工匠的机构。元代的官营手工业门类繁多，机构庞杂，工匠数量大，其部门几乎涉及军事与生活用品的所有领域。据有学者研究，元代官营"匠户二三十万，或者还要多一点，也未可知"，其中西域匠户应占有相当比例。

四

元朝规模空前的统一局面、畅达四方的水陆交通，为中外商旅提供了"适千里者如在户庭，之万里者如出邻家"的优越环境。同时，元朝政府采取了积极开放的对外贸易政策，因此，元代的海外市场颇为广阔，海陆贸易极为发达。

通过畅达无阻的驿站通道，蒙古与西域之间的联系更加紧密，蒙古帝国领地乃成为西域商人活动的广阔天地。在哈剌和林专设以西域商人居住、经营的街区，且将它置于宫廷附近。元大都不仅是元朝的政治中心，还是闻名世界的商业大都市。从运河和陆路，都有大量商品进入这座大都市，来自亚洲各国、欧洲，以及非洲海岸的商队络绎不绝。此外，北方及中原地区的涿州、真定、大同、汴梁、济南、太原、平阳和南方的扬州、镇江、建康、平江、杭州等城市经济都十分活跃。

在元代中西贸易中，回回商人担当了重要的角色，发挥着独特的作用。

西域的回回人具有传统的商业才能，而且大多数始终生活在一种多语言混用的社会氛围中，一般都能操回鹘（畏兀儿）、阿拉伯、波斯、蒙古等多种语言，其中有些尚通汉语。由于这样的优越条件，回回人很快就取代了先是栗特人后是回鹘人在丝绸之路上的优势地位，成为丝路国际贸易史上最后一个商业民族。

中亚、波斯和阿拉伯商人历来就是沟通东西方的陆、海丝绸之路上最活跃的人群。早在蒙古西征之前，回回商人就已经活跃在蒙古和华北地区，操纵着不善经商的游牧民与定居农业地区间的贸易。蒙古西征后，由于诸部已经统一，交通大道上设置了驿站，交通更为方便，商旅往来更安全。

成吉思汗早就与回回商人结下了关系，在蒙古帝国建立之前，成吉思汗结识了一位贩羊到也里古纳河的西域商人，后来又有一位"饶于财，商贩巨万，往来于山东河北"的回鹘人，他曾鼓动成吉思汗南下用兵。蒙古人西征时，他们还利用经商的方便条件，为蒙古军队提供情报，甚至担任蒙古的使节。为了保护来往的商人，成吉思汗颁布了一道扎撒："凡进入他的国土内的商人，应一律发给凭照，而值得汗受纳的货物，应连同物主一起遣送给汗。"保护和优待商人，发给他们凭照，使得中亚、西亚的商人从海路和陆路接踵而来，繁荣了元代的对外贸易活动。有一则故事说，约在1218年，三个花剌子模商人携带大量商品到达蒙古。第一个商人要价太高，成吉思汗震怒，没收了他的商品，其余二人以献送为名，不敢要价，成吉思汗高兴之余厚赏了他们，连同第一个商人也得到了同样的赏钱。

回回商人受到蒙古汗廷和贵族的重视和重用。1218年，成吉思汗命诸子、那颜、将官，各从其部属中抽调两三名西域商人，随花剌子模人马合木等前往中亚搜罗奇物异宝。结果，从这些蒙古贵族的麾下，竟然共集中起来450名西域商人。看来，这时在漠北的西域商人已是成群结队，数以千计了。

由于蒙古人早期在物质上对西域商人的依赖，决定了他们在蒙古帝国中享有较高的地位。忽必烈时重用的西域人阿合马，即为商人出身。阿合马于中统三年（1262）领中书左右部，兼诸路都转运使，忽必烈"专以财赋之任委之"，说明他在经济管理方面具有才干。阿合马既然以善于理财而被擢用，其手下也聚集了一批西域敛财之臣。阿合马死后，这些西域人继续得到重用。

回回商人在元代的国内外贸易中势力很大，他们的活动地域遍及全国各地，"多方贾贩"，且深入至极北的吉利吉思、八刺忽（在今贝加尔湖地区）等部落，在国际上则伸展到波斯和印度等地。

回回商人的商业范围很广泛，他们把国外进口的包括象牙、犀角等在内的宝物，各种布匹，沉香、檀香等香货，不同种类的珍贵药物，以及木材、皮货、牛蹄角、杂物等商品贩运至大都、上都等城市，把南方的粮食输往大都、上都及北方缺粮地区，把中国的特产如丝绸、瓷器等运到海外。

五

早在成吉思汗西征之时，就特别重视与中亚地区的贸易，他把这条商业通道称为"黄金绳索"。以后历代蒙古帝国的大汗都十分重视对外贸易。有一位美国作家说："忽必烈汗手中最有力的武器不是利剑长矛，也不是枪炮毒药，而是与其他国家建立贸易关系。"[1]

在这个时代的欧洲，早期资本主义和商业也正在发展起来。在 12-14 世纪，地中海区域商业出现了空前繁荣的景象，并对欧洲的历史发展进程产生了深刻的影响。西方史学家常把这时商业发展的"黄金时代"称为"地中海商业革命"。当时的欧洲，特别是在意大利，商业城市正在迅速发展起来，如威尼斯、热那亚等充分利用国际形势的变化，成为欧洲最大的国际商埠，是 13 世纪欧洲最重要的商业中心。意大利的比萨，法国南部的马赛、蒙彼利埃、纳尔邦和西班牙的巴塞罗那也在一定程度上参与了东西方贸易。

此时出现了进行东西方贸易的香料商、绸缎商，他们的商业活动沿着陆路与海路迅速扩张，并在黑海、巴尔干半岛、亚历山大港、君士坦丁堡、北非海岸地带建立起自己的殖民地和商站。威尼斯人控制了黑海沿岸的对东方贸易，在亚速海顿河河口建立了塔纳港（今罗斯托夫），作为贩运丝绸和药材的重要

---

[1][美] 劳伦斯·贝尔格林：《大旅行家马可·波罗传》，海南出版社 2010 年版，第 16 页。

基地，塔纳港成为丝绸之路西段的新起点。而热那亚人，凡是他们足迹所到之处，"都再建一个热那亚"，仅在君士坦丁堡就有300多热那亚商人。他们认为世界是从陆地到海上延伸出来的、没有边界的商路和贸易机遇所构成的一个巨大的网络。他们借助商船和驼队，足迹遍布世界各地，寻找珍贵的香料、珠宝和丝绸。威尼斯、热那亚以及其他的意大利自由城市在13世纪都有着强大的经济活力，在当时世界上是无与伦比的。在当时，"威尼斯贸易"几乎成了"全球化"的代名词。热那亚人和威尼斯人打破种族和宗教分歧，与各个国家的商人进行贸易，与阿拉伯人、波斯人、土耳其人、蒙古人等等都建立合作关系。马可·波罗一家就是这个时代走向东方的威尼斯商人之一。

地中海商业革命的强大推动力是与东方的贸易。到东方寻求财富是意大利商人们的梦想，也是他们奋斗的目标。这一阶段专门从事奢侈品、香料、美丽的纺织品、毛皮、制造业所需原料品等物的交易。来自东方的商品主要有香料、糖和甜酒；药材与颜料；珍珠与宝石；香水与瓷器；丝织品与金银；线锦、薄棉纱布与棉布等。他们的商业活动把源源不断的丝绸、瓷器、香料等物品运到波斯湾和红海一带，再经由中东与埃及进入地中海区域城市，由此极大地促成了地中海商业革命生机勃勃的景象。而那时候，东方商品成了欧洲富人阶层重要的消费品，欧洲市场对东方商品存在"普遍的需求"。在《马可·波罗游记》中我们看到，马可·波罗到处留心当地的物产、物价以及商业发展的状况和贸易形式，这不仅仅是出于商人的本能，也是一种需要，所以有人就把他的游记说成是东方贸易的指南。

马可·波罗是当时来华的欧洲商人的一个代表。在蒙元时代,有许多威尼斯、热那亚等地的商人如马可·波罗一家来到中国，这在当时的文献中也有记录。比如泉州的安德鲁主教在1326年的信中提到以私人身份出现在中国的拉丁商人，他在信中说"热那亚商人"曾提到中国货币；1346年，马黎诺里说他去过泉州，那里的方济各会传教机构经营着一家商业性工厂，还有一座为欧洲商人使用的仓栈；伊本·白图泰大约于1336年曾记录在泉州见到过热那亚商人。鲁布鲁克去蒙古的时候，是由商人陪伴同行的。总之，在这个时期的有关文献中，随处可以看到闪烁着欧洲商人的身影，他们活跃在中国的港口城市甚至大都、杭州等大城市之中。

总之，元代陆路和海路的对外交通都很发达，对外交往十分活跃，丰饶的中国物产和先进的工艺技术为大规模的中西贸易提供了雄厚的物质基础。除东亚地区的高丽、日本等国外，在南海及以西方向，东起菲律宾，中经印度尼西亚群岛、印度次大陆，直到波斯湾沿岸地区、阿拉伯半岛和非洲沿海地区，都有商人活动的身影。据元成宗大德八年（1304）刊印的《南海志》记载，当时与广州发生贸易关系的国家和地区已达143处。中国的谷米、茶叶、瓷器、金银、铜钱、金属器皿、日常生活用品和文化用品、药物等都是当时的大宗出口商品，源源不断地流入世界各地。

第十七章

新工具：技术的启蒙

如果说偶然的发明在人类发展中起了如此巨大的作用，那么不难推测：如果在发明的基础上建立起科学，社会的进步将会多么巨大。要为系统的发现指明道路，必须建立新科学。新发现形成新知识，而新知识乃是人类用来驾驭自然的工具。

在西方文化由中世纪走向近代，在人们迎接近代文明曙光的伟大时刻，从远方中国传来的奇妙无比的"四大发明"，对于西方文化，起到了激励、开发和推动这一伟大历史转变的重要作用。或者说，"四大发明"是从外部刺激西方文化系统内部发生蜕变和更新的重要文化要素。

一

有一位英国学者说："从马可·波罗探险之日起，东方就在一定程度上向西方渗透，而且这种渗透给西方带来了积极的结果。"[1] 恩格斯则指出："大量的发明以及东方发明的输入，它们不仅使希腊文学的输入和传播、海上探险以及资产阶级宗教改革真正成为可能，并且使它们的活动范围大大扩展，进展大为迅速。"[2]

在这一时期传入欧洲的中国文化，最重要的就是"四大发明"中的印刷术、火药和火器以及指南针和航海罗盘，而另一项重要发明造纸术在唐代的时候已经西传。这"四大发明"，经过蒙元时代的西传，进入到欧洲本土，在欧洲的文化和社会生活中，对于欧洲的文化变革和社会变迁，对于影响世界历史进程的文艺复兴运动，起到了至关重要的作用。

除了"四大发明"之外，还有许多中国文化因素传播到欧洲。这些发明和

[1][英]克拉克著，于闽梅、曾祥波译：《东方启蒙：东西方思想的遭遇》，上海人民出版社 2011 年版，第 25 页。
[2]《马克思恩格斯全集》第 20 卷，第 530 页。

发现对于改变欧洲人的生活都有一定的影响。甚至在日常生活最世俗的方面也得到改变。蒙古人给欧洲人带来华丽的货物和奢侈的珍品。意大利作家但丁、薄伽丘和英国作家乔叟用"鞑靼绸""鞑靼布"和"鞑靼缎"等词汇，作为世界上最精美衣料的术语。欧洲人转而改穿蒙古织物，穿短裤和短上衣，而不是束腰外衣和长袍，用草原式的琴弓去演奏他们的乐器，而不用手指去弹拨，并使用新风格进行绘画。

许多西方学者注意到这一时期从中国传入欧洲的马蹄铁、马具（胸带和套包子）和商船（galley），说这是东方世界给予天主教欧洲的三份厚礼，以致打开了商业革命的道路。在当时的东西贸易中，陆路交通主要是依靠马匹和马车运送货物。跨山越岭，道路崎岖，如不钉上马蹄铁，马匹无法长途跋涉。欧洲原来驾驭牲畜的套具只有"牛轭"一种，使用"牛轭"的马匹只能拖动500磅重的货物，相当于拖动一辆仅坐两个人的小车。有了从中国传来的胸带和套包子等高效马具，马就可以用上胸和双肩的力量，马的拉力一下提高了四倍，从而解决了马匹陆路长途运输和马拉犁这些难题。在造船技术方面，中国的一些传统技术也逐渐被欧洲人所采用。在1350年以前，地中海船只只有"单桅"船，后来受到中国多桅船的启发，到1500年以后开始出现了三桅或四桅船。

正是在这个中西交通畅通发达的时代里，中国文化的许多重要方面进入到欧洲，在那里起到了不同程度的影响，甚至有一些至关重要，直接参与了欧洲文化发展变迁的历史过程，或者对于这样的发展变迁起到了激励、刺激或启发作用。文艺复兴时期的许多重要事项，比如宗教改革运动、大航海和新航路的发现、哥伦布发现美洲大陆等等，都间接地与这一时期中国文化的传播和影响有关。

所以，我们相信：在西方文艺复兴的背后，屹立着东方的身影。

二

也是在蒙古帝国时期，也就是13-14世纪的时候，"四大发明"的印刷术、火药和指南针三项发明，几乎同时传入到欧洲，它们分别对欧洲的技术、文化、航海、战争都发挥了重要影响，并且一同激发了具有重大历史意义的文艺复兴运动，改变了欧洲文明的历史进程。

造纸术和印刷术是两项相互关联的发明。印刷术的发明和发展，使人类科学文化知识的传播获得了一种崭新形式，即印刷读物的形式。印刷术的发明，大大提高了书籍的复制速度，有力地推动了科学文化知识的广泛传播和普及，对人类生活各个领域的进步和发展都产生了重大影响。

印刷术被誉为"文明之母"，印刷术的发明被看作是"人类文明史上的一个里程碑"。

中国印刷技术的发展，包括两个不同又互相联系的阶段：一个是雕版印刷技术的阶段，另一个是活字印刷技术的阶段。这是两项具有同样重大意义的发明。中国人发明的印刷术，从雕版印刷到活字印刷，逐步得到完善和发展，技术日臻成熟精致。和中国的许多伟大发明一样，印刷术发明以后，陆续传播到海外，对世界文明的进步和发展产生了重大影响。

纸币是欧洲人所接触的最早的印刷形式。欧洲人通过纸币，不仅了解到作为新型书写材料的植物纤维纸，而且得知了雕版印刷术这一中国人的伟大发明。欧洲人了解纸币，主要是在蒙古帝国中西交通大开之际，许多西来的使节、商人和教士直接接触到中国发行的纸币及其在商业活动中的作用。

中国是世界上最早使用纸币的国家。中国最早的纸币，是北宋初年的"交子"。元代是纸币最盛行的时期，市场上除银元宝外，几乎都是纸币。元世祖中统元年（1260）发行的"中统元宝交钞"，以白银为本位，面额则同铜钱单位，不限地区和年月流通使用。到至元二十二年（1285），通过一系列措施，使"中统元宝交钞"成为全国唯一法定的货币。至元二十四年（1287）又发行

"至元通行宝钞"，作为主要纸币流通。元朝中央政府还设立诸路宝钞都提举司，完善管理制度，使元代成为纸币发展的高峰时期。

纸币的神奇，不仅仅体现了造纸与印刷术的完美结合，而且更体现了符号与物质之间隐秘的对应关系。元代来华的许多西方人士都对纸币发生很大兴趣，并作过报道和介绍。其中最早向欧洲介绍纸币的是传教士鲁布鲁克。他在回到法国后，曾提到中国人用纸币进行商业贸易。英国著名科学家和哲学家罗吉尔·培根很快就读到了鲁布鲁克的报道，他在《大著作》中形容这种纸币为"一张桑叶制成的片子，上面印着一些线条"。马可·波罗对纸币的作用进行了更详细和直接的观察。他简要地介绍了桑树皮制纸的情况，并极详尽地叙述了造纸币的过程、流通系统、在交易中的使用及破旧纸币的更换等情况。

佛罗伦萨商人裴哥罗梯在《通商指南》中也专门介绍了纸币。他说，这是一种黄颜色的纸，上面盖了君主的印章。这种钱叫Balishi，用这种钱，你可以购买丝绸和其他你想买的商品。这个国家的所有人都一定会接受它。这种钱分为三种，按照君主为它设计的价值，各有不同面值。在裴哥罗梯的介绍中，中国的纸币已经被描述得十分详细了，可能他本人就见过这种纸币。

除了纸币外，纸牌也是欧洲人所知道的最早的雕版印刷品之一。纸牌也是由中国人发明的，据传说最早是汉将军韩信发明了纸牌游戏，起初叫"金叶子格""叶格""叶子戏"，后来又称为"马吊"。纸牌也是中国最早的雕版印刷品之一。纸牌在宋以后普遍流行，在南宋的杭州已有专门出售纸牌的铺子。可能是在元代中西交通大开之际，纸牌传到了欧洲。它可能是通过阿拉伯人，也可能是当时来华的欧洲人直接从中国带回去的，有人就认为是马可·波罗第一个把纸牌由中国传入威尼斯。马可·波罗离开中国时，把包括纸牌在内的许多中国物品带回威尼斯，并立刻引起了人们的兴趣，很快在民间流传开。纸牌传入欧洲后，逐步被改造成为扑克牌。此后又经过数百年的演变，逐渐变成了今天国际公认的扑克牌样式。

在欧洲流行纸牌不久，就出现了印刷纸牌的行业。15世纪初，印刷纸牌已经成为一项重要的工业产业，威尼斯则是当时欧洲印刷纸牌的中心之一。

纸牌是欧洲最早的雕版印刷品。那么，印制纸牌的出现也就意味着欧洲雕版印刷业出现。据此可以说，在14世纪末15世纪初，欧洲的雕版印刷业已经发展起来了。实际的情况也是这样。几乎在纸牌大量流行的同时，也出现了其他雕版印刷品。

现存最早的欧洲雕版印刷品是印制于1423年的圣克利斯托弗（St. Christopher）像。那个时候留存到现在的图像印刷品有几百幅，但绝大多数都没有注明年代。所以这幅圣克利斯托弗像并不一定是最早的，只是因为它在注明年代的少数作品中是最早的。很可能在此之前雕版印刷已经流行了一个时期。这些雕版最初印于德国南部和威尼斯。1400—1450年之间逐步普及于中欧大部分地区。它们都以宗教为主题，都是些圣徒画像和《圣经》故事。拉丁文字说明则刻印在画像之下，或者刻成回旋卷状从画面上主要人物的口中发出。后来则由印制宗教画像发展到印刷书籍。在15世纪中叶的时候，威尼斯就已经成为欧洲印刷业的中心。自1481—1500年间新设立的印刷所，如雨后春笋，约达100多处，出版书籍最多，质量也很不错。

三

中国发明的雕版印刷术大约在14世纪末15世纪初传到欧洲，并在意大利、德国、荷兰等地得到推广和应用，印制了纸牌、雕版画、印本书籍等雕版印刷品。但是，由于欧洲各国使用的都是拼音文字，与雕版印刷并不适合，所以欧洲的雕版印刷事业并没有像在中国和东亚各国那样获得充分的发展，构成印刷史上一个有独立意义的阶段。相反，欧洲人一般只把活字印刷的发明，算作印刷术的开始，而把雕版印刷只作为准备期间的一个重要步骤而已。在他们看来，活字印刷的发明才是印刷术的发明。

欧洲早期的活字印刷大约出现于15世纪上半叶。有一位生于威尼斯西北费尔特雷镇的名叫帕姆菲洛·卡斯塔尔迪（Pamfilio Castaldi of Feltre）的意大利雕刻家，据说他在看过马可·波罗带回的中国书籍（一说是几块印刷汉文书籍的木板）后曾经从事过活字印刷。他于1426年在威尼斯印过一些折页，据说还保存在费尔特雷镇的档案中。有人认为卡斯塔尔迪所见到的书籍或木板，不是马可·波罗自己带回的，而是在马可·波罗回国半个世纪以后回到意大利的许多无名旅行者之一从中国带回来的。

荷兰人劳伦斯·柯斯特·冯·哈尔兰姆（Laurens Coster von Haarlem）于1430年用活字印刷过一本宗教手册，但字迹不很清晰。当时可能还有一些人进行过活字印刷的试验。荷兰阿勒姆城的劳伦斯·杨松（Laurens Janszoon）曾以大号木活字印过《拉丁文法》和《幼学启蒙》等书。据说杨松在制木活字的同时，还曾以铅、锡试验过活字。因而，荷兰也自称是欧洲最早发明活字印刷的国家。

德国出生的银匠普罗科普·瓦尔德福格尔（Prokop Waldfoghel）也曾在活字印刷方面进行过尝试。他在布拉格居住期间，已经获得了有关东方铸字印书的技术信息。因为布拉格是中国丝绸运到欧洲的一个主要终点，有许多到过东方的商人行旅在此逗留，关于东方印书技术的消息在这里已有传播。后来有关金属活字的技术信息又从布拉格传到纽伦堡、斯特拉斯堡和美因茨等地。瓦尔德福格尔后来迁居阿维尼翁，他在1441年至1444年发明了一种生产书籍的"假写技术"（Art for writing artificially）。所谓"假写技术"，就是指不用手写，而以字块拼合，印出像手写的文字。他用的材料有铁字、钢字、锡字和木字，亦即是进行金属活字印刷。

对于欧洲印刷史有重大意义的是德国人古腾堡的活字印刷技术。古腾堡（Johannes Gutenberg）早年从事过雕版印刷工作。他的活字印刷是在1450年发明的。他以铅、锑、锡合金制成欧洲拼音文字的活字，并制造了活字印刷机。他铸出大号金属活字，印刷了《三十六行圣经》（36 Line Bible）。1454年印刷了教皇尼古拉五世（Nicholas V）颁发的赎罪券。1455年，印刷了小号字拉丁文《四十二行圣经》（42 Line Bible），即著名的"古腾堡圣经"。

这是古腾堡技术生涯的最大成就。这部《圣经》的版面为 30.5 厘米 ×40.6 厘米，每版面两页，双面印刷，共 1289 页，分两册装订。每版四边有木版刻成的花草图案，木版版框内植字，为集木版与活字版为一体的珍本。

古腾堡发明活字印刷术与中国的印刷术之间有一定的因缘，中国活字印刷技术对古腾堡的发明有直接的影响。西班牙奥斯丁会修士门多萨在他的关于中国的著作中，指出古腾堡曾受到过从阿拉伯来的商人带来的中国书籍的影响，并以此作为他的发明的最初基础。另有一则传说，说古腾堡的妻子出身于威尼斯的孔塔里尼（Contarini）家族，因此古腾堡也和卡斯塔尔迪一样，见到过某些旅行者带回威尼斯的中国印刷雕版，这使他受到启发，才发明了活字印刷。

在古腾堡活字印刷术及其印刷机在欧洲问世后不久，15 世纪中期直至 15 世纪末，在意大利、法国、荷兰、匈牙利、西班牙、英国、丹麦、瑞典等国都先后出现了德国的印刷者按照古腾堡技术创建的印刷所，全欧洲共有 250 家之多。有的印刷所在古腾堡的印刷技术基础上做了创新和改进。这种新的印刷技术受到了广泛的欢迎，出版书籍很快成为每一个大城市光荣而有利的生意。

到 16 世纪时，活字印刷术得到进一步的发展和广泛的应用。16 世纪初，一个有名而富裕的学者阿尔都斯·马努提乌斯（Aldus Manutius），在威尼斯经营了一家有名的阿尔丁印刷所（Aldine Press），那里印刷的希腊和拉丁古典文学名著的精美版本到现在还被认为是印刷艺术的杰作。实际上，马努提乌斯在发展人文主义文化方面起了很大的作用。在文艺复兴时代那些很有影响的古希腊哲学和科学著作，包括亚里士多德等人的作品，都是在他的印刷所里首先印制的。当时许多著名的人文主义者都是他的朋友，经常在他的印刷所聚会，提出印刷出版哪些古典著作的建议。在那个时代，印刷工厂和书店也是人文主义运动的中心，这既因为那里是图书（包括他们的知识产品）出版和发行的地方，也因为那里是交流的场所。意大利著名人文主义者埃拉斯谟（Desiderius Erasmus）把活字印刷术说成是世界上一切伟大发明中最伟大的发明。

印刷术在欧洲出现不久，便受到社会各界的普遍欢迎和高度重视。由于最初的印刷品都是宗教宣传品，所以宗教界对印刷术的推广和应用十分欢迎。特别是在那些不识字的群众中布教，那些表现圣徒和《圣经》故事的雕版画起了很大的作用。1476 年，共生会修士们在罗斯托克（Rostock）城发表宣言，称活字印刷术是"一切学识共同之母""教会之辅佐人"。他们自称是"天主的司铎"，说教时"不用口说之语言，而用手写之语言"。

欧洲印刷事业的发轫与宗教改革有密切的联系。由于印刷技术的发展和推广应用，使新教运动的观点能够以小册子、传单和宣言的形式广泛流传。在宗教改革中发挥了巨大作用的纲领性文件、马丁·路德（Martin Luther, 1483？—1546）的《九十五条论纲》由于印刷厂赶印，两周内就传遍德国，四周内传遍全欧洲。当时人们形容《九十五条论纲》的传播犹如天使传达基督福音那样快。马丁·路德在提到印刷时说："它是上帝无上而终极的恩典，使福音得以遐迩传播。"

印刷术在欧洲的迅速发展和广泛应用，也反映了时代对这种新发明的需要。欧洲正处在文艺复兴那个理性主义精神觉醒的新时期。这个时期也显然是传播知识、发展贸易和强调用白话而不是用古文进行新文学创作的时期。在那种复杂的情况下，在传播公开的、可接受的、地方性的经验和知识方面，印刷术是一种主要媒介。

印刷术的发明根本上改变了图书的流通方式和人们的阅读方式，使阅读不再是少数人的特权，而变成了一种可以大众共享的文化形态。对于文明的发展史来说，这是一个具有重大意义的变化。

印刷术发展了，书籍的成本低廉了，使用方便了，读书的人迅速地增加起来。有许多统计数字表明，在印刷术推广之后不久，欧洲各国出版的各类书籍，不仅仅是宗教方面的书籍，还包括科学技术、文学艺术的书籍，都成倍成倍地迅速增长，印刷、出版以及书籍的销售成为一个新兴且有利可图的大产业。据统计，在 1450 年至 1500 年间，欧洲大约有 27000 余部作品印刷刊行。这表明出版与阅读的数量均急剧增长并趋于多样化，在两代人的时间内达到了空前的规模。

印刷术释放了书写文字的力量，成为现代文明发展的动力，加快了人类获取知识的步伐。由于印刷术的应用，把学术、教育从基督教修道院中解放出来，使学术中心由修道院转移到了各地的大学。恩格斯曾经指出：印刷业的发明以及商业发展的迫切需要，不仅改变了只有僧侣才能读书写字的状况，而且也改变了只有僧侣才能受较高级教育的状况。学术文化不再是修道院所垄断的了，促进了教育的大发展和知识的世俗化，由此出现了中世纪后期文化科技艺术发展的高潮，迎来了文艺复兴的新时代。

而到了 18 世纪启蒙运动时代，文艺复兴时期人文主义著作印本再次引起人们的广泛兴趣，以至法国大革命将古腾堡褒奖为第一位在欧洲传播"启蒙之光"的匠人，而将印刷术当作各民族的"自由火炬"。

1831 年，雨果在《巴黎圣母院》中曾预言，印刷术将在后世毁灭教会。他还指出：

人的思维随着思维方式的转变，也将改变其外在表现形式；每一代人的主流思想将会用一种新的材质以新的形式来体现。石刻书，何等坚固，何等持久，即将让位于纸书，相比之下这些纸却比石头更加坚固，更加持久。

四

中国人发明火药，大约在唐代中期（9 世纪）。火药在日常生活中的应用，最直接的就是燃放烟花爆竹，但火药实际应用最初的和主要的目的是在军事方面。在五代末、北宋初（10 世纪 60 年代），中国已有了真正的军用火药。军事家们把硝、硫、炭按一定的组配比例配制成火药，制成火器用于作战，并引起了兵器史上的重大变革，从而在兵器发展史上开创了一个新的时代。火药和火器的扩大使用，大大提高了军队的战斗力和作战的质量，进而改变了作战方式和战场上的面貌。而火器的应用和发展，又促进了火药技术的进一步提高和完善。

12-13 世纪，即宋、金、元交替之际，是中国历史上战事频繁的时代。宋、金、蒙古三个政权经常互相交战，战事不断。在当时的一些主要战场上，各方都大量使用火器，总是硝烟弥漫、火光冲天、响声震耳。由于火器在战争中的广泛应用，又进一步促进了火器的发展。

13 世纪时，蒙古军队发动了几次大规模西征，直接在阿拉伯地区战场上使用各种火器。据波斯史学家拉施特记载，1258 年 2 月蒙古军在郭侃率领下攻占阿拔斯王朝首都巴格达时，曾使用了"将火药筒绑在枪头上的武器"，即火箭。从 1234 年蒙古灭金后，开封府等地库存火药、火器及守军中的火箭手、工匠等，尽为蒙古军所有，并立即编入蒙古军之中。后来历次西征时，这些火箭手也随大军西进，并在阿拉伯地区驻扎。随着蒙古大军的西进，阿拉伯人已经掌握了制造火药和火器的有关技术。1258 年伊儿汗国建立以后，那里的不少阿拉伯人懂得火药和火器技术，有的还被派到中国内地，在军队中服役。

大概在阿拉伯人研制火药之后不久，便将其应用于作战。在第七次十字军东征期间（1248—1254），阿拉伯人使用了含硝的"烟火剂"，用带长尾羽翼的箭，射向敌阵，其威力远大于不含硝的"希腊火"，只见飞行的箭如火龙经空，似闪电疾飞，火光照耀，变黑夜为白昼，欧洲十字军终于被击退。这可能是欧洲人第一次遭遇到这种火箭的袭击。

据有关文献记载，北非的苏丹阿卜·优素福（Abù yūsuf）在 1274 年的锡尔马萨（Sijilmāsa）战役中，使用了具有爆炸性的火器，内装火药，火药的成分中还有铁屑。由于火药火器在战争中的巨大威力，促使阿拉伯人大量用于军事装备，取代了传统的火攻武器"希腊火"。大约在 13 世纪末至 14 世纪初，统治中东地区的马穆鲁克人将蒙古人传去的火筒和突火枪加以改制，发展成为一种叫作"马达法"的管形射击火器。阿拉伯人的火器"马达法"，同中国金军所用的飞火枪，南宋创制的突火枪，同属管形火器。"马达法"是二者的发展：飞火枪用纸筒、突火枪用竹筒作枪筒，"马达法"用木筒作枪筒。14 世纪 70 年代埃及已经铸造出金属管形火器。

火药和火器及其有关的技术和知识，最初是通过阿拉伯人传到欧洲的。13世纪下半叶，欧洲人将一本有关火攻战术的书《制敌燃烧火攻书》译成拉丁文，这本书的原著是13世纪中叶的一位匿名阿拉伯人所作。这是流传到欧洲的最早一本讲火攻法的书。据说在1804年，拿破仑曾下令将这本书复印，发给法国的部队将领。这本书中收集了历来用于火攻的35个方子，其中包括有关"希腊火"配制成分的记载。

欧洲人不仅从阿拉伯的文献中获得有关火药和火器的知识，而且在与阿拉伯人的战争冲突中认识到火药火器的威力和在战争中的重要性。在13世纪中期的第七次十字军东征中，阿拉伯人曾使用了含硝的"烟火剂"来抗击欧洲十字军，而在1270年欧洲十字军的第八次东征时也使用了这种含硝的"烟火剂"。14世纪时，火药和各种火器，包括管形射击火器，已广泛用于阿拉伯军队，并在同欧洲人的战事中多次使用。

火药与火器的知识和技术经阿拉伯人为媒介传入欧洲后，迅速得到推广和应用。大约在14世纪上半期，欧洲就已经开始制造并在实战中应用火器了。意大利是欧洲最早制造和使用火器的国家，1326年，意大利人便掌握了火器的技术秘密，佛罗伦萨下令制造铁炮和炮弹，欧洲开始造出第一批金属管形火器。1379—1380年热那亚人与威尼斯人为争夺海上贸易权而发生战争，他们在基奥贾（Chioggia）岛上的要塞附近发生了一场激烈的争夺战，在这次战役中发射了火箭。这是西方制造火箭可靠的早期记载。与火器相关的烟火制造技术，也是首先出现于意大利。佛罗伦萨人和锡耶纳人（Sienese）都善于制造烟火。意大利许多地方都定期表演大型烟火。

英国也是较早使用和制造火炮的欧洲国家。1342年，英国的德比伯爵和索尔兹伯里伯爵参加了阿尔赫西拉斯战役，向摩洛哥学会使用大炮。1345年，英法克雷西之战，英国使用了铁炮24尊，火药60磅，炮手雷尔门·拉西埃（Rarmond Larchier）曾接到国王送来的两尊铁炮，8磅火药，200枚铅弹。1345年，英国又制造100件莱巴杜（Ribaldos）火器，已粗具三眼铳或四眼铳的雏形。两年之后，1347年，英国又仿造"马达法"，制造一种提拉尔火炮。

大约在 14 世纪上半叶，中国发明的火药和火器技术已经在欧洲广泛传播，并很快得到推广，应用于军队装备和各种战事。当时，欧洲正处于历史大变革的前夜。火药和火器的传入，对于这场历史大变革起到了重要的推动作用，从而对世界历史进程也起到了重要的推动作用。

18 世纪法国启蒙思想家孔多塞指出，火药和火器的发明，改变了作战方式，使战争这种"艺术"发生了一场革命。恩格斯也说：

在 14 世纪初，火药从阿拉伯人那里传入西欧，它使整个作战方法发生了变革……火器一开始就是城市和以城市为依靠的新兴君主政体反对封建贵族的武器。以前一直攻不破的贵族城堡的石墙抵不住市民的大炮；市民的枪弹射穿了骑士的盔甲，贵族的统治跟身披铠甲的贵族骑兵队同归于尽了。[1]

恩格斯还指出：

但是火药和火器的采用绝不是一种暴力行为，而是一种工业的，也就是经济的进步。不管工业是以生产什么东西或破坏什么东西为目的，工业总是工业。火器的采用不仅对作战方法本身，而且对统治和奴役的政治关系起了变革的作用。[2]

恩格斯在这里指出火药和火器的意义，不仅仅是在军事装备上的改进和作战方式的改变，而且深入到社会文化的层次，着重指出了它对于经济进步的意义，推动了社会生产力的发展，同时也成为引起社会变革的一个契机。军事的变化，经济的发展，以及社会政治关系的变革，都是在这一时代的欧洲具有重大历史意义的事变。从中国传去的火药和火器对摧毁欧洲封建制度起到了重要作用，从而给欧洲历史和文明的发展进程以极大的推动。

---

[1]《马克思恩格斯选集》第 3 卷，人民出版社 1972 年版，第 207 页。
[2]《马克思恩格斯选集》第 3 卷，人民出版社 1972 年版，第 207 页。

五

中国古代"四大发明"之一的指南针是一种测向仪器，是依据磁铁的指极性原理制作的辨别方向的工具。

指南针发明的最重要意义在于它在航海事业上的应用。在指南针未发明以前，中国古代航海主要是凭地文定位技术和天文定向技术来导航，具有相当水平的地文和天文航海术，才可使海船得以在晴空下越洋远航。但是，在漫长的航行中，不可能总是晴空万里，视野清晰。因此，随着航海事业的发展，亟待有一种全天候的恒向导航仪器。正是由于指南针的应用，使人们获得了全天候航行的能力，人类才第一次得到了在茫茫大海上航行的自由。从此，陆续开辟了许多新航线，缩短了航程，加速了航运，促进了各国之间的文化交流与贸易往来。

指南针一经发明，很快就被应用于航海事业。北宋时期，中国在世界上最早开始使用指南针导航。使用罗盘导航大大提高了航路的正确性，使船只在固定的航线上安全航行，为船只在启航港和目的港之间定期往返提供了保证。不仅如此，航海罗盘的使用还导致了针路和航海地图的出现，使海上航行进一步完善。正是因为罗盘为人们提供了可靠的导航仪器，使人们获得了全天候远洋航行的能力，大大促进了远洋航海事业的发展。宋元时代，中国商船远洋航行空前活跃，与指南针的发明和罗盘的应用有很大关系。

宋元时代，中国的商船不但往来于中国沿海商埠与朝鲜、日本以及南洋诸岛之间，而且远航到印度洋和波斯湾沿岸诸国。中国发明的指南针也随着中国航海家的踪迹传播出去，成为各国航海家使用的导航仪器。

大约在12世纪后期和13世纪初，指南针就传到了阿拉伯人手中。因为当时中国商船是波斯湾和南海之间海上贸易最活跃的参加者，与阿拉伯航海家多有接触。有一些中国船还雇用波斯的船员和船长，因此中国船的一些先进装备很容易被阿拉伯船采用。宋代开始使用的平衡舵，大约在 10 世纪左右已被用于红海的阿拉伯船。使用航海罗盘这样先进的航海技术导航，也很快被阿拉伯航海家所掌握。

指南针传播到欧洲也可能是很早的。大约在 12 世纪末，欧洲的文献中就有了相关的记载。13 世纪时，欧洲的航海者中似乎已经广泛地知道了指南针。意大利商船首先采用了罗盘，并很快推广到印度洋、地中海航运界，引起了它们巨大的变革和发展。欧洲人在使用中国罗盘以后，加以改进，采用支轴装置罗经，用一个支轴的尖端顶在磁针中部，使磁针水平旋转，在航船上使用较水针方便，称为"旱针"。

指南针传入欧洲，在欧洲的大航海时代起到了重要作用。地理知识的进步和指南针以及星盘的传入使得航海家们有勇气出海去冒险。在早期葡萄牙恩里克王子培训航海家队伍时，帮助舵手掌舵的有"星相家"，这是一些精通领航业务的专家，他们会看罗盘，能算出罗盘偏差并在地图上标出子午线。由于指南针表明方向的结果，地图精确起来，并且地图的绘制也有了普遍性。这导致了达·伽马发现印度新航路、哥伦布发现美洲大陆和麦哲伦的环球航行。在麦哲伦作环球航海时所使用的船只上，备有不可缺少的罗盘，必需的航海仪器也有大量储备，包括罗盘、罗盘针、沙漏计时器、星盘、比重秤和星座一览表等。

英国科学史家贝尔纳（John Desmond Bernal, 1901-1971）说，罗盘的使用，"第一次开放了大洋，供人探险、战争和贸易，引起了巨大而迅速的经济和政治的效果。"[1]

---

[1][英] 贝尔纳著，伍况甫，彭家礼译:《历史上的科学》，科学出版社1959年版，第193页。

六

在西方文化由中世纪走向近代，在人们迎接近代文明曙光的伟大时刻，从远方中国传来的奇妙无比的"四大发明"，对于西方文化，起到了激励、开发和推动这一伟大历史转变的重要作用。或者说，"四大发明"是从外部刺激西方文化系统内部发生蜕变和更新的重要文化要素。"四大发明"对西方乃至整个世界的历史进程都起到了革命性的作用，推动和促进了整个人类文明的结构性改变。

"四大发明"通过各自的渠道和路线陆续传播到欧洲。它们的传播和接受，本来是各自独立进行的，互相之间并没有必然的联系。但是，它们传播到欧洲的时间却大致同时，即是在蒙古人通过三次西征而建立起跨欧亚大陆的超级大帝国的时代，是中西文化大流动、大交流的时代，也即欧洲发生文艺复兴运动的前夜。正是在这样一个文化接触的汇合点上，"四大发明"发挥的作用和影响远远超出了其本身的技术性范围，成为刺激文艺复兴运动并为其推波助澜的外来力量。

这是一种不可低估、不可替代、更不可否定的来自东方的文化力量。

如果没有中国的发明，就没有欧洲的文艺复兴。

文艺复兴是一次人类从来没有经历过的最伟大的、进步的变革，这种变革不是在个别领域、个别层面上，而是一种全方位的、涉及文化的各个层面、渗透到社会生活各个领域的变革。正是经过这次历史性变革，西方的历史以及整个世界史走出了中世纪，进入了以理性和科学为旗帜的近代文明。

文艺复兴时期在思想文化领域表现出一个明显的特点：先进思想家们在从事新的文化研究和创作中，广泛地利用古代希腊罗马的思想资料。在中世纪的时候，古代的这些文化成果遭到了严重的摧残，12、13 世纪以后，古代典籍陆续从阿拉伯国家重新传入欧洲。先进思想家们对非基督教的古代世俗文化发生了兴趣，怀着极大的热情搜集、整理古代文化书籍，发掘古代文化遗产，研究古代语言、历史、文艺、科学和哲学，仿照古典作品进行创作。古典文化研究蔚成风气。这也就是"文艺复兴"一词的最初含义。

而在古典文化复兴的过程中，造纸术和印刷术的传入，为其提供了强有力的武器和推动力量，刺激并推动了欧洲自由讨论风气的形成和文化知识的广泛普及。印刷术绝非是一项单纯的技术成就，它标志着西方文明从此掌握了一种威力无比的工具，可以将其代表人物的零散思想加以集中，使研究者个人的思索能够迅速地传递给其他研究者，以便充分发挥这些思想的效力，达到前所未有的严密性，从而具有极其强大的影响力和传播力。由于书籍带来的文化知识的广泛传播，使欧洲人的精神进入了一个新的境界，学术中心由修道院转到各地的大学，而在大学中聚集了各种新的思想，进行着科学的研究与探索，孕育了崭新的近代文明。英国历史学家韦尔斯说，对人类社会各种事物的自由探讨和坦白陈述的精神，即思想自由和良心自由的精神，在这一时期逐渐形成，并发扬光大。这种精神在书籍印成以前虽已开始萌生，"但把它们从朦胧状态中解放出来的却是印刷术。"[1]

造纸术和印刷术加速了欧洲近代文明的到来，而火药和火器的传入，则为打破旧有的统治秩序提供了强有力的物质力量，改变了欧洲的政治格局，宣告了欧洲中世纪的结束。至于指南针，它的直接影响在于开辟了欧洲大航海的时代，而"美洲和环绕非洲的航路的发现，给新兴的资产阶级开辟了新的活动场所。东印度和中国的市场，美洲的殖民化，对殖民地的贸易，交换资料和一般商品的增加，给予了商业、航海业和工业空前未有的刺激，因而也就促进了崩溃着的封建社会内部所产生的革命因素的迅速发展。"[2]

作为西方文化发展史上具有划时代意义的文艺复兴运动，从一开始就受到"四大发明"以及与此相关的其他中国文化因素的刺激和推动，并以此为物质前提。"四大发明"的传入，激励和开发了西方文化系统内部的活跃因素，从而使西方文化的历史大变革成为可能。

---

[1][英] 韦尔斯著，吴文藻等译：《世界史纲——生物和人类的简明史》，人民出版社1982 年版，第 816 页。
[2]《马克思恩格斯全集》第 4 卷，第 467 页。

中国的"四大发明"不仅为文艺复兴提供了物质基础，而且成为促进资本主义产生和现代人类精神解放、科学文化昌明的最强大的力量。正如马克思说的：

火药、指南针、印刷术——这是预告资产阶级社会到来的三大发明。火药把骑士阶层炸得粉碎，指南针打开世界市场并建立殖民地，而印刷术变成新教的工具。总的来说，变成科学复兴的手段，变成对精神发展创造必要前提的最强大的杠杆。[1]

因此，"四大发明"的伟大历史意义和文化意义受到了人们的普遍承认和高度评价。早在 17 世纪初，英国哲学家弗朗西斯·培根（Fransic Bacon）就曾充分肯定了印刷术、火药和指南针等发明的重大意义，虽然他和当时的人们一样，还不知道这些伟大的技术成果来源于中国。他说：

这三种发明已经在世界范围内把事物的全部面貌和情况都改变了：第一种是在学术方面，第二种是在战事方面，第三种是在航海方面；并由此又引起难以数计的变化来。[2]

培根还写道，在发现新大陆，发明印刷术、火药、罗盘以后，继续在旧知识和旧发现基础上前进是可耻的；世界已经发生变化，生活的许多领域中已完成了巨大的变革：印刷术已变成科学，火药已变成军事艺术，人借助于罗盘可以横渡海洋。虽然这些发明是偶然的，它们却在人类发展史上起了重大的作用。如果说偶然的发明在人类发展中起了如此巨大的作用，那么不难推测：如果在发明的基础上建立起科学，社会的进步将会多么巨大。要为系统的发现指明道路，必须建立新科学。新发现形成新知识，而新知识乃是人类用来驾驭自然的工具。

---

[1]《马克思恩格斯全集》第 47 卷，第 427 页。
[2][英] 培根著，许宝骙译：《新工具》，商务印书馆 1984 年版，第 103 页。

第五部分

海上的路（一）：东亚的海岸线

Part V

A biography of the Silk Road

| 第十八章 |
乘桴与海，舟舶继路

中国有着漫长的海岸线，蔚蓝的大海引发人们无限的遐想，也激起人们征服大海，由大海走向世界的愿望。大概在很久以前，我们的古代哲人就有"乘桴浮于海"的幻想。从罗马帝国到丝绸之都的陆上旅行是一次伟大的历史创举，而海上航线的发现和利用也完全可以与之媲美。

海陆丝绸之路的兴盛实际上就是远程国际贸易的产物。中国历代海外贸易的繁盛，首先是因为中国在商品上、技术上具有很大的优势，长期处于世界先进水平，因而在国际贸易中发挥着主导的作用。

一

　　中国有着漫长的海岸线，蔚蓝的大海引发人们无限的遐想，也激起人们征服大海，由大海走向世界的愿望。大概在很久以前，我们的古代哲人就有"乘桴浮于海"的幻想。人们逐渐在海上开辟出一条下南海、入印度洋而又通往西方的海上商路。至迟在公元前2世纪，我国的丝绸等物产便已从海路向外传播，并从海陆引进国外丰富的物产。这条途经南海传播丝绸的海路，就被称为"海上丝绸之路"。

　　从罗马帝国到丝绸之都的陆上旅行是一次伟大的历史创举，而海上航线的发现和利用也完全可以与之媲美。

　　海上丝绸之路形成于秦汉时期，发展于三国至隋朝时期，是已知的最为古老的海上航线。

　　春秋战国时期我国已经有了海上交通。到秦代，我国已经具备了远程航海的能力，关于徐福东渡的故事，说明那时候已经有了大规模的远洋船队。秦末汉初，在南方的南越政权积极发展海上交通。南越人精于造船，擅长航海。南海是目前所知的世界上最早使用船舵、船锚的海区之一。番禺（广州）是南海的造船中心，其所建造和使用的木板船，能在海上进行远航和作战活动，在我国造船和航海史上达到了第一个高峰。

广州南越王墓中出土的希腊、波斯风格的银器皿以及南越国宫殿遗迹发掘出来的石制希腊式梁柱，证实了秦末汉初与印度次大陆之间的海路已经开通，以南亚为中转站，岭南地区向西方输出丝绸以换取各种物资，并且可能有希腊工匠来到中国参与了南越王宫殿的建造。

海上丝路的兴旺和发展，促进了番禺市场的繁荣。罗马的玻璃器具，非洲的象牙、犀角，波斯的银器，南亚和东南亚的琥珀、玛瑙、珠玑、果品等异域珍品，通过海上丝绸之路运到了番禺，再经陆路转运到汉朝的都城长安。

到汉武帝时代，国力雄厚，武帝亲自七次巡海，鼓励海洋探险与交通活动。他在统一东南沿海，扫清沿海航路后，即利用雄厚的航海实力，大力开拓南海对外的交通与贸易活动，从日南、徐闻、合浦通往都元国、夫甘都卢国、黄支国、皮宗国、已程不国等地，扩大汉王朝与海外各国的政治、经济与文化联系。

在班固所撰《汉书·地理志》中记载了一条通往印度洋的远洋航路，这是中国历史上记载的第一条印度洋远洋航路。这条往返南亚地区的航程，属于一条沿岸渐进的印度洋远洋航路。这段记载是我国航海船舶经南海，穿越马六甲海峡在印度洋上航行的真实记录。

民间的远洋航海活动必早于汉武帝时期。中国商人运送丝绸、瓷器经海路由马六甲过苏门答腊来到印度，并且采购香料、染料运回中国。印度商人再把丝绸、瓷器经过红海运往埃及的开罗港或经波斯湾进入两河流域到达安条克，再由希腊、罗马商人从埃及的亚历山大港等港口经地中海海运至罗马帝国的大小城市。汉船在异域航行途中，"所至国皆禀食为耦"，受到热情接待，还时有外国航海者或使节参加进来，结伴同行，或者还可能有外国海船沿途护送，"蛮夷贾船，转送致之"。

这样，欧洲人乘船从海上西来，中国积极开拓海域，双方开辟的航线在南亚一带交汇，便成了东西海上交通的大通道，成为古代中西物质文化交流的大动脉。在它的西端，以地中海为中心，其触角延伸到西非、西欧和北欧各地；

在东端，从中国的广州等东南沿海各城市，向东亚、东南亚各国延伸。这样，这条海上丝绸之路与中国至地中海东岸的陆上丝绸之路，形成了早期的世界国际贸易网络，共同担负起世界经济文化交流的任务。

二

唐代中期"安史之乱"以后，唐朝的势力退出了西域，吐蕃人、阿拉伯人乘势而起，在西域割据争霸，使得唐朝在西北陆路的对外通道基本被阻绝，中西交通转以东南海路为主，海上贸易大为发展，促进了海上丝绸之路的繁荣发展。

据中外史料记述的唐代从广州出发到波斯湾和东非以及欧洲的海上航线，全程约 14000 公里，（广州至巴士拉约 10040 公里，巴士拉至马斯喀特约 1200 公里，马斯喀特至桑给巴尔约 3542 公里）。这不仅是当时世界上最长的远洋航线，也是 16 世纪以前世界上最长的远洋航线。

由于海上丝绸之路的畅通，唐代与南海诸国的交往有了很大发展。唐代典籍中对南海诸国的记载，以《新唐书·南蛮传》为详，《新唐书》专为立传的南海国有 31 国。在以上众多国家或地区中，林邑、真腊、骠国、诃陵、室利佛逝诸国与唐朝交往较多。

唐代海上交通的发达和贸易的繁荣，是与造船技术的发展和航海技能的提高分不开的。唐代造船工艺（黄底龙骨，水密舱结构、大艍与防摇装置、漆涂防腐技术、金属锚的使用）已领先于世界水平。天宝二年（743）鉴真第二次东渡日本，从扬州出海前，用 80 贯钱从岭南采访使刘巨鳞处买得"军舟"一艘，船上所载除了大量什物外，有船工 18 人，僧人 17 人，各种工匠 85 人，可知唐代军船已经具备了一定规模和远程航海的能力，是当时比较先进的海船。德宗兴元年，杜佑为岭南节度使，在广州督造战船，有楼船、艨艟、斗舰、走舸、游艇、海鹘六种。唐朝人张支信、李邻德、江长、李延孝、张蒙等，都是航海往来于唐朝与日本的舶商。阿拉伯史料还提到，唐朝海船因为体积太大，只能在尸罗夫港停泊，无法到达巴士拉和马斯喀特。造船技术的提高，为远洋航行和海上贸易的发展提供了必要条件。在当时中国与阿拉伯的航海贸易中，有相当一部分中国商船参与其间，往返于漫长的海上航路之上。当时的中国商船已出没于波斯湾。阿拉伯人与波斯人在南亚以东的航行，大都喜欢搭乘中国海船进行。阿拉伯人盛赞中国海船既大又坚固，和仅用椰索穿栓固定、船板较薄的阿拉伯双桅船不同，这些海船以制作坚固、货位充裕、抗风力强、航行安全而著称。当时有许多阿拉伯和波斯商人乘中国船来华贸易，也有些阿拉伯水手在中国船上工作，另外还有阿拉伯或波斯商人租赁或径向中国造船厂定造泛海巨舶的情况。

7世纪以后，阿拉伯、印度、中国及东南亚各国以印度洋——南海为中心，展开波澜壮阔的海上交通与贸易活动，东西方进入一个全新的海洋贸易时代，在环印度洋世界已经形成"第一个全球性经济体系"。这个经济体系对当时以及往后很长一段时期世界政治经济格局演变都产生深刻影响。而"广州通海夷道"是沟通这个体系的重要纽带和桥梁。它一头联结海外世界，一头通向中国内地，循着四通八达的水陆交通网络，可以前往长安、洛阳和其他通都大邑。

8世纪以后，海上丝绸之路的重要性逐渐超过陆路。越来越多的阿拉伯和波斯商人取道马六甲海峡北上交州、广州。这些来华的波斯和阿拉伯商船大都从阿曼的苏哈尔港或波斯湾北岸的尸罗夫港起航，沿着印度西海岸，绕过马来半岛，来到中国东南沿海。苏哈尔港和尸罗夫港都是古代海湾地区的商业重镇，长时间内是"通往中国的门户"。阿拉伯人的海上优势，一直保持到15世纪。阿拉伯人成了欧洲与南亚、东南亚以及中国进行贸易的中间人。

宋朝把发展航海事业作为一项既定国策，大力发展海外贸易，远洋航行的通航区域空前广泛，航程通达整个南洋、北印度洋、阿拉伯半岛、东非海岸以及地中海，出现了"东西南数千万里，皆得梯航以达其道路"，"虽天际穷发不毛之地，无不可通之理"的鼎盛局面。

宋代的海上交通线，在东海方面，主要通往朝鲜和日本。在南海方面，除驶往东南亚地区外，又过马六甲海峡，直达印度和斯里兰卡；再进入阿拉伯海，经波斯湾抵达阿拉伯半岛。

宋代海外交通的发达，与造船和航海技术水平的提高有很大关系。先进的航海技术和庞大的海船，是进行海外贸易的有力工具。宋代造船技术和工艺比唐代有很大提高，特别是海上巨船打造的成就最大，居于世界领先地位。宋代海船比唐代海船载重量更大，设备也更完善了。阿拉伯人西来，依然在印度南部换乘中国船。中国商船往阿拉伯，由于造船技术的进步和航道的改善，不必在印度转换小船，而可以从印度南端直航波斯湾。这一时期，中国商船还开始了向阿拉伯海西岸及更广范围的贸易航行。中国商船最远可到亚丁，亚丁一带同非洲只隔一道曼德海峡，中国商船常到亚丁，也就易于航抵非洲，与非洲海岸也展开了直接贸易。

在航海技术方面，宋代有三项重要成就：一是对海洋潮汐的研究，二是航海图的绘制，三是指南针用于航海。

宋代已经开始使用罗盘导航。这大大提高了航路的正确性，使船只在固定的航线上安全航行，为船只在启航港和目的港之间定期往返提供了保证。航海罗盘的使用还导致了针路和航海地图的出现，使海上航行进一步完善。所谓"针路"，亦即"针位航路"，就是从一地航行到另一地的转向针位点的集合。这种相对稳定的针路的出现，表明了人们在针盘的可靠导航下，对海上航路的安全性、捷便性、规律性已有了较为深刻的认识。

中国海商数量庞大，于造船技术、航海技术和商品结构上有优势，在亚洲海上丝绸之路贸易中发挥着主导作用。宋代航海业呈现千帆竞发、百舸争流的兴盛景象。南宋时，与中国有外贸关系的国家和地区增至 60 个以上，范围从南洋、西洋直到波斯湾和东非海岸。作为来华贸易主要力量的阿拉伯商人基本上都从海路来宋朝贸易。至宋代已经完全实现了对外贸易重心由西北陆路丝绸之路向东南海上丝绸之路的转移。

元代的对外交通，草原和西域的丝绸之路得以畅通。元朝还大力发展海上交通，实际上，有元一代，海上丝绸之路的作用和重要性远远超过陆路。为保证航行安全,元朝在沿线设置了航标船、标旗、航标灯等指挥航行。这航标的设置,是中国海运史上的重大成就。远海航行已可通过观测星的高度来定地理纬度,这种方法当时叫"牵星术"。牵星术的工具叫牵星板,是用优质乌木制成的。用牵星板观测北极星时,左手执木板一端的中心,手臂伸直,眼看天空,木板的上边缘是北极星,下边缘是水平线,这样就可测出所在地的北极星距水平的高度。求出北极星的高度,就可计算出所在地的地理纬度。

在远洋航行方面,元代在宋代的基础上,交通范围比以前更有扩大。如曾两次附商船游历东西洋的汪大渊在其所著的《岛夷志略》里曾记载了他所经历的海外诸国,计有通商国家和地区90多个。地域涉及东自澎湖、琉球,西至阿拉伯半岛和非洲东岸之层拔罗(今桑给巴尔)等地,包括南洋诸岛及印度洋沿岸各国,也都有航路可通。大德年间(1297-1307)陈大震等人所修的《南海志》亦记载海上贸易国家与地区多达145个,达到了波斯湾、阿拉伯半岛、埃及、东非各国,以及欧洲地中海沿岸。元人周致中的《异域志》著录了210个与元朝有交往的国家和民族,其地域范围东起朝鲜、日本,西抵西亚、非洲,南至东南亚、南亚诸国。

三

海上丝绸之路发达,促进了登州、扬州、明州、泉州和广州等一批以对外贸易为特点的沿海港口城市的繁荣。

在这些沿海的商业都市中,发展最早,资格最老的,要算广州。秦汉以降,广州就是南方商业、手工业发达的大都会。六朝时期,阿拉伯人、波斯人、印度人、中国人频繁经营着从波斯湾、印度洋到中国南海的远洋贸易,南海——印度洋海上交通空前畅达,广州就成为南海贸易的主要港口。在3世纪的时候,从事海上贸易的阿拉伯人已经在广州设有居留地。

及隋唐时代，由于海上交通的发达，广州"地当要会，俗号殷繁"，是当时中国最大的港口，是唐朝最早设市舶司的地方，有"天子之南库"之称。唐人形容广州"涨海奥区，番禺巨屏，雄藩夷之宝货，冠吴越之繁华"，说广州"地际南海，每岁有昆仑乘舶，以珍物与中国交市"。来自各地的外国商舶多聚于广州，"舶交海中，不知其数"，呈现出"大舶参天，万舶争先"的壮丽图景。据记载，唐大历五年（770），进入广州港的商船竟达 4000 余艘，每日平均有11 艘之多。据估算，开元时期，广州一年之中，来往流动的客商达 80 多万人次。

在南方沿海还有大大小小的港口以及具有天然掩护屏障的港湾多处，它们为海上丝绸之路的发祥和发展提供了天然的良好资源。特别在古时帆船航行时代，能为航海提供避风防涛、供给淡水食粮、装卸货品等极大的便利和安全。同时，这些港口、港湾又内连广东陆地的千百条河流，保证了海上丝绸之路与内地都市的联系。

除了广州外，交州也是唐代重要的贸易港口。交州即安南都护府，它在唐代海外交通贸易中的地位日显重要而直追广州。浙江沿海对外贸易港口主要有台州和温州、明州等，明州东临大海，地势平坦，航道通畅，自古就是我国古代造船与航海的发轫地之一。在日本遣唐使时代，明州是东海航线的重要港口之一，即使是停派遣唐使之后，仍是往来于唐朝与日本之间商船停泊的重要港口。福建沿海也是唐代开展海外贸易的重要地区。福州位于闽江入海处，处于江、海交汇之地，地理位置非常重要。泉州处于晋江下游，东南濒临大海，沟阔港深，自南北朝时就是海外贸易港口。自唐中期海上交通得到迅速发展，外商船舶云集港口，出现了"云山百越路，市井十洲人"的繁荣景象。至晚唐时，泉州在海外交通中的地位日渐重要，遂与广州、交州、扬州并称为东南四大贸易港。至宋代，泉州在海外贸易中的地位迅速提升，可与广州媲美，"蕃舶之饶，杂货山积"。尤其到了南宋，泉州越于广州之上，成为我国对外贸易的第一大港，是当时世界船舶物资的重要集散地。泉州港口上经常停泊着上百艘大船和无数只小船，呈现一派海外贸易的兴盛景象。人们用"天下货仓"来描绘宋元时期的泉州。

扬州是江苏沿海最重要的港口城市,也是唐时全国最繁荣的商业城市之一。扬州位于长江下游,距离长江入海处很近,而且是南北大运河的枢纽,是长江流域物资的总汇之地,是盐、铁、茶、丝、绵、药材、瓷器、珠宝等货物的转运中心。张祜的诗句"十里长街市井连",杜牧的诗句"春风十里扬州路",都是描述扬州城中最繁华的一条主要街道。杜甫还有商胡自四川聚会钱别、顺长江下扬州的诗句:"商胡离别下扬州,忆上西陵故驿楼。为问淮南米贵贱,老夫乘兴欲东游。"

大批商胡在扬州兴贩谋利,进行各种各样的贸易。开元初年,李勉沿汴河游扬州,遇波斯商胡搭乘船只,途中因病而死。李勉到达扬州之后,有"群胡左右依随",其中有已故商胡之子。这里提到的"波斯胡"与"群胡",都是长期居住扬州经商的外国人。经营珠宝业的商胡,许多都在扬州开设邸店,唐代传奇中,不时可见扬州"波斯店""胡店"的记载。

四

宋代实现了全国的经济中心和政治、文化中心逐渐南移,东南沿海地区成为出口商品主要供给地和进口商品消费的中心。在传统贸易中,香药珠宝是中国最大宗的进口品,特别在宋代,进口商品规模实现巨大增长以后,香药成为最大宗的商品,而这些商品中大部分主要产地在东南亚和印度洋沿岸地区。这些因素决定对外贸易重心在宋代转移到海上。宋代海外贸易规模很大,有时候,一次贸易的"净利钱"就达98万余贯,一次到货的乳香就达十万余斤。宋朝已把市舶收入作为财政收入之一。北宋时对外贸易税收约占国家总收入的2%-3%,南宋时则达20%。从政府的市舶收入可以概见海上贸易的规模。

宋朝廷十分重视发展海上交通,推行"招诱奖进"的海外贸易政策,鼓励"商贾懋迁""以助国用"。蕃舶常苦飓风,广州政府便开凿内壕,以便其避风。每年十月蕃舶归国的时候，广州政府照例设宴为之饯别，以示慰劳，叫作"犒设"，不单从事海外贸易的主要人物（纲首）被邀参加，其附属人物如作头、梢工（即水手）等也被邀赴宴。

宋朝鼓励资金雄厚的富商以私商身份打造海船，前往海外经营。宋代早期中国帆船更喜欢在马六甲海峡与印度商人交易，后期中国船也乐意到印度的港口与阿拉伯人交易。中国海商数以万计，虽然中小商人最多，但资产数十万乃至上百万的海商也层出不穷。因为这种商业的利润很大，所以不单是商人，就是中国的官吏，也利用他们雄厚的资本，以亲信充当商人来经营。

宋代出口的商品以金银、丝织品和瓷器为主。与宋朝进行海路贸易的各国，都以其本国的特产交换中国的金、银、瓷器等。特别是宋瓷，不仅是大宗的出口商品，而且还曾作为交易外货的手段。宋代钱币也大量外流，宋钱不仅成为中国与国外的交易媒介，而且一度成为各国彼此间的通货。

宋代航海业呈现千帆竞发、百舸争流的兴盛景象。中国海商数量庞大，在造船技术、航海技术和商品结构上有优势，于亚洲海上贸易中发挥着主导作用，促使南海贸易体系最终形成。南海贸易体系在地理空间上北到中国和朝鲜半岛、日本，西到印度洋沿岸地区和西亚。东南亚是这个贸易体系商品和人员流动的枢纽。南海贸易体系在宋代的形成有三个明确标志：一是形成了稳定的商品结构和互补性的市场关系，即以中国瓷器和丝绸为主的手工品与东南亚和印度洋沿岸地区以香药珠宝为主的资源性商品的交换。二是形成了稳定的贸易力量，即作为基本力量的中国商人和阿拉伯商人，以及数量日益增长的亚洲其他地区的商人。三是形成了具有稳定贸易关系的市场区域。

海陆丝绸之路的兴盛实际上是远程国际贸易的产物。中国历代海外贸易的繁盛，首先是因为中国在商品上、技术上具有很大的优势，长期处于世界先进水平，因而在国际贸易中发挥着主导的作用。中国丰饶的物产，如丝绸、茶叶、瓷器等等，在很长的历史时期内一直是各国需求的大宗货物，各国商旅长途跋涉，不辞劳苦，主要是在贩运这些先进的、精美的和实用的中国货物中获取更多的商业利润。

同时，商人们也把世界各地的物产运销中国。据统计，宋代从海外进口的货物在 410 种以上。根据外来物品的用途和种类，宋代外来物品主要可以分为珍奇异宝、纺织品、动物、文化用品和香料等六大类。其中，珍奇异宝主要存在于宋朝的贡赐贸易中，包括犀角、象牙、玳瑁、珍珠、北珠等；动物分为珍禽异兽和役畜两大类，其中珍禽异兽包括大象、犀牛、红鹦鹉等，主要来自占城、交趾以及大食等南海诸国；役畜则包括马、牛、骆驼等，主要来自北方少数民族政权；纺织品主要来自高丽和大食诸国，主要有高丽绝布、大食锦和火浣布等；文化用品则主要来自高丽和日本，分别以高丽扇、高丽纸和日本扇为代表；香药是外来物品中种类最多，数量最大，使用最为广泛的品种，以沉檀龙麝"四大香"为主要代表。

外商将货物运到广州等港口后，有一部分被挑选出来运到都城汴梁。到了南宋，由于政治中心的南移，杭州人口增多，成为消费中心；因此商人多把由广州进口的外货运往杭州出卖，还有的运往全国的其他地方。

中国古代对外贸易的结构性特点是，进口的商品以资源性产品为主，主要是满足上层贵族社会的奢侈品消费。到了宋代，这种情况有所改变，许多进口商品的消费不只局限于上层社会，而且深入到普通民众的生活，特别是京城和大都市居民，也已经开始大量消费进口商品。

因此，在民间出现了进口商品的加工业。由广州、泉州等地转贩入京城的外货，多半属于原料性质，由海外输入后，便贩往京城。此外，又有些输入广州和泉州的外货，先在广州和泉州加工制造，然后运往内地出售。

对大量进口商品的消费，催生了弥漫于全社会的奢侈之风。珠宝业的发展，香药的流行，成为那个时代流行时尚的文化符号。在唐代人所惊之的华丽器物，在宋代已是百姓家的寻常之物。所以宋人嘲笑唐人贫眼没见过世面。柳永在词曲《望海潮》形容杭州说："烟柳画桥，风帘翠幕，参差十万人家。云树绕堤沙，怒涛卷霜雪，天堑无涯。市列珠玑，户盈罗绮竞豪奢。"

五

香料是丝绸之路上贩运的大宗货物之一。其数量巨大，品种繁多，持续时间之长久，是其他商品不可比拟的。所以，丝绸之路也被称为"香料之路"。

早在汉代乃至南北朝时，就从西域进口了多种香料，成为中国上层社会生活中必不可少的内容。自唐以后，在海外贸易中，香料是进口的大宗货物。特别是通过海上丝绸之路的贸易，往来的商船都把向中国输送香料作为主要的商品。到了宋代，进口香料更是海上丝绸之路贸易的最大宗商品。

香料是热带芬芳类植物和动物分泌的香胶，有多个品种，其中有的香料具有止痒杀菌、祛腥除臭、清洁环境的作用，作为药用功效更多，所以有时候"香药"并称。大食和波斯商人输入中国的香药，大多产自东非和阿拉伯地区。

有许多商胡专门从事东西方间的香料贸易。长庆四年（824），波斯大商李苏沙向朝廷进贡沉香亭子材，此"波斯大商"是以兴贩香材为业的胡商。番禺牙侩徐审与"舶主何罗吉"是朋友，这位何罗吉也是从事香料贸易的胡商。他们临别时，何罗吉赠三枚鹰嘴香给徐审，据称可避时疫。后来番禺遭遇大疫，徐审全家焚香得以幸免，后来这种香就被称为"罗吉香"。武后永昌元年（689），洛阳北市"香行社"造像记中，记录了社官、录事及社人等20余人的姓名，其中有安僧达、史玄策、康惠登、何难迪、康静智等，这些人的姓氏都为粟特胡姓，很可能就是来自中亚的商胡或他们的后裔。

唐朝进口或使用的香料主要有沉香、紫藤香、榄香、樟脑、苏合香、安息香与哇爪香、乳香、没药、丁香、青木香、广藿香、茉莉油、玫瑰香水、阿末香、甲香等许多品种。广州港成了世界上进行香料和药品贸易的最大港口，鉴真在广州见到江中有婆罗门、昆仑等地来的海舶，装满了香药珍宝，积载如山。

扬州香药市场十分兴隆，鉴真由扬州东渡日本时，曾在扬州采购了麝香、沉香、甲香、甘松香、龙脑香、胆唐香、安息香、栈香、零陵香、青水香、熏陆香、毕钵、诃梨勒、胡椒、阿魏等近千斤香料。而此类由"波斯舶"贩运而来的香药，又多购自这里的"胡店"。唐时日本多次派人来中国求香药，在正仓院珍藏的香药物品中，有相当大的部分产自阿拉伯地区，有从扬州购买去的，或经由扬州转运到日本的。唐代诗人皎然在《买药送杨山人》中有"江南药少淮南有""扬州喧喧卖药市"之句，描述了当时扬州香药市场的繁荣。

香料或香材也是外国向唐朝进贡的重要物品，天竺、乌苌、耨陀洹、伽毗、林邑、诃陵等国都曾向唐朝"贡献"香料，涉及的种类主要有郁金香、龙脑香、婆律膏、沉香、黑沉香等等。有时将外国贡献的香料称作"异香"，即在唐朝境内稀见的香料，而外来的香料也被赋予了种种神秘的特性。

香料在唐人生活中具有重要的作用，皇室和贵族对香料或香材的使用几乎达到了奢侈无度的程度。在唐代，香料制作更加精细和考究，品类更为丰富，用香成了无处不在的礼制使用。据称唐朝皇帝"宫中每欲行幸，即先以龙脑、郁金藉地"。（《旧唐书》本纪第十八下）五代花蕊夫人《宫词》写道："青锦地衣红绣毯，尽铺龙脑郁金香。"《明皇杂录》载唐玄宗在宫中置大型室内温泉，其中置银镂漆船及白香木船，楫橹皆饰以珠玉，汤中以绿宝石和丁香，堆叠成瀛洲、方丈（传说中的海上仙山）的模样。每逢腊日，君王还要赏赐臣下各种香药、香脂等。

皇室之外，达官显贵也嗜香成风。杨国忠有"四香阁"："用沉香为阁，檀香为栏，以麝香、乳香和为泥饰壁"，甚至比皇宫中的沉香亭更为奢华。长安富商王元宝在床前置木雕矮童二人，捧七宝博山炉，彻夜焚香。柳宗元收到韩愈寄来的诗后，"先以蔷薇露灌手，熏以玉蕤香，然后发读。"中宗时，宗楚客兄弟、纪处讷、武三思以及皇后韦氏诸亲属等权臣常举办雅会，"各携名香，比试优劣，名曰斗香。"以上所说都是见于记载的用香的故事。

风流所及，在唐朝社会中，无论男女，都讲求名香熏衣，香汤沐浴。上层社会就生活在一种神香和各种香料焚烧的烟雾缭绕之中，包括香水浴、按摩、香油、呼吸的香气、涂敷、焚烧、消遣、保健、儒释道宗教仪轨等。

唐代还出现了数量众多的咏香诗文，其跳动的音韵、馥郁的氤氲融汇着蔚为壮观的盛世景象。王维、杜甫、李白、白居易、李商隐、李贺等都有此类作品。李贺在《贵公子夜阑曲》中，描写了一位贵公子在孤寂的房屋中等待黎明的情景："袅袅沉水香，乌啼夜阑景。曲沼芙蓉波，腰围白玉冷。"李贺其他诗中也有对沉香的描述："沉香火暖茱萸烟，酒觥绾带新承欢。""归来无人识，暗上沉香楼。""沉香熏小像，杨柳伴啼鸦。"据统计，涉及用香的唐诗有 102 首，其内容可分为皇宫用香、寝中用香、日常用香、军旅用香、释道用香、制香原料、合香种类、香品形式、香具类型、香笼的使用等等内容，其中所直接指出的长安宫殿名称就有红楼院、大明宫、日高殿、华清宫、长安东南角的芙蓉苑和城东的夹城，宫中在除夕夜傩戏逐煞、元旦朝贺、初十五灯节酺宴、皇妃产子以及值夜、清晨上朝等不同季节与时辰，也都使用不同的香。其他平民百姓在一般日常生活中，无论晨起、更衣、宴饮、观舞、熏衣被也都点香、熏香。

| 第十九章 |
际天而行：明朝郑和的船队

15 世纪是人类走向海洋的时代，是人类的大航海时代。郑和的远洋航行，正发生在 15 世纪初，是他拉开了整个大航海时代的序幕。

在大约一百年略多一点的时间里，中国人与欧洲人先后从欧亚大陆的两端，分别进行了空前的向海洋的大进军，这一场大进军不仅显示了人类征服海洋的勇气、智慧和技能，更重要的是标志着人类从此进入了一个具有根本性的历史转折时期。

一

海上丝绸之路上规模最大、最为壮丽的航行是郑和下西洋。这是海上丝绸之路上的一件大事，更是中国与东南亚、南亚地区经济文化交流史上一件具有划时代意义的大事。

郑和下西洋号称"明初盛事"。从 1405 年郑和率领的庞大船队初次开洋，到 1433 年最后一次返国为止，在长达 28 年的时间里，先后共计七次下西洋。在这期间，中国的航海家驾驶着本国的船队，在东起琉球、菲律宾和马鲁古海，西至莫桑比克海峡和南非沿海的广大海区，定期往返，到达越南、马来西亚、斯里兰卡、印度、沙特阿拉伯等 30 多个国家。郑和的船队与所到国家建立了友好关系，加强了中国与这些国家的交流往来，而且进一步开拓了海上交通，促进了海外各地社会经济文化的发展。

郑和下西洋，既是海上丝路上的一篇宏伟篇章，又是海上丝路的进一步延伸与开拓，使中国与南海诸国以及更远的西方国家的贸易和文化交流达到了更高的水平。

郑和下西洋不是简单、孤立的事件，而是永乐时期文治武功和对外交流的一个有机组成部分。永乐时期，成祖初设内阁、决定迁都北京、编纂《永乐大典》、屡伐元朝残余、遣使通西域和派遣郑和下西洋等一系列举措，都是影响明代历史进程的重大事件。明朝是当时亚洲乃至世界强国，为了彰显其大国地位和稳定周边局势，成祖在继承洪武时期外交政策的基础上，遣使四出，"宣德化而柔远人"，以和平方式竭力构建明朝视野中的世界新秩序。

郑和下西洋的旷世壮举，是明朝初期为大力发展与海外诸国的外交关系，包括文化交流和贸易关系的一项重大举措，是古代中国致力于走向世界、建立以"天朝礼治秩序"为基本框架的国际关系格局的一次重要努力。

郑和下西洋是一次规模庞大、影响广泛的国家外交活动。这场前无古人的远洋航海倾国家财力物力、调动全国的技术力量和军事力量，非得在国家层面上进行不可。下西洋的动议是在永乐年间提出的，七次下西洋中，有六次是在永乐年间进行的，实际上正是永乐皇帝亲自决策并直接指挥了这场旷日持久的大航海事业。从下西洋的动议、决策、人选，到船舶的制造、费用的支出等，无一不是在永乐皇帝的直接领导下进行和完成的。郑和船队每次远航的时间、任务的确定，以及重大事件的处理，也都是由永乐皇帝亲自决定的。

永乐皇帝耗费如此巨大的开支，动用如此庞大的力量，进行如此旷日持久的事业，其中该寄托着他多少的心血与期待啊！

明成祖决策，令庞大的中国船队驶出国门，活跃在东南亚、南亚乃至阿拉伯和非洲东岸的广大海域，最后一次向世界显示中国作为航海大国的强大实力。

二

郑和下西洋的船队是一支规模庞大的船队。郑和的船队每次远航，随行者总在二万七八千人之间。据史料记载，第一次下西洋的人数为 27800 余人，第三次为 27000 余人，第四次为 28568 人，第七次为 27550 人。其他几次人数阙录不详，但估计也在 27000 人左右。

郑和船队完全是按照海上航行和军事组织进行编成的，在当时世界上堪称一支实力雄厚的海上机动编队。按照下西洋的任务，郑和船队人员主要有五个部分：指挥部分、航海部分、外交贸易部分、后勤保障部分、军事护航部分。郑和船队的组织系统建制完整，分工细密而明确，能够保证船队各项工作的正常运转，使整个船队的远洋航海活动成为一项庞大而科学的系统工程。

郑和船队的每次远航，一般由 63 艘大、中号宝船组成船队主体，加上其他类型的船只，共"乘巨舶百余艘"。据记载，第一次下西洋时乘船 208 艘，"维峭挂席，际天而行"，蔚为壮观，是七次下西洋中动用船只最多的一次。

郑和下西洋，先后七次，历时近 30 年之久，其间又可分为前后两个时期。前期从永乐三年郑和第一次奉命出使，至第三次下西洋于永乐九年归国为止。在这一时期中，郑和使团的活动范围，不出东南亚和南亚，而主要往来于东南亚各国之间，主要为解决中国在东南亚和南亚所面临的一系列问题，树立起中国在东南亚和南亚各国中的威信，"重振已坠之国威"，进行广泛的外交活动。

后期包括郑和下西洋的第四次到第七次航行，从永乐十年到宣德八年间。后期航海的主要任务，是向南亚以西继续航行，到达波斯湾以远地方，通过开辟新的航路，让从来不通中国的海外远国，"宾服"中国。在后期航海中，郑和船队经过南洋群岛，横渡印度洋，取道波斯湾，穿越红海，沿东非之滨南下，最远到达赤道以南的非洲东部沿岸诸国及马达加斯加岛一带。

在第七次下西洋的回航途中，郑和逝世于古里。郑和逝世之后，下西洋事业失去了最重要的领导者，庞大的船队失去了主帅，所以，郑和下西洋的伟大壮举也就结束了。

七次下西洋，所航行的路线略有不同。在航海沿途，船队设立了四大交通中心站和航海贸易基地。这四大交通中心站分别是占城、苏门答剌、锡兰山别罗里和古里。占城和苏门答剌属于中南半岛、马来群岛范围，为郑和船队发展南海及南洋海上交通，与东南亚各国进行航海贸易的要冲之地。别罗里和古里属印度及其附近范围，为郑和船队发展印度洋和阿拉伯海上交通，与南亚、西亚和东非各国进行航海贸易的要冲之地。主船队利用这四大交通中心站，遵循惯常的主航线，与亚非各国开展贸易活动。此外，还分成若干分船队，从这四大基地出发，形成几条主要的分船队航线：

（1）以占城新州港为据点，分别向东南的渤泥与西南的中南半岛和马来群岛诸地进发。

（2）以苏门答刺为据点，一支北航榜葛刺，一支西航锡兰山，一支前往印度西南海岸各国及其邻国。

（3）以古里为据点，一支北航波斯湾直达忽鲁谟斯，或绕阿拉伯半岛经祖法儿、阿丹，深入红海到天方国；一支则北航经波斯湾、亚丁湾，过曼德海峡，沿索马里的北海岸到东北方再经过须多大屿（索科特拉岛）、葛儿得风（瓜达富伊角）和哈甫泥（哈丰角），从而到达非洲东岸各国。一支则经小葛兰径航东非沿岸的木骨都束、卜刺哇、竹步、麻林、慢八撒等地。

（4）以锡兰山别罗里为据点，西南经溜山国直航东非沿岸木骨都束国。

郑和船队以上述四大交通中心站为海运枢纽，在广大的海域内建立起纵横交错的海上交通网络，使船队尽可能航行到所能达到的地方。

从永乐三年首次下西洋，至宣德八年结束最后一次航程，郑和"总率巨艘百艘""浮历数万里，往复几三十年"，到达亚非30多个国家和地区，在世界航海史上谱写了光辉的一页，创造了巨大的功绩。梁启超称赞郑和下西洋之伟大业绩："及观郑君，则全世界历史上所号称航海伟人，能与并肩者，何其寡也。"

三

郑和下西洋的主要任务，是与东南亚、南亚乃至更远的国家开展广泛的外交活动，加强与这些国家的官方联系，建立以中国为主导的国际和平环境。

郑和在历次奉使出航中，都认真贯彻明王朝的和平外交方针，致力于发展与各国的友好关系，使明朝的国际威望大大提高，与海外诸国的官方关系更为密切，取得了重大的外交成就。

由于郑和下西洋的影响，明永乐宣德年间与东南亚、南亚等地区的交通往来出现空前繁荣的盛况。许多国家纷纷向中国派遣使节，以通友好。包括那些位于"绝域"的远方国家，出自对中国的敬慕，沿着郑和所开辟的航路，不远万里，纷纷来宾。有的国家是国王携妻带子与陪臣一同入朝。郑和每次返航时，都有海外诸国使者随船来华。第一次下西洋返国时，有苏门答剌、满剌加、古里等国的使者随行；第五次下西洋返国时，带回了 17 个国家和地区的使者；第六次下西洋返航时，出现了暹罗、苏门答剌等 18 国 1200 余名使臣同时来华的盛事。

郑和下西洋不仅在发展与海外诸国的官方联系方面取得了巨大成就，而且在向海外诸国传播中华文化、促进当地社会的文明开化和文化进步方面做了大量工作。从下西洋船队的派遣者明成祖，到船队的统帅郑和，乃至郑和的一般随行官员，都对向海外传播中华文化有着自觉的认识，并高度重视这项工作。郑和在亚非各国访问时，本着"王者无外，中天下而立，定四海之民，一视同仁"的精神，努力宣扬文教，"所至颁中华正朔，宣敷文化，俾天子生灵，旁达于无外"，以中国先进的文化和精神文明的成果，影响海外国家的精神生活，提高文化程度，接受中国的礼仪，改变落后的习俗。

郑和及其率领的庞大船队，在七次下西洋、遍访 30 余国的航程中，在发展与这些国家政治、经济关系的同时，大力宣传和传播中国的先进文明，推动当地的文明开化和文化繁荣，做出了重大贡献。中华文明的礼仪典制、儒家思想、天文历法、度量衡制、农业技术、制造技术、建筑雕刻技术、医学、航海造船技术等对西洋各国，特别是东南亚地区，产生了重要影响。随着丝绸、瓷器、建筑艺术的传入，各国的服食器用水平得到了提高；中国的钱币流入西洋各国，促进了当地货币的流通和使用；铁器等先进生产工具的引进，加快了南洋岛国的开发；明朝典章礼仪制度的传入，则深深影响了各岛国的文明进程。

由于郑和及其船队的努力，中国与东南亚、南亚等地区的文化联系更为密切。中华文化在东南亚和南亚地区的传播，也由于郑和的努力而达到一个新的水平。

郑和下西洋对发展中国与海外诸国的贸易关系，促进物质文化交流有重大贡献。郑和船队每次出洋，都要筹办携带大批货物。这些货物有明王朝赠送各国国王、头目的礼品；有对各国进贡物品的回赐，即"朝贡贸易"的所需物资；还有下西洋官员在海外从事贸易活动所需货物。

郑和船队运往各国的货物，包括有：红丝、刺绣、湖丝、雨伞、绸缎、瓷器、麝香、烧珠、书籍、樟脑、橘、金、银、铁鼎、米、谷、豆等。船队所携带的货物不但数量可观，而且更以产品的独特见长于世。中国特产的锦绮、纱罗、绫绢、纻丝以及青花、釉里红瓷器，都是独步世界的产品。各种青瓷盘碗、烧珠、麝香、大黄、肉桂、铁鼎、铜器等也是大宗出口货物，其中尤以丝绸、瓷器数量最多。船队所到各国，对中国的货物都非常喜爱和欢迎，都希望能够普遍地得到供应。

四

郑和下西洋留下了一份重要的文献，即《郑和航海图》。《郑和航海图》原名《自宝船厂开船从龙江关出水直抵外国诸番图》。郑和下西洋的同时，进行了广泛的科学考察，绘制了 40 面海图，即《郑和航海图》及其附图《过洋牵星图》。该图制作于郑和第六次下西洋之后，全体下洋官兵守备南京期间。其时正值明宣宗酝酿再下西洋之际，是在继承前人航海经验的基础上，将郑和船队历次下西洋航程综合整理，绘制成整幅下西洋全图，为郑和使团适应下西洋的需要而集体编制的。

《郑和航海图》得以传世，是因为晚明茅元仪将其收录在他编纂的《武备志》中。　茅元仪是杰出的军事家和文学家。他编纂的兵学巨著《武备志》，是中国古代卷帙最多、门类最齐全的军事百科全书，受到中外学者的高度评价。《武备志》共 240 卷，200 多万字，附图近 738 幅。《武备志》规模宏大，所用军事资料翔实，全面仿效了《武经总要》的编纂体例，在几乎转录《武经总要》大部分内容的基础上，把各门类及其内容的宽度、深度大加扩展和延伸，囊括了自宋代以来所创造的最新成果，又融汇了当时的新鲜内容，吸收了《纪效新书》《练兵实纪》《筹海图编》《阵纪》《武编》《神器谱》《兵录》等兵书的创造性成果，辑为巨著，著成大作，具有浓厚的时代特色。

《郑和航海图》在《武备志》中叫作《自宝船厂开船从龙江关出水直抵外国诸蕃图》。茅元仪没有说明航海图的来历，根据著名学者向达《整理郑和航海图序言》的考证，嘉靖二十六年（1557），胡宗宪为浙江巡抚，为防御倭寇，曾请郑若曾等人搜集海防材料，编辑《筹海图编》。茅元仪的祖父茅坤在胡宗宪幕府里参加过《筹海图编》的编纂工作，见到一些与海防有关的材料；他又做过兵部的官，也可能见到兵部的档案。元仪秉承家学，《武备志》里的《郑和航海图》，如果不是出自兵部档案，就是从胡宗宪那里得来的，渊源有自。

《郑和航海图》原图呈一字形长卷，收入《武备志》时改为书本式，自右而左，有图 20 页，共 40 幅，最后附《过洋牵星图》两幅。海图中记载了 530 多个地名，其中外域地名有 300 个，最远的东非海岸有 16 个。标出了城市、岛屿、航海标志、滩、礁、山脉和航路等。其中明确标明南沙群岛（万生石塘屿）、西沙群岛（石塘）、中沙群岛（石星石塘），1947 年民国政府内政部以郑和等命名南海诸岛礁，纪念这位伟大的航海家。

《郑和航海图》采用传统的绘画方法，是写景式的海图，图中的地域大小、远近比例，都只是相对而言的，有些地方的方位甚至有错。但只要了解其绘制方法，结合所记针路及所附的《过洋牵星图》，并以今图对照，便可发现该图在描绘亚非沿海各地形势，以及在认识海洋和掌握航海术等方面，都达到了当时较高的科学水平。《郑和航海图》的图幅配置以航线为中心，图上的方位不是按上北下南绘制的，而是突出以航线为主，整条航线是从右向左连贯的，由于这些线原来的向位是不同的，因此图幅的方位亦随之而异。如南京至太仓航线，原是自西向东，而图上绘成从右至左，图幅方位就成为右西左东，上南下北；又如出长江口后沿大陆海岸的航线基本是由北向南，但图上的航线还是由右而左绘出，所以图幅方位又成为右北左南，上西下东。这样绘制的航海图，其图幅方位虽不统一，但却便于在航行中使用。

《郑和航海图》是郑和航海实践的一份重要成果。《郑和航海图》是郑和船队根据航海实践和长期考察经验所绘制的，是我国现存年代最早的一份航海图。《郑和航海图》也是世界上现存最早的航海图集。以航海的实用性为特点，突出导航、定位所需的基本要素，具有较高的实用价值。该图集除指导当时和以后的古代航海具有重要意义，还对后人研究中国古代航海史和亚非航线的开辟，起到重要作用。

郑和下西洋的档案没有完整保留下来，郑和本身又没有著述，今人所见有关下西洋的原始资料有三部基本文献，即马欢《瀛涯胜览》、费信《星槎胜览》、巩珍《西洋番国志》，即郑和下西洋史地"三书"，都是当时跟随郑和下西洋的人所著。下西洋三书虽在内容上详略有别、各具特点，然而都明确记述了郑和船队"前往海外，开诏颁赏，遍谕诸番""宣布纶音往夷域"的共同使命，同时还记载了万里远航中"浮针于水，指向行舟"的航程；大量记述了海外各国的天时气候、物产之别、疆域之制，更详记了途经各国的地理位置、疆域范围、气候变化，以及矿产、林木、果蔬、禽兽、水产等自然资源。从而丰富了人们的地理概念和航海知识，扩大了国人对外部世界的认识。

五

15世纪是人类走向海洋的时代，是人类的大航海时代。郑和的远洋航行，正发生在15世纪初，是他拉开了整个大航海时代的序幕。

在大约一百年略多一点的时间里，中国人与欧洲人先后从欧亚大陆的两端，分别进行了空前的向海洋的大进军，这一场大进军不仅显示了人类征服海洋的勇气、智慧和技能，更重要的是标志着人类从此进入了一个具有根本性的历史转折时期：世界各大洲居民相对封闭隔绝的状态，从此渐被彼此密切交往，人类渐成一体的状态所代替，与此相适应，人类的文明发达程度急剧提高，生产力低下的古代和中世纪成为过去，高度发展的新时代向人们迎面走来。

当世界变革的序幕尚未揭开之际，即15世纪上半叶，在地球的东方，在海涛万顷的中国海面，直到非洲东岸的海域，呈现出一幅中国人海上称雄的图景。这一光辉灿烂的景象，就是郑和下西洋。

郑和的航行比哥伦布发现美洲大陆早87年，比达·伽马早92年，比麦哲伦早114年。

从1405年开始，在28年间，郑和率领中国大明皇朝的200多艘船航行在世界海域上，航线从西太平洋穿越印度洋，直达西亚和非洲东岸，途经30多个国家和地区。郑和下西洋，其船舶技术之先进，航程之长，影响之巨，船只吨位之大，航海人员之众，组织配备之严密，航海技术之先进，在当时的世界上，都是罕有其匹的。甚至在航海时间、船队规模以及航海技术诸方面，均是哥伦布等人的航海活动所望尘莫及的。

郑和率领的这支船队，是15世纪规模最大的远洋船队。

郑和船队在世界航海史上占据着领先地位，是当时任何西方海上强国都无法望其项背的。在郑和下西洋停止之后几十年的15世纪末至16世纪初几支最著名的西方远洋船队，无一能与郑和的船队相比拟。如1492年横渡大西洋到达美洲的哥伦布船队，只有90名水手，三艘轻帆船，其中最大的旗舰"圣玛丽亚号"不过250吨,仅为郑和宝船的1/10。1497年绕过好望角航至印度的达·伽马船队,有160人,四艘小帆船,主力旗舰120吨,全长不到25米。1519年进行环球航行的麦哲伦船队,有265人,五艘小帆船,其中两艘130吨,两艘90吨,一艘60吨,全船队的总吨位也不过郑和一艘宝船的1/5。对于当时的世界各国来说,郑和所率领的舰队,从规模到实力,都是无可比拟的。

但是,在15世纪,欧洲的航海事业也取得了巨大的进展:航海活动扩大,地图科学的发展,古典时代的知识重新被认识。而在15世纪后期,葡萄牙、西班牙等国统治者对航海活动的支持,更促进了航海活动的开展。到了15世纪末,欧洲的大航海时代开始了。欧洲人的大航海活动取得的成就也是巨大的。

对于欧洲的大航海事业,梁启超认为郑和"与彼并时而兴",是"全世界历史上所号称航海伟人",他的航海比哥伦布等人都要早数十年。但"郑君之烈,随郑君之没以俱逝。"郑和下西洋的航海活动虽然声势浩大,但明成祖和郑和死后不久,中国的航海事业突然中断了。相反,哥伦布和达·伽马开辟新航路后,在西欧激起了远洋航海的热潮。

第六部分

海上的路（二）：西方的新世界

Part VI

A biography of the Silk Road

|第二十章|
寻访东方的诱惑

自从《马可·波罗游记》在欧洲传播以后，中国和东方的财富，好像神话一样，使欧洲的贵族、商人和冒险家们醉心向往。这被说成是"远方契丹的诱惑"。有人说寻找"东方"是欧洲大航海事业的"意志灵魂"，而这种"意志灵魂"正是在《马可·波罗游记》中培育、生长和锻造的。

16世纪一位英国航海家说："谁能控制海洋，谁就能控制海上交通，就能控制海上贸易，就能获得世界财富，进而控制整个世界。"以寻找新的海上丝绸之路为开始，世界进入到大航海时代，进入到海洋主导文明的时代。

一

15 世纪中叶开始，西欧诸国掀起了开辟全球性海上新航路的探险热潮。一时间，勇敢的各国冒险家们，乘风破浪，冒险犯难，探索在茫茫的大海上。

1486 年至 1487 年，葡萄牙航海家迪亚士（Bartholmeu Dias，约 1450—1500）率领的探险队航达好望角。

1492 年，西班牙的哥伦布（Christopher Columbus，1451-1506）船队横渡大西洋，到达中美洲。

1492 年至 1498 年，葡萄牙的达·伽马 （Vasco da Gama，1460-1524）远征队从里斯本出发，绕过非洲南端，抵达卡利卡特，首次打通了东印度航路。

1519 年至 1521 年，西班牙麦哲伦（Fernando de Magallanes，1480—1521）船队进行了人类历史上第一次环球航行。

所有这些影响人类历史进程的伟大探险航行，都有一个共同的目标，就是：寻访东方。

自从《马可·波罗游记》在欧洲传播以后，中国和东方的财富，好像神话一样，使欧洲的贵族、商人和冒险家们醉心向往。这被说成是"远方契丹的诱惑"。在马可·波罗时代，欧洲一直与东方有着贸易往来。当时，东西方贸易商路主要有三条：一条是陆路，由中亚沿里海和黑海到达小亚细亚，然后就与陆上丝绸之路接上了头。另外两条是海路（或海陆并用），一条是先从海道抵红海，然后再由陆路至埃及的亚历山大港；另一条是由海道入波斯湾，然后经两河流域到地中海东岸叙利亚一带。这两条海路都接续海上丝绸之路。当时，地中海特别是西地中海的贸易主要由意大利商人把持，而地中海东岸一带的贸易则由阿拉伯商人所垄断。

无论是路上的丝绸之路，还是海上丝绸之路，都是东西方交通的大通道，往来的商队相望于道。

但是，到了 14 世纪后期以后，中西之间传统的贸易路线却受到了严重的阻碍。首先是 14 世纪中叶，帖木儿在中亚地区建立的帝国，隔绝了中西交通。继而是 1453 年土耳其人攻陷君士坦丁堡，吞并了东罗马帝国的大部分领土，控制了红海、波斯湾和黑海通往地中海的交通线，向过境各国商人勒索大量捐税，垄断了欧洲同东方的贸易。

此外，欧洲和东方在陆路的商贸往来，长期受制于埃及商人和阿拉伯骆驼队商。陆上运输的迟缓、运费的昂贵和缺少安全的保证，也已越来越不能适应欧洲市场的需要了。

然而，虽然传统的交通贸易路线受到阻隔，但是欧洲人并没有丢掉一切。幻想和希望依旧存在。马可·波罗所讲的关于契丹的故事，使他们记忆深刻。他们已经取得的成就，刺激了他们的野心。如果他们不再能安全地走旧的陆路，就一定要找出通往东方的新的水路。欧洲各国贵族、商人急切地希望寻找到一条摆脱阿拉伯人、绕过地中海东部的新航线。他们认为，一旦找到不经地中海的新航线，东方货物所缴纳的通行税就只需过去的八十分之一。

寻访东方仍然是挡不住的诱惑。

于是，欧洲人开始寻找通往东方的新途径。这样就有了一系列寻找新航路的海上探险活动。探寻契丹确是冒险这首长诗的主旨，是数百年航行业的意志灵魂。

所以说，《马可·波罗游记》对 15-16 世纪欧洲航海事业的发展，起到了极为重要的激励和促进作用。当时一些著名航海家和探险队的领导人曾读过马可·波罗的游记，从中受到鼓舞和启示，激起他们对于东方的向往和冒险远游的热情。正是现实经济利益的驱使，以及马可·波罗所描述的富庶东方的召唤，直接推动了欧洲人的地理大发现运动。有人说寻找"东方"是欧洲大航海事业的"意志灵魂"，而这种"意志灵魂"正是在《马可·波罗游记》中培育、生长和锻造的。

二

在 15 世纪，整个欧洲的商人和船员们都在推测和探索去东方的新航路。

在这个时代的海上探险活动中，葡萄牙人充当了先锋。葡萄牙位于欧洲的西南角，在 14 世纪和 15 世纪上半叶，葡萄牙的船队已经沿着非洲曲折的海岸走了相当远。当时他们形成了这样一个概念：也许再往前一些，海岸会向东转，到印度和契丹的路就会通了。1428 年，航海家恩里克（Henrique the Navigator）的兄弟佩德罗亲王（Princ Pedro）在访问威尼斯之后带回到葡萄牙一本《马可·波罗游记》和一张世界地图。这给恩里克王子很大推动。恩里克王子建立了人类历史上第一所国立航海学校。他的麾下聚集了不同民族、不同国籍的专家、学者。他们改进了中国指南针，把只配备一面四角风帆的传统欧洲海船，改造成配备两面或三面大三角帆的多桅快速帆船。葡萄牙人就是凭借这些 20 多米长、60 到 80 吨重的三角帆船，沿着非洲西海岸，一路向南。

恩里克王子相信，非洲是可以绕过的大陆，在某个地方必定存在着一条尚未被发现的通向印度的海上通道。于是，葡萄牙人沿着非洲西海岸，一路向南。1418 年，恩里克派出一支探险队，沿着西非海岸航行，到达马德拉群岛的圣港岛，1419 年占领了马德拉群岛，1432 年占领亚速尔群岛，1434 年，葡萄牙船只驶过博哈多尔角，很快到达今西撒哈拉的一个小小的海湾，认为这个海湾就是欧洲人长期以来要找的"金河"，并把这片不毛的沙漠地区取名为"里奥德欧罗"（葡语意为"金河"）。此后，葡萄牙人还先后到达了佛得角和几内亚，占领了"象牙海岸""胡椒海岸""奴隶海岸"和"黄金海岸"，并在加纳建立军事据点。

1487 年，葡萄牙航海家巴尔托洛梅乌·缪·迪亚士进行了更远的南航。当他的船队靠近非洲大陆南端时，强大的风暴把船只吹离海岸，滔天巨浪几乎把他们吞没。十几天后，迪亚士掉转船头，先向东，再向北航行，终于在南非的莫塞尔湾靠岸，看到了太阳从他们的右边升起。这时候，他们已经进入了印度洋，绕道非洲南端通往印度的航道实际上已经打通了。回航途中，通过非洲南端的尖角时，狂风猛烈，天气恶劣，他把它叫作"暴风角"。当他回来汇报他的发现时，葡萄牙国王说，应该把它叫作"好望角"，因为现在他们有了到达"印度"的希望了。

那时候欧洲人说的"印度"，实际上就是包括他们所知的南亚和东亚地区。"印度"就是东方财富的象征。

1497 年，葡萄牙政府组建和装备了一支舰队，去探索由葡萄牙起绕过非洲前往印度的海上航道。这支舰队由航海家瓦斯科·达·伽马率领，沿迪亚士走过的航道航行，绕过了好望角，之后在非洲的东岸摸索上航到了马林迪，在那里找到了一个阿拉伯领航员给他们指路，通过印度洋到了印度。1498 年 5 月 28 日，达·伽马率领的葡萄牙舰队在印度卡利卡特城附近的一个停泊场抛下了锚。

欧洲人梦寐以求的"印度"找到了！通往东方的海上新丝路找到了！

从此以后，葡萄牙的船只就经常取道好望角驶向东方，回去的时候满载着香料、丝绸和珠宝等贵重货物。他们还占据了锡兰、苏门答腊、爪哇和香料群岛。1517 年他们到了中国广州，1542 年他们进入日本。

关于葡萄牙人发现通往印度航路的重大意义，可以说是在一眨眼的工夫，葡萄牙人便从阿拉伯人手中夺去了印度洋的"海上霸权"。葡萄牙把"东航的钥匙"牢牢地掌握在自己手中，成了 16 世纪最强大的海上王国。

三

当葡萄牙人向东寻找一条绕过非洲到印度去的新的全程水路时，西班牙人则开始了向西的航行。

这时候，古代地圆学说广泛传播，欧洲人已经普遍接受了地球是圆的观念，并且相信海洋延绕过欧洲和非洲向印度和中国伸展，但是并没有人想到还有美洲大陆横在中间。那么，渡过大西洋向西直驶，也许可以更容易更迅速地到达东方，正是这种想法鼓励着西班牙人哥伦布创造了世界探险史上最精彩的一章。

哥伦布没有到达东方，却发现了美洲新大陆。

哥伦布远航的计划，和这个时代的探险主旨一样，就是要到东方来。哥伦布在出发前曾仔细读过《马可·波罗游记》，他的日记中曾屡次提到。哥伦布读过的《马可·波罗游记》原本至今保存在里斯本，边栏上有哥伦布作的许多摘要。这些眉批主要以拉丁文写成，间杂以西班牙文，显示了最吸引哥伦布注意的段落。他深受马可·波罗书中描写的震撼，也敏锐感受到了其中隐藏的商机。只要马可·波罗提到黄金、白银、纯丝买卖、香料、瓷器、红蓝黄宝石、琉璃、醇酒、采珠人等事，哥伦布都会做记号。同样深受哥伦布注目的内容，包括季风期来临时船队航行的方向及时间、海盗或食人部落猖獗的情形以及类似食物及其他物资可能的位置。

据说，哥伦布为了寻找通往东方最短的航线，曾于 1474 年请教过佛罗伦萨著名的天文学家和地理学家保罗·托斯堪尼里（Paolo de Pozzo Toscanelli）。在此之前，佛罗伦萨曾召开过一次宗教大会，来自不同教派的宗教界人士济济一堂，谈论着世界各地的消息。这位托斯堪尼里可能同刚刚从东方回来的意大利旅行家康蒂见过面。他得到一幅地图，上面有一条神秘的北方航路，传说沿着这条航路可以直抵大汗的国土，即马可·波罗所说的契丹与蛮子国、汗八里和行在城。他在这次会议上介绍了这幅地图，并给葡萄牙国王的一位顾问寄去了一张海图和一封信。在信中他认为从里斯本一直向西航行，就能到达繁荣富庶的行在城。葡萄牙国王没有把这近乎"谵妄"的书信和海图当回事，毕竟在那个时代，想象地球是圆的，一直向西就能到达东方近乎疯狂。况且在那个时候，也没人把那位马可·波罗的"百万传奇"当作现实。

当哥伦布向托斯堪尼里请教时，他把自己这封信的抄件寄给了哥伦布。托斯堪尼里为马可·波罗的亲身游历所吸引，他在这封信中，满怀激情地描述了亚洲，尤其是中国的财富和商业潜力。他盛赞中国人口众多，富庶无匹；邦省地邑之多，不可胜数。不独金、银、珍宝与香料，所在皆是，可以致富，且可与其国之学人、哲士、天文家等交换知识；而治国之道，作战之术，亦可向其人学习。托斯堪尼里在信中还指出，横渡大洋到达"香料之国"确实存在着一条最短的道路，这条道路要比葡萄牙人沿非洲两岸航行所要寻找的道路近得多：

一直向西航行，向大洋的彼岸和地球的另一半的西方就可以到达东方的国家。

托斯堪尼里坚定地相信，从里斯本向西到达日本所应航穿的海域并不十分辽阔，距离也不十分遥远。哥伦布把自己的计划告诉了托斯堪尼里。托斯堪尼里在给哥伦布的第二封信中说，我认为你的从东向西的航行计划是符合我的地图要点的，而且是地球仪上清晰可见的伟大而崇高的计划。我高兴地看到，人们已经很好地了解我了。

在15世纪，谁也不知道如何划分地球表面上的陆地和水域。托斯堪尼里把亚洲从西到东的面积几乎扩大了两倍。他计算，沿陆路从里斯本到达中国东岸的距离大约是地球的2/3。因为他认为，中国的沿岸城市金山（杭州）位于里斯本经线以东230°处。以此推算，他在西方把南欧与中国相分的水域缩为1/3，因此他认为金山位于里斯本经线以西130°处。他确定这片水域的宽度为地球圆周的 1/3，就是说，按他的计算，不超过 1.2 万公里（折合现今的里程）。按托斯堪尼里的看法，面向欧洲的日本海岸离中国东海岸约 2000 公里。这样一来，从里斯本到达日本似乎只需航行不到一万公里。哥伦布根据 15 世纪一些流传较广的天文和地理书籍，对这种计算方法做了一些"修正"，他得出的结论是，前往东亚最合适的航线是经过加那利群岛，似乎从加那利群岛出发向西航行 4500—5000 公里的路程就可以到达日本。按照 18 世纪法国一位著名地理学家的看法，哥伦布是以"一个极大的错误导致了一次极其伟大的发现。"

1492 年 8 月 3 日，哥伦布在西班牙国王的支持下，率领三艘船和 88 名船员出发了。他随身还携带了一封西班牙国王给契丹大汗的信。到 10 月 12 日，哥伦布经过漫漫的航行，终于登上了美洲巴哈马群岛中的一个岛屿。但是，他绝没有想到这里离印度和中国还十分遥远。他相信他发现的就在亚洲海岸边东印度群岛中的一个岛。他把当地的土人称为"印第安人"（即"印度人"，Indians）。他们从此就一直被称为印第安人。1792 年 10 月 21 日，哥伦布首次到达新大陆的第九天，他写道："……我将航行到另一个大岛去，从圣·萨尔瓦多印第安人告诉我的迹象上看，我确信这个岛屿就是日本。他们把这个岛称为 Colba（古巴），他们说那里有很多大船和海员。从这个岛屿我打算去他们称为波希奥（Bohio, 即希斯盘纽拉岛 Hipaniola）的另一个岛……至于其他坐落期间的全部岛屿，我将在通过时去看看，并按照发现金子或香料的情况，决定做什么。当然，我已经决定去（中国）大陆，去贵色（Quisay, 杭州），而后把殿下您的信呈交大汗……"

哥伦布在 10 月 30 日的日记中又写道："远征军司令说，应设法前往大可汗国，据其认为大可汗就在附近，也即大可汗居住之契丹城就在附近。据有人在其驶离西班牙前报告，契丹城甚大，地势低缓，景致优美，附近海水颇深。"

哥伦布回到西班牙后，向国王汇报他找到了印度群岛。此后他又三次回到美洲，携带了商人和传教士、冒险家和殖民者，并且一直还在寻找日本王国、中华帝国、香料群岛和印度。他探测了加勒比海、委内瑞拉和中美洲沿岸，但哥伦布死的时候还不知道他已发现一块新大陆这一事实。他至死还相信他环绕世界航行到了亚洲。

以寻访东方为最初动机的海上探险活动，导致了美洲新大陆的发现和新航路的开辟。这是世界历史上最重大的事件之一，对世界历史的发展进程具有特别重大的影响。从此，整个世界被连成了一片，人类文明超越了地域的限制，开始了世界化的时代。然而，正是在这一伟大事件的过程中，东方，特别是中国，以它丰饶的物产、灿烂的文化，以及它神秘的魅力，成为刺激、激励和推动欧洲人去寻访、去冒险、去开辟新航路、发现新大陆的感召性的动力。欧洲人的伟大发现正是在东方魅力的感召下实现的。中国为新大陆的发现做出了间接的贡献。

四

哥伦布绕到了美洲，而葡萄牙人则沿着非洲海岸绕好望角而抵达印度，终于开辟了欧洲与亚洲之间的新交通线。

海上丝绸之路再次畅通，欧洲的大帆船乘风破浪，扬帆起航。

探索和发现新航路的目的，是要延续古代的丝绸之路，与东方特别是和中国做贸易。新航路开辟之后，最先抵达中国的欧洲人是葡萄牙人。葡萄牙人即利用此新航路，开展与东方的贸易。香料和东方的各种物产，大宗流入欧洲。葡萄牙首都里斯本一时成为欧洲重要商港之一。

1513 年，葡萄牙商船来到中国，当时因中国惯例限制，不许外人入境，故未能登陆，仅在屯门岛上交换商品。此后，葡萄牙人在广东、福建和浙江沿海，进行走私贸易。这些活动大都是在官府巡船顾及不到的沿海偏僻港汊或岛屿上，与中国私商在暗中进行的，属于中国政府明令禁止的走私活动。到 1553 年，葡萄牙人获得了在澳门停留的权利，从此以澳门为据点，展开了对中国的大规模贸易活动。葡萄牙殖民者在澳门立足以后，即把澳门当成同印度和日本贸易的中转站，并由此建立起庞大的东方贸易网络。

葡萄牙人在澳门开辟了几条国际贸易航线，主要有：

（1）广州——澳门——果阿——里斯本航线。这是澳门开辟的多条国家贸易航线中最重要的一条。

（2）广州——澳门——日本长崎航线。

（3）广州——澳门——马尼拉——阿卡普尔科航线。这是维持马尼拉大帆船贸易的主要航线之一。

（4）广州——澳门——东南亚航线，目的地有马六甲、望加锡、越南的东京等。

这些航线都是跨越万顷波涛的远程贸易航线。通过这些航线，使澳门成为当时全球海洋贸易体系的一个重要枢纽。

从明末到清嘉庆年间，澳门是东南亚一个重要的国际贸易中心，是葡萄牙人从事亚洲至欧洲，以及亚洲至拉丁美洲的国际贸易的中转站和通往世界各地的海运中心。澳门成为欧洲与中国之间的第一个，也是最长久的一个"交接处"。有的学者指出，直到鸦片战争前夕，澳门是当时中国境内唯一的东西文化交流中心，它在东西方交通中的地位，大致相当于丝绸之路上的敦煌。

五

葡萄牙人的海上扩张活动激起了欧洲各国的效仿。16世纪一位英国航海家说："谁能控制海洋，谁就能控制海上交通，就能控制海上贸易，就能获得世界财富，进而控制整个世界。"

以寻找新的海上丝绸之路为开始，世界进入到大航海时代，进入到海洋主导文明的时代。

16世纪末17世纪初，继葡萄牙人西来之后，又有西班牙、荷兰、英国入侵东南亚海上诸国。1571 年，西班牙占领菲律宾群岛，1595 年荷兰人抵达爪哇，1598 年在爪哇建立殖民政府。至此，南洋群岛的国家已被葡、西、荷殖民势力所瓜分。葡萄牙在西，以印度半岛沿岸各地、苏门答腊岛和印度支那半岛为主；西班牙在东，以菲律宾群岛为主；荷兰在南，以爪哇岛为主。

西、荷两国亦想与中国建立通商关系。西班牙的对华贸易，主要是依靠"中国——马尼拉——墨西哥"的"大帆船"贸易，再从墨西哥转运回西班牙，从而形成了横跨太平洋和大西洋两大洋的海上贸易线路。后来不再经过墨西哥，直接开展了"中国——马尼拉——西班牙"的"大三角"贸易。

荷兰人于 17 世纪初期来到东方。荷兰航海能力发达，海外贸易发展很快，被称为"四海车夫""世界承运商"，其商业窗口是阿姆斯特丹，17 世纪阿姆斯特丹是世界的中心。旅居在阿姆斯特丹的法国哲学家笛卡尔（René Descartes, 1596-1650）说在那里可以找到所有的东西。还有人把它描述成为"世界珍品之都，宇宙交流之城"。荷兰的市民是现代商品经济制度的创造者，他们将银行、证券交易所、信用，以及有限责任公司有机地统一成一个相互贯通的金融和商业体系，这种先进的运作模式帮助荷兰把贸易触角伸得比葡萄牙和西班牙都要长，由此带来了爆炸式的财富增长。1602 年 3 月 20 日，荷兰将各种私营贸易公司合并为一家国营公司——"荷兰东印度公司"。到 17 世纪中叶，荷兰的全球商业霸权已经牢固地建立起来。此时，荷兰东印度公司已经拥有 15000 个分支机构，贸易额占到全世界总贸易额的一半。17 世纪中期，欧洲各国总共有两万多艘远洋船舶，其中荷兰有 1600 艘。悬挂着荷兰三色旗的商船游弋在世界的四大洋之上，大量的财富使得国家武装力量大为增强，荷兰已经成了一个让葡萄牙和西班牙都畏惧的海上强国。另一份文献记载，1669 年，在广州停泊的荷兰船舶共有 190 艘，停留在广州的荷兰商人、水手和士兵等约有一万人。

英国是后起的海上国家。1600 年英国成立东印度公司，取得对东方贸易的垄断权，即欲与中国通商。它在万丹和亚齐设立了商馆，使万丹成为中英贸易的一个中转站。1635 年，英国商船开始了与中国的直接贸易。从 1636 年算起，到 1704 年的 60 多年间，英国商船到广东的共有 9 船次，到厦门的有 36 船次，到舟山的 5 船次，到宁波的一次，到福州的一次。1715 年，英国东印度公司在广州正式设立商馆，以后每年都有商船来华，最多的年份达到十艘。

随着葡萄牙、西班牙和荷兰海上霸权的衰落，英国则迅速扩张，并很快在东方贸易中居于主要的地位。在 17 世纪初英国东印度公司成立以后的 70 年间，英国对东方的出口增加了近 12 倍。它在中国海上对外贸易中的比重，在 18 世纪中期已占 50% 以上，到 19 世纪初期则进一步达到 80% 左右。英国东印度公司从中国出口贸易中，获得了巨额利润。

其他西方国家，如法国、丹麦、瑞典等国，也有商船开来中国。从 1731 年瑞典东印度公司成立，到 1806 年，瑞典东印度公司共有 37 艘船，进行了 130 次航行，其中有 127 次是以广州为目的地的。根据有关资料统计，从康熙二十四年（1685）到乾隆二十二年（1757）的 72 年中，到中国贸易的欧、美各国商船有 312 艘，而乾隆二十三年（1758）至道光十八年（1838）的 80 年间，到粤贸易的商船共 5107 艘，平均每年近 64 艘。而且这些商船的吨位都不小，有些甚至可以称为巨舶。例如康熙三十八年（1699）至六十一年（1722）到广州的英国货船，最小者为 140 吨，最大者达到 480 吨，一般者也达到 300 吨，多数为 410 吨。

每年都有大批的商船从欧洲远渡重洋，来到中国采购商品，一时间，全世界都卷入到这个贸易体系中。数十艘、数百艘大帆船开始在中国南海、印度尼西亚群岛和印度洋的各个港口之间穿梭航行，舟舶相继，辐辏相随，络绎不绝。

| 第二十一章 |
跨越太平洋的航线

新大陆的发现完全是在欧洲人寻访东方的"计划"之外，但这个伟大的"意外"却真正地改变了世界，把美洲大陆与欧亚大陆联系了起来。因而，原本"计划内"的传统海上丝绸之路的延伸和拓展，也进一步向更远的地方延伸，与美洲联系了起来。

马尼拉是中国与美洲之间海上丝绸之路的中转站，"马尼拉大帆船"其实就是运输中国货的大帆船。从中国到马尼拉再到墨西哥，在太平洋海域建构了一个全球的贸易网络，形成了早期太平洋海域的固定交通航线。这个时代横跨太平洋的全球经济、全球贸易，实际上是以中国商品为中心的，中国实际上参与并且主导了这个全球化过程。

一

　　欧洲人开展大航海活动的最初目的是寻找通往东方的新航路，而在这个探险中，有了一个意外的结果，就是哥伦布发现"新大陆"。新大陆的发现完全是在欧洲人寻访东方的"计划"之外，但这个伟大的"意外"却真正地改变了世界，把美洲大陆与欧亚大陆联系了起来。因而，原本"计划内"的传统海上丝绸之路的延伸和拓展，也进一步向更远的地方延伸，与美洲联系了起来。

　　自哥伦布发现新大陆和达·伽马开辟通往亚洲的新航路之后，西班牙殖民势力迅速向海外扩张。它在亚洲据有菲律宾，在美洲攫取了从墨西哥到南美洲的广大地区，建立了地跨南北美洲并远至亚洲的海外帝国。16 世纪初，西班牙拥有 100 多艘商船，几乎垄断了美洲、欧洲、北非和远东的贸易。

　　1570 年，西班牙人来到马尼拉，建立了一个贸易港。当时马尼拉在摩洛人的统治下，摩洛人也从事海上贸易，控制了东南亚海岛地区的许多贸易港口。西班牙将摩洛人赶出马尼拉，在这里建立了自己的殖民地。

　　1573 年，即西班牙人占领菲律宾的第三年，西班牙驻菲律宾殖民当局向西班牙国王提议由墨西哥派商船来菲律宾贸易，可以攫取巨利，并增加王室的关税收入。1573 年，有两艘马尼拉大帆船驶往墨西哥，在其船货中，有 712 件中国生丝，22.3 万件优质的镀金瓷器和其他瓷器。1574 年，又有六艘大帆船从墨西哥到达马尼拉，翌年又有 12-15 艘，从此开始了长达两个半世纪的"马尼拉大帆船"贸易。

由于大帆船贸易的开通，西班牙人开辟了一条横跨太平洋的新航线。这条航线的一端在墨西哥太平洋沿岸的阿卡普尔科，一端在亚洲的马尼拉。行驶在这条航线上的西班牙船只，绝大多数是西班牙人雇佣中国的工匠在马尼拉利用当地木材建造的，故称"马尼拉大帆船"（Manila galleon）。这些帆船载重都在 300 吨左右，是当时世界上最先进的船只。

有的史学家评论说，马尼拉是中国与美洲之间海上丝绸之路的中转站，"马尼拉大帆船"其实就是运输中国货的大帆船。从中国到马尼拉再到墨西哥，在太平洋海域建构了一个全球的贸易网络，形成了早期太平洋海域的固定交通航线。这个时代横跨太平洋的全球经济、全球贸易，实际上是以中国商品为中心的，中国实际上参与并且主导了这个全球化过程。

往来于墨西哥和菲律宾之间的大帆船，通常在 6 月份由马尼拉出发，经过五六个月的航行，到达阿卡普尔科。从阿卡普尔科返航马尼拉，按照 1633 年的法律规定，最迟不能超过翌年的 12 月，以不到三个月的航行即可到达马尼拉。大帆船离开阿卡普尔科，西向航行，渡太平洋，在关岛停下来，加水和食品，经贝纳迪纳海峡而达马尼拉。

西班牙殖民者经营这种大帆船贸易所获得的利润非常之大，有资料说这种大帆船贸易为西班牙人提供了 100% 至 300% 的巨大利润。据马尼拉总督在 1609 年报道，西班牙人对中国贸易很感兴趣，因为他们回程可获利十倍。在 1620 年以一艘 200 吨的大帆船载运生丝从菲律宾到墨西哥，每年可盈利 200 万比索。正由于利润巨大，墨西哥和秘鲁等地的商人纷纷涌去马尼拉贩运中国货物。从马尼拉向西属美洲运送中国货物成为马尼拉商人的"主要谋生之道"。

"中国——菲律宾——墨西哥航线"的大帆船贸易，除了连接中国与美洲之外，还通过美洲延伸到西班牙。运到墨西哥的中国商品，除在当地销售以外，有一部分又经过墨西哥开往西班牙的航路，运往西班牙。西班牙每年派两支船队从西班牙塞维利亚港出发驶往墨西哥，每支船队有 20-50 艘商船，并派 2-6 艘战舰护航。它们把在墨西哥装载的中国商品运回西班牙。这样，"中国——菲律宾——墨西哥"航线就延伸成为"中国——菲律宾——墨西哥——西班牙"的多边贸易航线。这是跨越两大洋的贸易线路，是当时世界贸易线路中最长的一条航线。中国拥有空前发达的商品经济，能为世界市场提供充裕的商品；而西班牙握有大量的贵金属，可作为世界市场当中的交换物品。因此中国——菲律宾——墨西哥——西班牙多边贸易航线又成为推动世界市场迅速发展的"中轴"线。

大帆船运到墨西哥的中国商品，经由墨西哥——西班牙航线运抵塞维利亚，再由这里分散到西班牙内地销售，从而进入欧洲市场。而这些进口的中国商品大部分被运往梅迪纳·德坎波的国际市场，再次分销到欧洲各地。梅迪纳·德坎波在 14 世纪就发展成为一个国际闻名的大集市，吸引着来自欧洲各国的商人，并形成了从梅迪纳·德坎波经毕尔巴鄂直达荷兰的国际商道。中国商品进入到梅迪纳·德坎波市场，使这个地方进一步活跃起来。

到 18 世纪中期以后，西班牙商船直接抵达菲律宾进行贸易活动，而不再经过墨西哥，由此形成了"中国——菲律宾——西班牙"大三角贸易。

二

马尼拉大帆船贸易的主要商品是中国货物，没有中国丰富的商品供应，马尼拉大帆船贸易就不可能进行，"大帆船航线"实际上就是中国商品走向世界的海上丝绸之路向美洲的延伸。"大帆船"贸易是中国与美洲贸易和文化联系的主要渠道。

在西班牙人到达菲律宾前，已有约 300 个华人在马尼拉从事丝织品、瓷器的买卖。西班牙在菲律宾建立殖民统治之后，立即与侨居当地的中国商人发生贸易往来，并着手寻找与中国建立直接贸易的门路。长期居住的华人从事务农、打鱼、搬运、缝纫等生计，他们被西班牙人称为"Sangley"（有学者认为是闽南语"生意"的谐音），没有他们，马尼拉城就无法正常运行。

1571年，即西班牙人占领菲律宾的第二年，西班牙人曾营救过一艘在民都洛（Mindoro）外海沉没的中国帆船上的水手，并把他们送到安全地点。这些水手回到中国后，宣扬了西班牙人的好处。1572年，一些得救的中国人驾驶一艘满载货物的船来到马尼拉，他们带来了生丝、瓷器等中国商品。1573年，他们再度来临。驶来的第一艘中国货船被派出横渡太平洋前往阿卡普尔科。中国货船上载满各式商品。1574年有6艘、1575年有12艘中国商船到达马尼拉。就此打下了墨西哥大帆船贸易的坚实基础。

马尼拉的西班牙殖民当局积极鼓励中国商船到马尼拉贸易。当时正值明政府在福建海澄月港部分开禁后不久，私人海外贸易船在这种影响下，纷纷涌向马尼拉。月港是对菲律宾贸易的主要港口，另外也有部分船只从广州驶往马尼拉。每年12月至次年1月，当西北季风起时，中国的船队便满载丝货和其他贵重物品，从月港或广州出发，约经过15到20天，便可抵达马尼拉。当中国船队驶入马尼拉湾时，西班牙哨兵便点燃篝火，通知马尼拉当局中国船队到达的消息。船队靠岸后，港务人员登船检查。中国船队所载船货一经完税和转卖出手后，立即被转装到待航的马尼拉大帆船上。

据记载，西班牙人于1570年最初到达马尼拉时，有华人商船4艘来航，华商40人携眷来侨居。第二年有3艘华舶来马尼拉港，5艘至近邻诸岛贸易。此后来自中国的商船与日俱增。据估计，在16世纪80年代，每年平均20艘；90年代增至每年平均30余艘；至17世纪初，达到每年平均四五十艘之多。另据有关资料显示，从万历二十七年（1599）到崇祯十六年（1643），中国商船占每年到菲律宾贸易的商船总数的66.2%-100%。马尼拉海关在17世纪上半叶对进港船舶所征收的进口关税中，中国商船每年平均占全部进口关税的80%，最高年份（1641-1642）甚至达到92.06%。

从中国港口前往马尼拉的商船，有少数来自澳门。这些来自澳门的船只不是中国船，而是葡萄牙船。有鉴于中菲贸易利润巨大，葡萄牙人也在广州收购中国货物运往马尼拉，或者为中国货主把货物运销马尼拉，称为"澳门——马尼拉"贸易。澳门输往马尼拉的商品，生活用品有生丝、丝线、面纱、花边、花缎、线绢、各色棉布、白纸、色纸、墨、瓷器、陶缸、铁锅、瓦筒、珠子串、宝石串、宝石、蓝玉等；各类食品如粮食、糖、蜜饯、火腿、咸猪肉、花生；水果如无花果、栗子、枣、安石榴、梨、橙；禽畜如母牛、母马；军需品如弹药、火药、铁、铜、锡、铅、水银等。其中以生丝、丝织品为大宗。葡萄牙人企图在马尼拉市场上垄断中国货物的贸易，甚至派出商船横渡大洋，试图建立澳门与阿卡普尔科之间的直接贸易航线，都因遭到西班牙人的坚决反对而未能如愿。另外，在明末清初郑成功家族经营台湾期间，大力发展对马尼拉的贸易。1644-1681 年间，共有 91 艘中国商船开进马尼拉，其中有 40 艘直接来自台湾。

大量的中国商品汇聚到菲律宾，使马尼拉发展成为西太平洋中一个重要的物资聚集地，每年都有葡萄牙、荷兰、英国的商人把印度、印尼甚至波斯的商品拿到这里与中国商品交换；还有许多日本商人到马尼拉来采购中国丝绸等货物。由此，马尼拉发展成为一个繁荣的国际贸易大港，有"东方威尼斯""东方明珠"之誉。

与此同时，也有一些中国人到马尼拉定居，专门从事贸易中介业以及其他工商业。1582 年，在马尼拉城内出现了华人聚居区，称为"涧内"（Paran，菲律宾语意为"市场"）。1588 年，涧内有商铺 150 间，到 1645 年，增加至 1200 间，包括成衣铺、修鞋匠、面包商、木匠、蜡烛匠、糖果铺、茶铺、油漆匠、银匠及其他各种职业，每日贩卖鸡、猪、鸭、猎禽、野猪、水牛、鱼、面包、蔬菜、其他食品及柴薪等等。

三

　　中国通过大帆船贸易航路输往美洲的货物，包括中国特产、工艺品和日用品等，品种繁多。其中尤其以生丝、棉布、纺织品、瓷器、漆器、珠宝、香料为大宗。此外还有面粉、砂糖、饼干、奶油、橙、胡桃、栗子、菠萝、无花果、李子、梨、咸肉、火腿、陶罐、陶瓮、铁器、铝、硝石、火药、牛、马、药材、墨汁、纸张、家具等等。

　　1596-1598 年间任马尼拉总督的西班牙史学家德摩加（Antonio de Morga）在其著作《菲律宾群岛志》中记载了一份中国商人携往马尼拉的货单，他感叹说：中国商人提供了"说不完也写不完的各种稀罕东西"。他的货单中开列了各种商品：

　　……大束生丝，精粗具备；素色和彩色的精美小卷散丝；大量天鹅绒，有些是本色的，有些绣有各种图案与彩色花款，有些色泽艳丽和嵌绣金线；织有金银丝的浮花锦缎；大量金银线；缎子、绞罗、平纹绸和各色衣料；亚麻布制品；不同品种的白棉布匹。中国人还带来麝香、安息香、象牙；大量床上装饰品、帐帷、被单、天鹅绒挂毯；各色织锦和丝毛混织品；台布，椅垫和地毯；用同类材料制成的嵌有玻璃珠和小珍珠的马饰；珍珠和红宝石；青玉和水晶；金属盘、铜壶、铜锅和铸铁锅……面粉、橘子；钉子、铁板、锡和铅；硝石和火药。中国人还供应桃子、梨、肉豆蔻、生姜和其他中国水果制成的蜜饯；腌猪肉和其他腌制品；良种家禽和上等阉鸡；大量新鲜水果和各种橘柑；美味的栗子、胡桃、柿子（干货和鲜货水果均同样可口）；各式各样的线、针和小摆设；小箱子和文具盒；床、桌子、椅子、描金板凳。他们还带来水牛、形似天鹅的鹅、马、骡、驴；甚至还有会说话、唱歌及逗趣的提笼鸟。中国人还带来数不清的外表好看而不值钱的小玩意和小装饰品，这些东西很受西班牙人重视！各种精美的陶器……黑色和蓝色长袍；各种念珠，红玉髓，五光十色的宝石；胡椒和其他香料；还有种种稀见之物，如果都要提到，我将永远写不完，也没有这么多纸张来写。[1]

中国的货品运抵马尼拉后，除供应菲律宾市场消费外，大宗的生丝、丝织品、瓷器、珠宝、玉器等等则由"马尼拉大帆船"沿着太平洋上的航路，运往美洲。从 16 世纪中期至 19 世纪初的 250 年间，满载中国货品的"马尼拉大帆船"在太平洋上络绎不绝。"马尼拉大帆船"源源不断地把丰盈的中华物产运往美洲，对那里的经济生活和文化发展产生了积极的影响。

大帆船贸易在美洲的到岸港口阿卡普尔科是一个深水良港，并且与墨西哥城有较好的内陆联系。阿卡普尔科原是濒临太平洋的一个小镇，1598 年的人口不过 250 户。随着马尼拉大帆船贸易的开展，这个小镇逐渐繁荣起来，商人云集，交易兴隆，热闹非凡，成为当时世界上最繁盛的市集之一，由一个普通小镇一跃成为墨西哥的著名港口。每当满载中国货物的"马尼拉大帆船"到达阿卡普尔科港时，这里都要举行盛大的集市。当地的印第安人、黑人、混血种人和白人商人以及来自东方的菲律宾人、中国人、印度水手和莫桑比克的卡菲尔人等，齐聚这个小镇。

每逢马尼拉大帆船抵达阿卡普尔科的时候，墨西哥举国上下都要举行庆祝仪式，到处钟鼓齐鸣，人们奔走相告，视为盛大的节日。

集市贸易结束后，商人们从这里把中国的各种货物转运到中美洲、南美北部海岸、加勒比地区、秘鲁、智利、阿根廷等地。18 世纪末，在墨西哥内地各商路上，有 7.5 万头骡子在驮运从阿卡普尔科进口的中国货物。当地人把从墨西哥城南通向这个太平洋港口的道路，称为"中国之路"；抵岸的"马尼拉大帆船"则被美洲人亲切地称为"中国之船"。

---

[1][西班牙]德摩加：《菲律宾群岛志》，引自周一良主编：《中外文化交流史》，河南人民出版社 1957 年版，第 540—541 页。

也正是由于这条航道所带来的繁盛，墨西哥当局于 1700 年，还在首都墨西哥城设立了一个商业区，取名"巴连"（Parian），与马尼拉的华人市场同名，专门经营由中国和其他东亚国家运来的货物。在整个 18 世纪，这个"巴连"成为墨西哥城商务活动的中心。墨西哥城不仅是中国商品的主要消费城市，而且有许多中国商品从墨西哥城转运到拉丁美洲的其他地方，巴拿马城、瓜尔基尔、波哥大、布宜诺斯艾利斯、卡塔赫纳等地都风行中国商品，被当地贵族阶层热烈追捧。在秘鲁首都利马，最繁华的商业街上，大商号有 40 余家，资本有的在百万比索以上，他们经销的大宗商品就是来自阿卡普尔科的中国商品。利马的商店里陈列着中国瓷器，从智利到巴拿马，到处都有出售中国丝绸，而且人们喜欢穿这种丝绸的服装，东方货物胜过了西班牙的产品。而秘鲁的商人是用从安第斯银矿中挖掘的大量白银来换取中国的瓷器、丝绸等商品。

在马尼拉大帆船贸易时代，墨西哥不仅成为东西方物质文明的交汇地，而且发展成为东西方文化的交流中心。在那个时期到中国的传教士中，特别是西班牙的传教士，有不少是经过墨西哥辗转来到中国或者亚洲的。在他们返回欧洲的时候，也有人要经过墨西哥停留。这样的人员往来，就成了一个交换信息的地方。他们从东方带回了有关中国及其他亚洲国家的历史、文化、政治体制、宗教信仰、民族习俗乃至山川形势、地理位置等方面的信息，甚至有一些中国的书籍也被带到墨西哥。墨西哥的一些修道院逐渐成为研究东方文明的学术中心。后来，当一些传教士经墨西哥前往中国或亚洲其他国家时，在这里获得了相当多的有关东方的知识。

四

在美国独立以前的殖民地时代，北美地区与中国就存在着间接的贸易往来，美洲的人参通过英国东印度公司的商船运销到中国，中国的茶叶也在远隔重洋的北美市场上享有盛誉。但是，当时美国人对中国的了解和印象是相当模糊的。1776—1781年间，著名英国探险家库克（James Cook）在最后一次太平洋探险航行中，随船的两名美国海员雷亚德（John Ledyard）和戈尔（John Gore）到过广州。这是现有记载中最早从美国来到中国的美国人。1782年自英国返美后，雷亚德出版了《库克船长最后一次太平洋航行日志》，首次向美国人介绍了他在广州的见闻，特别指出在那里进行贸易所可能获得的商业利益。他说，中国的皇亲国戚们，从头到脚都穿戴着价值昂贵的毛皮，无比奢华。在美国"西北海岸"用6便士购得的一件海獭皮，在广州可卖到100美元。但当时没有人相信他讲的奇迹，都嘲笑他的"幻想太多"。

虽然他的叙述被许多人视为海外奇谈，但一定也在某种程度上激发了人们的好奇心。关于中国的神秘传说以及诱人的中国商品，毕竟对美国人有巨大的吸引力。18世纪50年代，富兰克林和费城富商威廉·艾伦派出阿尔戈号商船通航拉布拉多海岸，期望从加拿大找到通往中国的航路。经1751年、1753年和1754年三次冒险航行，探查西北航线的计划都没有成功。

美国独立伊始，经济状况十分困难。人们开始考虑与中国贸易的可能性，以便通过与中国的贸易摆脱经济困境。美国一位学者在回顾这段历史时感慨地说：美国建立之初，"当时美国没有资源，没有资本，没有商业，没有朋友。美国与欧洲的贸易变得困难重重，经济面临崩溃的危险。""奇迹是：它何以能生存呢？什么东西救了它呢？""一言以蔽之……中国贸易！"1783年12月，波士顿商人集资装备了一艘名为"哈里特号"的商船，满载人参前往中国，在好望角与英国东印度公司的商船相遇。由于英国人的阻挠和对风险的惧怕，美国人以一磅人参换两磅茶叶的价格与英国人达成交易，中止了去中国的航行。

第二年，费城巨商罗伯特·摩里斯（Robert Morris）和丹涅尔·巴克尔（Damiel Prker）联络其他几位商人，计划再一次远航中国。摩里斯是当时美国相当有影响的人物，美国独立战争爆发后，他一度独揽了华盛顿军队中的所有军火事宜，官至美国大陆会议财政部总监，组建北美第一家私人商业银行——

北美银行，负责筹集款项。他也是在美国《独立宣言》上的签名者之一。他们集资了 12 万美元，购置并装备了"中国皇后号"（Empress of China），由约翰·格林（John Green）任船长。这艘非常精巧的木制帆船，配有各种新式航海设备，承载着莫里斯本人和投资商的巨大希望和对中国的无限幻想。船上装载的货物有：473 担西洋参、2600 张毛皮（主要是海狸皮）、1270 匹羽纱、26 担胡椒、476 担铅、300 多担棉花、12 桶酒（葡萄酒、白兰地、朗姆酒）、50 吨木材、大约 2 万西班牙银币。

"中国皇后号"于 1784 年 2 月 22 日启航，这一天正巧是华盛顿总统的生日。

"中国皇后号"穿行大西洋，绕过好望角，行程 1.13 万海里，历时 188 天，于 8 月 28 日抵广州黄埔港，进港时，"中国皇后号"鸣礼炮 13 响（代表当时美国的 13 个州），其他停泊于港内的各国商船也鸣炮回礼。格林船长曾有一则这样的手记："'中国皇后号'荣幸地升起了在这海域从未有人升起或看见过的第一面美国国旗！这一天是 1784 年 8 月 28 日"。四个月后，"中国皇后号"的货物已全部脱手，1874 年 12 月 27 日，它满载大量中国货物，其中包括红茶 2460 担、绿茶 562 担、瓷器 962 担和大量丝织品、象牙扇、梳妆盒、手工艺品等，驶离广州，于次年 5 月 11 日抵达纽约，实现首航中国的成功。

"中国皇后号"开创了美国航海史上最为浪漫和最有魅力的篇章。"中国皇后号"首航成功，打通了美国与中国之间直接贸易的渠道，也燃起了美国商人开拓东方市场、追逐巨额利润的强烈愿望。美国国会对首航中国所取得的成就给予高度赞扬，并给予全体船员以崇高的荣誉。纽约的报纸详尽地报道了这次航行的经过，称这次航行是"一次有远见卓识的、成果丰硕的航行"，是"美国商业史上的一个里程碑"。其他商业城市的报刊也纷纷加以转载。从新英格兰到纽约和费城，"人们到处都在谈论着与中国的贸易"；"每一个沿海小村落，只要有一艘能载五个人的小帆船，就计划着到广州去"。一时出现了"中国热"。由于英国封锁，美国人很难买到来自海外的货物，因而早早就有人等在码头，来抢购这批盼望已久的中国货。就连华盛顿总统也派人抢购了 302 件瓷器及精美象牙扇等，这些物品仍有部分保留在美国宾州博物馆和华盛顿故居内。当"中国皇后号"第二次开赴中国时，在起锚前收到华盛顿总统开来的一份订单，要求为他的夫人采购中国的"白色大瓷盘、白色小瓷碗和好看的薄棉布"。

"中国皇后号"的第一次航行利润达到 3 万多美元，获纯利为投资额的 25%。由于航程远，船的吨位小，"中国皇后号"此行的盈利不算多，但此次航行却开辟了中美之间的直接关系。因此，此次航行以其特殊的意义，被载入了中美两国交往的史册。

由于"中国皇后号"这次与中国的直接贸易起到了突破禁运的作用，它的策划人莫里斯在从中获得巨大利益的同时，也一跃成为美国联邦政府第一任财政部长。美国政府决定，由莫里斯负责对华贸易，以解决当时的经济困境。与此同时，美国政府制定了种种优惠政策，鼓励和保护美国商人直接与中国贸易。自 1784 年以后，美国的重要港口，如纽约、波士顿、费城、普洛维登斯等都有直达船驶赴广州贸易，由大西洋沿岸的大商埠纽约、波士顿、费城等直航广州的对华贸易圈逐渐形成。许多美国公司也在广州建立了分公司或派出了代理人，对华贸易迅速发展。大批美国商船进出广州港口，把丝绸、茶叶、土布、瓷器等中国货物运往美国。

据统计，美国驶往广州的商船，1784—1812 年的 20 多年间，有 400 艘美国商船进入广州港。而 1784—1833 年的 50 年间，总数达 1040 艘，是英国来华船数的一半，超过了欧洲其他国家来华船只总数的四倍。1792 年美国已成为中国的第二位贸易伙伴，仅次于英国，超过荷兰、法国、丹麦和瑞典。19世纪前期，中美贸易额占中国对外贸易额的 21% 左右，仅次于英国而居第二位。美国将中国列为它的第四位贸易伙伴，对华贸易仅次于对英、法和古巴的贸易。1833—1841 年的八年间来华商船总数为 231 艘，平均每年达 22 艘以上。其中有的年份还超过 40 艘。

对华贸易促进了美国东海岸商港在 19 世纪初期的繁荣，并且是刺激它向太平洋岸拓殖的主要因素。一个有趣的现象是，据一位美国学者在一本研究美国地名的著作中提到，在美国的 23 个州里，都有以广州 (Canton) 命名的城镇或乡村。美国的第一个"广州"出现在 1789 年，这是马萨诸塞州东部诺福克县的广州镇。俄亥俄州东北部的广州市，是美国最大的"广州"。

第七部分

财富大交换与文明的力量

Part VII

A biography of the Silk Road

| 第二十二章 |

海上丝路的搬运工

许多西方学者都认为，从地理大发现到工业革命的时代，已经是经济全球化的时代。德国学者弗兰克（Andre Gunder Frank，1929-2005）认为，1500-1800 年的经济全球化中的东方，是世界经济的中心。在这一时期整个世界经济秩序是以中国为中心的。弗兰克说，在 18 世纪中期以前，西方只不过是在"亚洲经济列车上买了一个三等厢座位，然后包租了整整一节车厢，只是在 19 世纪才设法取代了亚洲在火车头的位置"。

物质领域的交换和交流，进一步发展成为艺术的、思想的、文化的交流，中华民族创造的精神文化产品也走进了欧洲大陆，成为"公共的财产"，成为"世界的文化"。

一

哥伦布航行到美洲大陆，是旧大陆与新大陆之间联系的开始，引发各种生态上的巨大转变。哥伦布这一壮举的意义决不仅仅限于发现了一片土地，更在于激发了包括动物、植物甚至微生物在内的全球范围内的流动，让人类生存的这个星球发生了翻天覆地的变化。有的西方学者说，在改变地球这个方面，没有任何人的影响像哥伦布那样巨大。

美国历史学者艾弗瑞•克罗斯比在他1972年出版的著作中，首先提出了"哥伦布大交换"这个概念，指这一场东半球与西半球之间生物、农作物、人种（包括黑奴）、文化、传染病，甚至思想观念的突发性交流。它是人类历史上跨越种族的一桩重要事件。在人类史上，这是关于生态学、农业、文化等许多项目的一桩重要历史事件。

地理大发现时代新旧大陆的相遇，是迄今为止历史上最大规模的两个巨大系统之间的交汇，而其中最积极的后果之一就是玉米、南瓜、西红柿、马铃薯、番薯、花生等美洲粮食作物输入欧亚大陆和非洲，大量被引入的食物成为这里人们的主食，并为种植更多农作物而开发新的种植区。

"哥伦布大交换"对中国也产生了重大影响。就在"哥伦布大交换"发生之后不久，许多原生在美洲作物就被引进中国，其中包括玉米、番薯、豆薯、马铃薯、木薯、南瓜、花生、向日葵、辣椒、番茄、菜豆、菠萝、番荔枝、番石榴、烟草等20多种，形成我国作物国外引种史上的一个高潮。玉米、烟草传入中国后不到100年就基本传遍全国，番薯、辣椒等用时不到200年，马铃薯因其生物学特性决定了它只能在高寒冷凉地区发展种植，传播稍慢一些，其他美洲作物引种到中国后传播都比较快。这些美洲物种的传入，对改变我国传统种植结构，大幅度提高粮食产量，改善人们生活水平、饮食结构等方面起了巨大作用。有人称这一时期是中国的"物种爆发"时期，还有学者称之为中国的"第二次农业革命"。

美洲新大陆的许多作物被引进中国，对中国的农作物结构发生重大影响，多熟种植成为农业生产的主要方式，是清代粮食单产和总产量大幅度提高的主要原因。汉代以前，我国主要粮食作物是粟和黍，汉以后逐步演变为南方以稻米为主，北方以麦、粟和高粱为主，这种状况一直延续到明清时期。明清时期，玉米、番薯、马铃薯等美洲粮食作物的引进与推广，不仅使原来不适于耕种的边际土地得到了利用，也使得人力资源得到了充分的利用。近代以后，玉米、番薯等美洲作物的生产，无论播种面积还是总产量都快速增长。中国六、七种最重要的粮食作物中，美洲作物数量和产量占了近三分之一，对中国粮食生产影响深远。

美洲作物的引进还丰富了我国蔬菜瓜果的品种，增添了人们的食物营养和饮食情趣。南瓜、辣椒、番茄、菜豆等一些美洲原产蔬菜种类的引种，改变了我国夏季蔬菜不足的状况，成为我们今天餐桌上最常见的夏季蔬菜。同时增加了食用油原料的种类，丰富了我国食用油的口味。汉代以前，我国主要是利用动物脂。芝麻传入后，开始了我国植物油生产的历史。到了宋代，油菜和大豆作为油料的价值得到重视，明清时期美洲花生和向日葵传入，成为我国五大油料作物中的两种。

这些来自美洲的新的农作物来到中国，正是恰逢其时。上有明清两朝政府的大力鼓励和支持，下有各级地方官员的积极推动，广大农民的热烈响应，使得玉米、番薯、马铃薯等粮食作物得到大面积地推广，逐渐成为中国人的主要粮食作物。同时，也对中国社会经济产生了很大的影响。它们传进中国，不仅改变了中国的粮食结构，而且使中国人在其后几百年间度过了一次又一次的天灾人祸，也使中国的人口，在几百年间不断地翻倍上升。

二

这么多欧洲的商船以及美国的商船，还有"马尼拉大帆船"，乘风破浪，踏海扬波，最后云集在中国的港口。它们都是冲着中国的商品而来。它们是海上丝绸之路的搬运工。那时候，中国丰饶的、数量巨大的商品支撑着整个中西贸易网络。广东的"十三行"是当时世界上最大的贸易集散地之一。

在 16-18 世纪的全球贸易体系中，中国商品处于支配的地位，这首先是因为这个时代的中国在全球经济中的领先地位和巨大生产能力。直到鸦片战争前不久，中国都是全世界最强的经济大国，是当时世界上最大的经济体。中国经济不仅在绝对规模上，而且在增长幅度上，都雄居世界各大经济地区之首。美国政治学家保罗·肯尼迪（Paul Kennedy）曾做过一个估计，他说乾隆十五年（1750）时，中国的工业产值是法国的 8.2 倍，英国的 17.3 倍。在 1830 年的时候，中国的工业产值是英国的 3 倍，法国的 5.7 倍。一直到第二次鸦片战争，英国的工业产值才刚刚赶上中国，而法国仅为中国的 40%。

由于中国社会生产力水平高于同一时代的欧洲，所以中国的商品在世界市场上表现出强劲的竞争力。社会生产力的发达，劳动生产率高，商品的价格就相对低廉。物美价廉是中国商品的强大优势。与欧洲和其他地区的商品相比，中国的商品都具有明显的价格优势。欧洲的商人对中国商品趋之若鹜，无非是因为中国的商品品种多、质量好、价格低廉。这些优势都是当时欧洲各国商品所不具备的。所以，在这一时期的中西贸易中，中国输出商品的种类、数量、品质以及重要性远远超过了欧洲各国的商品，中国长期处于有利的出超地位。

许多西方学者都认为，从地理大发现到工业革命的时代，已经是经济全球化的时代。德国学者弗兰克（Andre Gunder Frank，1929-2005）认为，1500-1800 年的经济全球化中的东方，是世界经济的中心。在这一时期整个世界经济秩序是以中国为中心的。弗兰克说，在 18 世纪中期以前，西方只不过是在"亚洲经济列车上买了一个三等厢座位，然后包租了整整一节车厢，只是在 19 世纪才设法取代了亚洲在火车头的位置"。

从 16 世纪初开始的一直持续了三个多世纪的远东贸易，为西欧各国积累了大量财富，为它们完成资本原始积累、开始现代工业化进程奠定了雄厚的物质基础。

中国为这个时期的全球贸易贡献了巨大的物质财富。中国输出的商品门类齐全，不仅数量巨大，而且品种繁多。其中除了一定数量的农副产品和初级工业原料产品外，大部分是具有高度工艺水平的手工业产品，包括丝绸、棉、麻、毛纺织品，服装衣物、食品香料、家具漆器、珠宝首饰、生活日用品、工艺美术品、药品和中草药等等，几乎涵盖了日常生活领域的各个方面，以及火炮、火器等军需品。特别是丝绸、瓷器、茶叶畅销数世纪，风行欧洲各国，号称中国的"三大贸易"，是这一时期全球贸易体系中的突出内容。

1592 年，从葡属亚速尔群岛出发的一艘西班牙大帆船"圣母号"（Madre de Dios），被英国舰队劫持到英国普茨茅斯港。当时一名叫理查德（Richard Hakluyt）的人把他所看到的从船上卸下来的东方货物记录下来：

> 船上装载的货品（珠宝除外，因为珠宝太贵重了，他们不会让我们看），主要有香料、药材、丝绸、白棉布、被褥、地毯和颜料等。香料有胡椒粉、丁香、肉豆蔻皮、肉豆蔻核仁、新鲜的生姜；药材有贝加明延令草、乳香、良姜、鞣用枫膏、芦荟、指甲花等；丝绸有缎子、塔夫绸、里子绸、仿金线织物、半成品的中国丝绸、细丝绸、白色斜纹丝绸等。棉布有白色宽幅的，有精细浆水

的，有棕色的等等，也有带盖的和有菱形花纹的毛巾，薄绸和棉布的被褥，与土耳其毛毯类似的毯子，还有不知哪儿来的珍珠、麝香植物、麝香猫、龙涎香。其余货物数量较大但价值不高，如象牙、中国瓷器、可可核、兽皮、如黑玉般的黑檀木、床架、奇怪的树皮纤维的织物、手工艺品。[1]

我们再举 18 世纪初法国"安菲特利特号（Amphitirite）"的例子。在大航海时代的中欧贸易中，法国是后起的国家，海运贸易远不及其他国家发达。1698 年，"安菲特利特号"首航中国，1700 年 8 月 3 日返回法国。这是第一艘航行到中国的法国商船。1700 年 10 月 4 日起，"安菲特利特号"上的商品在南特公开销售。据《优雅信使报》1700 年 9 月发表的销售公告说，其中的商品有：

大批的红铜和黄铜器皿；共计 8000 匹的布帛，包括绢、绮、普通罗和皱纹罗、缎画、重皱织物、哔叽、平纹布、针织棉等；中国的漆、刺绣和绘画；17 箱瓷器，包括瓷瓶、瓷碗、瓷盒、瓷壶、大小瓷盘、瓷杯或瓷茶具、瓷酒瓶、平底瓷杯、带把瓷杯、赐糖罐、瓷盐罐、壁炉瓷器配套物、其他各种细瓷产品；17 箱漆器，其中有 4 箱各自内装有 3 件小漆匣和带堆金花卉图案的文房四宝，另外 9 箱中装有各种各样的漆桌；14 箱酒具；21 箱漆画和人物花卉画等；还有 30 箱中国屏风；4 箱叶状屏风；3 箱尚未安装好的纸屏风；455 根手杖、大批纸张、广州和南京刺绣、12 条挂毯、绣花缎、11 条丝巾、6 卷绘画、38 件麻织品。

《优雅信使报》还告诉读者，人们可以在许多箱中发现其种类和质量相同，而数量各有所异的商品。

曾在 1750-1752 年间作为瑞典东印度公司商船上随船牧师的奥斯贝克

---

[1] 引自袁宣萍：《17 至 18 世纪欧洲的中国风设计》，文物出版社 2006 年版，第 37 页。

(Pehr Osbeck)来到广州,他在《中国和东印度群岛旅行记》中记载了他所在
的这条商船所搭载的货物清单,其中有:

4000匹丝绸,5300匹黄布,5000磅生丝,4000磅土茯苓,2165磅珍珠母,
1万磅西米,4170磅大黄,9000磅有色纸(墙纸),6325磅用于捆东西的藤竹,
约500箱瓷器,6吨烧酒及各种漆器、纽扣等。除了这些货物外,大宗的还是茶叶,
总计有将近100多万磅。

我们已经知道,从16世纪开始,这样往返于欧洲与中国的商船络绎不绝,
每一艘商船都是满载而归。

由此,我们可知运往欧洲各国的中国商品数量之巨大。

中国成为"世界工厂",源源不断地为"世界市场",为遥远的欧洲各国
生产着他们翘首以盼的精美的物质产品。在出口贸易的带动下,整个江南之地,
人们纷纷放弃了原来的粮食生产,转而种桑养蚕,纺丝织绸,种植茶叶,或者
建炉烧窑,制作瓷器;在苏州和景德镇,每天夜里灯火通明,数以百计的工场
和数以万计的工人在加班加点,制造出口商品。南京是著名的丝织品产地,有
丝织工人数万人,"机梭之声日夜不绝"。从而,造就了中国东南与华南持续
了将近三百年(16至19世纪)的经济繁荣。

中国输出的这些商品,是具有古老传统的产品或手工艺品,凝聚着数千年
的文化积淀,既体现着复杂的工艺技术,又具有丰富的文化内涵。而瓷器、丝
绸和茶叶在这一时期欧洲生活方式和艺术风格的变化中扮演了重要的角色。物
质领域的交换和交流,进一步发展成为艺术的、思想的、文化的交流,中华民
族创造的精神文化产品也走进了欧洲大陆,成为"公共的财产",成为"世界
的文化"。

三

号称中国"三大贸易"的丝绸、瓷器、茶叶畅销数世纪，风行欧洲各国，在大航海时代的东西方贸易中扮演了重要角色。

绚丽多彩、风情万种的中国丝绸在罗马帝国大为风行，这种热潮并没有随着罗马帝国的崩溃而烟消云散，恰恰相反，在中世纪的时候，欧洲并没有减少对于丝绸的进口，相反，欧洲各国继承了罗马时代追求丝绸作为豪华奢侈品的遗风。

16 世纪以后，由于葡萄牙、西班牙、荷兰的商船直航，中国丝绸直接销售到欧洲市场，不再通过陆路和海路上的各种中间商环节。所以，这个时期开始的一直持续三个世纪的中欧直航贸易，输入欧洲的丝绸总量大大超过了以往的任何时代。直到 19 世纪以前，中国丝绸一直是中国主要的出口商品。

在这一时期，欧洲的丝织业也发展起来了。但是，欧洲的丝绸在质量上无法与中国相比。虽然欧洲现在已经能生产自己的生丝了，但丝绸贸易一如古代那样重要。中国丝绸以其价廉、特殊工艺质量和装饰魅力在欧洲市场竞争。中国的丝绸依然在中西贸易中担当着不可替代的主角地位。

中国丝绸的大量涌入，给欧洲的丝绸产业造成很大冲击。在英国，中国丝绸的大量进口使英国丝织业面临倒闭的危险，英国于 1701 年竟因此而封闭了丝绸的进口。在法国也出现了同样的情况。法国从 17 世纪 80 年代开始限制或禁止中国丝绸进口，以扶植法国丝织工业。1691 年，又有禁止丝绢输入的法令。但是，这些法令似乎并没有得到严格的执行。因为，当地的丝绸产品包括对中国丝绸的仿制品，一是价格要比中国货高出许多，二是因为消费者偏爱外国货，本地产品远远比不了中国丝绸的诱惑力。所以，来自中国精美的丝绸制品仍然通过各种渠道，包括走私，源源不断地输入欧洲各国。

16-18 世纪，欧洲对于中国丝绸的需求远远超过以往，各种丝织品，比如服装、地毯、挂毯、窗帘、床罩等等一起输入欧洲。

中国丝织品因其明亮的色彩，异国情调的纹样和相对低廉的价格，受到欧洲上层社会妇女们的欢迎，成为她们的主要服饰之一，并成为某种社会身份的标志。在路易十四时代的法国，宫廷男女服饰都以刺绣、折裥、蝴蝶结装饰，贵妇人的高跟鞋面有些也是以中国丝绸、织锦为面料，上面绣有各种精美的图案。伦敦的贵妇人将中国丝绸服装视为时髦。这些服装往往绣着象征吉祥如意的麒麟、龙凤等图案，古典华贵，深得贵妇们的欢心。有些妇女喜欢穿着中国刺绣的服装，披着中国刺绣的披肩、围巾，口袋里装着绣有中国刺绣的手帕，甚至请中国刺绣工匠绣制丝绸名片。中国丝绸有一个独特的地方，即行走时衣裙摩擦会发出轻轻的丝鸣。在当时欧洲的社交场合，这种丝鸣声是上流社会妇女展示魅力的一个重要手段。

18 世纪中期以后，中国的丝绸披肩风靡欧洲，色彩以白色和艳色为主，每年进口量高达八万多条，其中法国就占了四分之一的份额。在西班牙还流行一种被称为"马尼拉大披肩"（Montones de Manila）的丝巾，是经过"马尼拉大帆船"贸易然后经过墨西哥转运到西班牙的。这种丝巾是当时妇女们用来增加魅力的重要服饰，流行一时。这些"马尼拉大披肩"原产地是广州，所以应该称为"广州大披肩"（Montones de Canton）。在这些丝巾上，往往都绘有穿着中国民间服装的人物形象，包括具有浓郁中国特色的花园、院落、居室等，还有"武松打虎"等中国历史故事的图案。

18 世纪晚期，中国的手绘丝织品成为欧洲社会最为流行的样式。到 1673 年，中国花样渐趋"平民化"，已经有了印花丝织品，以代替高价的手绘丝织品。《优雅信使报》说："最近又有了印成的材料，几乎同手绘的一样美丽；最初的印花品只供给作为花边装饰之用。他们又做印成的绸，但今人多用缎来代替它。它非常美妙，使人一眼难于辨认究竟是绘制的还是印花的。"鉴于这种绘制或印花丝织品的消费越来越广，法国的一些丝织厂纷纷仿效，专造各款绘花或印花的丝织品，再加上中国的商标，以满足人们的嗜好。

四

中国是世界上最早发现茶树和利用茶树的国家，是世界茶文化的发祥地。"茶通六艺"，是我国传统文化艺术的载体。人们从饮茶中与山水自然结为一体，茶的自然属性与中国古老文化的精华渗透融合，使得茶的精神内涵为众人接受。中国悠久的制茶历史和饮茶传统形成了灿烂的茶文化。

在欧洲，最早提到茶这种饮料的是 1559 年在威尼斯出版的一本名叫《航海与旅行》的书。这本书的作者乔万尼·巴尔迪斯塔·赖麦锡（John Baptist Ramusio，1485-1557）是马可·波罗时代的一位传记作家，据说他还曾担任过《马可·波罗游记》一书的编辑。他曾与许多旅行家有过交往，其中有一个叫哈吉·穆罕默德（Haji Mahomed）的波斯商人，他告诉了赖麦锡有关"Chai Catai"（中国茶）的故事。相传最初关于茶叶的知识，就是由他传入欧洲的。

但真正了解茶的还是随着大航海商船来到中国的欧洲人。他们注意到已经在中国普遍流行的饮茶习俗。最初欧洲人有关茶叶的介绍中，首先注意到的是中国人以及日本人的这种生活习惯，其中包括饮茶的方式和以茶待客的生活习俗，同时也注意到饮茶时所使用的茶具和其他器具的精美和实用，总之还是作为一种"异国情调"、一种"东方风情"来介绍的。与此同时，许多人都特别注意到了饮茶在治病、保健和养生方面的功能，强调茶叶是一种有益于健康的饮料，饮茶是一种健康的生活习俗。还有人以亲身体验说："每餐之后，饮茶少许，感觉对身体非常有益。"如此等等。

这些早期到中国或日本来的欧洲人，亲见中国人或日本人的饮茶习惯，并且也亲自品尝过香茗的味道，印象十分深刻。但还没有想到把这种神奇的饮料带回去，让自己欧洲的同胞一起欣赏品尝。这种情况最后由一位荷兰人改变了。1595 年，荷兰航海家杨·胡伊根·范林思索顿（Jan Huygen van Linschoten，1563-1633）出版了《旅行杂谈》一书，其中描述了位于东方的辽阔的葡萄牙殖民帝国，提供了详细的地图，并介绍了那里各种令人惊奇的东西。其中有一种在中国和日本称为"朝那"（chaona）的东西。

据说，正是《旅行杂谈》这本书引起了荷兰人对于饮茶这种奇异的东方习俗的浓厚兴趣，最早激发了人们将茶叶运到欧洲的想法。于是，他们乘商船来到东方，第一次把茶叶带回到欧洲，由此揭开了近代欧洲持续三个多世纪的大规模茶叶贸易的序幕。

大约在 1606 年，第一批茶叶运到荷兰。这被认为是茶叶第一次作为商品进口到欧洲。荷兰东印度公司的档案里有一封信，是该公司的职员威克汉（R. Wickham）于 1615 年 6 月 27 日于日本写给在澳门的同僚伊顿（Eaton）的，他在信中要"一包最醇正的茶叶"。这是荷兰有关茶的最早记录。

在整个 17 世纪和 18 世纪初，荷兰都是欧洲国家中最大的茶叶贩运国和茶叶经销商，几乎独占长达 80 年之久的茶叶贸易。1651-1652 年，阿姆斯特丹举办茶叶拍卖活动，使茶叶成为独立商品。阿姆斯特丹也因此成为欧洲的茶叶供应中心。1715 年，荷兰东印度公司董事会要荷印当局订购 6-7 万磅茶叶，次年又要求增加到 10 万磅，到 1719 年，荷兰的订茶量达 20 万磅。18 世纪 20 － 90 年代，茶叶贸易在荷中直接贸易中始终占据绝对重要的地位，茶叶占荷兰东印度公司从中国输入商品的 70%－80%，有时超过 85%。

欧洲饮茶风在 18 世纪时已很盛行。茶叶贸易的巨大利润吸引欧洲国家竞相加入茶叶贸易的行列。在 1790-1800 年这十年间，荷兰、丹麦、瑞典、法国等国从中国进口的茶叶总量为 38506646 磅。专门运输茶叶的船队逐渐建立起来，数量越来越多的茶叶箱在设有"东印度公司码头"的世界各大港口卸货，这些港口包括里斯本、洛里昂、伦敦、奥斯坦德、阿姆斯特丹、哥德堡等。

但是，就其地位和重要性而言，没有一家可以和英国东印度公司相抗衡。英国东印度公司是当时世界上最强大的跨国公司，从 18 世纪开始支配世界茶叶贸易。英国人茶叶消费的普及正是东印度公司业务拓展的结果。17 世纪的时候，英国的茶叶进口量还不大。1664 年，英国东印度公司下了第一笔关于茶叶的订单，从爪哇运回 100 磅中国茶叶。而到了 1678 年，增长到 4713 磅。

以后逐年大幅度增长，到了 1750 年则上升到 4727992 磅。而在 1790-1800 年这十年间，英国东印度公司从中国进口的茶叶总量为 288826616 磅。

到了 19 世纪，英国的茶叶进口量又有了惊人的增长。1830 年是 3000 万磅，而在 1879 年则上升到 1.36 亿磅。英国东印度公司完全依靠茶叶得到迅速发展。在它的全盛时期，掌握着中国茶叶贸易的专卖权，操纵着茶叶买卖，限制茶叶输入英国的数量，控制着茶叶的价格，垄断了茶叶的国际市场。英国东印度公司不仅造就了世界上最大的茶叶专卖制度，也是茶叶宣传最早的原动力。宣传的结果是，促成了英国的饮料革命，使英国人放弃咖啡而变成嗜好饮茶。

还有一份资料显示：1700 年欧洲人从中国进口茶叶 9 万磅，1800 年增至 4500 万磅，100 年间增加了近 500 倍。

通过茶叶贸易，东印度公司以及后来的各大商行赚取了巨额利润，英国政府也从中获得了巨额税收。茶叶进口税成为英国财政收入很重要的一部分。在东印度公司垄断的最后几年，茶叶带给英国国库的税收平均每年达到 330 万镑，占国库总收入的十分之一左右。因此，茶叶被称为"绿色黄金"，茶叶贸易"开始了欧洲贸易史的新篇章"。

进口到各东印度公司所在国的茶叶，并非仅限于其本土的消费，还要流通到西北欧国家乃至它们在美洲的殖民地，因此，在有的城市里，形成了一定规模的国际茶叶市场。伦敦是全世界最大的茶叶消费与专卖市场，从 1679 年开始举行茶叶拍卖，直到 1998 年 6 月 29 日举行最后一次拍卖，伦敦的茶叶拍卖市场共计存在了 319 年。

五

持续了三个多世纪的茶叶贸易，把数量巨大的中国茶叶运抵欧洲，为那些从事这种远程贸易的欧洲各国东印度公司以及其他商人创造了超额的巨大利润，积累了前所未有的财富，为以后近代资本主义的发展奠定了雄厚的基础。

从事这种远程贸易，首先是在中国要有巨大的货源。中国外销茶叶主要有红茶和绿茶，而以红茶为多。红茶主要产于福建、广东，绿茶产于安徽、浙江、江苏。在中国与欧洲茶叶贸易的前期，向欧洲出口的主要茶叶品种是福建的"武夷茶"。武夷茶名闻海外，盛极一时。当时的武夷茶产量极大，清光绪《铅山乡土志·物产类》记载为："红茶产高山者为最，每年约出百万石。"这虽然是个约数，但仍能说明当年产茶之盛。武夷山脉南坡下铅山毗邻的闽北茶区更为发展，仅崇安县一地，"环九曲之内，不下数百家，皆以种茶为业，岁所产数十万斤，水浮陆转鬻之四方。"

另一产茶大省安徽则是沿着长江西上到鄱阳湖，再取道赣江水路南下，之后转入北江运到广州。在这条从长江流域到珠江流域的货运交通要道上，每天都有数十万的船夫、挑夫、小贩等商运队伍奔波往返。此外，还有产于浙江、江苏等地的茶叶。在广州，上等的茶叶被装在小陶瓷罐或木制、铅制的小盒子里，然后装入大瓷坛子中，通过这样的包装，能保证经过几个月的海上运输而不变味。普通茶叶则放在大木箱子里，每个箱子重达 170 公斤。

中国每年的茶叶出口量都十分巨大，并且处于不断增长的趋势，到 19 世纪前期，每年茶叶的出口量竟然占到中国茶叶生产总量的五分之一。直到 19 世纪中后期，茶叶一直是中国占比第一位的出口商品，其出口值在有些年份甚至占中国总出口值的 80% 以上。1880-1891 年，清政府茶叶关税收入总计 5338.9 万两，年均 449 万两，相当于同期海关出口税收的 55.4% 左右。据估计，鸦片战争前，中国植茶农户共有 130.23 万户，按每户平均五人计，茶农约有 350 万人左右。有学者估计，晚清时期直接投入茶叶出口的人力至少在 1359 万人以上，这还不包括材料生产、水运、金融等其他辅助部门的从业人员。

支撑大规模茶叶贸易的另一端，要有广泛的市场需求，即茶叶要成为深入到欧洲人日常生活中一种普遍的消费需求。这就是说，近代西方大规模的茶叶贸易，是以在欧洲人中普遍流行饮茶为基础的。饮茶，不仅仅是消费一种饮料，而且成为一种生活方式，成为一种普遍流行和被接受的民间文化。

在欧洲最早开始饮茶的是荷兰人，时间大约是在 17 世纪初。茶叶在欧洲最初不是被当作饮料，而是被视为药物放在药店出售，药师会在茶叶中加上珍贵药材，例如糖、姜、香料等，成为当时的成药。茶的价格也相当昂贵，被视为一种极为稀缺和昂贵的奢侈品，一般人是消费不起的。饮茶的荷兰人主要是来往东方的商人、水手及达官贵人。在英国开始出现饮茶文化的最初 50 年，即 1658-1700 年，茶叶的价格相当昂贵，通常是每磅 16 先令到 50 先令之间。而当时一个仆人一年的工资约为 6 英镑，相比之下茶叶显得异常奢侈。

在欧洲最为流行饮茶的是英国。从事茶叶贸易最突出的是英国的东印度公司，他们控制了全球茶叶贸易，从中获取了空前的高额利润。也正是因为东印度公司的大力宣传和推广，饮茶习俗在英国广泛流行开来，甚至创造了"下午茶"这种独特的英国茶文化。

英国流行饮茶与查理二世国王的王后凯瑟琳有很大关系。凯瑟琳（Catherine of Braganza）是葡萄牙国王若昂四世的女儿，1662 年，她嫁给了查理二世。在她带来的嫁妆中，有一箱茶叶。她使饮茶成为英国宫廷的时尚，在宫廷里举行茶会，不久饮茶习惯又从宫廷传播到了整个英国上流社会。

17 世纪后期以后，饮茶习俗已经在英国社会各阶层中普遍流行开了。英国最早的茶叶零售是在咖啡馆里。1657 年，在伦敦的交易巷（Exchange Alley），有一家名为 Thomas Garway 的咖啡馆开始卖茶叶，这是英国首次公开出售茶叶。店主 Thomas Garway 是当时著名的贸易商和烟商，他将茶叶以冲泡的方式出售。首次卖茶的招贴海报和价目表，现仍保存在伦敦博物馆中。这张海报突出强调茶叶的保健功能，可以说是英国第一份"茶叶宣言"。

继 Thomas Garway 咖啡馆之后不久，伦敦陆续有一些咖啡馆开始经营茶叶零售业务并提供饮茶服务。"苏丹王妃咖啡馆"是首先给顾客提供饮茶服务的。1658 年 9 月 23 日在伦敦《政治快报》上刊登了一则广告。这是英国最早标明日期的有关茶的公开报道。

到了 18 世纪，伦敦的咖啡馆实际上成了茶馆。据说在 1700 年的时候，伦敦就有超过 500 家咖啡店卖茶。在 18 世纪上半叶，伦敦大约有 2500 家咖啡馆卖茶并提供饮茶服务。1706 年，在伦敦建立了首家红茶专卖店"汤姆咖啡馆"。除此之外，伦敦的药房也贩卖茶叶作为治疗伤风感冒的新药，接着玻璃行、绸缎店、陶瓷商、杂货店也都开始卖茶。到了 18 世纪中叶出现了茶叶专卖店。1783 年，英国共有 33778 个获得许可的茶叶经销商，1801 年，共有 62055 个茶叶经销商。也就是说，在英国，每 174 个人中就有一个茶叶经销商。茶成为英国全民共饮的大众饮料。

饮茶习俗的形成也带动了中国瓷器的流行。当饮茶成为一种时尚的时候，饮茶所用的瓷器也就成了一种时尚的必需品。当时的一位英国作家描绘说，中国的瓷制茶具成了"每一位时髦女士的必须之收藏"。"下午茶"的出现更促进了人们在茶具上的追求和爱好。无论是穷人还是富人，他们都想要至少一套精美的瓷器茶具。据说正统的英式维多利亚下午茶标准配备器具包括：瓷器茶壶（两人壶、四人壶或六人壶，视招待客人的数量而定）；滤匙及放置滤匙的小碟子；杯具组；糖罐；奶盅瓶；三层点心盘；茶匙（茶匙正确的摆法是与杯子成 45 度角）；7 英寸个人点心盘；茶刀（涂奶油及果酱用）；吃蛋糕的叉子；放茶渣的碗；餐巾；一盆鲜花；保温罩；木头托盘（端茶品用）。另外蕾丝手工刺绣桌巾或托盘垫是维多利亚下午茶很重要的配备，象征着维多利亚时代的贵族生活。

饮茶在 17 世纪后期到 18 世纪成为在英国上层贵族和文人学子中流行的雅好。安妮女王（Queen Anne of Great Britain）也爱饮茶，诗人蒲伯说，女王陛下常在肯辛顿公园内闲坐饮茶。蒙塔古夫人（Mrs. Montagu）是当时社交界贵妇名媛中的首要人物，她说，因为饮茶，社交活动更有生气了；年老的变得年轻，年轻的更年轻了。蒙塔古夫人写信给她的亲戚，请她们给她购买两磅上好的走私茶，带到伦敦来。她说她只要付了钱，就可以心安理得地喝走私茶了。像艾迪生（Joseph Addison）和斯蒂尔（Richard Steele）这些沉湎于饮茶的才子们时常流连于茶馆之中。艾迪生曾在他主办的《旁观者》报上撰文说，时髦女子在上午 10 点至 11 点之间要喝一杯武夷茶，到了晚上 10 点到 11 点之间，又坐在茶桌旁了。他在另一篇文章中还说，老茶客能分辨各种名茶；如果有两种茶叶合在一起，他在品尝时也能分辨，并能说出合在一起的是哪两种茶。

不仅文人们如此，在英国的任何家庭，无论是在家里还是在家外，茶叶都已成为英国人生活方式的一部分。饮茶成为英国社会中最根深蒂固的一种生活习惯。饮茶已经不仅仅是上层社会的雅好，而且成为普通百姓日常生活的一部分。连在城市的工人家庭里也是一样。18世纪20年代，弗里德里克·莫顿·伊登（Frederic Morton Eden）为写一本名为《穷人的状况》的书而对英国各地开展了实地调查。他详细记录了全国各地穷人的饮食状况。从他的记录中可以看出，很多穷人都定期购买茶叶和食糖。一个典型的体力劳动者和他的家人每星期要购买2盎司茶叶，再加上购买用于加入茶中的食糖，这两项费用占了其家庭收入的5%—10%。相比之下，肉的支出为12%，啤酒的支出仅为2.5%，茶叶以及面包和奶酪构成日常饮食的核心部分。对收入非常有限的劳动阶层来说，"面包＋茶叶"就成为他们非常理想的食谱。到了18世纪末，对于所有英国人民——不管是富人还是穷人——来说，茶叶已经成为他们生活的一个重要部分。有人估计，18世纪末，"最穷的英国人每年消费5-6磅茶叶"。恩格斯在《英国工人阶级状况》中说到19世纪初英国工人的饮食状况，其中包括他们的饮茶习惯："一般都喝点淡茶，茶里面有时放一点糖、牛奶或烧酒。在英国，甚至在爱尔兰，茶被看作一种极其重要且必不可少的饮料，就像咖啡在德国一样。喝不起茶的，总是极端贫苦的人家。"[1]

在英国，还发展出"下午茶"这种特有的茶文化。17世纪时，英国上流社会的早餐都很丰盛，午餐较为简便，而社交晚餐则一直到晚上8时左右才开始，人们便习惯在下午4时左右吃些点心、喝杯茶。而品茶也成为当时人们待客的一种重要形式，并且发展出茶会这种社交形式。19世纪中叶，有一位名叫安娜·玛丽亚的女伯爵（Anna Maria 7th Duchess of Bedford），每天下午她都会差遣女仆为她准备一壶红茶和点心，她觉得这种感觉真好，便邀请友人共享。很快，下午茶便在英国上流社会流行起来。下午茶成为维多利亚时代

---

[1]《马克思恩格斯全集》第2卷，第356页。

社会生活的重要组成部分。这个时期是英国中产阶级崛起的时期，他们想通过模仿上层社会的活动来显示自己的富有，所以中产阶级的女士像贵族一样用下午茶。下午茶是完美的午后娱乐活动。

英国贵族赋予茶以优雅的形象及丰富华美的品饮方式，下午茶更被视为社交的入门，时尚的象征，是英国人招待朋友、开办沙龙的最佳形式。特别是对于女士来说，更是她们日常生活中不可缺少的部分。在每天的这段时间里，她们可以打探各种消息和小道传闻，互相展示新款帽子和连衣裙。同时出现了专门为参加下午茶活动而设计的"茶礼服"。茶礼服设计得不仅仅舒适，还兼顾高雅和从容，逐渐发展成为一种奢华的服装。

下午茶的发展也受到了英国传统文化的影响，在以严谨礼仪要求著称的英国，下午茶逐渐产生了各式各样的礼节要求与习惯，并成为英国上流社会中每日必不可少的环节之一。实际上，英国下午茶发展成为一种类似日本茶道的仪式，并成为英国民族生活习惯和文化中不可分割的一部分。

六

中国的饮茶习惯一直与瓷质茶具有着不解之缘。中国饮茶之道对茶具有多样的要求，尤其注重茶具的艺术性。饮用与欣赏、茶香与茶具融为一体，相得益彰。而在欧洲，当饮茶成为一种时尚生活的时候，饮茶所用的瓷器也就成了时尚的标配。在大航海时代的中欧贸易中，瓷器也占有相当大的份额，与丝绸、茶叶并称为"三大贸易"或"三大物产"。

瓷器是一种综合表现中华文化的特殊物质形态。因此，当瓷器大量外销，传播到世界各地的时候，不仅给各国人民提供了一种方便适宜的生活用具，而且也向他们展示了中华文化的风采和光辉。

瓷器的外销大约是在唐代开始的。至迟从 9 世纪下半叶开始，我国的瓷器就已输出国外。起初也许还不是有意识地向海外开拓市场，也有可能是作为唐王朝赠送给各国的礼品。但却为以后中国瓷器的大量外销开了先河。

从16世纪初开始，欧洲各国掀起了大规模的远洋贸易，使中国瓷器在欧洲的销售量达到历史上的高峰。持续了三个世纪的欧洲各国东印度公司的瓷器贸易，把数以亿计的巨量中国瓷器源源不断地销往欧洲各国，对欧洲人的日常生活和艺术风格都产生了深远的影响。

中国瓷器从唐代开始就作为外贸商品销往国外，很快就受到世界各地人们的喜爱和欢迎，所以瓷器外销数量越来越大，中国也出现了以生产外销瓷为主的瓷器窑口。明代以前，生产外销瓷的窑场集中在东南沿海各地，到了明代，景德镇一枝独秀，成为主要的外销瓷生产基地。到明嘉靖元年（1522），景德镇的窑口达到900多座，陶工达到十万多人，此后有"四时雷电镇"之称，形成"工匠来八方，器成天下走"的局面。

从16世纪开始，欧洲各国商船直接到中国港口进行瓷器贸易。在欧洲人大量采购中国瓷器的过程中，又对瓷器的购买提出了进一步的要求，他们希望瓷器的造型、纹饰风格和内容能够按照自己的意愿去设计。他们把欧洲流行的器皿造型、纹样介绍过来，使景德镇生产的日用陶瓷更符合欧洲人的审美习惯和要求。后来，有些艺术家、画家直接参与瓷器的图样设计，委托东印度公司到中国来定做。瑞典东印度公司还拥有自己的设计师，专门为自己的公司在中国定制瓷器，设计图稿。西方人所喜欢的金银器、玻璃器和陶瓷的造型与式样，很多都直接被景德镇的陶工所采用。

针对欧洲市场，景德镇的陶工们制作了一批图案性、装饰性强的青花瓷器，除了传统的花鸟、瑞兽及人物等纹饰图案外，还常见有西方国家的族徽、外国文字、罗盘、经书、喷水图及西洋风景画，边饰开光或镂雕，内绘枝花或硕果。造型有深壁花口大碗、壶、折沿花口盘等。这些瓷器制作得非常精细，胎体薄而讲究，令欧洲人非常喜欢。这种按照西洋风格装饰的瓷器被称为"克拉克瓷"。

关于"克拉克瓷"名称的来历，据说，在1602年，荷兰东印度公司在海上劫掠了一艘葡萄牙商船"圣卡特丽娜号"（Santa Caterina），船上装有大量来自中国的青花瓷器。当时，荷兰人把葡萄牙远航东方的货船称作"克拉克"（Carrack），"Kraak"是其荷兰文的拼法。因为当时人们不明瓷器的产地，欧洲人便把这种瓷器命名为"克拉克瓷"。

从乾隆时期开始，为了适应外销需要，国内出现了洋彩瓷器，在瓷器装饰方面仿照西洋画法。欧洲人对瓷器的要求是，既要保留一定的中国特色，又要适应西方人的审美习惯。中国陶工们就是按照这样的标准生产外销瓷的。

七

瓷器初入欧洲时，人们把它看得十分神秘，并产生了许多神话般的传说。在中世纪，中国瓷器被认为可以保护人免受毒药的侵害，认为青瓷器碰到毒药会马上变黑，可以防毒。有人认为瓷器有一种魔力，用它吃饭喝水，可以使身体强壮。文学家的这种富有浪漫色彩的幻想，更增加了人们对瓷器的神秘感。

16世纪初开始，中国瓷器大量销往欧洲。由于在各地瓷器都有着广泛的市场需求，因而具有巨大的利润空间，这种巨大的商业利润激发着人们不辞劳苦不畏风险，去从事贩运瓷器的远程贸易活动。在接下来的三个世纪中，销售到欧洲的中国瓷器数量达到三亿件之巨，另外还有巨量的瓷器销往东亚及东南亚各地。300年间，外销欧亚的中国瓷器每年合计多达300万件。

在抵达中国之前，葡萄牙人就已经固定在印度转口装船，一次运载瓷器就高达六万件。从那时起，中国瓷器就率先进入葡萄牙和西班牙的皇室宫廷，并成批地进入欧洲市场。瓷器在中葡贸易中占有极其重要的地位，同时也成为欧洲社会最珍贵的礼物。

葡萄牙人把精美的中国瓷器运销欧洲后，很快在欧洲各国掀起了追求中国瓷器的热潮。欧洲人狂热地赞美中国瓷器，把购买、搜集中国瓷器说成像是去"寻求黄金"一样。

1584 年，荷兰王宫可能通过葡萄牙或西班牙向中国订购了 96000 件瓷器。1602 年，荷兰人掳掠了一艘装载瓷器返欧的大帆船"圣卡特丽娜号"，运到阿姆斯特丹拍卖。据说这批瓷器数量有 60 吨。法王亨利四世在这次拍卖中购买了一套质量精良的餐具，英王詹姆斯一世也买了一些瓷器。也正是从 1602 年开始，荷兰东印度公司开始参加远东贸易，定期从中国贩回瓷器。1610 年，荷兰商舶"Roode Leeuw met Pijlem 号"到达广州，运载了瓷器 9227 件；1612 年运往荷兰的瓷器有 38641 件；1614 年，"Gelder Land 号"商舶又运载了 69057 件瓷器。而到 1636 年，运往荷兰的瓷器达 259380 件，1637 年 21 万件，1639 年更达 36 万 6000 件。据估计，在 1604 年到 1656 年间，荷兰进口了 300 多万件瓷器。另有一个统计说，在 1602 至 1682 这 80 年间，有 1600 万件中国瓷器由荷兰东印度公司的商舶运载到荷兰和世界各地。

1700 年，英国商船"马克列菲尔德号"首次驶入广州港装运瓷器。1710 年，一艘英国商船装载了 40 吨，约合 50 万件瓷器。1721 年，有四艘英国商船各装载了 21 万件瓷器。1722 年，英国东印度公司收到的订购中国瓷器的信函达几万封。这一年运到英国的瓷器有 40 万件，多数是在中国定制标有族徽的餐具和茶具。1735 年，英国商船"格拉富图号"(Grafton)和"哈雷逊号"(Harrison)分别从广州和厦门返航，运载了 24 万件瓷器。

1700 年，法国商船"安菲特利特号"从广州回到法国。船上装满了以江西景德镇生产为主的瓷器 160 箱。法国东印度公司为这次远航成功在报纸上刊登了醒目的广告，说这批瓷器里有咖啡壶、盛放调味品的盒、花瓶、水罐、各种大小的盘和碟、茶杯、酒杯以及理发师用的脸盆等"上等的瓷器"，估计有数万件之多。仅两个月内，这批瓷器便销售一空。1703 年，"安菲特利特号"再度远航广州，又运回瓷器 140 箱。这艘法国巨舶的两次远航，成为 18 世纪初中西文化交流的一件大事。

在 18 世纪，欧洲其他国家也相继参与中国瓷器贸易。瑞典第一艘来华的商船被命名为"费德里克·利丝·苏西亚号"，以此纪念瑞典国王。这艘商船于 1732 年 2 月启航，历时七个月到达广州。在广州停靠了四个月后，于 1733

年 11 月启航返乡。瑞典学者罗伯特·贺曼逊（Robert Hermansson）在《伟大的中国探险：一个远东贸易的故事》中描述苏西亚号在广州交易的情景：

> 船只经中国官员测量、检查批准后，押运员们开始做生意。他们用西班牙银币买了大量的茶叶和瓷器。估算有 43 万件瓷器被运上了船。其中大约 30 万件瓷器都是用来装热饮的。根据船队返航后的拍卖依据——现今尚存的商品目录，我们可以发现在这上千件瓷器中有 305 件餐具、194 只水壶、579 只茶壶、21170 个盘子、2543 只碟、12 只痰盂和 6 个有盖的夜壶。夜壶在拍卖会上每个被卖 6 克朗 4 银便士。拍卖会的商品目录很好地统计了这些商品的价值。一个相当普通的带有 25 块青花碎纹的茶具，最最一般的也要卖整整 12 克朗。一双男装丝质袜子卖 6 银克朗。一套大一点的有 60 个盘子的餐具，那时被称为"饭桌餐具"，需要大约 130 克朗。为了防止返航途中瓷器破碎，它们被仔细包装好。每件瓷器都放在草编的套子里，就像鸟巢似的，那些套子就叫作"瓷巢"。为了保护好"瓷巢"里面的瓷器，这些"瓷巢"再被分装在 158 公斤重的装有西米的麻袋里。[1]

另外，据估计，瑞典在 1750 年至 1775 年间就进口了 1100 万件瓷器。在瑞典东印度公司经营远东贸易期间，从广州进口的瓷器共有 5000 万件。

瓷器传到欧洲后，引起了人们狂热的追捧，特别是在宫廷王室贵族社会中，出现了一大批瓷器爱好者。作为非西方文化的艺术品，中国古陶瓷在世界上获得的广泛认同和青睐是独一无二的，它的价值和品味已经可以比肩于西方任何一个门类的艺术品，以及西方历史上那些声名显赫的艺术大师的作品。特别是在 17-18 世纪，收藏和展示东方瓷器，成为欧洲王室和贵族奢华生活的重要形式之一。有人说，雄积瓷器，一如宫殿和貂袍，其实是在宣示所有者的实力和气势。瓷器成为各国王室相互仿效、彼此较劲的身价通货，还有人说："皇家

---

[1] [瑞典] 罗伯特·贺曼逊著，赵晓玫译：《伟大的中国探险：一个远东贸易的故事》，广东人民出版社 2006 年版，第 29-30 页。

或贵族是否占有东方瓷器或者后来的欧洲瓷器，关系到他们的声望。瓷器增加宫廷的光彩。"

达·伽马在完成东方航行之后，将一件从亚洲带回来的中国瓷器作为礼物送给葡萄牙国王曼努埃尔一世（Dom Manuel Ⅰ，1495—1521）。曼努埃尔国王是一位东方文物的狂热爱好者。在他的财产目录中记载的物品，有的被确定为来自摩洛哥、土耳其、波斯、印度或者中国，其中包括"四件外部带有银饰和柳条的中国瓷器"。在 1512 年，国王送给里斯本的哲罗姆修道院 12 件瓷器和一套 20 件的瓷器。一年以后，他又送给他的妻子阿拉贡的玛丽亚王后另外一套瓷器。从 1511 年 2 月到 1514 年 4 月，里斯本印度库房的香料司库若奥·达萨（Joao da Sa）记录了皇家库房一共进了 692 件瓷器和数千件稀有的东方物品。国王的母亲比阿特丽斯公主同样拥有一些瓷器，并珍藏在一个佛兰德斯箱子里。在其第一任王后伊莎贝拉去世后公布的财产目录中曾提到了一位葡萄牙亲戚，他在 1504 年 4 月 26 日向王后的侍女维奥兰特：德·奥比昂（Violante de Albion）移交了一件大青花盆，这是阿拉贡的玛利亚赠送的礼物。四天后，她又从一位威尼斯大使那里得到了一件小一点的装饰着紫罗兰花的八角形盆。

在葡萄牙的桑托斯宫（Santos Palace）有一个"瓷器屋顶"，天花板上覆盖着 260 余件青花瓷盘，大多是 16-17 世纪的克拉克瓷。桑托斯宫从 1501 年开始是葡萄牙国王曼努埃尔一世的住所，1589 年以后属于兰开斯特（Lancaster）家族所有。这面青花瓷装饰的天花板是 17 世纪后 25 年建造的，上面的瓷器曾是国王曼努埃尔一世的收藏。

对于葡萄牙统治者来讲，瓷器是一种深受喜爱且非常稀有的礼物。1610 年成书的《葡萄牙国王记述》对中国瓷器充满赞美之言：

这种瓷瓶是人们所发明的最美丽的东西，看起来要比所有的金、银或水晶瓶都更为可爱。

西班牙国王卡洛斯一世曾通过从事东方贸易的商人向中国订购了印有王族

徽记和花押字的瓷器，纹章瓷由此在欧洲盛行起来。西班牙国王菲利普二世是欧洲最著名的艺术赞助人，他收藏了1500幅画，无数手稿、版画、锦帷、钟表、珠宝，以及各种珍禽异兽的标本。他非常喜好中国瓷器，长期以来经常进行采购。菲利普二世去世时，已拥有全欧洲最多的中国瓷器。据一份1598年的清单，总数达3000件瓷器，多数为餐具，包括上菜盘、水酒瓶、酱汁碗、大口罐等。

在荷兰，收藏瓷器也是很受王室贵族追捧的风潮。18世纪初荷兰威廉四世国王的王后玛丽莲·露易丝就是一个狂热的瓷器爱好者。1730年，玛丽莲王后移居荷兰北部城市吕伐登（Leeuwarden），住在普林西霍夫宫殿。晚年的玛丽莲王后开始大规模收藏东方的瓷器，并设想将普林西霍夫宫殿建成荷兰最大的远东瓷器博物馆。1731年，荷兰吕伐登普林西霍夫博物馆（Princesseh of Museum）正式成立，来自中国和日本的精美瓷器被源源不断地送到博物馆。1765年玛丽莲王后去世前，普林西霍夫博物馆已经拥有上千件中国瓷器。之后，普林西霍夫博物馆逐渐发展成为荷兰乃至欧洲知名的瓷器收藏中心，多年来不断收到收藏家所珍藏的瓷器捐赠。到20世纪70年代，普林西霍夫博物馆成为荷兰公共陶瓷艺术研究中心，馆内藏有中国明清时期各大窑口的精美瓷器18万件。

德国德累斯顿的茨温格尔宫是欧洲最大的瓷器艺术博物馆，其前身是奥古斯都大力王收藏的茨温格尔宫瓷器走廊。弗里德里希·奥古斯都一世（Friedrich August I），是神圣罗马帝国的萨克森选帝侯，也称"奥古斯都大力王"，1697年担任波兰国王。1715年前后，奥古斯都开始系统收藏中国瓷器。1717年，他得知北部普鲁士摄政王威尔·汉姆一世收藏了一批体量巨大的中国青花瓷。为了获得这批青花瓷，奥古斯都决定以波兰——萨克森部队的一个兵团（约600名龙骑兵）来换取威尔·汉姆一世的151件大型青花瓷。这批瓷器后来被称为"近卫花瓷"或"龙骑兵瓷"。也有人称之为"萨克森国王的血罐"。这一年，他还将自己的波兰行宫改造成为"瓷器宫殿"，把来自中国、日本的瓷器和刚刚问世的德国迈森瓷器一同展示出来。1727年，奥古斯都又在易北河畔建造"日本宫"，将他的部分瓷器精品转至日本宫，用于装饰富丽堂皇的"瓷器塔"。

奥古斯都通过多种渠道来满足他的收藏欲望。有国与国之间的购买，也有大臣们的呈送，更多的是在莱比锡城购买的。当地的瓷器商人从荷兰购得中国瓷器，再转手卖给奥古斯都。当时最著名的瓷器商人是伊丽莎白·巴斯塔切夫人（Madame Elisabeth Bassetouche），茨温格尔宫中的瓷器走廊装饰的很多花瓶组合都是由她代为购买的。之后，她一度居住在德累斯顿，成为国王身边的瓷器顾问。在奥古斯都收藏的顶峰时期，茨温格尔宫共有东方瓷器24100件，其中中国瓷器约17000件，日本瓷器和朝鲜瓷器7100件。

对于中国瓷器的爱好和收藏不仅在上层社会的皇室和贵族之间流行，这种风气也流传到民间。英国作家斯威夫特（Johathan Swift）说，他有一个时候爱上了瓷器，简直像是疯了，不管它多么贵重。英国诗人盖伊（John Gay）在一首诗中提到一位爱好古瓷的夫人：

古瓷是她心中的爱好所在
一个杯子、一只盘、一个碟子、一只碗
能够促动她肠中的火焰
给她欢乐
或叫她不得安闲。

1712年，英国的《旁观者》杂志发表了一位瓷器店服务员的来信，谈到了一位古瓷爱好者，信上说，那位女子每天都要到他的店里光顾两三次，一会儿说要买屏风，服务员就把屏风搬出来让她看；一会儿又说要买茶和一套茶杯、盘子和钵子，服务员又去把这些东西搬出来，让她看看摸摸。到后来她又说不买了。她走后，服务员把散落一地的货物整理上架，刻石还没整理完，她又回来了。

意大利艺术家们把中国的或中国样式的瓷器表现在他们的作品里，最早的例证似乎出现在来自维罗纳的弗朗切斯科·本纳里奥（Francesco Benaglio）

的作品中。在一件创作于 1460 至 1470 年的圣母子绘画中可以看到一只莲蓬状的碗，并带有一种可以在 15 世纪初期的中国瓷器中见到的简单的青花装饰。安德烈·曼泰尼亚（Andrea Mantegna）在他的《博士来拜》中描绘了一件青花瓷来强调三位国王的东方起源。第一次对陶瓷的准确描绘，可以在一幅巨大的由乔万尼·贝利尼（Giovanni Bellini）创作的作品中看到，那就是他的《诸神之宴》，作于 1514 年，画面里有两个青花碗和一个带有镀银托架的盘子。碗是明代 15 世纪晚期和 16 世纪早期最典型的器物。在碗外侧的双层口沿之间，是由六朵莲花组成的饰带，内部有由五朵牡丹在一个起伏的花茎上组成的图案，边上是较小而繁盛的花和叶子。这种碗被广泛出口到东南亚和中东地区，并被葡萄牙人带到欧洲。据有的学者考证，画中瓷器的实物可能是属于 1498-1508 年曼努克·苏尔坦家族（The Mamluke Sultans）的外交礼品。画家是应痴迷中国瓷器的阿方索一世公爵（Duke Alfonso I d'Este）请求而创作的。16 世纪的许多欧洲画家，都喜欢在自己作品的背景中画几件中国瓷器，有的画家还在作品中画上几个汉字。

八

在 17 世纪，瓷器被视为一种新奇的珍玩，只有少数大宫廷才有比较大量的瓷器陈列，但 18 世纪之时，特别是在饮茶成为社会流行风尚后，瓷器逐渐成为普通家庭用品。精美绝伦的各种瓷器，深入到社会的各个阶层，走进人们的日常生活，给欧洲人的日常生活带来很大的方便。

据说，在 14 世纪的法国上层社会，餐具还是金、木、陶制器皿并用。16 世纪的时候，瓷器已经开始进入欧洲，但还是很稀罕之物。1607 年，法国王太子用一只瓷碗喝肉汤，已经是很了不起的事情，因为当时只有国王和贵族才买得起瓷器。到了 18 世纪，欧洲人才开始以瓷器代替金银器为餐具。法国国王路易十五命将宫廷中所用的金银餐具熔化，充作他用，而以瓷器代替，自此上下从效。大量瓷器的引进改变了人们的餐桌。把餐具和饮具由笨重的银器变为精美轻便的瓷器，从而改变了人们的就餐方式乃至整个生活方式。

瓷器在日常生活领域的广泛影响，不仅仅局限在餐桌，不仅仅是改变了人们的餐具、茶具等日常使用品，还作为居室的陈设、装饰，美化着人们的生活环境。当时欧洲上流社会，都以设置"瓷器室"（Porcelain room）、陈列中国瓷器为时尚。如法国国王路易十四有专门收藏瓷器的凡尔赛镜厅，还特地建筑了"瓷宫"。波兰国王约翰三世在维拉努哈宫侧殿有专门陈列瓷器的"中国厅"。德意志大选帝侯（Grand Elector）的夫人露易丝·亨利埃蒂（Louise Henriette）在柏林南部的奥拉宁堡（Oranineburg）宫殿，设有带护壁板的大厅，专门陈列她在 1652-1667 年间收集的中国瓷器。他的儿子腓特烈（Frederick，1701 年为普鲁士国王）在夏洛滕堡（Charlottenburg）为其妻子索菲·夏洛特（Sophie Charlotte）建造的宫殿中，也设有瓷器厅，陈列了中国瓷器 400余件。

以瓷器装饰房间的风尚，由欧洲大陆传到英国。玛丽二世女王在荷兰居住时，曾购买了大量的瓷器装饰房间。玛丽二世与其丈夫威廉三世继承英国王位之后，把这种时尚带到了英国宫廷。1689 年 2 月，他们查看了汉普顿（Hampton）王宫，决定对其进行全面整修。根据 1720 年出版的一本《大不列颠岛游记》记载，汉普顿宫陈列着大量精美的中国瓷器，这些瓷器在别的地方从未见过。不但室内的陈列柜、壁炉上摆满了瓷器，有的一直摆放到天花板那样高。就是宫中的长廊，也随处摆放着瓷器。在这个时候，欧洲还涌现了一批室内装饰设计大师，从事"瓷器室"的设计。其中最有名的一个，是荷兰建筑师丹尼尔·马洛特（Daniel Marot），他是法国人，1685 年流亡到荷兰，后来跟随威廉三世到了英国，参与了汉普顿宫"瓷器室"的设计。

到 18 世纪初，这种以瓷器装饰房间的风尚，从上层社会传到了民间。许多普通家庭也把中国瓷器作为重要的家庭居室陈设。18 世纪英国经济学家亚当·斯密就曾提到，他在爱丁堡和巴黎的人家中看到大量炫耀白色的中国瓷器。

而瑞典人凭自己的想象在自己的家里布置了一个"中国厨房"，厨房的墙壁和餐桌都是用中国瓷器装饰的，他们称之为"瓷器厨房"。

出口到欧洲的瓷器，大部分是以中国传统纹样装饰，装饰的主题、题材和形式都是中国式的，以传统人物、山水、鸟兽、花草、典故、传说、乡俗、物产等为主题，内容相当丰富，体现了中国传统瓷绘装饰艺术的特色和中国文化中深厚的人文精神，几乎展现了一部有关中国的百科全书。在照相技法尚未问世的 18 世纪，西方国家对中国形象的了解，是通过写实的绘画作品，而瓷器则是更为主要的信息来源。这些充满异国情调的东方图画，让欧洲人领会到另外一种审美情趣，一时间成为追捧的对象，以至于在欧洲形成了持续一个多世纪的"中国风"和"洛可可"艺术风格。

九

漆器和瓷器一样，也是古代中国的一项伟大发明。漆器是用漆涂在各种器物表面上所制成的日常器具及工艺品、美术品。至明清时代，漆器工艺的多种技法和不同纹、地的结合，迎来了千文万华之盛。在这个时期，漆器的品种至少已在 400 种以上，其中最为突出的主要有雕漆、镶嵌漆、彩漆、洋漆、填漆、钱金漆等。

在 17 世纪时，中国漆器已经输入到欧洲，但尚属于罕见之物，所以在1689 年，髹漆的中国家具竟作为皇家的开奖物品，可知其名贵。但到了 17 世纪末，漆器开始大量输入欧洲。中国外销到欧洲的家具以漆木家具为主，多采用黑漆描金的装饰手法，式样大到橱柜、桌椅、屏风，小到扇子、针线盒、工具箱等无所不包。这些家具和漆器是展现中国彩绘装饰艺术的主要形式之一。多数家具的木胎事先在订购地做好，再船运至广州，广州漆匠髹漆彩绘后再返运回订购地。广州制作的漆器独占鳌头，成为主要出口商品之一，在欧美各地所见的漆器大多来自广州。

漆器家具输入到欧洲,立即受到广泛欢迎。法国路易十四时代的凡尔赛和托里阿诺宫中都采用了整套的中国漆制家具。据《皇宫家具总目录》记载,凡尔赛宫中的漆器家具有"一只中国橱柜,带有两扇门,门上画有在空中飞翔的四只鸟,两只兔子和中国式的房屋;一只中国橱柜,带有两扇门,一扇门上画有空中的带有四脚的怪物,另一扇门上画有一块岩石。"还有几只柜子,"涂以中国清漆,画有岩石和中国式的房屋,还有鹿、马、鸭子等动物。"1708年记录的凡尔赛宫家具清单里,有一套中国漆器屏风,它们是由"十二扇精致的漆木折叠饰板组成的,都以绿色漆及金片衬底,以五彩缤纷的色彩画有花卉、梯田、树木,并以黑漆涂边,再在边饰中画有不同颜色的花瓶,并配有银色的小鸟和金龙,都是雕绘的。高为六英尺十英寸,背面是黑漆。"[1]

1703年,法国商船从中国运回了大批漆器,引起全国性轰动。饰有镶嵌螺钿的中国家具大受欢迎,比较常见的有屏风、橱柜等等,当时甚至称为"安菲特利特中国漆器"。据说法国著名作家赛维涅夫人(Marie de Sévigné,1626-1696)在一个用作书桌的嵌螺钿漆器五斗橱上,写出了她有名的数十封给女儿的信。葡萄牙著名耶稣会学校科英布拉大学图书馆,也采用了漆绘装饰的墙面。在当时商业或财产目录上有关东亚进口货品的记载,其中有许多中国漆器的名目。各种式样的漆器在社会上广为流行,以至老米拉波侯爵曾从经济角度对此种现象提出批评。

中国漆器家具传入欧洲后,在荷兰、意大利、英国、法国等国家都出现了中国漆器家具的仿制品。在17世纪之初,欧洲就开始有了仿制中国家具的记载。1600年在巴黎上演的一出戏剧中,剧中的人物提出,要按照中国样式打造一件橱柜。1612年,荷兰家具师威廉·提克(William Kick)应一位将军的要求,打造过一件仿制的中国橱柜,以与另一件进口的中国橱柜配套,作为送给土耳其苏丹的礼物。

---

[1] 方海:《中国家具传入西方简史》,《国际汉学》第7辑,大象出版社2002年版,第236-237页。

　　但是，当时人们还不知道中国漆的配方和制漆工艺。据说中国的制漆技艺是由奥斯定修会传教士奥斯塔希乌斯（Eustachius）最早传入欧洲的。但此说尚待考证。在 1690-1700 年间，意大利科学家、耶稣会士伯纳尼（Filippo Bonanni）写了一份关于中国漆器的详细材料，后来整理成为学术报告，于 1720 年发表。他的研究利用了耶稣会士们掌握的有关中国漆的材料，认为漆来源于一种树，它只生长于亚洲，不可能移植到欧洲。而且漆是有毒的，不便于海上长途贩运，所以欧洲不可能复制中国的漆，而必须寻找其他的替代品。

　　后来，欧洲人找到了一种中国漆的替代品，就是"树胶漆"（gum-lac）或"虫漆"（shell-lac）。虫胶又名紫胶，是寄生在某些树种上的紫胶虫所分泌的一种天然动物性树脂，颜色紫红，故称"紫胶"。因系紫胶虫分泌物，又称"虫胶"。紫胶在采集后经过加工，将其溶解在酒精里，就可以制成虫漆。从 16 世纪晚期开始，欧洲就开始利用树胶漆或虫漆仿制中国的漆器。到 17 世纪初，根据当时的文献记载，阿姆斯特丹、纽伦堡、奥格斯堡等地都已经有了漆器生产，荷兰还出现了漆器的行会。18 世纪时法国的漆器业居于欧洲之首，其中以马丁一家最为著名。罗伯特·马丁（Robert martin）在制漆技艺方面取得卓越的成就，曾受到伏尔泰的热情赞扬，说："马丁的漆橱，胜于中华器。"又说："马丁的漆壁板为美中之美"，对法国漆业的最新成就表示了由衷的喜悦。蓬帕杜夫人（La Pompadour）对中国时尚十分热心，其沙龙中经常聚集许多人高谈中国风尚。她特别喜爱马丁家仿造中国及日本样式的姿态优美的花鸟漆器，曾订购大批这样漆器家具，装饰她所居的蓓拉浮宫。法国漆器以蓝、红、绿和金色为主，室内立柜式样都照中国风格，而以牡丹花、鸟、中国妇女、中式栏杆、房舍等图案装饰。

　　18 世纪英国的设计家们认为，漆艺是指用漆先覆盖家具或其他物品表面，而后再用更多色泽的漆反复在已有的漆面上绘画。他们首先把漆器的制作当作是一门艺术。当时英国上层社会的妇女以学绘漆为时尚，绘漆成为女子学校的一门美工课。家具制造商也纷纷仿造中国漆器家具的图案和色彩，打造中国式家具。17 世纪晚期英国的家具，以豪华的装饰和出色的髹漆著称。家具的样式有写字台、立式时钟、椅子、桌子、镜子等，这些产品在中国都找不到原型，但在装饰图案上则都是中国风格的。著名家具设计师齐本达尔（Thomas Chippendale，1718？－1779）和海普尔华特（Heppelwhite）设计制作的橱柜、椅子，完全模仿中国产品，采用上等福建漆，雕刻龙、塔、佛像、花草。齐本达尔引进福建漆檀木椅，后来又模仿中国竹节家具，设计屏风尤其雅致。齐本达尔在 1754 年出版了一本《绅士与橱柜制造者指南》，副标题是"哥特式、中国式和现代式常用家具中最优雅与实用之图例"。书中有 160 幅桌、椅、橱柜等中国风格家具的图案。这本书成为当时许多工匠的蓝本，他们制作的这类家具被称为"齐本达尔中国式"（Cinese Chippendale）。

| 第二十三章 |
现代世界生活中的中国格调

在 18 世纪，中国成为最炫目的魅力之源。在那个时代，迷恋中国的物品与风情，成为普遍流行的社会时尚，成为一种大众流行文化。而这种大众流行文化，首先是从物质文化、从对中国商品的追捧和迷恋开始的。

中国商品的异域情调，中国工艺美术的神秘意蕴，以及全社会风行的中国趣味，共同塑造了欧洲的艺术风格，这种风格被称为"洛可可风格"。洛可可艺术与中国古代艺术风格之间具有神奇般的契合，它实际上就是一种"中国味的新风格"。"中国风格"实际上是一种"西方风格"，是欧洲对"中国风格"的"想象性"诠释。

一

　　在大航海的浪潮中，数以千计的大帆船舟舶相继，行驶在海上丝绸之路上，将巨量的中国商品运往欧洲各国。这时运到欧洲的中国商品，不仅数量巨大，而且种类也很繁多，除了丝绸、瓷器、茶叶这"三大物产"之外，还有服装衣物、食品香料、家具漆器、珠宝首饰、生活日用品、工艺美术品、药品和中草药等等，几乎涵盖了日常生活领域的各个方面。这些商品都是具有古老传统的产品或手工艺品，不但是人们生活的必需品，而且凝聚着数千年的文化积淀，既体现着复杂的工艺技术，又具有丰富的文化内涵。

　　来自遥远中国的、充满异国情调的、新颖奇特的各类物产，大大地开阔了人们的眼界，丰富了人们的知识，满足了人们极大的好奇心。所以，在那个时代里，痴迷地追逐新奇的中国物品，在生活的各个领域、各个方面拥有、收藏、使用、品评鉴赏中国的东西，成为欧洲社会普遍流行的时尚。

　　大量的中国商品涌进欧洲后，在当时的欧洲人看来，这些东西是先进的、高品质的、高档次的、精致的、充满异域风情的，因而也就是时髦的、时尚的、流行的。在那个时候，拥有和享用来自中国的商品，是一种身份的标志，是跟上时代的象征。在当时的欧洲社会，人们以拥有中国物品为时尚和荣耀，中国物品是高雅与先进的象征。皇室、贵族以及上流社会的富人阶层，大量地收罗来自中国的东西，引领社会的消费时尚，即使是普通百姓，也希望拥有一两件中国丝绸的服装、几件中国瓷器和漆器，甚至是一把扇子、一件小饰品等等，以跟上社会的潮流。所以，大家都趋之若鹜，乐此不疲。

在巴黎、伦敦等许多城市里，都有专门出售中国商品的商店或店铺。葡萄牙是最早开展东方贸易的欧洲国家，由于中国瓷器和其他物品的输入，葡萄牙首都里斯本很快成为欧洲专门销售中国古董和中国手工艺品的中心，不少专门经营中国瓷器和手工艺品的商店也蓬勃兴起。1580 年，里斯本大街上已经有六家专门出售中国瓷器的商店。最吸引人的是里斯本的格尔明街（Germain），那里以销售中国瓷器著名。此外，还有许多出售中国商品的售货亭和货摊。

早在 17 世纪初，巴黎就有一些专门从事贩卖中国商品的商人和店铺。巴黎圣日耳曼大街和圣罗兰大街的大型集市上，有大量的中国瓷器和古玩在那里出售。路易十四首席大臣马萨里诺主教的中国收藏部分来自圣日耳曼集市。所以在当时，买到和拥有中国的物品并不很难。

在英国也早就设立了专卖中国商品的商店。据说早在 1609 年，伦敦就有了第一家瓷器店。据 1774 年的《伦敦指南》记载，在伦敦至少有这种专门出售瓷器、漆器和其他中国工艺品的商号 52 家。这些商家兼有商贾和艺术家的双重身份，他们根据顾主和市场的需要，设计造型和装饰图案，委托东印度公司的商人带到中国，制造他们需要的瓷器等艺术品。到 18 世纪英国的乔治时代，即使是在偏僻的乡村杂货店里，也能买到东方缎带等一些时髦的奢侈品。

在那个年代里，品种多样、制作精美、丰富多彩的中国商品走进了欧洲人的日常生活，丰富了他们的生活内容，提高了他们的生活品质，改变了他们的审美趣味，甚至在一定程度上改变着他们的生活方式和生活态度，使他们的日常生活丰富起来、精致起来、美化起来。所以，这些中国商品成为一种时尚、时髦，成为一种风向标，同时也成为个人品位、地位和身份的象征符号。不仅如此，他们也通过这些看得见、摸得着而且每天都在生活周围存在的物质化的东西，获得了一定的有关中国的知识，至少激起了他们对于中国的想象。

二

流入欧洲的中国物品，除了通过商业渠道进入欧洲人日常生活中的之外，还有少量由到过中国的传教士、旅行家等带回去的礼品。这些传教士和旅行家有的在中国居住多年，还有一些人可能没到过中国，但在东方活动，比如在菲律宾、印度、日本等地进行传教或旅行，也会收集到不少各类中国物品。1980年，西班牙奥斯定修道会建立了一座"东方博物馆"（Museo Oriental），将该会曾在东方进行传教活动的传教士们400年间带回西班牙的中国物品和菲律宾艺术品展出。这些展品中的绝大多数都是中国的历代文物，其中有：周代青铜器、汉代铜镜、唐俑、宋瓷、明清山水画卷等。此外还有许多反映民间风俗、民间信仰的文物，如老子的雕像、"八仙"和玉皇大帝的画像、观音菩萨的泥塑等；牧童回乡、河畔停舟、雅士抚琴、文人挥毫、福禄寿合欢等题材的画卷；还有皇帝的龙袍、官服、印章、刺绣等等。除了奥斯定修道会之外，其他修会的传教士们所带回的中国物品分别珍藏在各地的教堂或修道院中。

在那个时代的欧洲，收藏是一种社会风尚，而收藏的重点，主要是来自东方的奇珍异物。欧洲一切富裕的人都搜集包括中国瓷器和漆器在内的物品。许多贵族和社会名流都在家里专门开辟了"中国工艺品陈列室"。

荷兰有一位收藏家帕鲁达努斯（Paludanus），共拥有87只收藏柜，藏品范围很广，有地理学、植物学、动物学等方面的标本，也有各种人工制品，如瓷器、漆器、服装等工艺品，这些东西大部分来自中国和印度、日本。1633年，帕鲁达努斯（Paludanus）去世后，他的部分藏品捐给了荷兰的莱顿大学，莱顿大学专门建造一栋楼，用来收藏和陈列他捐赠的藏品。这种形式便成为近代欧洲博物馆的前身。

许多皇室和贵族以及上流社会的人都有收藏中国物品的雅好，或多或少也要收集一些中国的工艺品，以显示自己的文化和时尚品位。法国国王亨利四世从东方购进了许多瓷器和纺织品，还从中国购买了大量的生丝，在里昂创办皇家丝织工场，以满足宫廷的需要。亨利四世的王后玛丽·德·美第奇指示廷臣为她提供中国式的漆釉书桌和柜橱，还特许一名经营中国商品的商人出入卢浮宫。路易十三的首席大臣黎塞留主教（Armand Jean du Plessis de Richelieu，1585—1642）是雅好艺术的收藏家，曾在他的府邸里展示他丰富的收藏，包括中国漆的屏风、漆床以及400多件中国瓷器。马萨里诺主教（Jules Mazarin）的中国文物收藏也十分丰富，在他1649年的收藏清册摘要内记载："两件中国方式制成的箱柜，黑底上满饰螺钿。四件瓷瓶及丝绣的中国床罩。"1653年的清册记载："一系列中国家具、织品、中国纱，15件中国锦缎以及10件完整的巴黎制中国式哔叽。"

17世纪的英国作家伊夫林在日记中记载了他在一些贵族家里看到的来自中国的东西。1682年，他在一位名为伯恩博士的家里看到了一箱子珍贵东西，在走廊里还有一个日本式屏风，还有另外一个屏风，上面画的是中国风景和中国人的生活场面。1683年，在普斯麦斯公爵夫人（Duchess of Portsmouth）的家里，他看到了日本的柜子和屏风。1684年6月22日，伊夫林在日记中写道："一名叫汤生的耶稣会士"让他看了一些"由日本及中国耶稣会士寄来的珍品"，这是由英国东印度公司转运到巴黎的货物，暂在伦敦停留。伊夫林说，他这辈子还没见过类似的东西，他的珍品清单如下："最醒目的是巨大的犀牛角以及金碧辉煌的背心。那背心以金线编织刺绣，颜色鲜活，既优雅又活泼，欧洲压根儿见不到。还有一条镶着各式珍贵宝石的腰带和锐利到不能碰的匕首，刀刃的金属光泽也不是我们常见的，偏淡偏青。至于扇子，倒像是此地女士们惯用的样式，只是大得多，有个雕琢精美的长柄，扇面上则布满了汉字。"伊夫林说，这些物品几乎让人误以为直接来自弗兰西斯·培根的乌托邦小说《新大西岛》。1693年，伊夫林还在玛丽王后的宫殿里，见到了稀有的箱子和珍贵的瓷器，还有镜子、架子、立轴、半浮雕的东西和人像。安妮女王的陈设中也有大量来自东方的物品，有二三百个瓷制杯子、瓶子、盘子等。

到了 18 世纪，这种风潮仍然持续不衰。法国大臣贝尔丹是一个中国物品的迷恋者，有一个完整的陈列馆，这个陈列馆就在他位于巴黎林荫大道的府邸中。他通过各种渠道搜集的中国物品，包括中国绘画和艺术品等，成为他的珍异品陈列馆中最富有特色的部分，其中还珍藏着钱德明神父从中国为他收集来的各种中国乐器。当时一个大量印刷的广告说："贝尔丹先生非常乐于让人参观其陈列馆，甚至将其中的各种物品，都通报给那些希望能从对它们的研究中，获得某种收获的学者和艺术家们。"实际上，这个珍异品陈列馆向当时所有学者开放，变成了一座真正的中国博物馆。

法国有一位贵族肖恩公爵（Chaulnes），是文学艺术的热情资助者，他拥有关于自然历史、古代文化和中国古玩的大量收藏，据说这些藏品装满了他府邸的好几个房间。这位贵族的中国物品收藏极为丰富，有服饰衣帽、首饰、瓷器、漆器、象牙、木器等材质的工艺品，有家庭用品如床、家具、茶壶、刀具、衣帽架、灯笼等，有各种游戏器具和图书等，甚至还有北京地图、绘画作品，可谓蔚为大观，令人目不暇接。

三

日常生活的其他领域，也随处可见中国风的余韵和影响。一切广告、书籍插图、舞台布景、演员化妆，都以中国风尚为引人注意、争尚新奇的创造。例如中国折扇在 17、18 世纪的法国特别流行，法国宫廷贵妇不论冬夏，都一定手持中国式绢制聚头扇，即折叠扇，以代替 16 世纪时流行的羽毛扇。英国诗人盖伊在一首诗中说到流传到英国的中国扇子。他说，扇子上画着各种人物，其中有女子，有的细眉细眼，莲步姗姗；有的吹笛击钹，自得其乐；有老者踞座而餐，神态俨然；也有彩车上的兵勇，好像是七颠八倒。

欧洲人把中国情调引进到他们的娱乐游戏中。中国服装舞会和化装舞会首先在巴黎、维也纳出现，后来又在其他宫廷举行。舞会上最早出现中国人装扮的是 1655 年，不久后戴着锥形帽、垂着八字胡的中国人成为舞会的基本造型之一。1685 年凡尔赛宫举办的一次假面舞会上，路易十四的弟弟奥尔良公爵一晚上便换了好几套装扮，最后出场时，他变成了一个"中国人"，给人留下深刻的印象。这种娱乐在 18 世纪变得非常风行，甚至法兰西学院的学生也经常携带化装面具。1700 年元旦，法国宫廷采用中国节日庆祝形式来迎接 18 世纪的第一个新年，参加者身着中国式丝绸刺绣服装，皇家乐队用笙、笛、锣等中国乐器演奏音乐，似乎已经象征了这个世纪的情调。

这是一个"以中国为时髦之风气的鼎盛时代"。

那时候出版了许多有关中国的书籍，其中有旅行家的游记和报道，传教士们的书信、报告、著作和翻译的中国文献，欧洲的专家学者、作家撰写的有关中国的评论，还有一些作家、剧作家以中国为题材或由头撰写的剧本或小说等文学作品。这些书籍都广为流传。总之，关于"中国"，是当时出版界和新闻界的热门题材，有关中国的一切，都是报纸杂志专栏作家们热衷的选题，似乎不谈论中国，就赶不上时代的潮流，就显得落伍，显得不时尚。比如创刊于 1717 年的英国《旁观者》（The Spectator）报，就曾连续刊登一系列有关中国的文章，内容涉及瓷器、茶叶、长城、园林艺术、孝道、封赠制度等诸多方面。翻阅一下 18 世纪那些日益大众化的杂志、小报和期刊，就会为英国人对于中国的兴趣和了解感到吃惊。

这种追求中国趣味，模仿中国样式的风尚广泛流行于各个艺术领域，一切来自中国的工艺品，如瓷器、漆器、丝绸、餐具、陈设、家具、各种小摆件、小手工艺品等等，都成为人们热烈追求的对象，同时出现了许许多多体现中国趣味、中国风尚的仿制品。中国风格的造园艺术风靡欧洲，到处都出现了中国式的或"英—中"式的花园和园林，"中国风"的装修设计也大为风行，出现了许多所谓"中国房间"，铺中国地毯、墙面贴中国壁纸、陈设中国漆绘家具、使用中国餐具，摆放着中国瓷器。"中国风"深入到欧洲人日常生活的层面。

法国有一包考克博士（Dr. Pocock）在 1757 年游历英国，一周之内似乎处处都见到中国的东西：中国鸭、中国鸡、中国鱼、中国画、中国船、中国建筑，等等。而英国作家何瑞思·沃尔波尔（Horace Walpole，1717—1797）到法国后，却说："在巴黎，人们更新潮流就像他们更换情人一样频繁。"伏尔泰也说到当时人们对中国物品的痴迷。他说：

> 我们到中国去寻找瓷土，就好像我们自己一点瓷土都没有似的；去找绸缎，就好像我们缺少绸缎一样；去找一种泡在饮料里用的小草儿，好像在我们土地上一点草药都没有。[1]

"中国风"流行于社会的各个阶层，上至宫廷国王王后、贵族政客，下至黎民百姓，都以自己的方式和能力追逐这股时尚潮流。有一位法国学者研究了 18 世纪法国"中国热"的社会基础和地理范围，认为参与"中国热"的人主要是王室、贵族、官吏、律师、医师、艺术家、学者和富商；还有军人、神职人员、金融家和产业阶级等。"总而言之，法国 18 世纪'中国热'的特征是：法国的重农派学者具有理想和神秘的中国之形象，他们把中国视为'最智慧的国家'；商人们是具有'遍布珍异物和财富'的中国之理想，他们将中国以及整个东方视为财富之源；自由职业者们怀有崇尚'以深厚情趣和雅致而生活'的中国之信念，形成了浪漫中国之形象；学者们却形成了一种有关'文化高度发达'的中国之观点，将其视为礼仪和文明之邦。"[2]

18 世纪末，英国的马嘎尔尼作为英国国王的特使出访中国。法国学者佩雷菲特（Alain Peyrefitt）描写他的心情时写道：

> 他可以想象已经到过了中国。他用中国瓷盅喝中国茶。在他的中国漆器做

---

[1] [法] 伏尔泰：《哲学辞典》上册，商务印书馆 1991 年版，第 328 页。
[2] [法] J. 谢和耐著，耿升译：《中国与基督教——中西文化的首次冲撞》（增补本），"耿升代重版序"，上海古籍出版社 2003 年版，第 38 页。

的文具盒上镶着带蒙古褶眼睛的贝壳人物。他最有钱的朋友家的花园不用"法国式"的几何形图案，而学中国的园林艺术：人们可以在品种繁多的树木夹杂的美色中，在洁白的大理石小塔下，沿着那没有用的拱形小桥跨越小溪散步。整个欧洲都对中国着了迷。那里的宫殿里挂着绣有中国图案的装饰布，就像天朝的杂货铺。真货价值千金，于是只好仿造。在布里斯托尔和利摩日等地都生产中国古玩。赛夫勒或梅森的瓷器，契本达尔的家具或里昂的丝绸使欧洲人的口味习惯"中国模式"。[1]

马嘎尔尼这时还没有想到他的这次出使是一次失败之旅，所以他的心情是愉快的，他是带着对中国文化的热烈向往和热爱之情出发的。

总之，在 18 世纪，中国成为最炫目的魅力之源。在那个时代，迷恋中国的物品与风情，成为普遍流行的社会时尚，成为一种大众流行文化。而这种大众流行文化，首先是从物质文化、从对中国商品的追捧和迷恋开始的。

四

当欧洲人醉心于中国最热烈之时，中国的东西，影响于欧洲生活各方面，尤以手工艺品和工艺美术为最。中国的瓷器、漆器、家具、轿子、壁纸和丝绸、刺绣及其制作工艺传入欧洲，不仅为欧洲人的日常生活提供了许多方便，在一定程度上改变着他们的生活环境和生活方式。更为重要的是，它们还将一种神秘而飘逸的艺术风格和神韵带到欧洲，在很大程度上影响着欧洲人的审美趣味和艺术追求。在这些工艺美术作品中，出现了大量的模仿中国纹样或中国情调的设计，或者称为"中国风格"的设计。

---

[1][法][佩雷菲特著，王国卿等译：《停滞的帝国——两个世界的撞击》，生活·读书·新知三联书店 1993 年版，第 29 页。

　　流传到欧洲的中国瓷器对洛可可艺术风格的形成有重要影响。在中国制瓷技术的影响下，欧洲各国相继办起瓷器工场，它们大都模仿中国瓷器，描绘亭台楼阁、小桥流水、菊花柳树等独特的中国艺术风格的图案。温雅清脆的中国瓷器不仅为洛可可艺术提供了新的物质材料，而且象征了洛可可时代特有的光彩、色调、纤美，象征了这一时代特有的情调。

　　欧洲各国的丝织业都模仿中国的丝织技术和纹样图案，特别是法国生产的丝绸丝质柔软，并且大量采用中国的纹饰图案，所以，法国产品的这种技术特点，连同中国风格的花式装潢，都是取法中国的。

　　在丝绸和瓷器的设计方面，都采用了来自中国的风格和图样，成为当时流行的"中国风"设计的重要表现形式。有人说，中国文化对于洛可可风格的影响，不在文字方面，而在于中国清脆的瓷器和各种丝绸上绚艳悦目的光泽，这种光泽暗示欧洲社会18世纪盛行的一种想象中的快乐人生观。

　　中国的刺绣工艺也在欧洲广为传播并产生很大影响。刺绣的历史最早要追溯到四五千年前，随着养蚕、缫丝业的发展兴盛，心灵手巧的女工们不再满足于织物本身的质地与纹理，她们开始用各色彩线在织物上绣出女儿家的"心境"，古代的刺绣工艺由此兴起。唐时胡令能的诗《咏绣障》说："日暮堂前花蕊娇，争拈小笔上床描。绣成安向春园里，引得黄莺下柳条。"这首诗写出了女子在古式床上刺绣时候的灵动场景与心情，更展现出这门手艺的绝美之处。到明清时，刺绣工艺在技艺和审美上达到巅峰，城市中出现经营刺绣工艺品的行庄，许多画家参与刺绣画稿设计工作，刺绣品类万千，日用品为刺绣主流，刺绣商品出口至日本、南洋及欧美等地。精致灿烂、百花争妍的风格，于全国各地出现了各具地方特色的刺绣系统，形成了苏绣、湘绣、粤绣和蜀绣这"四大名绣"。

　　浓郁而精美的东方风格丝织刺绣产品大量传入欧洲，立刻成为皇室贵族和上层社会妇女的爱好之一，并出现许多模仿和仿制的工场。在法国丝织业中心里昂，皮耶芒(Pillement)以中国刺绣图案为范本，设计了许多奇妙的花卉图案，对里昂刺绣术起到很大推动作用。马鲁特（Daniel Marot）的刺绣图案将螺纹、格子及逼真的小花大胆地配合起来，同中国的意匠十分相像。另外，著名画家布歇等人也常为刺绣品提供图样。17 世纪初，法国宫廷刺绣匠师瓦尔利特等人创建了刺绣公会，专门向宫廷刺绣师提供具有东方风格的刺绣图案和样式。在 18 世纪，巴黎的刺绣公会有 250 多名成员。上流社会的妇女把掌握刺绣工艺当作她们的必修课之一，认为这才是有教养的表现。17 世纪末，中国刺绣绷圈传入法国，普通家庭主妇可以用这种技术自制家用的枕袋、靠垫、台布、垫布等。

据说路易十四以及他的女儿都对刺绣这门手艺感兴趣，有时父亲还为女儿亲自挑选美丽的图案。在路易十四的财产目录中，与中国绣品并列的，常常提到"中国式"（façon de la Chine）或"中国品"（à la Chinoise）等字样，稍后又特别提到绣花绸绢，加上日期。18 世纪，路易十五的情妇蓬帕杜夫人用绷圈绣制丝绸工艺品，使绷圈刺绣不仅具有实用价值，而且还具有艺术价值。

壁毯也是这一时期表现中国趣味的一种艺术形式。这主要表现在壁毯的图案设计上。有一件制作于 17 世纪末英国的著名的伦敦 Soho 壁毯，原件现藏于美国耶鲁大学，这件壁毯共有四幅，图案分别是："音乐会""公主梳妆""进餐""坐轿"。其中"坐轿"的画面是一位王子坐在一顶加盖的轿子上，由两个随从抬着，几位女子等候王子的到来。"进餐"表现皇帝和皇后坐在帐篷里进餐，前景有人垂钓，底子的颜色是深暗的，画面上的人物很小，着装是中国式、印度式和欧洲式风格的混合，人物活动就在一个个浮岛上展开：人们在岛上钓鱼、散步、上树采果子、聊天、坐车等等，配以中国式建筑、异国情调的棕榈树和奇异的植物、与东方有关的禽鸟和神秘的动物等，构成一幅幅十分神奇的画面。

巴黎的戈贝林（Gobelins）是专为皇室和贵族制作挂毯的工场，它的产品大量采用中国绘画和图案，例如皇帝上朝、皇后品茶、夜宴、采茶等。宝塔、亭榭、仕女、花鸟、鹦鹉、猴子、拖着辫子的官员等，都是挂毯上常用的图案。挂毯上还时常出现这样的中国场景：一个学者在埋头读书，两个仆人跪在他的身后等候吩咐，远处的宝塔隐约可见；园中亭下，丫鬟张伞为女主人遮阳，女仆跪着向女主人献花；远处的海边，礁石旁有几个渔夫影影绰绰地在捕鱼。

法国博韦（Beauvais）皇家作坊是 1664 年建立的，它不仅生产专供王室的产品，也供应其他顾客。1732 年的一份文件中说："该作坊中最美观的图案之一是中国式图案，由于它被如此频繁使用而现在几乎从中再辨认不出什么东西了。"这些壁毯实际上是欧洲人根据中国人的内容而在造型艺术领域的第一批作品。 18 世纪 20-30 年代，生产了一套十幅以中国皇帝为主题的大型系列壁毯，有"皇帝的接见""皇帝出行""天文学家""夜宴""摘凤梨""采茶""打猎归来""皇帝登舟""皇后登舟""皇后品茶"等，展现了一系列宏伟的中国皇帝的生活场面。

1752 年，画家布歇也曾为博韦织毯厂制作了许多挂毯的画板，其中有一套包括九幅画的挂毯，这九幅画分别是："中国皇帝的召见""中国皇帝的宴请""中国婚礼""中国捕猎""中国捕鱼""中国舞蹈""中国市场""中国风俗""中国园林"。据说，这套挂毯是布歇参照传教士王致诚寄给巴黎的《圆明园四十四景图》设计的。1764 年，法国国王路易十五将根据这份画稿设计织造的挂毯赠送给了乾隆皇帝。据说乾隆皇帝对这套壁毯十分欣赏，赞不绝口，在圆明园中开辟了专门的房间来收藏。可惜在英法联军"火烧圆明园"的时候，这套挂毯一起被毁。

在室内装饰中大量使用精致美观的壁纸也是洛可可风尚的表现之一。

中国壁纸在欧洲的传播与流行，是一个很奇特的现象。因为中国传统的民居，虽然也有用纸裱糊墙面的情况，但一般是用木板或石灰与泥墙分隔，以素净为美，习惯在厅堂的墙壁上悬挂立轴绘画与对联，民间常见的是贴上年画。那么，怎么会有"中国壁纸"一说呢？有的学者推测，可能是卷轴画或民间年画这类纸本绘画被不明就里的欧洲商人购买后，直接贴到了墙上，其浓郁的东方情调引起人们的强烈兴趣，并正好与欧洲正在兴起的壁纸时尚相吻合。所以，欧洲商人到中国大批量地采购壁纸，于是，这才开始生产这种外销产品。因此可以说，壁纸是一门应外销要求而兴起的艺术手工业。

壁纸是 16 世纪首先由法国传教士从中国带到欧洲的，后来又由西班牙、荷兰商人经广州采购运回欧洲。中国外销壁纸大多是成套的，一般每套有 25 张，每张大约有 12 英尺长（365 厘米），3 至 4 英尺宽（91 或 122 厘米），拼起来就可以在墙面上组成一组连续的画面。画面的题材主要有两类：第一类为"花树与鸟"的题材，这类题材的壁纸外销数量最大，画面清新自然，风格优雅。其主题纹样是一株或几株花树，其枝干纤细，撑满整幅画面。树枝上各色鲜花盛开，美丽的鸟和蝴蝶绕树飞舞。整幅画面衬以浅色的底子，特别明快。"花树和鸟"的基本样式也有变化，或配以假山、池塘、盆景、栏杆等，或将竹子、芭蕉等植物陪衬在花树间，或在树上挂鸟笼子，或在树下点缀一些猴子、孔雀、中国人物，以集中表现中国情调。第二类为人物风景题材，主要表现中国人的日常生活场面，如游园、过节、宴乐、家居、打猎等，反映中国人平安逸乐的生活景象。当不需要使用这些画作墙纸时，人们就会把这些画裁剪成小块，镶在镜框里，或者贴在家具表面。

17 世纪以后，中国手绘套印的色彩绚丽的，由花鸟、山水、人物起居画而构成的壁纸，风靡了欧洲。1693 年，英国有一份论述玛丽女王所拥有的中国和印度珍品柜、屏风和挂纸的资料，首先提到了中国壁纸。所谓挂纸大约就是中国手印的彩纸。17 世纪末的一位作家在报刊上写文章说，中国壁纸在豪宅中极为流行，这些房子里挂满了最华丽的中国和印度纸，上面满绘着上千个根本不存在的、想象出来的人物、鸟兽、鱼虫的形象。大约在 1772 年，约翰·麦基（John Macky）形容旺斯特德宫（Wanstead Palace）"用中国壁纸装饰得异常华丽，壁纸上画着他平生从未见到过的最生动的中国人物和花鸟"。有些简直惟妙惟肖，不禁令人觉得"只要仔细研究这些壁纸，就无需再研究中国的一切了。植物之中，有一种在中国和爪哇都很普通的竹子，其形象比我看到过的培植出来的最美植物还要婆裟多姿。"即使到了现在，欧洲人仍然认为中国手绘壁纸令其他壁纸逊色。一位英国建筑界的权威人士说过："没有比一觉醒来见到卧室中的北京画纸，更令人赏心悦目的了。"今天伦敦一家银行的客厅还保存着英使马嘎尔尼出使中国后带回的花墙纸，上面绘有 302 个各不相同的栩栩如生的人物，表现了中国极高的工艺美术。

和中国其他的工艺品如瓷器、漆器等一样，壁纸传到欧洲后，也引起了欧洲人的仿制。在 19 世纪中叶开始用机器印制壁纸之前，欧洲各国的壁纸生产一直是按照中国的方式，以小幅为单位，用铜版或木刻版一张接一张连续拼印的。

五

中国商品的异域情调，中国工艺美术的神秘意蕴，以及全社会风行的中国趣味，共同塑造了欧洲的艺术风格，这种风格被称为"洛可可风格"。

在 17 世纪末 18 世纪初，欧洲艺术领域的主导风格是巴洛克风格。巴洛克风格的特点是宏大、辉煌、壮丽，但又失之刻板。此时正值路易十四时代，所以又叫"路易十四风格"。而 17 世纪后期，正是欧洲人为中国物品和艺术所迷狂的时期，与当时欧洲艺术领域的巴洛克风格正好重叠。巴洛克艺术虽然源自欧洲古典风格，但它华丽的装饰感、昂贵的材质、奢华的氛围，与那个时期人们对中国的想象是基本合拍的。外销瓷器上的釉色和华丽的装饰，比大理石更为光洁的中国漆家具，奢华的中国锦缎和刺绣上色彩的丰富变化，甚至外销艺术品昂贵的价格，有关东方旅行神奇而又冒险的经历，都符合这个时代的总体精神。

但是，中国艺术风格对于欧洲的影响，更表现在对洛可可风格形成起到的促进和推动作用。这种风格，模仿中国文化、艺术中的柔美梦幻色彩，表现在许多生活层面上：壁纸、柳条盘子、壁炉台、木头檐口、格子框架、家具、亭子、宝塔，以及最重要的园艺。

"洛可可"（Rococo）一词源于法语"rocaille"，意为假山石或装饰用的贝壳。"洛可可风格"（Rococo style）是 18 世纪风行于欧洲的一种艺术上的解放运动。洛可可风格的特点是轻飘活泼，线条丰富，色调灰淡，光怪陆离，重自然逸趣而不尚雕琢，与欧洲以前流行的严谨匀称的古典风格完全不同。

洛可可风格不仅仅是一种艺术形式的特殊风格，而且也是一种审美观念，一种社会情调。作为欧洲文化史上一个重要阶段的洛可可时代，到处弥漫着中国文化的优雅情调，是中西文化交流史上别具风味的一章。洛可可艺术与中国古代艺术风格之间具有神奇般的呼应，它实际上就是一种"中国味的新风格"。

在当时欧洲人的心目中，中国是一个遥远、神秘、开明、温和、文质彬彬、道德高尚的"文化中国"。而大量流入欧洲社会的中国美术工艺品，更是激起人们对那个遥远帝国的想象与神往。实际上，在当时流入欧洲的中国商品中，有很大一部分具有鲜明的艺术性质，而且这些商品又有许多是以生活日用品的形式出现的，深入到人们的日常生活之中，就使这种艺术性质深入到、渗透到大众文化领域，因而具有广泛的群众性。瓷器、绸缎、漆器、屏风、壁纸、绘画、雕刻所具备的艺术性质，使得它们格外引人注目。这是因为，中国外销艺术品精美的工艺和别致的造型，以及全然不同于西方传统的装饰纹样，为欧洲提供了异国情调的审美体验与想象空间。大部分没有到过中国的欧洲人，正是通过这些外销艺术品认识中国、感知中国文化的。以淡色的瓷器，色彩飘逸的闪光丝绸的美化的表现形式，在温文尔雅的18世纪欧洲社会之前，揭露了一个他们乐观地早已梦寐以求的幸福生活的前景。这个文雅轻快的社会，闪现于江西瓷器的绚烂色彩、福建丝绸的雾绢轻裾背后的南部中国的柔和多变的文化，激发了欧洲社会的喜爱和羡慕。

但是，"中国风格"实际上是一种"西方风格"，是欧洲对"中国风格"的"想象性"诠释。欧洲人对于中国的艺术并不是完全照搬或简单地移植，也不是简单地模仿，虽然在初期阶段充满了模仿，甚至是一些粗劣的模仿，但更主要的是出于对中国艺术的倾慕而进一步"想象"，亦即进行新的创造。

六

在洛可可时代，中国文化对欧洲的绘画艺术产生了重大影响。一方面，由于大量工艺美术品的传入，形成普遍的审美意识的"中国趣味"；另一方面，也有一些中国山水画、人物画流传欧洲，为欧洲画家提供了直接欣赏、借鉴中国绘画艺术的可能。所以，和当时收藏中国瓷器、漆器等工艺品一样，中国画也为人们所热心搜寻和珍藏。当时的人们，已为中国画的气氛和非常的奇妙形式所陶醉，而心情向往。他们最初在瓷器中所发现的并深为喜爱的风致，在丝绢中所发现的使他们为之倾倒的绚烂多彩，在中国画里又重新接触到了。

接受中国绘画艺术影响而突出表现洛可可风格者，最杰出的是法国画家华托（Jean Antoine Watteau，1684—1721）。华托是法国绘画艺术史上一位很重要的人物，正是他使法国绘画摆脱了刻板的巴洛克风格，而开启了洛可可画风。在技术上，华托在许多方面借鉴了中国画法，给风景画注入了一种独立的生气。他以山水烘托人物，把山水作为背景或壁画。他使用娇嫩而半透明的颜料作画，喜爱玫瑰色、天蓝色、紫藤色和金黄色的调子。从这些色调和构图所呈现出来的画面，产生一种非常和谐的效果。特别是他描绘的风景，重峦叠嶂、流云黯淡、烟雾迷蒙，晕染出一片蒙蒙大气。

华托最著名的作品《孤岛维舟》描绘在一座小丘上，一些盛装的贵族男女坐在枝叶茂盛的树木和花环簇拥的维纳斯像下面，另几人已经步下小丘走向岸边，那儿有金色的船只和快乐的小爱神们在等待他们；远处，在朦胧的烟雾中显现出那个幸福之国的岛屿的轮廓；一对对恋人渴望到达那儿，以领略爱情的真正幸福。这些沉湎于爱情的人们，融合于山石树木的大气之中，给人以无限亲切悠然之感。任何仔细研究过宋代山水画的人，一见这幅画的山水背景，会立刻感到二者的相似。他不能使景物与画中人合为一气；他所画的蓝色远景，仍旧保持自己独立的存在。形状奇怪的山峰，一定不是他平日所见的山水，它们的形状却和中国的山水十分相像。用黑色画出山的轮廓是中国式的；表示云的那种奇妙画法也是如此。华托喜欢用单色山水，作为画的背景，这正是中国山水画最显著的特点之一。华托还画过不少中国景物和人物画，但都是凭想象画成，画中的境界反映了他幻想中的东方。

在法国画家中，具有中国情调的还有贝伦（Jules Berain）、基洛（Gillot）、毕芒、布歇等人。毕芒曾印行一套和华托风格很相近的雕版画，题名《中国茅舍》，在小小敞开的茅舍之下，有中国人，有古怪的柏树，婀娜的蔓草，有代表人们所熟悉的中国桥梁的一二弧形物，亦有杂花，完全是一派中国田园风光。布歇（Francois Boucher，1703—1770）是法兰西学院院长，国王的首席画家，戈贝林皇家作坊的艺术总监。他早年十分崇拜华托，曾把华托留下的多种素描刻成版画，出版了《千姿百态》画册。布歇继承了华托的优雅传统，吸取中国画的螺旋形构图和漂浮意象，使他的一些绘画具有明显的中国特色。他曾为蓬帕杜夫人画过肖像画，为她设计女装和装饰品，他设计的图案成为当时出入宫廷的贵妇人们所效法的榜样。布歇富有装饰才能，他的绘画也都具有装饰的要素，如《爱之目》《牧歌》等。他以擅长画花鸟著称，也画过一幅山水画。他创作的《中国皇帝上朝》《中国捕鱼风光》《中国花园》和《中国集市》这四幅油画，画面上出现了大量写实的中国物品，比如中国的青花瓷、花篮、团扇、中国伞等等，画中的人物装束很像是戏装，与当时的清朝装束还离得比较远，但中国特色还是很明显。其中《中国捕鱼风光》，上有蔚蓝的晴天，下有一二中式建筑物，其前有一老人垂钓，旁有一妇人作观水之状，有一小童持伞荫蔽老人，深得中国画之神韵。贵族们争相收购这些画，买不到的，便把那些以这四幅画为蓝本的挂毯抢购一空。俄国的普列汉诺夫说："优雅的性感就是他的缪斯，它渗透了布歇的一切作品。"

中国绘画艺术对英国水彩画的发展有着直接的影响。英国画家亚历山大·科仁斯（Alexander Cozens 1717-1786）和约翰·科仁斯（John Robert Cozens，？—1794）父子，是首先以水彩作风景画的画家。他们作设色山水，常以中国墨打稿。这一技法在浪漫主义时期及其后成为一种普遍的艺术表现形式，受到传统中国绘画技法的强烈影响。据英国史家记载，在水彩画发展初期，很多画家使用中国墨。

风景画中的大师顿诺（Joseph Mallord Willian Turner，1775—1851）也曾试用中国墨。他一生创作了几百幅油画，几千幅水彩画和速写，给英国画坛带来了巨大活力。他运用最丰富的色彩来表达光与空气的效果，形成了明暗对比鲜明的格调，并具有诗意般的情味。他的水彩风景画颜色十分单纯，但具有丰富的色彩感。他最善于表现晨夕的光景，浓郁的大气充满了画面。《失事船沉没以后》是他最完美的作品之一，表现出他在色彩和水彩技法上的高度造诣；《凯威莱城堡》的整个画面，色彩缤纷，虚实交错；光和色的变化，使画面显出深远的空间感，给人以无限高远、辽阔、清新而庄严的意境；他的名作《意大利的纳米湖》，则以单纯的墨色来表现景色的空气感，颇有中国画味道。

<h2 style="text-align:center">七</h2>

中国的园林和建筑艺术对欧洲人有着特别大的吸引力。在中国文化的影响和刺激下，欧洲各国的建筑园林艺术在洛可可时代有了突出的发展，形成了欧洲造园艺术文化史上一个具有特殊意义的阶段。

中国的"自然式园林"与欧洲的"几何规则园林"形成了强烈的反差和对比。中国皇宫的富丽堂皇、南方民居的典雅清秀、庙宇塔寺的庄严肃穆，都明显具有东方文化的特点。来到中国的欧洲人，看到与他们习惯的园林式样完全不同的中国园林，看到与他们习惯的建筑样式完全不同的中国建筑，一定会留下十分深刻的印象，产生强烈的视觉冲击。所以，近代早期来华的传教士、商人等，都有对中国园林和造园艺术以及中国建筑风格的程度不同的介绍。

最早来中国的传教士利玛窦曾多次提到中国的建筑和园林。其他传教士，如卫匡国的《中华新图》、安文思的《中华新史》等一系列关于中国的著作中都有相当篇幅描述中国园林，使西方人对中国园林有了进一步了解。1724年，意大利传教士马国贤把铜版画《避暑山庄三十六景图》带回英国伦敦，使中国园林图像资料第一次传入西方，标志着西方人对中国园林的了解进入图像时代。这"三十六景图"的原作是清代画家沈嵛奉康熙皇帝之命所绘的《御制避暑山庄图》，康熙五十一年（1712），版刻名手朱圭、梅裕风以该画稿为底本，雕刻成木版《御制避暑山庄三十六景图》。次年，康熙五十二年（1713），马国贤又以木版"御制图"为蓝本，主持印制了铜版《御制避暑山庄三十六景诗图》，同于木版的格式，在 36 幅铜版画另侧，由名臣王曾期所书诸景点记述和康熙题诗。马国贤将这些铜版画带到英国，起先收藏在热心中国风园林的伯灵顿勋爵（Burlington）家中的图书馆，现存于大英图书馆。马国贤在伦敦时，曾经向英国人介绍过中国园林，并与古罗马的贺拉斯和西塞罗的牧歌式理想做了比较。马国贤的伦敦之行，对英国乃至欧洲的园林艺术产生了极大的影响，推动了英国以及欧洲园林设计的革命。

另一位来华传教士王致诚于 1743 年给在巴黎的朋友达索（Assant）写了一封长信，其中详细描述了被他称为"园中之园"即圆明园的美丽景色。由于王致诚具有很高的艺术修养，并且对于中西方艺术都很有体会，所以，他对于中国造园艺术的看法就不同于前述几位传教士仅仅是作为参观者的意见。在当时来华传教士中，王致诚关于介绍中国园林的书信是比较全面也是影响最大的一份文献。在王致诚看来，中国的园林建筑给人一种画意的感觉。他指出了中国园林的无比丰富性，充满了胜境幽处、意想不到的变化，充满了浪漫情趣，山重水复，木老石古。他认为中国人在园林建筑方面的创作是以其作为景物的一部分而提出的，是对自然美景的补充。对于这种美景，王致诚觉得无法描摹，只能说："唯用眼睛看，方能领略它的真实内容"。

王致诚的这封信在欧洲流传很广，他笔下的圆明园成为欧洲人心目中的时尚园林和梦幻仙境，同时也引起了欧洲园林建筑家的极大兴趣。后来，王致诚应友人之邀，将中国宫廷画家唐岱、沈源、冷枚等人完成的《圆明园四十景图》的副本寄到巴黎。

在向欧洲介绍中国园林艺术方面，除了上述传教士们的介绍和推崇外，英国建筑家威廉·钱伯斯（Sir William Chambers，1726—1796）起到很大作用。

钱伯斯在一艘瑞典东印度公司的商船上任货物经理。1742-1744 年间，他到了广州，工作之余收集了一批有关中国建筑、园林、服饰和其他艺术的资料。他对中国的园林很有兴趣，曾向一位叫李嘉的中国画家请教过中国的造园艺术。1748 年他曾再次到中国考察，描画了许多中国建筑、家具、服饰等式样，特别是对中国建筑做了大量的速写。后来，他脱离了航海生活，先到巴黎、后到意大利学习建筑。1755年。钱伯斯回到英国，担任威尔士亲王（Prince of Wales）的绘画教师。1757—1763年，为王太后主持丘园的园林和建筑设计，1761年开始任英国宫廷的建筑师，1782年成为宫廷总建筑师。

主持丘园的建设，是钱伯斯最主要的成就。与此同时，他还对中国建筑和造园艺术进行了深入的研究，于1757年出版了《中国建筑、家具、服饰、器物的设计》一书，内容主要介绍了各种中国的建筑物和园林，有大量相当精确的插图。同年5月，他又在《绅士杂志》上发表了论文《中国园林的布局艺术》。钱伯斯的研究具有很高的价值，在当时就产生了相当大的影响，成为中国风尚的范本。

钱伯斯的著作提出了和当时普遍流行的园林形式完全不同的理念。他认为真正动人的园林应该源于自然，但要高于自然，要通过人的创造力来改造自然，使其成为适于人们休闲娱乐之处。他认为古典主义的花园太雕琢，过于不自然，而所谓自然景致花园又不加选择和品鉴，枯燥粗俗。最好是明智地调和艺术与自然，取双方的长处，这才是一种比较完美的花园。这种花园，就是中国式的花园。他说："任何真正中国的东西至少都有它独创的优点，中国人极少或从不照搬、模仿别国的发明。"他还指出，中国人"虽然处处师法自然，但并不摒除人为，相反地有时加入很多劳力。他们说：自然不过是供给我们工作对象，如花草木石，不同的安排会有不同的情趣。""中国人的园林布局是杰出的，他们在那上面表现出来的趣味，是英国人长期追求而没有达到的。"[1] 钱伯斯相当系统全面地论述了中国的造园艺术理论。关于中国造园艺术的基本特点，他指出："大自然是他们的仿效对象，他们的目的是模仿它的一切美的无规则性。"他指出："首先，他们详察所选定的地址之地貌，看看它是平川还是坡地，有土丘还是有山冈，是开阔的还是幽闭的，干的还是湿的，是不是有许多小河和泉水，或者根本没有水。他们对各种各样的环境很重视，选择最适合于

---

[1] 引自陈志华：《中国造园艺术在欧洲的影响》，山东画报出版社2006年版，第62页。

自然地貌的布局方法，这种方法花钱最少，最能遮盖缺点，而又最能充分发扬一切优点。"[1]

钱伯斯进一步阐述了中国造园艺术的基本原则，他指出："中国园林的设计原则，在于创造各种各样的景，以适应或理智或情感或享受的各种各样的目的。""整个地段被分化成许多不同的景；他们的园林的完美之处，在于这些景致之多、之美和千变万化。中国的造园家，就像欧洲的画家一样，从大自然中收集最赏心悦目的东西，把它们巧加安排，以致这些东西不仅仅本身都是最好的，更要使它们在一起组合成一个赏心悦目、最动人的整体。"他认为中国园林中的这些景都是有性情的。

钱伯斯对中国造园的具体方法，包括与四季的变化、每天清晨和中午、黄昏不同时段的变化，以及不同功能的变化，都有各自不同的设计和安排，还有用不同尺度和色调变化来造成空间的深远效果等等。钱伯斯还非常重视色彩在园林中的独特作用，并首先将这种理论运用到实践中去。总之，他对中国园林怀着极为赞赏和推崇的态度，他说，中国人设计园林的艺术确是无与伦比的。欧洲人在艺术方面无法和东方灿烂的成就相提并论，只能像对太阳一样尽量吸收它的光辉而已。他还指出，"在中国，不像在意大利和法国那样，每一个不学无术的建筑师都是一个造园家……在中国，造园是一种专门的职业，需要广博的才能，只有很少的人才能达到化境。"[2]

钱伯斯对于中国建筑和造园艺术的研究，在当时的欧洲各国产生了很大的影响，他所建造的丘园成为当时欧洲流行的"中国风"在园林建设上的一个样板，他的《中国建筑、家具、服饰、器物的设计》一书，也成为造园家们必备的参考书。可以说，钱伯斯在英国乃至欧洲的造园史上划了一个时代。

---

[1] 引自陈志华：《中国造园艺术在欧洲的影响》，山东画报出版社 2006 年版，第 63 页。
[2] 引自陈志华：《中国造园艺术在欧洲的影响》，山东画报出版社 2006 年版，第 68 页。

八

1750 年，钱伯斯受肯特公爵（Kent）之托，在英国东南一个叫丘城（Kew）的地方建造别墅。他在此设计了一座中国式庭园，名为"丘园"（Kewgarden）。园中垒石为假山，小涧曲折绕其下，茂林浓荫；园内有湖，湖中有亭，湖旁耸立一座高 160 英尺的九层四角形塔，每层都有中国式的檐角端悬，屋顶四周以 80 条龙为饰，涂以各种颜色的彩釉。塔旁还有一座类似小亭的孔子庙，图绘孔子事迹，并杂以其他国家及其他宗教的装饰，唯雕栏与窗棂为中国式。丘园中某些局部的规划也具有相当程度的中国特色，在水面以及池岸处理上尤显突出，两者之间过渡自然。丘园中那如茵的绿草地，点缀其间的鲜艳的花卉，伫立一旁的深色调的参天古木组合在一起显得相当协调，充分体现了钱伯斯独特的艺术感觉和创造力。

丘园是钱伯斯最著名的代表作，是钱伯斯式风格的最佳体现。有一位艺术评论家对钱伯斯的"丘园"评论说："钱伯斯建园，用曲线而不以直线，一湾流水，小丘耸然，灌木丛生，绿草满径，树林成行，盎然悦目。总而言之，肯特公爵入此园中，感到如在自然境界。"[1]

1763 年，钱伯斯把"丘园"的建筑平面图和剖面图汇集成册，出版了《丘园设计图》一书。1771 年，瑞典国王见到这本书后，封钱伯斯为骑士，授北极星勋章，英国国王乔治三世批准他可以在英国使用这个头衔，钱伯斯的声望达到了顶峰。

钱伯斯建造的丘园引起了模仿的浪潮。大约在 1770 年前后，中国的园林及建筑实际上成为英国某些公园的主题，涌现出一批"中国风"园林。比较有代表性的，有建于 1772 年的德罗普摩尔（Dropmore）花园，不但有假山、水

---

[1] 引自南炳文等：《清代文化——传统的总结和中西大交流的发展》，天津古籍出版社 1991 年版，第 276 页。

池和灌木丛，还有竹子和绿釉的空花瓷墩，很有中国风味。此外还有阿莫斯博雷（Amesbury）花园、夏波罗（Shugborough）花园等。牛津的沃斯顿公园也是用中国式园林构图方式来设计的。1798—1799 年，罗伯特（Robert）在贝德福德的沃布建造了农场花园，其中的奶牛场采用了中国形式，它是用白色大理石和彩色玻璃装饰的，在中心有一个喷泉。墙的四周环绕着许多中国和日本的各色碟碗，里面装满了新鲜牛奶和奶酪，操作台上的物品柜完全是中国式的家具。窗户是落地玻璃，上面绘有中国画，在幽暗的灯光下显得非常神秘。

这一时期的英国园林，堆几座土丘，叠几处石假山，再点缀上错落的树丛，造成景色的掩映曲折，增加层次，引三两道淙淙作响的流水，穿过高高的拱桥，偶尔形成急湍飞瀑，汇集到一片蒹葭苍苍的小湖里去，湖里零散着小岛或者石矶。溪畔湖岸，芦蒲丛生，乱石突兀，夹杂几片青青草地伸到水中。道路在这些假山、土丘、溪流、树丛之间弯来绕去，寻胜探幽，有意识地造一些景，大多以建筑物为中心，配上假山和岩洞，或者在登高远眺的地方，或者傍密林深处的水涯。

在众多园林建筑中，英国人最喜爱用的是"中国亭"。在 18 世纪，英国所建造的中国亭大部分是建造在水边或水中的，它们常常用于垂钓或划船。随着中国式园林迅速地传播开来，英国很多地区出现了"中国亭"。在一个秀气的园林里面放置一个中式亭子，对所有的贵族来说好像都是花园必不可少的装饰。因为它的体积小，很轻盈，很快替代了流行很长时间的、很多柱子支撑起来的圆形古典小庙。

在 18 世纪后期，中国式庭院建筑在英国蔚成风气，日趋完善。此风传到法国，便有"英——中花园"之称。法国一些贵族刻意模仿中国园林，在私人花园里建造亭台楼阁宝塔，小桥流水，假山石岛，甚至把圆明园的花卉移植到法国。巴黎的一些花园被设计成"自然式"，里面有湖面、小溪，还有中国的桥、岩洞和假山，即在凡尔赛曾流行的所谓"乡村之景"。1774 年，凡尔赛的小特里阿侬花园（Jardin de Petit Trianon）建成，这座花园是由园艺师理查德（Antoine Richard，?-1807）设计建造的。这座花园位于小特里阿侬的东北、北和西北三面，里面有栽种异国植物的大温室、亭阁、大楼阁、塔、牛棚、羊舍、中国的鸟笼、大悬岩、上流河的源头、迫使河流积聚泥沙的岩石等。在当时，这座花园被认为是"最中国式"的。这座花园是为玛丽·安托瓦尔特王后建造的，王后可能阅读过王致诚有关圆明园的描述，所以才有了建造这样的中国式花园的想法。

1773 年始建的蒙梭花园（Monceau）是一座很典型的"英——中花园"，水面多而且富于变化，有小溪、跌水和湖泊，湖心有一座小岛，岛上建造了一座中国式建筑物，还有中国式的桥和岩洞、假山。1780-1787 年建于纽斯特附近的斯腾公园是法国最精美的英——中式园林，其部分建筑是根据尼霍夫访华时从中国带回的资料设计的，园林中有中国的三角亭等。

18 世纪的法国建筑师让·弗朗索瓦·勒鲁瓦（Jean-Franois Leroy）为巴黎郊外的尚蒂伊宫建造了一座中式花园。这座宫殿和花园是属于孔蒂王子（Bourbon Condé）所有的。这座"中国花园"的标志性建筑是一座规模不大的假山，上面有石块砌筑的登山小路。假山前有一条蜿蜒曲折的小河，河边建有茅草小屋。小屋旁有一架水车，说明这是一座中国的农舍。

"中国风"设计的园林在德国、瑞典、西班牙等地也很有影响。在 18 世纪的欧洲，仿造中国式的园林，或者说建造一座"英——中花园"，已经成为一种贵族的时髦。此风从英国开始，继而各国纷纷仿效，一时间中国式园林遍布欧洲各国，成为独特的风景。

第八部分

故乡与远方：文化英雄的历史印记

Part VIII

A biography of the Silk Road

| 第二十四章 |

使命·理想：利玛窦来了

在 16 至 18 世纪的西方世界，经历着一场全面的、历史性的伟大变革。这场变革的直接结果，就是创造了完全不同于中世纪传统文化的西方近代文化，创造了一种体现资本主义发展的物质文明和精神文明。近代西方文化的这一转折性变化，不仅对西方社会历史，而且也对整个人类历史发生巨大的影响。

利玛窦等人来华传教，就是处在这样一个大背景之中。明清之际传教士大量向中国介绍西方科学技术和文化知识，使中西两大文化首次发生了实质性的接触，对当时的中国文化发展产生了一定的刺激和激励作用，在中国文化的历史进程中留下了深刻的印记。

一

1582 年 8 月，意大利青年利玛窦（Mathew Ricci，1552—1610）在葡萄牙搭乘大帆船，来到了澳门，踏上了他神往多年的中国大地。这一年他刚满30 岁。

16 世纪初期开始，欧洲爆发了大规模的宗教改革运动。针对宗教改革运动所造成的严重局面，天主教高层进行了一系列重要的改革，被称为天主教改革运动或"反宗教改革运动"（Counter-reformation）。"反宗教改革运动"的一个重要内容就是修会的复兴，对原有的修会进行了整顿，又创立了一些强调虔修生活和社会服务的新的修会组织。其中影响力最大的是西班牙人伊纳爵·罗耀拉（Saint Ignacio de Loyola，1491—1556）1534 年在巴黎创立的耶稣会。耶稣会的活动内容之一，是向海外派遣传教士，扩大天主教在欧洲以外的地方如非洲、美洲和亚洲的势力范围。中国是耶稣会海外传教的重点地区之一。耶稣会成立不久，根据教皇的旨意，罗耀拉派遣他最初的同事、耶稣会的创办者之一方济各·沙勿略（St. Francis xavier，1506—1552）到东方传教。

利玛窦（Mathew Ricci，1552—1610）9 岁时就进入耶稣会学校学习。耶稣会自从建立开始，就非常重视教育，它派往世界各地的传教士都要进行严格的选拔并且进行长达十几年的专门培训。在这期间，所教授的不仅仅是基督教的神学理论，还包括文艺复兴发展起来的广泛的科学文化知识。利玛窦的少年时代都是在耶稣会学校度过的，想必是因他的成绩十分优异，16 岁时被派到罗马学习法律、哲学和神学，同时师从著名数学家克拉维乌斯（Christopher Clavius，1538-1612）学习数学。

到东方传教，是许多青年耶稣会士的梦想，是他们为之奋斗的人生目标。利玛窦也是怀揣着这样的梦想踏上他的人生旅途。

1578 年 3 月 24 日，利玛窦与罗明坚等耶稣会会士 14 人，从里斯本乘船前往东方。他们顺着这时候已经很畅通的航线，先沿着非洲西海岸南下，再绕过好望角向南行驶，进入印度洋。经过将近半年的航行，于同年 9 月 13 日到达印度西岸的果阿（Goa）。这时候的果阿是葡萄牙人的殖民地。利玛窦到来的时候，果阿已经是基督教在东方最大的传教中心，位于果阿旧城区的仁慈耶稣大教堂是亚洲最主要的基督教朝圣地之一。

利玛窦在果阿居住了四年。1582 年，耶稣会从在印度的传教士中挑选巴范济、罗明坚和利玛窦三人到澳门学习中文，并拟派往中国进行传教。

1582 年 8 月，利玛窦抵达澳门，从此开始了他在中国长达 28 年的传教事业，再也没有回到自己的祖国。

二

利玛窦在澳门停留了一年，主要是研习中文，获得关于中国语言文字的初步知识。1583 年 9 月 10 日，利玛窦和罗明坚得到两广总督郭应聘的邀请，到达肇庆。他们在肇庆建造了一座教堂，在这里住了下来。从此，西方传教士在中国的传教事业迈出了第一步。中西文化关系史中最为辉煌的章节，就是从这里开始的。

利玛窦在肇庆生活了六年多。在这六年里,利玛窦取得了在中国社会生活的经验,赢得了当地官僚和知识阶层的尊重,基本上打开了局面。利玛窦行事小心谨慎,主要精力都用在学习汉语和中国的礼节习俗,以博得中国人尤其是官员们的信任。他利用与中国文人交往的机会,详细介绍西方的天文、算学、理化知识,将自鸣钟、地图、天象仪器、三棱镜等陈列室内,任人参观。利玛窦带来的各种西方新事物,特别是他带来的地图,吸引了众多好奇的中国人。1589 年,利玛窦迁到韶州。

利玛窦身穿佛教僧侣的服饰,自称"西僧",把他的住所称为"仙花寺"。他认为这样能够博得人们的好感,而且他也觉得这与天主教神父的装束相差不大,这也使中国人更加相信他们是远道而来的僧人。看来利玛窦初到中国时还分不清状况,不知道中国社会的主流不是佛教而是儒学。

利玛窦在肇庆结识了一位士人瞿太素。根据瞿太素的建议,利玛窦改穿儒服,开始留须蓄发,改穿儒士所穿的丝绸长袍,改称"道人"。穿僧服还是穿儒服的问题,实际上是接近佛僧还是接近士大夫的问题。利玛窦"易服"是天主教进入中国的一个标志性事件,对于他以后的传教活动以及整个耶稣会在华传教事业都有着重要影响。利玛窦还请人为他讲解中国经籍,认真研究中国儒家思想。

利玛窦在韶州也居住了六年多,之后又在南昌、南京等地暂住,最后于1601 年抵达北京,获得万历皇帝的批准,在北京常住下来。

三

在中国的多年生活中,利玛窦与许多中国文人士大夫有过交游往来,结交了许多中国知名士大夫做朋友。通过与中国文人阶层的交往,有助于他在中国开展传教活动，更有益于他对中华文化的了解和认识，使他深入地认识中华文化的精神内容，认识孔子在中华文化中的崇高地位和儒家思想的深远影响。明清时中西文化间的伟大接触在一定程度上是以传教士和中国士大夫面对面的"人际交往"为开端的。

利玛窦蓄发留须，身着儒服，以"西儒"身份迎来送往，谈吐风雅，谦谦君子，这种特有的人格魅力与渊博学识使他赢得了当时中国知识阶层的普遍好感和钦佩，甚至把他称为"畸人"。[1]

利玛窦在中国士大夫中有着广泛的声誉，与其交游、能够到他那里拜访，成为当时士人们的一种时尚。在南昌期间，利玛窦结识了当地著名的理学家、易学家章潢 (1527-1608)。章潢建"此洗堂"于东湖之滨聚徒讲学，并主持白鹿洞书院讲席，是当地的文坛领袖人物。章潢邀请利玛窦到白鹿洞书院讲堂宣讲西学。利玛窦通过章潢接触到当时中国的知识分子，了解了中国社会知识阶层的生活。这种接触对耶稣会士的传教带来了久远的影响。

利玛窦居住南京时，他的住所成为"南京士大夫聚谈之处，士人视与利玛窦结交为荣。官吏陆续过访，所谈者天文、历算、地理等学，凡百问题悉加讨论"。在南京期间，利玛窦也与许多文人学士结下了友谊。

利玛窦定居北京后，利玛窦与士大夫们有着广泛的交游，"公卿以下，重其人，咸与晋接"。（《明史·意大里亚传》）得到不少中国知识分子的尊重。据台湾学者黄一农考证，利玛窦在北京的九年间，常来常往的学者和官员，有姓名可考的，约有 50 人，其中不乏阁部官员。

利玛窦与京城内外的士大夫们建立起广泛的友谊。他们的关系是建立在相互尊重、敬佩的基础上的。这种友谊就像一座跨越东西方的桥梁，并且充满了温情与人性。

利玛窦在与中国文人士大夫的交往中，从这些文人的品质和行为中，深入地认识了中华文化的本质，也深入地了解了孔子儒家思想的内涵和在中华文化

---

[1] "畸人"语取自《庄子·大宗师》："畸人者，畸于人而侔于天"，意即"奇特之人"。利玛窦亦以此自称，著有《畸人十篇》。

中的重要意义。同时，也促使他勤勉地学习中华文化，学习儒家经典。上引许多中国文人对他的评论中，都特别提到他对于"四书五经"等儒家典籍的熟悉，提到他对孔子学说的了解。如李贽评价的那样，他"凡我国书籍无不读"，"请明于四书性理者解其大义，又请明于六经疏义者通其解说"。不仅如此，他还在自己的宣教活动和著述中，灵活地援引儒家的思想观点。

四

在利玛窦的交友中，徐光启的影响最大。

徐光启（1562—1633），字子先，号玄扈，教名保禄，上海人。万历二十一年（1593），徐光启赴广东韶州任教，结识了在那里协助利玛窦传教的耶稣会士郭居静（Lazzaro Cattaneo，1560—1640）。这时候，利玛窦应该也在韶州，但是不知道为什么没有徐光启与他谋面的记载。而与郭居静的相识，是徐光启与传教士的第一次接触。在郭居静那儿，他第一次见到了一幅世界地图，知道在中国之外竟有那么大的一个世界；又第一次听说地球是圆的，有个叫麦哲伦的西洋人乘船绕地球环行了一周；还第一次听说意大利科学家伽利略制造了天文望远镜，能清楚地观测天上星体的运行。所有这些，对他来说，都是闻所未闻的。从此，他又开始接触西方近代的自然科学。

万历二十四年（1596），徐光启转至广西浔州任教。万历二十五年（1597），徐光启因考官焦竑赏识而以顺天府解元中举。次年会试他未能考中，便回到家乡教书。徐光启长期辗转苦读，深知流行于明中叶以后的程朱理学，主张禅静顿悟、反对经世致用，实为误国害民。有人记述徐光启当时的变化说：他"尝学声律、工楷隶，及是悉弃去，习天文、兵法、屯、盐、水利诸策，旁及工艺数学，务可施用于世者。"徐光启思想上的如此转变，使他的后半生走上了积极主张经世致用、崇尚实学的道路。

万历二十八年（1600），徐光启赴南京拜见恩师焦竑，并首次与利玛窦晤面。徐光启与利玛窦相谈甚欢，临别的时候，利玛窦送给他两本宣传天主教的小册子。一本是《马尔谷福音》，讲的是耶稣的故事，另一本是《天主实义》。

这次徐光启与利玛窦的会见，对于徐光启的思想变化和将来接受西学、皈依天主教都极为重要，在中国天主教传教史上也具有重要意义，许多文献都有记载。

三年后的万历三十一年（1603），徐光启以举人的身份于下帷课读之间，去了南京，前往拜访三年前曾经见过、且以为是"海内博物通达君子"的利玛窦，然而利玛窦已于三年前去了北京，无缘得见。在南京的天主教堂，由神父罗如望接引，领洗入教，教名保禄（Paul）。徐光启受洗之后，便考虑在家乡开教，并引导家人信教。

万历三十二年（1604）徐光启中进士，考选翰林院庶吉士，开始步入仕途。此时，他是以一个天主教徒的身份跻身中国官场的，也是最早入教的中国士大夫之一。当时利玛窦已在北京居住，徐光启在公余之暇，常常去拜访利玛窦，建立起深厚的友谊。为了方便与利玛窦交往，徐光启还在利玛窦住宅附近租一房屋，居住读书，以便于向利玛窦请教。《利玛窦中国札记》记徐光启到达北京后，"第一件要务就是来拜访教堂，行忏悔礼以及领圣餐"。与利玛窦的交游，最终促使徐光启服膺西学，而其本身的西学修养也渐趋深化。

万历三十四年（1606）秋，徐光启开始与利玛窦合作翻译欧几里得《几何原本》前六卷。这是西方数学著作首次被译为中文，也是西方数学知识以及其他科学向中国传播的标志性事件。在关于明清之际中西文化交流的研究中，《几何原本》的翻译是反复被提起的。

几何学在西方历史悠久，西方大学的雏形、著名的柏拉图学园门口有一块牌子：不懂几何者不得入内。我国学者周振鹤指出，四个东方的古老文明，巴比伦、埃及、印度和中国都没有产生几何学。其中巴比伦人精于面积计算，中国人算术发达，表现出这些古老东方文明重数量关系而轻空间形式的特点。他认为，只有古希腊的文化精神能够出现几何学，因为公理、定理、假设、求证等等概念，只有借由希腊人的逻辑观念才能产生。

《几何原本》的作者欧几里得（Euclid，约前325—前265）是古希腊的数学家，亚历山大学派前期的三大代表之一。《几何原本》是世界数学史上最负盛名的巨著，也是世界上最早的数学经典，其数学思想和演绎方法支配了两千多年来数学的发展，对科学理论的成长，对人类文明的塑造，都产生了巨大的影响。《几何原本》对于近代科学而言，其不仅在数学方面，在逻辑史上也有着极其重要的意义。《几何原本》既是一部严谨的数学名著，又是几何学基础课本、数学启蒙读物，在世界上通行了2000多年。直到现在，它的许多内容仍被选入数学教科书中。可以说，《几何原本》是世界数学史上流传最久、传播最广泛的名著。

利玛窦到中国不久，就致力于将《几何原本》译成中文。但是，将《几何原本》译成中文，是一项开拓性的艰巨工程。这本书的演绎体系和论证方法与中国传统数学完全不同，它的命题、名词、术语、逻辑推理形式等在中国古代数学著作中是从未见过的，许多专有名词在汉语中根本没有现成的词与之对应，所以既无任何成规可循，又无其他任何汉译书参考。利玛窦在与徐光启合作之前，自己做过汉译尝试，结果知难而退。利玛窦曾表示，除非有突出天分的学者单译或参译，否则无法承担起《几何原本》的汉译工作，并将它坚持到底。

后来利玛窦在北京遇到徐光启，于是相约翻译《几何原本》。中外合作翻译西方自然科学著作，也由此开了先河。

从万历三十四年（1606）秋开始，徐光启每天下午去利玛窦住所，由利玛窦口述，徐光启笔录，经过不懈努力，于第二年春译毕前六卷。此后，徐光启又将初稿修改两遍。这样，历时一年多，三易其稿，终于用流畅通俗的文字完成了前六卷。万历三十五年（1607）的五月，《几何原本》就在北京刻印出版了。

欧几里得的拉丁文原书书名是"Euclidis ElementorumLibri XV"，直译为《欧几里得原本15卷》，徐光启在汉译时，创造性地加上了"几何"一词，将书名定为《几何原本》。他借用"几何"一词，代指一切"度数之学"（研究点、线、面、体的学问），使这部希腊科学经典有了更贴切简明的中国书名。

在《几何原本》中，利玛窦和徐光启创造了一套中文的几何学名词，如点、直线、平面、曲线、四边形、平行线、对角线、直角、钝角等等，其中有许多沿用至今。

徐光启和利玛窦翻译的《几何原本》取得了巨大成功。该书译文质量多有过人之处，被誉为"无一字之苟，一语之疏"。梁启超称赞《几何原本》为"字字精金美玉，为千古不朽之作"。梁启超还说："欧人名著之入中国，此其第一……盖承认欧人学问之有价值，实自兹始也。"[1]

徐光启生前的一大遗憾，是没有将《几何原本》全部译完。直到250年之后的清咸丰七年（1857），数学家李善兰才与英国传教士伟烈亚力合作翻译出版了《几何原本》后九卷，这九卷中他们秉承了徐光启、利玛窦译的前六卷体例，沿用了徐光启创造的名词术语。从此，中国终于有了《几何原本》的一个"完本"。

五

利玛窦在中国传教事业的成功，部分取决于他与中国社会各阶层，特别是与知识分子阶层的广泛交游，部分取决于他所采用的传教策略，即介绍西方科学知识和利用中国儒家经典。这两种策略是明清之际传教士在华传教的基本方法，而正是利玛窦开创了采用这种新传教方法的传统。

实际上，利玛窦能与中国社会各阶层广泛交游并受到欢迎，也是因为他采用了这种策略。然而，也正是因为如此，虽然他本意在于传教，但却成为中西文化思想正面接触的第一个媒介者，他在多方面奠定并促进了中西文化的交流。

利玛窦在中国的二十几年中，饱经挫折，但矢志不渝，持之以恒，终于得

---

[1] 梁启超：《中国近三百年学术史》，商务印书馆2011年版，第9、402页。

其所愿，揭开了天主教在华传播的序幕。

由于利玛窦为传教事业奠定了良好的基础，在利玛窦去世后，传教事业仍取得了显著的成绩。如原有的传教中心和杭州、上海等新的传教基地，继续得到巩固和发展；阳玛诺、金尼阁、艾儒略、毕方济、谢务禄和史惟真等耶稣会士成功地进入中国内地，成为上述传教区的核心人物；朝廷上主张吸纳传教士参与修订历书的活动，也在积极地筹划之中。

1610 年 5 月 11 日，利玛窦在北京去世。临终前，利玛窦对围在身边的教友说："我把你们留在一个大门洞开的门槛上，它可以引向几代的报偿，但必须是经过艰难险阻才行。"接任利玛窦中国耶稣会会长职务的龙华民在一封信中写道："利玛窦神父的去世，使我们成了孤儿，正像阁下您能想象的，他的权威和声望对我们所有的人来说，就是遮风挡雨之所。我们希望他在天堂里还能给我们更多的帮助。"[1]

利玛窦从 1583 年来中国传教，到 1610 年 5 月 11 日在北京去世，在华 28 年，一直没有离开过中国。依照明朝的惯例，客死中国的传教士必须迁回澳门神学院墓地安葬。利玛窦去世后，其他传教士和利玛窦授洗的教徒都希望可以得到皇帝的恩准，让利玛窦安葬于北京，藉此来认可教会和天主教在中国的合法存在。为此，耶稣会士庞迪我神父向万历皇帝上呈奏疏，希望能破例赐地埋葬利玛窦。

在庞迪我等人的极力斡旋下，礼部同意庞迪我所请，"赐给葬地，一广圣泽"。礼部在给皇帝的上疏中写道，赐给利玛窦一块墓地，对于树立明朝大国形象十分有利。在文渊阁大学士叶向高及李之藻等人的帮助下，万历皇帝下旨同意赐地安葬利玛窦。最后选定的地点是位于北京城西北阜成门外二里沟的一座寺院，庞迪我等将其改建为利玛窦的墓地。在传教士们的眼里，由皇帝赐予墓地，无异于中国最高统治者赞成了基督教的律法，所以认为这个成就或许比

---

[1] 引自邓恩：《从利玛窦到汤若望——晚明的耶稣会传教士》，上海古籍出版社 2003 年版，第 96 页。

前三十年漫长而艰难的奋斗所做出的任何事情都更重要。

利玛窦的安葬仪式于 1611 年 11 月 1 日（天主教的万圣节）举行，徐光启等许多教徒参加了葬礼。利玛窦墓地正门上挂有匾额，上书"钦赐"二字。墓为土丘形，前立螭首方座石碑一座，碑额十字架纹饰，碑身正中刻中西文合璧"耶稣会士利公之墓"，左为拉丁铭文，右为中文铭文，文意略有不同。墓地以砖砌花墙围绕。墓碑的形制与常见的一样，只是碑额雕龙花纹的中心，镌有代表天主教会的十字徽记，表明墓主是一位虔诚的天主教徒。碑高 2.7 米、宽 0.94 米，为明万历三十八年（1610）立。

利玛窦安葬后，这里就成了耶稣会士们的专属墓地，称"栅栏墓地"。后来，陆续去世的传教士邓玉函、罗雅谷等就安葬在利玛窦墓前。后来清顺治皇帝将利玛窦墓地一侧的一块土地赐给汤若望作为墓地，这样栅栏墓地就扩大了一倍。现在，"明清传教士墓地"共保留 63 名传教士的墓碑，其中 14 人来自葡萄牙，11 人来自意大利，6 人来自德国，9 人来自法国，还有比利时 2 人、捷克 2 人、瑞士 2 人，奥地利、斯洛文尼亚各 1 人及不明国籍者 1 人。这些人中包括曾担任过钦天监监正的纪理安、戴进贤、刘松龄和参与圆明园设计的著名画家郎世宁等。

六

利玛窦打开了向中国传播天主教的大门。与利玛窦同时，还有一些传教士陆续来华，协助利玛窦在澳门、肇庆、南京、杭州、北京开展教务活动。

在当时的交通条件下，从欧洲来中国只能走海路，搭乘往来于欧洲和中国的商船。虽然在这个时候从欧洲通往东方的海路已经比较畅通，商船的往来比较频繁，但其路程遥远，时有海盗洗劫或海难发生。以耶稣会士为代表的明清间来华传教士，其来华的路途实际上是一段充满着风险和艰难险阻的旅程，也是一段极为悲壮的旅程。这使我们想到，在唐代来华的日本遣唐使们，以及其他在中外交流史上留下或没有留下姓名的无数往来的行人，比如张骞、玄奘、鉴真、空海、马可·波罗等等，他们为了自己的文化理想，踏上了这段艰难的旅途，甚至以生命为代价谱写了人类文明交流的不朽乐章。在明清之间的来华传教士们，也是这样一批怀抱着宗教使命和文化理想的先驱者。

据意大利耶稣会士杜奥定（Agustin Tudeschini，1598-1643）回忆，他于 1626 年 9 月从欧洲启程东行，同船的有 35 名会士，还有其余教士 600 余人。"舟行海中，多经风浪，苦难尽述"。后遇风浪触礁，船毁人亡，幸存者仅剩 200 余人。他们不得已在荒岛上留居，直到 1631 年他才到达中国，前后用了五年时间。据统计，在 1655 年至 1659 年的四年间，来华耶稣会士死于途中的有姓名可查者就有 18 人。从 1581 年至 1712 年间，死于海道途中的有 127 人，占同期来华耶稣会士总数的三分之一。1657 年，卫匡国从里斯本返回中国，同行的还有南怀仁等 17 人。他们从欧洲启程来中国时，途中遭遇海盗抢劫，钱物尽失，所幸保住了性命。后再度搭船东来，又遇到狂风暴雨，有的人在途中患病，还有的人精神失常，最后只剩下五人。当他们一行于 1658 年 7 月抵达澳门时，前来迎接的柏应理等人不禁感叹说："看到南怀仁神父和吴尔铎神父，真叫人喜出望外！他们浑身污垢，衣衫破烂，必是历尽了千辛万苦。"

1680 年，柏应理返回欧洲，在此期间他曾"专心致力"于估计从欧洲各地出发前往中国的耶稣会士人数。"他发现自从中国向我们的修会开放以来已有 600 人登船前往那里，但仅有 100 多人到达了目的地，其他所有人都在途中因病或翻船而结束了一生。"[1]1692 年 3 月，柏应理从里斯本出发返回中国，同行的修士有 15 人，而安抵中国的仅有 5 人，包括柏应理在内的其他 10 人则遇大风暴身亡。所以，有学者估计，派往中国的传教士中途遇难者的比例，可能在三分之一至二分之一之间。那么，经欧洲动员选拔并奉命登上开往东方远洋航船的传教士，实际上应在 2000 至 2500 人左右。

---

[1] [法] 荣振华：《在华耶稣会士列传及书目补编》上册，中华书局 1995 年版，第 5 页。

但是，尽管旅途艰难困苦，充满风险，仍然挡不住他们前来的步履。从利玛窦开始，欧洲各国的传教士来华，就前赴后继，不绝于途。

在早期来华的耶稣会士中，以意大利人和葡萄牙人为多，也有一些人来自西班牙和法国以及其他欧洲国家。在 17 世纪末和 18 世纪来华的耶稣会士中，最有影响的是由法国政府派遣的传教团。当时来华的法国传教士中，有不少人是法国科学院的成员，因而有"一个真正的科学教会"之称。

17 世纪晚期，耶稣会中国会长南怀仁看到了中国教区人才凋零的趋势。为了扩大天主教的影响，推动传教事业的进一步发展，南怀仁于 1678 年 8 月 15 日上书罗马教廷，希望增派耶稣会士来华。他提出："由于在中国的传教士们相继去世或陆续回国，以致使在中国的传道事业日渐衰微"，希望有更多的传教士能投入到在华传教事业中来。他在信中极力宣传中国皇帝的开明与慷慨："凡是擅长天文、光学、力学等物质科学的耶稣会士，中国无不欢迎，康熙皇帝所给予的优厚待遇，是诸侯们也得不到的！他们常常住宫中，经常能和皇帝见面交谈。"

南怀仁的这封信于 1681 年到达巴黎，被广泛传阅，1681 年《文雅信使》杂志刊登了部分节选，次年又被全文出版发行，在欧洲引起了各界人士的广泛关注。南怀仁的这封信引起了法国国王路易十四以及法国朝野的重视。据说路易十四读过这封信后，"就决定采取一个能够提升自己在教会眼中的声望，同时能有机会在中国建立贸易基地的举措。"

当时，正值法国科学事业蓬勃发展之时。1666 年，在法国财政大臣科尔伯（Jean-Baptisite Colbert, 1619-1683）的支持下，创立了法国皇家科学院（Académie royale des sciences），以推动法国科学事业的迅速发展。此后，科学院在世界各地开展了大规模的地理考察活动。在这种情况下，南怀仁的信件就成了法国人所期待的一个天赐良机。于是，巴黎天文台的台长卡西尼（Giovanni Domenico Cassini, 1625 - 1712）向科尔伯建议，派人去东方进行天文观测。当时的耶稣会士都具有广博的科学知识，科尔伯主张派遣耶稣会士去执行这项计划。于是，他向路易十四提出了向中国派遣传教士的计划。路易十四为了扩大海外影响，增进海外贸易，也很想与远东建立直接的联系，从而与已在中国设有传教团的葡萄牙相抗衡，所以科尔伯的计划深得国王的赞赏。他们决定挑选"精通数学并擅长舆地工作，还要能掌握中国最基本的艺术和科学知识的优秀传教士"，最后派了六名耶稣会士准备赴中国执行传教和科研的双重任务。这六人是：洪若翰（Jean de Fontaney，1643-1710）、张诚（J. Fr. Gerbillon）、白晋（Joachim Bouvet）、李明（L. D. Le Comte）、刘应（C. de Visderou）、塔查尔（Guy Tachard）。

不幸的是，柯尔柏不久就病逝了，这个计划被暂时耽搁起来。

1684年，在华传教的比利时传教士柏应理受南怀仁派遣从中国返回欧洲，在巴黎作了短暂停留，路易十四在凡尔赛宫接待了他。柏应理向路易十四陈述了派传教士去中国的种种好处，并介绍了传教士在中国受到的种种礼遇。在这种情况下，路易十四决定将派传教士去中国的计划马上付诸实施，并决定从他的私人金库中出资，提供路费让他们踏上东去的征途。1685年1月28日，路易十四下诏书，授予六位耶稣会士"国王数学家"的称号，要以"国王的观察员与数学家"的身份去中国。

1685年3月3日，六名"国王数学家"从法国的布勒斯特港起程，驶向中国。他们携带着路易十四给中国皇帝准备的丰厚礼物，包括当时欧洲最先进的天文仪器，还有一些数学仪器，装满了大大小小30个箱子。这六名传教士除塔查尔在途经暹罗时，被暹罗国王留在那里传教外，其余五人，经过种种周折，于1687年7月23日到达浙江宁波。康熙二十七年（1688）2月7日，洪若翰一行到达北京，而当年邀请他们来华的南怀仁神父刚刚在十天之前去世。3月31日，康熙召见了他们一行，并将张诚、白晋留在宫廷服务。由"国王的数学家"组成的这个科学考察团虽然并非法国国王派遣的出使中国的使团，但在事实上起到使路易十四与康熙沟通的作用，可以视作路易十四与康熙的一种间接交往。

在中国期间，这些传教士始终与法国皇家科学院的院士们和法国学术界保持密切的联系，为科学院收集来自中国的各方面知识和信息。他们以科学院为依托，把它的指示看作他们科学工作的方针，并试图为科学院在东方建立一所"中国科学院"分院。

1693 年（康熙三十二年），康熙皇帝为招徕更多的法国耶稣会士，任命白晋为特使出使法国，招募更多的传教士来华。白晋于 1697 年 3 月抵达布雷斯特，5 月回到巴黎。白晋觐见路易十四，获取其对传教区进一步的财政和人力支持，亦即派遣更多的耶稣会士去中国并支付年薪，路易十四同时授权白晋花一万法郎为康熙皇帝准备礼物。白晋很快招募了愿意来华的 13 位法国耶稣会士。同时，白晋说服了一位叫儒尔丹（Jourdan de Groussey）的商人。儒尔丹组建了自己的中国贸易公司，向法国政府购买了一艘名叫"安菲特利特号"的快速三桅帆船，把它派往中国，于 1698 年 3 月 6 日在法国西部港口拉罗舍尔（La Rochelle）启航。而白晋则和 13 名法国耶稣会士中的八名一起乘坐"安菲特利特号"返回中国。我们在前面的章节中已经提到，"安菲特利特号"于 1698 年 11 月 2 日抵达广州黄埔港，揭开了法国对华直接贸易的序幕。

白晋此行共带回了 15 名耶稣会士，于 1699 年返回北京。

1699 年，康熙又派遣洪若翰作为公使返回法国，答谢路易十四通过白晋带来的礼物和人员，同时招募赴华的科学家与艺术家传教士。1700 年 1 月 26 日，洪若翰在广州登船，携带康熙赠予路易十四的丝织品、瓷器和茶饼等大批礼物，同年 8 月他到达法国。他在法国招募了八位传教士，他们于 1701 年乘"安菲特里特号"前往中国，同年 9 月 9 日抵达广州。

这些随白晋和洪若翰来华的传教士，以及再以后来中国的法国传教士们，都和洪若翰、白晋等人一样，大多是长于精确科学的学者，其中有数学家、天文学家、自然史学家、地理学家、地图学家、生物学家、医生等，还有语言学家、哲学家、史学家等人文科学学者。在两百多年来华传教士的历史上，法国的传教士，尤其是法国耶稣会的传教士，在对中国的研究上取得成果最多，对于欧洲学术界的影响也是最大的，特别是对于欧洲"汉学"的兴起，起到了重要的作用。

七

传教士们来华传教，正值欧洲文艺复兴运动蓬勃发展的时期。17 世纪以后，随着近代自然科学的发展，世界交往的扩大以及社会生活领域变革的扩大，人们的视野不断扩大，人们的世界图景也发生了重大变化。到 18 世纪中期，以法国为中心展开的启蒙运动，对中世纪的意识形态基督教神学进行了彻底的打击和批判，并且全面地论证了近代资产阶级的社会理想和政治理想，成为政治变革的思想先导。与此同时，欧洲的文学、绘画、建筑、音乐等艺术形式以及日常生活领域都发生了重大的变化和发展。

在 16 至 18 世纪的西方世界，经历着一场全面的、历史性的伟大变革。这场变革的直接结果，就是创造了完全不同于中世纪传统文化的西方近代文化，创造了一种体现资本主义发展的物质文明和精神文明。近代西方文化的这一转折性变化，不仅对西方社会历史，而且也对整个人类历史发生着巨大的影响。

利玛窦等人来华传教，就是处在这样一个欧洲文化的大背景之中。在首批传教士们来华之际，文艺复兴运动已经接近尾声。这些传教士充分地享受了文艺复兴运动的文化和科学成果。而到了 18 世纪来华的那些传教士，则是直接生活于启蒙运动的时代了，其中有些人还与启蒙运动的思想家和学者们有着直接的联系。他们所带来的，就是更先进的，体现着启蒙运动精神的科学文化成果。而更为重要的还不是那些具体的科学文化成就，而是代表着世界文化发展前进方向的启蒙运动锻造的文化精神。

宗教改革后发展起来的耶稣会聚集了一大批优秀的知识分子。明清之际来华的耶稣会传教士几乎每个人都是学有专长的专家学者，都是当时的饱学之士。17 世纪末和 18 世纪来华的法国耶稣会士，如洪若翰、白晋等人，因为本身就带有科学研究的任务，所以在科学修养上都具有很高的水平。

对于耶稣会士们的学识修养，中国的知识阶层也给予了充分的肯定。徐光启赞扬他们说："其道甚正，其守甚严，其学甚博，其识甚精，其心甚真，其见甚定。"《明史》上说，耶稣会士"东来者，大都聪明特达之士，专意行教，不求禄利，所著其书，多华人所未道。"

耶稣会士们的文化修养和科学修养，是他们在来华后进行人文历史和科学研究的基础，也是他们实现自己的传教使命和文化使命的必备条件。

由于传教士们特别是耶稣会士们具有很高的学术修养，掌握了他们那个时代先进的科学文化知识，使得他们不仅以天主教传教士的身份，也以西方学者的身份与中国的知识阶层接触、交往和对话，把他们所了解的西方科学文化传播给中国，同时也使中国的知识阶层增加了接触、了解天主教及其教义和思想的兴趣。

由于耶稣会士们大部分都是学有专长的专家学者，他们在中国的活动也一直为欧洲学术界所关注，所以他们与欧洲的学术界保持着密切的联系。如邓玉函、汤若望、罗雅谷（Jacobus Rho）都是意大利近代科学兴隆时期最著名的科学社团"灵采研究院"（Accademia dei Lincei）的成员。邓玉函还曾在灵采研究院与伽利略共事多年，而汤若望至少亲自聆听过伽利略的学术报告。邓玉函还曾与开普勒保持着通信联系。

到 18 世纪时，在华传教士与欧洲学术界的联系就更紧密了。因为从 17 世纪末开始，清朝和俄国之间的陆上贸易之路已经开通，这为在华耶稣会士提供了方便，通过俄国定期到北京的商队，耶稣会士把一些信件、书籍和物品交给商队，由他们转交俄国、法国的科学家。这种陆路上的交流，在 18 世纪比海上的交流要频繁、快捷得多。当时由俄国圣彼得堡到法国巴黎的信件，快的时候，只要一个月就可到达。另外也有一些英国船在中国沿海贸易，有时也带回一些信件。在华耶稣会士的大量通信和观测报告就是通过陆路、海路传回欧洲的。

白晋、洪若翰等法国传教士是以"国王的数学家"的身份前来中国的，他们都带着法国皇家科学院交代的科学考察任务，与皇家科学院及其学者们保持着密切的联系，他们中有些人兼任各研究院院士或通讯院士。作为这些研究机构的成员，他们有责任向研究院提交自己的研究成果，并保持经常性的联系。

这些传教士在欧洲学术界都是很受关注、很受欢迎的人，他们都与欧洲学术界人士保持长期的通讯联系，在他们返回欧洲期间，更是与学术界的人士频繁接触交往，开展多方面的学术活动。

在这一时期，各个领域的专家学者、思想家们争先恐后地与耶稣会士建立交往和联系，是欧洲学术界的一大特别值得注意的现象。启蒙运动时期的思想家们，如马勒伯朗士、伏尔泰、孟德斯鸠、莱布尼茨等等，都与耶稣会士或其他传教士建立了个人友谊，保持了长期的通讯联系。他们的许多重要著作，或者是应传教士的邀请而写作的，比如马勒伯朗士的著作，或者是接收了他们提供的大量的资料，或者是受到他们的启发。贝尔丹在 1765 年至 1792 年间与北京的耶稣会士们有几百封的"文学书信"往来。所谓"文学书信"，其实是要避免让外界有太多的政治意识形态方面的联想的说辞。贝尔丹通过这些书信，得以了解乾隆朝政治、经济、社会和文化等方面的管理制度。他收集的这些书信对于法国 18 世纪后期的启蒙运动，有很大的贡献。

八

耶稣会士们自身的科学文化修养，以及他们与欧洲学术界所保持的密切联系，使得他们在进行科学文化传播方面具有明显的优势。他们通过多种途径传播西方文化，交游、译著、携带图书与仪器等入华、制造仪器与火器等等都是他们的传播方式。

来华的传教士们本质上都是虔诚的天主教徒，他们不远万里，来到中国开展传教事业，首先是出于他们传播宗教信仰的坚定信念和文化理想。为了实现这一目标，他们采取了"学术传教"的路线，以传播学术文化作为他们进行宗教传播的途径和方法。

"学术传教"是耶稣会的一个基本的传教方针。在一定意义上说，耶稣会也是一个科学文化团体。最新的科学文化是他们进行传教的重要手段和方式。利玛窦初到肇庆，就介绍数学、地理、天文等方面的知识以引起人们的好奇心，然后取得接近的机会结交朋友，转而论证天主教教义，引人入教。他到了北京之后，继续采用介绍和翻译西方科学知识的方法结交宫廷中的王公大臣和知识分子。

继利玛窦之后，来到中国的传教士们也都以介绍西方科学知识和参与修历为媒介传播天主教。为此，他们译著了许多介绍西方近代科学知识的著作，例如利玛窦、熊三拔、金尼阁、邓玉函、汤若望、南怀仁、白晋等人都译著了许多较为重要的科学著作。

关于耶稣会士传来的西学内容，徐光启说："先生（利玛窦）之学，略有三种：大者修身事天，小者格物穷理，物理之一端别为象数。一一皆精实典要，洞无可疑。"他认为西学包含了"修身事天"的道德、宗教，"格物穷理"的哲学、科学，以及作为其"余绪"的象数。南怀仁在其《欧洲天文学》中记述了在北京的耶稣会士于 1668 年至 1679 年间，在与数学和力学等有关的各种应用科学的实践活动中的成就。南怀仁从 14 个方面分别进行叙述，包括日晷仪的原理和制作，弹道学应用与造炮，输水技术，机械学，光学，反射光学，透视学，静力学，流体静力学，水力学，气体力学，音乐，钟表制造技术，气象学。南怀仁指出，在各个领域应用欧洲科学所取得成就，是整个传教团在中国赖以生存的基础。

实际上，传教士们把西方的天文、历法、数学、物理、地理、音乐、美术、建筑、机械制造、火炮技术等相继传入中国，在不同领域产生了不同的影响，掀起了中西文化交流的高潮。其中，利玛窦、熊三拔、阳玛诺、邓玉函、龙华民、罗雅各、汤若望、南怀仁、徐日升、安多、苏霖、白晋、张诚等传教士不仅更新了中国的天文学仪器，与中国的天文学家编译了一大批天文历法书籍，还培养了一批应用西法的天文学家，逐渐改变了中国天文学历法方面的落后面貌，也弥补了当时中国在天体认识上的空白。另外，像利玛窦、庞迪我、艾儒略、南怀仁、蒋友仁、雷孝思、麦大成、杜德美等在地理学上的成就；艾儒略、利玛窦、邓玉函、汤若望、南怀仁、白晋、穆尼阁等人在数学上的成就；汤若望、南怀仁、阳玛诺、龙华民、卫匡国、艾儒略等人在医学上的成就；以及利玛窦、徐日升、南光国、巴多明、白晋、利类思、马国贤等人在音乐学上的成就，都对明清之际中国科学技术的发展和进步起到了重要的作用。总之，西方在 17 世纪初及其以前取得的成果，基本都在明末传入了中国。

明清之际传教士大量向中国介绍西方科学技术和文化知识，使中西两大文化首次发生了实质性的接触，对当时的中国文化发展产生了一定的刺激和激励作用，在中国文化的历史进程中留下了深刻的印记。

| 第二十五章 |

自远方来：孔子的西游

利玛窦和传教士们对中华文明的发现，最重要的是发现了孔子，发现了孔子的儒家学说在中华文明中的崇高地位。他们把他们的发现传播回欧洲，使孔子及其思想进入到欧洲思想文化界的视野，为欧洲的思想文化提供了新的资源。

从利玛窦开始，传教士们大都把中国的儒家典籍和学术思想作为向欧洲介绍中华文化的一个主要方面的内容，使儒家学说在欧洲思想界得以传播。由于耶稣会士们的翻译和介绍，孔子哲学进入西方哲学之中，这是不容忽视的另一种结果。从此以后，他的名字跻入了与希腊著名哲学家并驾齐驱的行列。

一

利玛窦和传教士们到中国是来传教的，他们还传播了西方科学文化。与此同时，他们在中国遇到了一种以前不熟悉的伟大文明，这就是中华文明。中华文明的辉煌、博大，令他们惊讶、赞叹，令他们激动不已。他们在中国生活多年，撰写了大量的著作、札记、书信和报告，向欧洲人展现出一幅幅中国历史的宏伟画卷和丰富多彩的社会生活场景。

在传教士来中国之前，已经有一些旅行家到过中国，有的深入到中国内地，大多数只到过一些沿海地区。这些人有的留下了一些游记或回忆录，成为大航海时代以来最早关于中国的报道，也就是欧洲人获得的最早的关于中国的知识。但是，这些知识往往还是片面的、零散的，而且多是亲身经历的见闻或者是来自不同方面的传闻和道听途说。关于这些方面的情况，我们在前面的章节已经有了介绍。

耶稣会传教士来到中国后，对他们来说，面对的仍然是一个不了解、不熟悉的新鲜世界，他们要在这里生活和传教，首先需要了解这个国家的基本情况，了解中国的山川地貌、风土人情、社会制度、语言文化，而他们向欧洲教会组织报告的、向亲友介绍的，以及他们最初研究的，就是关于中国的基本国情。所以，我们看到，在早期来华传教士的书信、报告和著作中，从利玛窦开始，都一再重复地介绍中国的基本国情，只是由于他们深入到中国的内地和政治文化中心，并且有与各阶层中国人广泛接触的机会，同时他们还学会了中国的语言和文字，能够与中国人直接地交流和阅读中国的文献，所以，他们对于中国国情的了解和研究，要比早期的旅行家们全面得多、深刻得多，也更加准确了。他们向欧洲介绍中国，首先就是介绍他们所了解、所研究的这个地域广阔的国家的基本状况。

在1584年的一封信中，利玛窦就曾由衷地赞扬中国文化，说"中国人的智慧，由他们聪明的发明就可以得知"。他历数了中国在文字、医药、一般物理学、数学、天文学、艺术和机械等各方面的成就，指出，中国人从来没有和欧洲人交往过，"确全由自己的经验得出如此的成就，一如我们与全世界交往得出的所有成绩不相上下。"在《利玛窦中国札记》第一卷中就是关于中国概况的全面介绍，对中国的地大物博和繁荣富庶有着印象深刻的描述。利玛窦详细介绍了中国的各种物产，如粮食、蔬菜、水果、矿产，介绍了中国的服饰、建筑、瓷器、船只，特别提到当时欧洲人还不曾了解的茶和漆；还介绍了中国的火药和焰火表演、戏曲、音乐和乐器、造纸和印刷术、浮雕和绘画、制印和制墨、制扇技艺，等等。在利玛窦眼中，中国人是勤劳且智慧的民族，也是讲究礼貌和道德的民族。他详细介绍了中国的各种礼仪，特别提到中国人尊师敬老的传统美德，说在对长辈尽孝道方面，世界上没有别的民族可以和中国人相比；说中国人比欧洲人更尊敬老师，一个人受教哪怕只有一天，也会终生称其为老师的。

其他传教士也写了许多对中国历史、国情、民俗和教育等方面的著作，从不同方面向欧洲介绍中国。利玛窦和传教士们发现了中国，发现了中华文明。他们热情洋溢地书写了他们的发现，这对于欧洲人认识中国、认识中华文明，起到了相当大的作用。

二

利玛窦和传教士们对中华文明的发现，最重要的是发现了孔子，发现了孔子的儒家学说在中华文化中的崇高地位。他们把他们的发现传播回欧洲，使孔子及其思想进入到欧洲思想文化界的视野，为欧洲的思想文化提供了新的资源。

孔子跟随传教士们的书写，开始了西游的历程。

利玛窦多次提到孔子在中国的崇高地位。他说，在中国，有学问的人对孔子都非常尊敬，以致不敢对他说的任何一句话稍有异议。在这个国家有一条从古传下来并为习俗所肯定的法律，规定凡希望成为或被认为是学者的人，都必须从孔子的几部书中导引出自己的基本学说。他必须背熟整部"四书"，以便成为这方面的公认权威。利玛窦还注意到，不仅是知识阶层，就是统治者也给予孔子以对一个人的最高敬意，他们感激地承认他们都受益于他遗留下来的学说。法律规定在每座城市的文化中心地点都建造一座中国哲学家之王的庙宇（孔庙）。中国官员和文人到孔庙祭拜，只是表达他们对孔子的崇敬和对其学说的感激之情。

利玛窦指出，中国的儒家学说，亦即"中国人所熟悉的唯一较高深的哲理科学就是道德哲学"。"儒家这一教派的最终目的和总的意图是国内的太平和秩序。他们也期待家庭的经济安全和个人的道德修养。他们所阐述的箴言确实都是指导人们达到这些目的的，完全符合良心的光明和基督教的真理。他们利用五对不同的组合来构成人与人之间的全部关系，即父子、夫妇、主仆、兄弟以及朋友五种关系。"儒学是一种主张理性的学说，"他们还教导说理性之光来自上天，人的一切活动都须听从理性的命令。"

利玛窦在评论中国儒家思想的时候，还注意到它的社会功能和政治功能，认为"中国人以儒教治国"，儒家学说在维持社会稳定和和谐方面起了很大作用。

从利玛窦开始，传教士们大都把中国的儒家典籍和学术思想作为向欧洲介绍中华文化的一个主要方面的内容，使儒家学说在欧洲思想界得以传播。由于耶稣会士们的翻译和介绍，孔子哲学进入西方哲学之中，这是不容忽视的另一种结果。从此以后，他的名字跻入了与希腊著名哲学家并驾齐驱的行列。

法国的耶稣会士杜赫德综合传教士们对孔子和儒家思想的介绍和研究，对孔子思想进行了概括性的介绍。他指出，孔子的全部学说意图恢复人类天性，使之具有其从天堂所接受的旧日荣光和最初美丽，而这一切已经被无知的黑暗和蔓延着的邪恶所排挤。孔子设想中达到这一点的方法是服从上帝，尊敬和畏惧他；爱邻如己，克服不检的癖好，决不让我们的情绪控制我们的行为，而要服从理性，在所有事情上听从它，不做、不说、不想任何与理性相悖的事。由于他从来都是言行一致，再加上他的慷慨、谦逊、温和、节俭、蔑视纵情享乐，并且一向慎于行，他本人就是其所传导之格言的模范；国王们热衷于邀请他到自己的领地；他在一个国家所做的工作成为他被其他国家所渴望邀请的一个动机。他为中国人所敬重，享有万世师表之尊，"中国人至今仍视其为大师，即帝国最具权威之学者"。杜赫德还将孔子与古希腊哲学家泰勒斯、毕达哥拉斯和苏格拉底相比较，称孔子的"声誉随时间之流逝而愈发显赫，达到了人类智慧所能企及之顶峰"。他认为孔子超越了这三位几乎与他同时代的古希腊智者，原因是孔子并不是像他们那样试图解释自然的奥秘，或穷究世界的起因，而只是致力于人类道德经验的宣传。

经过传教士们的介绍，孔子走向了西方，走向了世界。孔子就不仅仅是中国的孔子，而且也是世界的孔子。孔子及其思想学说，是世界思想文化和精神文明的宝贵财富。

孔子作为中华文明的精神代表，直接参与了中西文明的交流与对话，也就是直接参与了世界文明的历史进程，在世界文明发展的长河中，留下了重要的印记。

三

在来华传教士中，最早将儒家经典译为拉丁文的，是最早到中国传教的罗明坚。最初，耶稣会传教士之所以开始翻译"四书"，是为了教授新的来华传教士学习中文。这些课本教材是一字一句地翻译的，其中有中文原文、拉丁文对照，还有中文拼音来告诉西方人怎么发音。1588 年，罗明坚奉命自澳门回欧洲到罗马向教宗汇报期间，又将中国"四书"中《大学》一书的部分内容翻译为拉丁文。罗明坚译文稿本今存罗马意大利国家图书馆。

1594 年，利玛窦经过数年的工作，曾将"四书"译成拉丁文，并略加注释，随后将稿本抄本寄回意大利。他的这个译本，成为初来华传教士必须研习的读本，也成为后来传教士翻译的蓝本。1626 年，金尼阁将"五经"译成拉丁文，在杭州刊印，书名为《中国第一部神圣之书》，是中国经籍最早刊印的西文本。

意大利耶稣会士殷铎泽和葡萄牙耶稣会士郭纳爵于 1662 年在江西建昌府刊刻《中国的智慧》一书，内有一篇简短的孔子传记、《大学》的全部译文和《论语》的前半部分译文。1667 年，殷铎泽在广州刻印《中庸》译本，书名为《中国政治道德学说》，两年后又在印度果阿翻印此书。殷铎泽离华返欧时，曾将许多中国文献的完整译文带回欧洲。殷铎泽回到欧洲后，不辞辛苦地寻求出版社，以便将中国儒家文献向欧洲介绍，直到 1672 年，在几经周折之后，以法文在巴黎出版了《中国政治道德学说》。

"四书"的全译本出自比利时耶稣会士卫方济之手。卫方济以拉丁文译《大学》《中庸》《论语》《孟子》四书以及《孝经》和《幼学》，其特点是逐字翻译，即书名亦不例外，如《大学》译为《成年人之学问》，《中庸》译为《不变之中道》，注释也较为详细。卫方济的译文于 1711 年以《中国六经》为题由布拉格大学图书馆印行。到 1783—1786 年，卫方济的这部书又被译为法文，法译本之首有文论中国政治哲学及伦理哲学的起源、性质和意义。

至卫方济的《中国六经》止，亦即到 18 世纪初，中国的"四书"已全部译成西文在欧洲刊行流传。

在后期来华传教士中，孙璋、蒋友仁、钱德明、韩国英等人也都对汉学有较高造诣，并从事中国古典经籍的翻译工作。孙璋对中国文献涉猎甚广，曾以拉丁文译《诗经》《礼记》。蒋友仁以拉丁文译《书经》和《孟子》，他的译文非常审慎准确，宋君荣初见其《书经》译文初稿时，即大为惊奇，便鼓励蒋友仁将《书经》全译。宋君荣也曾把《书经》翻译成法文，于 1770 年由著名汉学家德经在巴黎出版。此书除了译文和注释外，还有出版者添加的补注、插图和原文所没有的中国上古三朝的帝王简史。

据统计，在 19 世纪之前，在华耶稣会士们的译著在欧洲出版的有 19 部，另有两部在亚洲出版；没有在译成之世出版的有 13 部，其中包括一些未完成稿。

经过耶稣会士们的翻译和介绍以及根据他们译介的作品的改写本，孔子走进了欧洲思想家们的视野，令许多人对这位中国的圣人怀着崇敬和仰慕之情。更为重要的是，孔子及其儒家思想成为启蒙运动的一种重要思想之源，成为启蒙思想家们用来批判基督教会的天启神学、批判欧洲的封建专制制度以及设计社会改革方案的理想模式及重要思想武器。

四

在传教士翻译的中国典籍中，柏应理的《中国哲学家孔子》是最重要且影响最大的。

柏应理在中国生活了 20 多年，与江南文人交往甚密，对中国古典经籍多有领悟和研究。1682 年柏应理回欧洲，向教皇献上 400 余卷由传教士们编纂的中国文献。柏应理在欧洲期间，为中华文化的西传做了大量工作。

1687 年，他在巴黎出版了《中国哲学家孔子》的拉丁文本，中文标题为《西文四书直解》。据考证，从此书序言原稿上的修改痕迹看，耶稣会在华教团早在此 20 年前就已经准备出版这部著作了。

来华传教士对"四书"的翻译从罗明坚和利玛窦时代就开始了。清初杨光先反对天主教，迫害来华传教士，将汤若望、南怀仁等人打入死牢。为此，在各地的 23 位来华传教士被集中到广州。在此期间，他们召开了"广州会议"。这是来华的各个天主教修会讨论关于中国礼仪的会议。经过激烈的讨论，耶稣会士恩理格、鲁日满、柏应理开始在原先"四书"简单直译的基础上，重新进行了校对和注释。尤其针对其中译名的敏感之处以及耶稣会士当时所受到的批评，引用中国古籍在译文中提出反驳。这项工作大概在 1670-1672 年间完成。作为书中一部分的《中庸》，即殷铎泽的《中国政治道德学说》是在此之前完成的。殷铎泽在回欧洲时，将译稿带回欧洲。在柏应理回欧洲时，在罗马学院找到了《中国哲学家孔子》的部分译稿。柏应理又在书稿中加上自己写的序言和他早先写好的《中国年表》，最后在巴黎出版。

《中国哲学家孔子》是第一部比较完整的向西方介绍中国传统思想文化的书籍，是欧洲 17 世纪对孔子形象及其著述介绍得最为完备的书籍，给予欧洲人以较大影响，对中国文化的西传具有启蒙意义和先驱作用。它第一次把中国、孔子、政治道德三个不同的名词连在一起，孔子在欧洲因此被称为道德与政治哲学上最伟大的学者与预言家。欧洲自由派人士欢呼这位被拉丁化了的孔子是人类史上最伟大的英雄人物之一，是中国的苏格拉底。由此孔子的伦理观风靡欧洲社会。

《中国哲学家孔子》一经出版，立即在欧洲思想界引起轰动和反响，各种译本纷纷问世，各家杂志纷纷撰写文章加以介绍。《中国哲学家孔子》由于原文是拉丁文，不能满足公众阅读的需求，于是在第二年就有一些改写本、节译本问世。1688 年至 1689 年，法国出版了此书的两个法文节译本，一本叫《孔子的道德》，另一本叫《孔子与中国的道德》。1691 年，英国出了一个英文节译本，也叫《孔子的道德》。这部著作出版的第二年，巴黎《学者杂志》刊载的文章说："中国人在德行、智慧、谨慎、信义、诚笃、忠实、虔敬、慈爱、亲善、正直、礼貌、庄重、谦逊以及顺从天道诸方面，为其他民族所不及，你看了总会感到兴奋，他们所依靠的只是大自然之光，你对他们还能有更多的要求吗？"文章还认为，中国的伦理是一种真正的政治伦理，是国王们的学问。中国的政治原则与个人道德和家庭伦理的原则一致，并由此产生了一种合理化政治，这种政治就是富有感情的专制主义。

柏应理传播的儒学对启蒙时代的开启产生了直接影响。法国思想家培尔最早是通过阅读柏应理的著作而洞悉中国的宗教特别是佛教，进而获知中国存在有唯物主义思想与无神论。法国思想家弗雷烈在阅读柏应理的著作时，也同培尔一样得出了古代中国人存在无神论的看法。法国启蒙思想家也大都读过《中国哲学家孔子》，如伏尔泰在《风俗论》中介绍孔子学说时，就利用了柏应理的这本书。孟德斯鸠怀着巨大的兴趣，认真阅读了这部用艰涩拉丁文撰写的书，并做了详细的笔记。在笔记中，他写下了一些自己的观点，并将书中的许多段落译成法文。

《中国哲学家孔子》代表了 17 世纪对耶稣会士研究中国的学术成就公开传播的一个高潮。这些译作被欧洲人广泛阅读，耶稣会士对孔子富有赞赏性的描述产生了深远的影响。耶稣会成功地把儒家以一种哲学姿态呈现在欧洲人面前，充分满足了 17、18 世纪欧洲人的文化需求。中国人的博爱完全可以和基督教的博爱相媲美。

五

1778 年，也就是法国大革命爆发之前十年，法国最重要的启蒙思想家伏尔泰在巴黎去世了。之前他一直住在法国的边境小镇、靠近日内瓦的费尔内。

在费尔内的城堡里，伏尔泰几乎度过了人生最后 20 年时光。伏尔泰逝世后，其唯一继承人、他的侄女德尼斯（Denis）女士整理他的遗物时，将近七千册藏书卖给了俄国的叶卡捷琳娜大帝（Catherine the Great）。这批藏书至今仍是俄罗斯文献的重要收藏。据苏联科学院 1961 年出版的《伏尔泰私人藏书目录》中记载，在他的这些藏书中，几乎包括了他那个时代出版的所有关于中国和孔子及儒家学说的书籍，包括所有耶稣会士的作品和他们翻译、介绍的作品。

伏尔泰终其一生，始终保持着对中国文化的热情。他和他那个时代的许多知识分子一样，具有较多的关于中国的知识。伏尔泰早年曾在耶稣会办的学校中受教育，耶稣会士们所介绍的中国给他以深刻的印象。以后，伏尔泰也一直关注来自中国的文化信息，研读有关中国的著作，与许多来华耶稣会士保持接触和联系。据他自己说，他曾会见过"20 多名到过中国旅行的人"，他还说自己"阅读过所有讲述中国的作者们的著作"。

在伏尔泰的一生中，有近 80 部作品、200 余封书信中论及中国和中华文明，涉及中国的政治、历史、宗教、哲学、科技、文艺、习俗等各个方面。他把中国人视为"世界上最明智和最开化的文明民族"。伏尔泰有一段著名的话：

> 欧洲王公及商人们发现东方，追求的只是财富，而哲学家在东方发现了一个新的精神和物质的世界。[1]

伏尔泰在中国发现了一个"新世界"，这个"新世界"具有的新的精神和新的文明，成为他致力于改造法国社会的政治理想，成为他一个极力赞赏和追捧的文化榜样。

伏尔泰对中国悠久的历史给予了充满激情的赞誉。在他看来，中国人是开化最早的民族。中国这个古老而优秀文明之被欧洲发现，正是对欧洲基督教世界的妄自尊大最有力的对比。在伏尔泰的著作中，曾多次提到中国的历史悠久，并表示出由衷的赞叹。他称赞中国古代文化取得的优秀成果，说中国是世界上最优美、最古老、最广大、人口最多和治理最好的国家。

---

[1] ［德］利奇温著，朱杰勤译：《18 世纪中国与欧洲文化的接触》，商务印书馆 1962 年版，第 84、79 页。

在伏尔泰对中国的"发现"中，他最为注重的是儒家礼治秩序，是中国人的道德和法律。伏尔泰和启蒙思想家们认为他们从中发现了一个完全新的道德世界。伏尔泰曾认真研读过各种儒家经典和孔子思想论著的译本，对孔子称赞备至。他说："我钻研过他的著作。我还做了摘要。我在书中只发现他最纯朴的道德思想，丝毫不染江湖色彩。"他还在一封信中称"孔子为天地之灵气所祝福，他分别真理与迷信，再站在真理一边；他不媚帝王，不好淫色，实为天下唯一的师表。"他对孔子极为推崇和赞颂，指出："这个庞大帝国的法律和安宁建筑在既最合乎自然而又最神圣的法则即后辈对长辈的尊敬之上。后辈还把这种尊敬同他们对最早的伦理大师应有的尊敬，特别是对孔夫子应有的尊敬，合为一体。这位孔夫子，是一位在基督教创立之前约六百年教导后辈谨守美德的先贤古哲。"

在法国启蒙运动中，伏尔泰始终是一位居于核心位置、最有影响力的领袖人物。伏尔泰对于中国的热情，对于孔子的赞颂，不仅是他个人的喜好，而且是整个时代的文化风向。许多启蒙思想家都熟知有关中国的知识，热情地赞扬中华文明，特别是对孔子的思想，作为他们经常援引的重要思想资源。

孔子是他们的理想和典范，正如有的学者所说的，"孔子是启蒙运动的守护神"。

六

发生在18世纪以法国为中心并波及几乎全西欧的启蒙运动，是人类历史上一次伟大的文化革命，是一场波澜壮阔的思想解放运动。启蒙运动的主题是以理性主义为旗帜，对基督教神学世界观以及整个封建专制主义意识形态进行无情的、摧毁性的批判，为行将到来的法国大革命做出思想上和理论上的准备。启蒙运动几乎延续了整整一个世纪，涌现出一大批启蒙思想家，创造了法国历史上一个光辉灿烂的时代，即"启蒙时代"。

启蒙运动是一个思想科学文化领域普遍变革的时代，是欧洲社会从以基督教神学为核心的传统文化向以理性和科学精神为主流的现代文化转型的时代。启蒙运动以及它所引起的社会文化的转型和变革，首先起源于欧洲社会内部生产力的发展和经济结构、社会结构的变化，起源于近代自然科学的发展，同时也是文艺复兴运动优秀文化遗产在新时代的发扬和继续。但是，另一方面，欧洲文化传统以外的文化的传入，也给启蒙运动以很大的刺激和激励，给启蒙运动提供了新鲜的思想材料和文化支援。

在 17、18 世纪传入欧洲的外来文化，主要是东方文化，包括阿拉伯文化和中国文化。主要是经耶稣会士们传入的中国文化包括儒家思想学说也愈来愈受到重视，为启蒙思想家们批判基督教神学、创造新的文化理想提供了思想上的装备。当时传入欧洲的儒家典籍主要是传教士们译述的，他们还撰写了大量书信、报告和著作，对中国社会和文化、历史做了深入和全面的介绍。正是耶稣会士们介绍到欧洲的大量中国文化材料，被启蒙思想家们用来批判和否定教会和神学的权威。

在启蒙运动时期，中国传统文化，特别是中国儒家思想学说，已经在相当大的范围内进入了启蒙思想家们的思考和知识视野，成为他们时常援引的例证和思想材料，并以哲人的睿智对中国文化做出种种评说。我们可以列举狄德罗、霍尔巴赫、爱尔维修，以及许多在启蒙运动中有影响力的思想家们。他们都把遥远的中国作为他们的梦想之地，他们都对伟大的孔子充满了由衷的敬意。

在法国启蒙运动中涌现的经济学派别重农学派，也与中国的儒家思想有思想渊源的关系。创立这个学派的魁奈以及整个重农学派都把中国作为他们心目中的理想王国。实际上，在 18 世纪，遥远的中华帝国成为许多法国改革家心目中的典范，使他们更愿意去赞扬中国的经济制度和政治制度。魁奈推崇古代中国的统治方式，同时也把孔子作为他心目中的偶像，景仰备至，钦慕不已。他称述"中国人把孔子看作是所有学者中最伟大的人物，是他们国家从其光辉的古代所留传下来的各种法律、道德和宗教的最伟大的革新者"；孔子是一位

"坚贞不渝，忍受着各种非难和压制的著名哲学家"，是一位具有崇高声望，立法明智，要求在人民中树立起公正、坦诚和一切文明风尚的"贤明大师"；中国人对这位哲学家表达了"最崇高的敬意"，他被尊为帝国的"第一位教育家和学者"，他的著述"超凡拔俗"，具有极大的权威性；连蒙古皇帝亦"对孔子表达了犹如对国君一般的敬意"，等等。魁奈还将孔子学说与古希腊圣贤加以对比，认为一部《论语》"充满了格言和道德原理，胜过希腊七贤之语"。对孔子的推崇景仰之情，溢于言表。有许多研究者指出，魁奈提出的重农主义思想受到中国学术思想的深刻影响，至少可以认为，中国学术思想是魁奈重农主义的思想渊源之一。

启蒙思想家们首先是一批社会批判家和改革者。在他们批判旧制度、憧憬新王国的活动中，遥远的中国成为他们一个理想的典范。在传教士、商人和旅行家们的大量报道中，中国常常被描绘成这样一个国家，在这个国家中，一片繁荣富庶，安定和平，人民安居乐业，讲究道德，彬彬有礼，充满智慧、文明和和谐的气氛。他们特别赞美中国的制度，认为它是稳定与经久不衰的保证。

于是，中国成了启蒙思想家们心目中的"理想王国"。对当时的欧洲人来说，中国就是一个他们所向往的理想之乡、"乌托邦"。从中国传来的文化信息，介绍中国社会制度和政治制度的材料，译介到欧洲的中国儒家典籍，都是他们思考和探索社会改造方案的思想材料，是他们想象和设计理想社会的范型和摹本。中国文化是激发他们想象和智慧的源泉。

| 结束语 |

　　我们走在丝绸之路上，讲述了丝绸之路的故事。丝绸之路的历史，丝绸之路的故事，其绵长、其宏大，其丰富多彩、其跌宕起伏，其可歌可泣、其精彩绝伦，其风光无限、其叹为观止，都是无与伦比的。这是世界文化史上最壮丽的篇章，是人类所走过的最华美的"路"。

　　我们，人类的历史，世界的文明，从过去到现在，都是从丝绸之路上走来的。

　　丝绸之路形成、发展、繁荣的历史，都是许许多多与丝绸之路有关的人书写的。丝绸之路的历史，就是这些人和他们的事迹的故事。

　　行走在丝绸之路上的人，都是为开辟、发展和繁荣丝绸之路做出贡献的人。几千年中，漫漫长路上，行走的人何止成千上万，其中又有多少人埋骨黄沙，葬身海底，在历史上留下名字的只是极少数。而正是在这极少数人的故事中，我们看到，有络绎不绝的商旅，肩负国家使命的使臣，怀揣信仰的宗教人士，负笈远行的学子，远征戍边的武士，以及旅行家、航海家、艺术家。他们或经过大漠流沙，或翻越崇山峻岭，或踏破惊涛骇浪，不畏牺牲，历经艰辛，艰苦卓绝，冒险犯难，以自己的热血和忠诚，以自己的梦想和情怀，走出了奔向远方的路，开辟了各民族文化交流的路。

　　丝绸之路的历史首先是这些人的历史，是这些人的故事，这些开辟和行走在丝绸之路上的人，都是全人类的文化英雄。

　　他们的事迹，都是涉及各民族之间、各种文化之间相遇、交往、交流、融合的事，都是世界文化大交流、大碰撞、大融合的事。我们看到，在几千年的丝绸之路上，民族的大迁徙，物种的大交换，产品的大交换，技术的大转移，宗教的大传播，艺术的大交流，上演了一幕幕威武雄壮、丰富多彩的文化大戏。正是通过这样的大交流、大融合，各民族的文化彼此接近了、了解了、相知了，各自也都丰富了、发展了。所以，丝绸之路的历史就是世界上各民族文化相遇、相知、交流和融合的历史，也就是世界文化大发展的历史。

我们从丝绸之路上走来，并不是形单影只，我们并不孤单，因为从一开始，我们就与世界同行，与其他民族和文化同行。

丝绸之路并不是单一的自东往西的路线，而是遍布欧亚大陆的纵横交错的交通网络；这个交通网络，既有从东到西的几条干线，也有围绕这些干线形成的许多支线，还有从北到南的若干线路；既有踏过流沙、翻越雪山的陆路，也有万顷波涛的海路，还有纵横万里的草原之路。这样的交通网络，就把整个欧亚大陆联系起来了。有了这样的交通网络，就实现了各民族最早的联系和交流，实现了各文化间最早的互联互通和文明共享。

我们把汉代张骞通西域作为丝绸之路的开端，但实际上丝绸之路并不是从张骞以后才有的。路是人走出来的，有了人，就有了路。有了人类的活动，就有了走向远方的梦想，就有了探索交通道路的努力。因此丝绸之路的历史可以追溯到新石器时代，汉代丝绸之路的大畅通正是在此前数千年人类活动的基础上实现的。

我们的前辈对于这样开辟交通的探索的重要性是有充分认识的，有许多中外文献的作者，在不同的历史时代，或是亲身经历，或是得自传闻，或是研究文献，都不厌其烦一而再地描述各种交通路线。这些关于中外交通史的重要文献，不仅为我们今天了解和研究丝绸之路提供了直接的基础性材料和依据，更让我们体会到前辈们对于丝绸之路的文化情怀和寄托的梦想。

丝绸之路是不断发展着的，这种发展既有纵横向的延伸，也有交流内容的丰富与扩大，而丝绸之路发展的根本原因在于科学技术水平特别是交通技术的更新与提高。交通技术的创新是人类最伟大的技术创新之一。从最初的步行到马和骆驼的驯化使用，到双轮马车的创制；从独木舟到单桅船再到多桅大帆船；每一种技术的进步都加快了人类的脚步，都延伸着走向更远的路。工业革命首先起源于动力系统的革新，则使交通技术发生了革命性的变革，由此产生的新的交通工具真正把整个世界联系在一起了。

而随着丝绸之路的延伸，人们对于外部世界认知更为扩大，人们也有了进一步走向更遥远世界的动力和愿望。因此，可以说，丝绸之路发展繁荣的历史，也就是人类文明发展的历史，丝绸之路的历史是与文明的历史共生的，同行的。

丝绸之路最初是因为商贸活动而开辟的，商贸活动以及追求商业利润的努力是人类开辟道路交通最初、最持久的动力，各国各民族的商旅是丝绸之路上人数最多、延续时间最长，也是贡献最大的一个群体，丝绸之路沿线的许多城镇都因他们的活动而繁荣，甚至就是这些商人建立起来的。也正是因为这些商人持续千百年行走在丝绸之路上，实现了物种的大交换，商品的大交换，让各民族充分分享了一切文明的先进成果。中国的丝绸、茶叶、瓷器以及丰富精美的物产源源不断地传播到世界各地，西方的香料、玻璃和奇珍异宝也源源不断地被输入到中国。商人们不仅传播着物质文化的成果，还在各民族之间沟通文化信息，成为各民族相互了解和认识的最初渠道。因此，丝绸之路不仅仅是商贸之路、物质交流之路，更是各民族、各文化相遇、接触、交流与融合之路。在丝绸之路上，除了物产和物种的大流动，还有技术的转移，艺术的交流，宗教的传播。丝绸之路的本质是文明的对话，是各民族文化的互联互通，是人类文明的共享。

丝绸之路并不是中国专属的路，而是各民族在不同时代共同努力、共同开发的结果。在历史上，既有中国人积极向外探索和开拓，也有西方人自西往东的冒险与开发，更有草原民族为开辟和发展草原之路所做的贡献，丝绸之路本身就是全人类文明共同发展的重要成就。

但是，丝绸之路以"丝绸"这种中国最古老、最有代表性的产品来命名，突出强调了中国文化在丝绸之路上的特殊意义。跨文化贸易的发展，商品的流动，是丝绸之路最原初的动力，也是丝绸之路上最活跃的内容，而在工业革命以前，在欧亚大陆上，世界的贸易体系，世界性的跨文化贸易和商品流动，实际上在很长时间里是以中国商品为主导的。中国社会强大的生产能力，为丝绸之路贸易提供了源源不断的财富。因此，在一定意义上说，丝绸之路首先是中国的物产、中国的物质文化走向世界的道路。大航海时代新航路的开辟，是古老的海上丝绸之路在新时代的延伸和发展。而大航海时代最大的成就之一，是欧洲与中国建立了直接的航线，各国东印度公司的商船直接开到了中国的港口，把丰富和精美的中国商品源源不断地运往西方。而中国的商品受到热烈的欢迎和追捧，并且引起了持续一二百年的"中国风"。

　　丝绸之路是中国文化走向世界的道路，是中国文化与西方文化相遇、交流、对话、融合的道路。通过丝绸之路，世界上其他民族的文化在中国得到传播，中华文化接受、吸收和融合了各种外来文化，促进了中国文化的繁荣发展。与此同时，中华文化在不同时期、不同海外地域所发生的一定影响和作用，对世界文化的发展做出了贡献。

　　互联互通和文化共享，是丝绸之路精神的核心所在。在全球化的大趋势下，在现代世界新的政治经济和文化格局中，"一带一路"为古老的丝绸之路赋予了新的时代内涵，使丝绸之路精神获得了新的生机，为中国文化的繁荣发展，为世界文化的繁荣发展，贡献出新的智慧和力量。

主要参考文献

1. 长泽和俊:《丝绸之路史研究》,天津古籍出版社 1990 年版。

2. 姜伯勤:《敦煌吐鲁番文书与丝绸之路》,文物出版社 1994 年版。

3. 常任侠:《丝绸之路与西域文化艺术》,上海文艺出版社 1981 年版。

4. 林梅村:《丝绸之路考古十五讲》,北京大学出版社 2006 年版。

5. 石云涛:《3 至 6 世纪丝绸之路的变迁》,文化艺术出版社 2007 年版。

6. 沈济时:《丝绸之路》,香港中和出版有限公司 2011 年版。

7. 让 - 诺埃尔·罗伯特:《从罗马到中国——凯撒大帝时代的丝绸之路》,广西师范大学出版社 2005 年版。

8. 拉乌尔·麦克劳克林:《罗马帝国与丝绸之路》,广东人民出版社 2019 年版。

9. 赵汝清:《从亚洲腹地到欧洲——丝路西段研究》,甘肃人民出版社 2005 年版。

10. 布尔努瓦:《丝绸之路》,山东画报出版社 2001 年版。

11. 吴芳思:《丝绸之路 2000 年》,山东画报出版社 2008 年版。

12. 殷晴:《丝绸之路与西域经济——12 世纪前新疆开发史稿》,中华书局 2007 年版。

13. F.B. 于格、E. 于格:《海市蜃楼中的帝国——丝绸之路上的人、神与神话》,喀什维吾尔文出版社 2004 年版。

14. Jean-Pierre Drège:《丝绸之路——东方和西方的交流传奇》,上海书店出版社 1998 年版。

15. 叶莲娜·伊菲莫夫纳·库兹米娜:《丝绸之路史前史》,科学出版社 2015 年版。

16. 刘迎胜:《丝绸之路》,江苏人民出版社 2014 年版。

17. 芮乐伟·韩森:《丝绸之路新史》,北京联合出版公司 2015 年版。

18. 卜洪登:《丝绸之路考》,中国经济出版社 2007 年版。

19. 联合国教科文组织、中国社会科学院考古研究所编:《十世纪前的丝绸之路和东西文化交流》,新世界出版社 1996 年版。

20. 常任侠:《海上丝路与文化交流》,海洋出版社 1985 年。

21. 陈高华等：《海上丝绸之路》，海洋出版社 1991 年版。

22. 陈炎：《海上丝绸之路与中外文化交流》，北京大学出版社 2002 年版。

23. 李冀平、朱学群、王连茂主编：《泉州文化与海上丝绸之路》，社会科学文献出版社 2007 年版。

24. 刘凤鸣：《山东半岛与东方海上丝绸之路》，人民出版社 2007 年版。

25. 李英魁主编：《宁波与海上丝绸之路》，科学出版社 2006 年版。

26. 黄启臣主编：《广东海上丝绸之路史》，广东经济出版社 2003 年版。

27. 刘迎胜：《丝路文化草原卷》，浙江人民出版社 1995 年版。

28. 伍加伦、江玉祥主编：《古代西南丝绸之路研究》，四川大学出版社 1990 年版。

29. 武斌：《丝绸之路全史》，辽宁教育出版社 2018 年版。

30. 张国刚：《胡天汉月映西洋——丝路沧桑三千年》，生活·读书·新知三联书店 2019 年版。

31. 赫·乔·韦尔斯：《世界史纲——生物和人类的简明史》，人民出版社 1982 年版。

32. 费尔南·布罗代尔：《文明史纲》，广西师范大学出版社 2003 年版。

33. 菲利普·李·拉尔夫、爱德华·伯恩斯等：《世界文明史》（第 8 版，2 卷），商务印书馆 1998 年版。

34. 杰里·本特利、赫伯特·齐格勒：《新全球史——文明的传承与交流》（2 卷），北京大学出版社 2007 年版。

35. 麦克尼尔：《西方的兴起——人类共同体史》，中信出版社 2015 年版。

36. 约·彼·马吉多维奇：《世界探险史》，世界知识出版社 1988 年版。

37. 菲利普·D.柯丁：《世界历史上的跨文化贸易》，山东画报出版社 2009 年版。

38. 许倬云：《万古江河——中国历史文化的转折与开展》，上海文艺出版社 2006 年版。

39. 许倬云：《我者与他者——中国历史上的内外分际》，生活·读书·新知三联书店 2015 年版。

40. 王子今：《秦汉交通史稿》（增订版），中国人民大学出版社 2013 年版。

41. 王子今：《秦汉交通史新识》，中国社会科学出版社 2015 年版。

42. 狄宇宙：《古代中国与其强邻——东亚历史上游牧力量的兴起》，中国社会科学出版社 2010 年版。

43. 王永平：《从"天下"到"世界"：汉唐时期的中国与世界》，中国社会科学出版社 2015 年版。

44.石田干之助：《长安之春》，清华大学出版社 2015 年版。

45.李健超：《汉唐两京及丝绸之路历史地理论集》，三秦出版社 2007 年版。

46.莫川：《南宋大航海时代》，经济管理出版社 2008 年版。

47.黄纯艳：《宋代海外贸易》，社会科学文献出版社 2003 年版。

48.张锦鹏：《南宋交通史》，上海世纪出版股份有限公司 2008 年版。

49.杰克·威泽弗德：《成吉思汗与今日世界之形成》，重庆出版社 2009 年版。

50.潘吉星：《中国古代四大发明——源流、外传及其世界影响》，中国科技大学出版社 2002 年版。

51.T·F·卡特：《中国印刷术的发明和它的西传》，商务印书馆 1957 年版。

52.张秀民：《中国印刷术的发明及其影响》，人民出版社 1958 年版。

53.三上次男：《陶瓷之路》，文物出版社 1984 年版。

54.罗伯特·芬雷：《青花瓷的故事》，台湾猫头鹰出版公司 2011 年版。

55.赵丰主编：《中国丝绸通史》，苏州大学出版社 2005 年版。

56.姚宝猷：《中国丝绢西传考》，兰州大学出版社 1989 年版。

57.白寿彝：《中国交通史》，团结出版社 2007 年版。

58.孙光圻：《中国古代航海史》，海洋出版社 1989 年版。

59.张静芳：《中国古代造船与航海》，天津教育出版社 1991 年版。

60.庄景辉：《泉州港考古与海外交通史研究》，岳麓出版社 2006 年版。

61.李玉昆、李秀梅：《泉州古代海外交通史》，中国广播电视出版社 2006 年版。

62.邓端本：《广州港史》（古代部分），海洋出版社 1986 年版。

63.徐德济主编：《连云港史》（古、近代部分），人民交通出版社 1987 年版。

64.连心豪：《中国海关与对外贸易》，岳麓书社 2004 年版。

65.陈佳荣：《中外交通史》，香港学津书店 1987 年版。

66.周一良主编：《中外文化交流史》，河南人民出版社 1987 年版。

67.李喜所主编：《五千年中外文化交流史》（5 卷），世界知识出版社 2002 版。

68.许倬云：《中国文化与世界文化》，贵州人民出版社 1991 年版。

69.艾兹赫德：《世界历史中的中国》，上海人民出版社 2009 年版。

70.白寿彝：《中国交通史》，商务印书馆 1937 年版。

71.向达：《中外交通小史》，商务印书馆 1930 年版。

72.陈伟明、王元林：《古代中外交通史略》，中国华侨出版社 2002 年版。

73. 王绵厚、朴文英：《中国东北与东北亚古代交通史》，辽宁人民出版社 2016 年版。

74. 蔡鸿生：《中外交流史事考述》，大象出版社 2007 年版。

75. 林梅村：《松漠之间——考古新发现所见中外文化交流》，生活·读书·新知三联书店 2007 年版。

76. 林英：《金钱之旅——从君士坦丁堡到长安》，人民美术出版社 2004 年版。

77. 李康华等：《中国对外贸易史简论》，对外贸易出版社 1981 年版。

78. 连心豪：《中国海关与对外贸易》，岳麓书社 2004 年版。

79. 李金明：《明代海外贸易史》，中国社会科学出版社 1990 年版。

80. 晁中辰：《明代海禁与海外贸易》，人民出版社 2005 年版。

81. 陈尚胜：《"怀夷"与"抑商"：明代海洋力量兴衰研究》，山东人民出版社 1997 年版。

82. 陈国栋：《东亚海域一千年——历史上的海洋中国与对外贸易》，山东画报出版社 2006 年版。

83. 木宫泰彦：《日中文化交流史》，商务印书馆 1980 年版。

84. 冯承均：《中国南洋交通史》，商务印书馆 1937 年版。

85. 安东尼·瑞德：《东南亚的贸易时代：1450-1680 年》（2 卷），商务印书馆 2010 年版。

86. 季羡林：《中印文化关系史论文集》，生活·读书·新知三联书店 1982 年版。

87. 季羡林：《季羡林论中印文化交流》，新世界出版社 2006 年版。

88. 潘尼加：《印度和印度洋——略论海权对印度历史的影响》，世界知识出版社 1965 年版。

89. 汤用彤：《汉魏两晋南北朝佛教史》（增订本），昆仑出版社 2006 年版。

90. 梁启超：《佛学研究十八篇》，群言出版社 2013 年版。

91. 孙昌武：《中国佛教文化史》（5 卷），中华书局 2010 年版。

92. 中国航海史研究会编：《郑和下西洋论文集》，人民交通出版社 1985 年版。

93. 郑一钧：《论郑和下西洋》，海洋出版社 1985 年版。

94. 孔远志、郑一钧：《东南亚考察论郑和》，北京大学出版社 2008 年版。

95. 余太山：《两汉魏晋南北朝与西域关系史研究》，商务印书馆 2011 年版。

96. 纪宗安：《9 世纪前的中亚北部与中西交通》，中华书局 2008 年版。

97. 王颋：《西域南海史地研究》，上海古籍出版社 2005 年版。

98. 谢弗：《唐代的外来文明》，中国社会科学出版社 1995 年版。

99. 荣新江：《中古中国与外来文明》，生活·读书·新知三联书店 2001 年版。

100. 向达：《唐代长安与西域文明》，河北教育出版社 2001 年版。

101. 玛扎海里：《丝绸之路——中国波斯文化交流史》，中华书局 1993 年版。

102. 沈福伟：《中西文化交流史》（第 2 版），上海人民出版社 2006 年版。

103. 沈福伟：《西方文化与中国（1793-2000）》，上海教育出版社 2003 年版。

104. 沈福伟：《资源开发与文明进步》，香港新华彩印出版社 2007 年版。

105. 方豪：《中西交通史》（2 卷），上海人民出版社 2008 年版。

106. 阎宗临：《中西交通史》，广西师范大学出版社 2007 年版。

107. 张国刚：《中西文化关系通史》，北京大学出版社 2019 年版。

108. 克拉克：《东方启蒙：东西方思想的遭遇》，上海人民出版社 2011 年版。

109. 弗兰克：《白银资本———重视经济全球化中的东方》，中央编译出版社 2000 版。

110. 石云涛：《早期中西交通与交流史稿》，学苑出版社 2003 年版。

111. 亨利·裕尔：《东域纪程录丛》，云南人民出版社 2002 年版。

112. 丘进：《中国与罗马——汉代中西关系研究》，广东人民出版社 1990 年版。

113. 弗雷德勒克·J. 梯加特：《罗马与中国——历史事件的关系研究》，大象出版社 2009 年版。

114. 伯希和：《蒙古与教廷》，中华书局 1994 年版。

115. 沙海昂注，冯承钧译：《马可波罗行纪》，中华书局 2004 年版。

116. 劳伦斯·贝尔格林：《大旅行家马可·波罗传》，海南出版社 2010 年版。

117. 张维华：《明清之际中西关系简史》，齐鲁书社 1987 年版。

118. 安田朴：《中国文化西传欧洲史》，商务印书馆 2000 年版。

119. 孟德卫：《1500-1800 中西方的伟大相遇》，新星出版社 2007 年版。

120. 利奇温：《18 世纪中国与欧洲文化的接触》，商务印书馆 1962 年版。

121. 朱谦之：《中国哲学对欧洲的影响》，上海人民出版社 2006 年版。

122. 方豪：《中国天主教史人物传》，宗教文化出版社 2007 年版。

123. 利玛窦、金尼阁：《利玛窦中国札记》，中华书局 1983 年版。